Анатолий Салтыков-Карпов
Anatoly Saltykov-Karpov

ОСНОВЫ ФИЛОСОФИИ РОССИЙСКОГО БИЗНЕСА

Foundation of Philosophy of the Russian business

Нью-Йорк

2025

МЕТАДАННЫЕ И АВТОРСКИЕ ПРАВА

Название: «Основы философии российского бизнеса»
Автор: Анатолий Карпов (Салтыков-Карпов)
Оригинальное название на английском: *Foundations of the Philosophy of Russian Business*
Жанр: философия бизнеса, социальная аналитика, экономика, гуманитарные исследования
Издание: первое издание

ISBN (печатное издание): 979-8-9941050-2-3 .
Издатель: Самиздат / Салтыков-Карпов Пресс
Страна печати: США
Каталожная информация:
LCCN (Library of Congress Control
Ключевые слова: российский бизнес, философия бизнеса, российская культура, предпринимательство, экономическая мысль, социальная философия, модели управления, деловая этика

Аннотация:

Книга раскрывает философские основания российского бизнеса, исследуя сочетание исторических, культурных, социальных и экономических факторов, формирующих деловую среду России. Через концептуальный и аналитический подход автор рассматривает уникальность российской предпринимательской модели, её ценностные установки, внутреннюю логику, эволюцию и вызовы современности.

Copyright Page (Second Page)
(ready to insert)

Title: *Foundations of the Philosophy of Russian Business*
Author: Anatoly Karpov
Original Russian title: «Основы философии российского бизнеса»
Genre: Business philosophy, social analysis, economics, cultural studies
Edition: First Edition

ISBN (Print Edition): 979-8-9941050-2-3
Publisher: Self-Published Saltykov -Karpov Press
Printed in: United States of America
Keywords: Russian business, business philosophy, entrepreneurship, Russian culture, management models, social philosophy, economic thought, business ethics

Summary:
This book explores the philosophical foundations of Russian business by examining the historical, cultural, social, and economic factors that shape Russia's unique business environment. Through a conceptual and analytical approach, the author presents the internal logic, value system, evolution, and contemporary challenges of the Russian entrepreneurial mode

В книге дан взгляд на формирование конкурентоспособного духа для развития высокотехнологического бизнеса. В работе показана профессия предпринимателя, как героическая, требующая мужества, решимости, желания и умения активно действовать. В книге приведены результаты исследований автора по развитию демократического сознания и подавления антиамериканизма.

Книга предназначена для отечественных и зарубежных бизнесменов, которые желают развивать свой бизнес в России.

In the book the sight at formation of competitive spirit for development of highly technological business is given. In work the trade of the businessman as heroic, demanding courage, determination, desire and ability actively to operate is shown. In the book results of researches of the author on development of democratic consciousness and Antiamericanism suppression are resulted.

The book is intended for domestic and foreign businessmen, who wish to develop the business in Russia.

От автора

Эта книга была написана более двадцати лет назад. В то время я работал доцентом кафедры автоматизации в Санкт Петербургской лесотехнической академии имени С. М. Кирова. Уже само название содержало определенный парадокс. Киров был соратником Сталина, а его смерть стала своеобразным началом большого террора. Академия же носила его имя, хотя город тогда уже назывался Санкт Петербург. Горбачевские и ельцинские реформы привели к распаду Советского Союза и возвращению страны на путь капитализма. Пришедшие к власти демократические силы начали настойчиво отрицать и обесценивать весь советский период. Начался почти кровавый передел. Перестраиваться приходилось не только в материальном плане, но и в идеологическом и историческом. Последнее особенно сильно ощущалось в университетах.

Студенты стали разделяться по разным признакам. В идеологическом смысле одни поддерживали реформы, другие их резко критиковали. Многое зависело от материального положения семей, от того, как родители относились к происходящему.
Та напряженность, которая возникла в обществе, неизбежно проникала и в аудитории. На лекциях студенты спорили уже не только о технических вопросах. Их волновало все, что происходило вокруг. Некоторые приходили взволнованные, с газетами, пересказывали свежие новости. Другие предпочитали держаться в стороне и сосредотачивались на учебе, стараясь не ввязываться в бесконечные дискуссии.
Преподавателям приходилось лавировать между позициями. Одни активно участвовали в общественных спорах и даже в политике. Другие, наоборот, стремились сохранить нейтралитет, чтобы не потерять уважение студентов и коллег. Атмосфера в академии менялась на глазах. Старые ориентиры рушились, а новые еще не появились. Особенно тяжело было молодым преподавателям. Мы понимали, что должны давать студентам знания и уверенность, но сами нередко ощущали неопределенность. Многие привычные представления переставали работать. Казалось, что страна одновременно двигается вперед и проваливается в пустоту.
В те годы я часто задерживался на кафедре допоздна. Мы обсуждали с коллегами происходящее, спорили, иногда ссорились, но главным было другое. Все искали ответ на один и тот же вопрос: как преподавать в эпоху, когда прошлое обесценено, настоящее нестабильно, а будущее туманно.
Постепенно стало ясно, что перемены затрагивают не только учебный процесс. Менялось само отношение людей к профессии. Те, кто раньше считал науку делом всей жизни, вдруг начинали задумываться о бизнесе или уезжали за границу. Предложения работать в частных фирмах звучали все чаще, и для многих это становилось способом выживания. Зарплаты преподавателей стремительно обесценивались, и каждый решал для себя, как сохранить достоинство и при этом прокормить семью.
На кафедре разговоры о научных проектах все чаще переходили в обсуждение бытовых проблем. Кто смог устроиться консультантом, кто нашел подработку, кто собирается уходить. В глазах коллег читалась усталость. Но вместе с тем появлялось странное чувство свободы. Будто прежние рамки исчезли, и каждый мог выбрать свой путь. Правда, цена этой свободы была высокой.
Студенты тоже менялись. Одни стремились любой ценой получить диплом и как можно быстрее устроиться на работу в новой экономике. Другие начинали заниматься политикой, вступали в движения, писали

листовки, организовывали дискуссии. В коридорах можно было услышать самые разные мнения. Вчерашние друзья спорили так ожесточенно, будто речь шла о личном. Иногда такие споры перерастали в открытые конфликты.

Мне часто приходилось выступать посредником. Я видел, что молодые люди растут в условиях постоянной тревоги, и старался хоть как-то удержать их от крайностей. Говорил, что инженерное мышление требует спокойствия, терпения, уважения к фактам. Не всегда это помогало, но иногда удавалось вернуть разговор в конструктивное русло.

В то же время я понимал, что сам нахожусь в переходном состоянии. Трудно оставаться в стороне, когда вокруг все движется и рушится одновременно. Порой казалось, будто мы живем внутри экспериментальной установки, где заранее неизвестно, что получится на выходе. И все же я продолжал делать то, что считал своим долгом. Читал лекции, руководил курсовыми, вел исследования, хотя и понимал, что времена больших научных школ уходят.

Моя личная история в те годы шла по двум направлениям. С одной стороны я оставался преподавателем, занимался исследованиями и работал со студентами. С другой стороны все глубже погружался в бизнес, связанный с моей научной темой приборами контроля качества. Решение уйти «в поле», как тогда говорили, пришло не сразу. Но я понял, что если хочу увидеть, как работают мои приборы, то должен пойти туда, где ими действительно пользуются. Надо было узнать, чем живет рынок, какие проблемы у предпринимателей, что мешает внедрению технологий.

Коллегам это нравилось не всем. Многим так и не удалось реализовать собственные разработки в условиях доморощенного рынка, где правил кто угодно, но не здравый смысл. Из за этого появлялось раздражение. Казалось, что кто успел, тот и прав, а остальные остались у разбитого корыта. Но я шел своим путем, иногда ошибался, иногда выигрывал, но в любом случае приобретал опыт, который невозможно получить в академических стенах.

Среди предпринимателей тогда витала одна интересная мысль. Все понимали, что новое время требует какой то героической идеологии. Бизнес только зарождался, а народ воспринимал предпринимателей как жуликов. Нужно было что то, что объяснит, зачем все это делается, что объединит людей и даст им ощущение смысла. И мне, как человеку из академической среды, постоянно предлагали заняться этим. Иногда даже доплачивали за попытки сформулировать хоть какую то систему взглядов.

Я тогда много читал зарубежную литературу, в основном переводную. Пропитавшись этим духом, начал писать небольшие брошюры. Они

были чем то похожи на старые коммунистические «блокноты агитатора» или на бессмертные работы Маркса про могильщиков буржуазии, только адаптированные к новым реалиям. Время было парадоксальное. Получалось, что белая армия, погибшая исторически, как будто победила, потому что Россия вернулась на капиталистический путь. Хотя на Западе считали, что победили они сами. На самом деле если смотреть трезво, коммунисты просто поняли, что на пенсии им ничего не светит, а вот при разделе собственности можно стать владельцем «заводов, морей и пароходов», недвижимости, заводов и фабрик, рудников и оставить детям свое наследие.
Так родился мой консолидирующий продукт смесь советской истории, западных теорий и наблюдений за текущими событиями. Я пытался понять, что может служить новым фундаментом. Ведь на создание сознания советского человека были потрачены гигантские ресурсы, силы и десятилетия. Значит, и для формирования сознания постсоветского гражданина нужны сопоставимые усилия. Такой продукт нельзя создать за год или два. Нужны инструменты, время и терпение общества.
Вспоминались примеры. В США прошло несколько столетий, прежде чем однополая любовь получила человеческий статус. А на заре американской государственности за такие отношения в некоторых штатах полагалась смертная казнь. Или взять отношения с афроамериканцами. На развитие хоть какой то общественной консолидации ушли поколения. То же самое ждет и любую новую идеологию, которую мы хотим построить у себя.
В целом моя работа над консолидирующей идеей дала ощутимые результаты. На кафедре я даже повесил стенную газету, где в простой форме объяснял суть новой философии и приводил примеры. К моему удивлению, это вызвало интерес. На местном телевидении обо мне вышло несколько небольших сюжетов, и тема получила более широкое обсуждение.
Чтобы объяснить необходимость новой общности, я использовал исторические образы, которые были понятны каждому. Один из них особенно зацепил людей. Во время обороны Ленинграда наша академия разработала пищевую целлюлозу, из которой пекли блокадный хлеб. Это был пример того, как наука может помогать стране в самые тяжелые минуты. По указанию ректора я восстановил ту технологию и лично пек эти пайки. Их вручали гостям академии и ветеранам, как символ стойкости и уважения.
Этот жест неожиданно стал мостом между моими экспериментами в бизнесе и моей ролью преподавателя. Люди видели, что я не бегу от прошлого, а пытаюсь соединить его с настоящим. Это помогло мне защитить себя от нападок коллег, которые считали, что преподавателю

нечего делать в бизнесе. Даже один из самых непримиримых критиков в итоге сказал: если такие будут бизнесмены, как ты, то я за вас.
Эти слова были для меня важны. Они показали, что консолидирующая идея должна исходить не из лозунгов, а из конкретных поступков. Люди верят тому, кто делает, а не тому, кто говорит.
И теперь, наблюдая, как развиваются кровавые конфликты между братскими республиками и как каждое государство по своему перекраивает национальную историю, я понимаю, что моя работа не утратила актуальности. Напротив, именно сейчас становится ясно, насколько важны попытки создать общую философию, которая помогает людям не разрывать связи и не превращать прошлое в оружие.
Все, что я делал тогда, кажется частью долгого процесса. Мы живем в эпоху, когда смыслов не хватает, а история используется как повод для раздора. В таких условиях любая попытка найти точки объединения, показать, что у людей может быть общая цель, оказывается нужной. И хотя прошло много лет, я вижу, что вопросы, которыми я занимался, никуда не исчезли. Они только обострились.
Сегодня, оглядываясь назад, я вижу, что все пережитое тогда стало частью моего опыта и моих взглядов. Каждый шаг, который казался случайным, был необходим. Преподавание, работа на рынке приборов контроля качества, попытки создать консолидирующую идею, споры с коллегами, участие в общественной жизни все это оказалось звеньями одной цепи.
Моя задача не была в том, чтобы переписать историю или доказать свою правоту. Я лишь стремился понять, как человеку жить в эпоху, когда старые ориентиры разрушены, а новые еще не выстроены. Это стремление и привело меня к тем выводам, которые вы найдете в книге. Пусть время изменилось, но вопросы, которые я поднимаю, остаются прежними. И если читатель найдет в этих страницах что то полезное для себя, значит, все те усилия, попытки и поиски были не напрасны.
Хотелось бы отметить, что в то время и в народе, и во мне самом образовалась своеобразная iдеологическая пустота. Пропал стержень. Раньше советский человек жил в ожидании большой битвы с мировым капитализмом. Потом пришла программа догнать и перегнать США по всем позициям. Эти цели были ошибочны или верны это другой вопрос. Главное в том, что они создавали энергию движения. А затем в один миг все исчезло. Вчерашние ориентиры обнулились, новые никто еще не успел придумать.
Работая в своем небольшом бизнесе и набивая первые шишки, я начал понимать простую вещь. Бизнес сам по себе не движется. Ему нужна энергия. И не только финансовая или организационная. Нужна внутренняя, идеологическая опора. У людей должно быть ощущение цели, иначе даже прибыль не спасает от усталости и разочарования.

В этот период мне попалась книга о том, как за рубежом бизнесмены создают так называемые теневые кабинеты советников. Иногда они представляют себе, что консультируются с великими историческими личностями. На Западе популярны книги о «ключевых предпринимателях» вроде Форда, Стива Джобса, Джека Уэлча и других. Один бизнесмен рассказывал, что «впитывал энергию Наполеона» и старался мыслить так, как, по его мнению, мыслил император.
Но этот пример для России, мягко говоря, неудачный. На наших полях Наполеон едва не погубил свою армию. Да, он взял Москву, но в Бородинском сражении потерял столько солдат, что победа превратилась в обманку. Опора на такого образного «наставника» у нас вызвала бы скорее усталую улыбку, чем вдохновение.
Этот контраст заставил меня задуматься о другом вопросе. Может быть, России нужен свой собственный набор образов и смыслов, и их нельзя просто заимствовать. Мысль о консолидирующей идее стала приобретать новые очертания. Она должна опираться на местную историю, на реальный опыт людей, а не на импортированные модели. Поэтому я решил опереться не на зарубежные образы, а на своих национальных героев, тех, кто сформировал характер и устойчивость нашего народа. У каждого из них была своя энергия и свой внутренний стержень. Среди них были Калашников, Дмитрий Донской, Зоя Космодемьянская и многие другие. Я не ставил перед собой задачу написать учебник истории. Я писал скорее для себя, чтобы пропитаться их духом, почувствовать их решимость и выдержку.
И это действительно работало. Когда я погружался в их судьбы, настроение менялось. Появлялась уверенность, становилось легче преодолевать собственные трудности. В какой то момент я понял, что именно так и должна работать новая идеологическая опора через личное соприкосновение с людьми, которые не сдавались даже тогда, когда у них не оставалось шансов.
Так получилось, что американская философия «личных наставников» и их теневые кабинеты вдохновила меня, но реализовал я эту идею по своему. В итоге она стала одной из причин, по которым и появилась эта книга. Возможно ознакомление с этой книгой может дать некоторые ответы о «загадочной русской душе» и будет полезна для тех кто хочет узнать историю России с разных сторон.
С уважением Анатолий Карпов (Салтыков-Карпов) Anatoly Saltykov-Karpov

Светлой памяти жертв российской рыночной экономики

Нет повести
печальнее на свете,
чем повесть о России и Хай-теке
(Надпись на могиле
неизвестного
российского бизнесмена

СОДЕРЖАНИЕ

стр

1.ПРЕДИСЛОВИЕ

Патриотизм - любовь к отечеству, преданность ему, стремление своими действиями служить его интересам. БСЭ.

Бизнес (предпринимательство)- это инициативная самостоятельная деятельность граждан и их объединений, направленная на получение прибыли. Основы предпринимательства. Справочник -словарь.
Демократия – власть народа или народ и власть. Из древнегреческой терминологии.

В монографии дана возможность представить положительный образ российского предпринимателя и показать эту профессию как героическую, требующую мужества, решимости, желания и умения активно действовать для создания конкурентоспособной продукции, услуг и защиты национальных рынков.

Дается рассмотрение рынков как зон боевых действий с различными видами товарно-промышленной агрессии и конкуренции не только в материальной сфере, но и в совершенствовании конкурентоспособного капитала.

Развитие российского бизнеса напрямую связано с развитием демократии. Связь между развитием свободного предпринимательства и распространением свободолюбивых демократических идей очевидна. Одним из важных негативных моментов в развитии национальных принципов демократии и соответственно развития среднего и малого бизнеса в России является **антиамериканизм.**

Антиамериканизм в стране зародился в Советский период, как важный фактор развития классовой борьбы двух общественно-политических систем. В настоящее время антиамериканизм имеет поддержку в массовом сознании граждан, как остаточная память от советского периода и развивается при поддержке государственного пропагандистского аппарата. Такой подход для России вполне объяснил, но только с одной стороны. Это связано с тем, что возрождение России как великой высокотехнологической и демократической державы зависит от наличия конкурента, с которого можно было бы брать пример или развивать конкуренцию. В этом случае США – это идеальный пример для критики и конкуренции в общественно – политическом, финансово-экономическом и военном планах.

Развитие и конкуренция различных видов бизнеса должна протекать в равноправной среде, в которой все партнеры конкурируют в равных условиях. Среда обитания и существования бизнесов должна развиваться в одинаковых социальных и общественно-политических условиях. Рассматривая же существование и развитие бизнесов, особенно наукоемких, в России и США можем корректно констатировать, что эти условиях далеки от равноправных. К мешающим общественно-политических факторам можно отнести :

-наличие остаточного советского сознания как результата длительного существования в командно-административной среде ,

-наличие мощной и достаточно эффективно-действующей и сохранившей свой авторитет Коммунистической партии России, которая довольно эффективно выжила в формирующейся рыночной экономики России,

-наличие негативного отношения к США, особенно к ее общественно-политическим демократическим институтам, в которых и происходит формирование и поддержка национального бизнеса.

Рассматривая переход России от коммунистического тоталитарного управления страной к демократическому нужно эффективно использовать многолетний опыт развития рыночной экономики в других странах, которые наработали и внесли огромный вклад в этом направлении.

Некоторые граждане – патриоты России, ослепленные ненавистью к Америке, теряют чувства, необходимые для реальной конкуренции. Как пример, можно привести поединок боксеров. Если боец будет ослеплен ненавистью к противнику, то бой им будет наверняка проигран. Поскольку ненависть затмевает разум и притупляет чувства, необходимые для реального осмысления происходящего и принятие решений для победы.

Общеизвестно, что США являются одной из первых стран, в которых начался процесс рыночных отношений и демократизации общества.

Ранее при Советской власти коммунисты частично вырывали куски идей в философском и материальном представлении из стройной рыночной системы капиталистического мира и с помощью тоталитарных методов управления внедряли в Советском обществе. Достаточно вспомнить историю с кукурузными посевами. В основном шло копирование передовых разработок, которые были необходимы в первую очередь. Не учитывался фактор конкуренции, личной заинтересованности и прочие явления.

Появление в посткоммунистической среде первых бизнесменов, негативное поведение множества из них и ухудшение экономической обстановки привело к развитию общественно-политических противоречий.

Бизнес и демократия – это близнецы братья. Поэтому российские бизнесмены находятся не совсем в равноправных условиях по отношению к своим американским коллегам. Это связано с тем, что в США уровень демократии и отношения к частной собственности и частному предпринимательству, умению работать с деньгами намного выше и качественнее, чем в России.

Предполагая дальнейшее успешное развитие демократии в России можно констатировать, что эти процессы будут идти только после того как вся страна покроется сотнями тысяч частных компаний, в которых будут работать миллионы россиян. Эти россияне будут верить только своим хозяевам, от которых будет зависеть их личное благополучие. Хозяева компаний с одной стороны будут жестко конкурировать на национальном и международном рынках, а с другой стороны будут объединены общей судьбой. Таким образом они будут влиять на политические и демократические преобразования в стране.

Для решения таких задач автор предлагает создавать консолидирующую демократическую, национальную надстройку. Для этого надо было первоначально рассмотреть историю России - СССР с положительных, героических позиций.

Автор взял героев, которые были популярны в истории России - СССР. Он стал рассматривать их поведение и популяризацию, с точки зрения бизнеса и развития демократии, сравнивая с американскими примерами в бизнесе и демократии.

Нужно согласиться с тем, что имеется научная историческая правда, как результат кропотливой работы высококвалифицированных ученых-историков, политологов и обществоведов.

Но также должен существовать и мир фантазий, который психологически поддерживает нацию. Можно привести, например мифы древней Греции.

Если рассматривать США как пример таких фантазий, то необходимо отметить, что в этой стране разрабатываются крупномасштабные

компании, которые способствуют созданию консолидирующей надстройки. Например история с динозаврами. На эту тему выпущено огромное количество кинофильмов, создано много копий и т.п.
В СССР большое число людей варилось в таком политическом котле при однопартийной системе и жестком тоталитарном контроле, где постоянно нагнеталось враждебное отношение к капиталистическому окружению. Это продолжается и до сих пор. К ним можно отнести взаимоотношения России с США, НАТО, общественными неправительственными организациями и т.п.

Таким образом получается, что американские компании работают в среде, которая сформировалась в ходе многолетней практики взаимодействия бизнеса и демократических свобод. Российские компании работают в среде, в которой не имеется таких же равноценных демократических свобод и многолетних наработок. Но и в этих случаях можно констатировать, что эффективного решения в настоящее время нет. Поскольку имеется «сильная» центральная власть и очень слабы демократические институты, независящие от власти центрального правительства.

Поэтому, должна существовать альтернативная история, как сказка, которая необходима для создания в душах россиян положительных эмоций. Когда мы смотрим современные американские кинофильмы, то мы видим примерно такие же картины. В сюжетах есть немного плохих американцев – переселенцев и подстать им таких же коварных местных индейцев. В картинах идет борьба добра со злом. И в результате этого получается, что большинство хороших американцев - переселенцев и индейцев создают консолидирующий мир. В США есть государственный национальный праздник День благодарения. Это нерабочий оплачиваемый день. По истории к первым переселенцам, а это были пилигримы, пришли индейцы и принесли им индюшку для еды. Теперь вся страна в этот день встречает праздник с индюшкой на столе. Представьте сколько индюшек продается для этого праздника.
Представление о США в СССР формировались на основе прекрасных произведений американских и английских писателей таких как Финемор Купер, Майн Рид, О'Генри, Марк Твен, Теодор Драйзер, Джек Лондон и другие.

Достаточно вспомнить знаменитые фразы из фильма по рассказам О Генри «Деловые люди» : « Очень жаль, что твоя гнедая сломала ногу. Боливар не вынесет двоих». «Успеем ли мы добежать до канадской границы?»

Но эти произведения идеализировали или увлекали как приключенческие. Не происходило глубокого реального осмысления жизненной философии жителей этой страны. Таким же образом рассматривается история взаимоотношений между афроамериканцами и белым населением. Имеется резкое отличие о том, как преподносились эти взаимоотношения средствами советской массовой пропаганды и тем как все это происходит на самом деле. Понятие о современных взаимоотношениях между цветным и белым население США в России осталось примерно на уровне страшных рассказов о суде Линча или трогательной истории о Дяде Томе и его хижине. Широко распространенное в России слово "негр" в США считается ругательным и не рекомендуется для использования. Многие афроамериканские борцы за гражданские права являются национальными героями США. Есть такой же государственный праздник день памяти Мартина Лютера Кинга. Это нерабочий оплачиваемый день.

В России же в результате безграничной гласности средства массовой информации со страниц газет и журналов, радио и телевидение стали представлять много различной разоблачительной информации о прежнем коммунистическом правлении.. Цель понятна и благородна по своей сути. Это попытка разрушения тоталитарного мышления. Российские (бывшие советские) журналисты - это люди несомненно очень образованные, имеющий широкий жизненный кругозор. По всей видимости, помимо абсолютного знания своего дела нужно иметь еще нечто другое. Российская пресса, вышла из - под тоталитарного контроля. Поэтому она должна обрести свои новые демократические свойства. Если говорить о частичной американизации российского общества, то она должна вносить в массовое сознание сограждан политкорректность. Если все время печатать разоблачительные материалы, клеймить и искать истины и правды, которые доводят страну до депрессии, то нужно представлять как это отразится в целом на социальной обстановке и массовом сознании соотечественников. Многие бывшие советские люди пришли к выводу о никчемности всей своей прожитой жизни.

Анализ литературы, которая издается со стороны России и США показывает ее сильную конфронтацию. Их цель понятна - разоблачать бывшего врага, нынешнего конкурента.

Автор предлагает свой путь для снижения уровня антиамериканизма в России.

Для этого в рукописи дается множество положительных примеров из американской рыночной экономики и становления бизнеса, его развития и конкуренции.

Антиамериканизм влияет на развитие российского гражданского общества и соответственно национального бизнеса. В США традиционно много лет издавалась литература, которая критиковала и разрушала существующий советский строй. Необходимо отметить, что США приняла в свое гражданство много бывших российских и советских граждан, которые были недовольны существующей властью. В результате этого в США живет порядка 5 миллионов русских выходцев из царской и советской России. Есть такое понятие русская Америка.

Большинство общественных организаций, которые финансировались правительством и общественными организациями США, рассматривались правительством России и множеством граждан как подрывные, как ставленники ЦРУ. Многие позитивно настроенные к США россияне видят недостатки и проблемы на своей родине. Они готовы и способны к перемене. Но внутренний патриотический настрой, корпоративный гражданский дух не позволяет большинству трезво мыслящих граждан реально воспринимать рациональные демократические американские идеи.

Анализируя эти проблемы, мы можем заключить, что в целом для большинства россиян такая страна как США, представляют собой до сих пор некий закрытый мир. В массовом сознании большинства российских граждан образ США сохранился таким, каким он был внушен при советской власти. При этом исследования показывают, что это передается из поколения в поколение в практически неизменяемом виде. По их представлениям США - это некий мир богачей и торгашей. Страна – паразит. Они с помощью денег и разных хитростей обманывают трудовой народ всего мира. По этим представлениям, те, кто проникает в этот мир, сразу становятся богатыми.

Из всего многообразия развитой американской рыночной экономики упускаются многие важные моменты. В массовом сознании российских граждан отсутствуют понятия высокотехнологической Америки, университетской Америки, трудовой Америки, демократической Америки, юридической Америки, Америки личности и т.п.

Поэтому возможная оптимальная американизация российского общества позволит улучшить общественно-экономическую ситуацию в России и повысить эффективность развития национального бизнеса.

Предприниматели в своих книгах - откровениях часто стараются для повышения собственного имиджа и популяризации бизнеса представить характер конкурентной борьбы как битвы сильнейших и стойких, используя военный лексикон и славные страницы национальной истории.

Поэтому было бы желательно представить Россию в историческом плане как деловое предприятие. Страну, которая имеет сильные исторические корни высокоразвитой державы - победительницы. В качестве конкретных исторических героев автор предлагает использовать практический опыт деятельности Кутузова М.И. Космодемьянской З., Калашникова М.Т., Донского Д., Суворова А.В., и других. Автор смешивает и сравнивает действия национальных героев с действиями американских предпринимателей, таких как Форд, Эдисон, Стоун, Чепмен и т.п. Таким образом, дается возможность выразить американские демократические идеи на фоне национальной российской истории.

Изучение опыта героев способствует адаптации и выживаемости демократии и бизнеса. Такая работа дает возможность развивать демократический патриотизм. Он должен вытеснить или подавить из сознания россиян советский патриотизм. Для советского патриотизма характерна непримиримая ненависть к частной собственности и западной демократии.

Автор показывает в книге значимость развития демократии, инакомыслия, нестандартности мышления и умения разрабатывать собственные стратегии развития. Особое место в книге занимает анализе деятельности героев и бизнесменов. Для этого автор приводит судьбы таких героев и их умение стойко держаться до победного конца. В качестве примера - это герои блокадного Ленинграда, Попов А.С., и т.п. Основной смысл - это изучение опыта и как надо победить на рынке при минимуме трудозатрат, малых вложениях и огромном желании победить. В книге представлен российский взгляд на философию безумной мудрости.

Автор книги использует исторический опыт и военное мастерство для решения различных научно - технических задач, имеющих место в действиях на мировых рынках.

При отсутствии руководящей государственной идеологической надстройки, развитие бизнеса определяется исключительно желанием и устремлением конкретных людей или групп, которые стремятся развивать национальную экономику, конкурировать и т.п.

Идеология дает новую трактовку понятия российского предпринимателя. **Предприниматель – это тот, кто что-то предпринимает для укрепления экономической и политической мощи своей Родины.**

Идеологическая работа это один из аспектов реального капитала, не имеющий материальной (вещественной) формы, но оказывающий серьезное воздействие на привлекательность всего, что с ним связано, на его доброе имя и репутацию. Это направление позволяет создавать новые виды производств.

За 70 лет Советской власти партия и государство истратили огромное финансовые средства и энергию на формирование сознания советского человека, идеализацию и облагораживание образа строителя светлого будущего и его авангарда. Поэтому нужно представлять, что затраты на этом пути предвидятся немалые. Но кто и сколько будет за это платить? Вот в чем вопрос сегодняшнего дня.

Торопитесь, товарищи господа предприниматели! Российский бронепоезд отходит от запасного пути со станции Советская через

широко распахнутые ворота Железного занавеса вперед на Запад. На горизонте мы видим зарево и вспышки от разрывов снарядов. Это не война – это идет беспощадная битва партизанских отрядов российских предпринимателей с конкурентами за достойное место в мировом сообществе!

Задачи и цели данных исследований направлены на формирование специальной идеологической защиты российского бизнеса, который вынужден существовать в очень политизированном и конфронтационном обществе. Отличительная особенность в формировании российской рыночной экономики состоит в том, что на процессы развития оказывают сильное влияние ранее проведенная советизация общества. Влияние этого периода распространяется фактически на всю сферу бизнеса особенно в таких важных направлениях как организация дела, формулирование рыночных идей, их материализация и восприятие потребителями, развитие работ над качеством и конструктивная конкуренция. Результат такого влияния - это чрезмерная классовая ненависть к миру капитала, соотечественникам, работающим в бизнесе, и в том числе и зарубежном. Как следствие этого общая конфронтация и наличие сложных и противоречивых взаимоотношений между самим бизнесом, обществом и властью. Все это в целом привело к тому, что возникла необходимость в создании специальной надстройки по аналогии с ранее действовавшей коммунистической. Последняя была создана для укрепления правящего режима и в первую очередь облагораживала облик передового класса - коммунистов, которые вели советский народ к светлому будущему.

Первая цель исследований состоит в том, что предлагаемая система направлена на формирование российского рыночного сознания и соответственно с этим введение новых понятий рыночного патриотизма. Эта система предполагает развитие новых видов специального товарного производства и услуг, которые могут вписываться в предпринимательскую среду как: реклама различных видов продукции и услуг, Паблик Рилейшнз и Паблисити.

Вторая цель исследований - это подавление монополистической идеологии, связанной с классовым противостоянием и разжиганием ненависти к миру капитала, которая в конечном итоге сформировала советское сознание неспособное существовать и активно действовать в рыночных условиях.

Третья цель исследований - это создание конкурирующей (консолидирующей) идеологии. Она должна переработать все негативные моменты истории России - СССР для интересов российского бизнеса. Она создаст общенациональную консолидирующую идеологию и сформирует новые понятия рыночного сознания и патриотизма.

Четвертая цель исследований - это показать мировому и отечественному сообществу сложность работы российского бизнеса в совершенно уникальных неимоверно тяжелых, почти боевых, условиях. В этом случае битва ведется на два фронта. С одной стороны нужно защищаться от отечественных и зарубежных конкурентов, а с другой стороны от соотечественников, в том числе и находящихся у власти, пропитанных ненавистью к миру капитала и также самими собой, имеющими остатки советского сознания.

В настоящее время Россия вошла в мировую экономическую систему в качестве равноправного партнера, имея в своем сознании значительный удельный вес советского патриотизма. Поэтому по словам В.И. Ленина:" Без этого (социалистического) патриотизма мы не добились бы защиты Советской республики, уничтожения частной собственности...Это лучший революционный патриотизм." т.42 стр.124.

Эта монография появилось как результат исследований, связанных с проблемами становления национального бизнеса. Как результат опережения экономических реформ по отношению к преобразованию советского сознания в рыночное. В данном случае возникли чисто технические сложности. Российский бизнес стал создаваться без государственной поддержки и финансирования работ по формированию рыночного сознания.

Основная проблема становления российского бизнеса состоит в том, что он не имеет общественной социально-политической поддержки как со стороны бывшего советского народа, так и власти.

В результате этого капитал перетекает в иные демократические страны вместе с некоторыми российскими предпринимателями. Они скупают недвижимость и западные бизнесы для будущего выживания в этих странах. Это пример того, что российский бизнес не чувствует себя уверенным в собственной стране, в которой должен быть полноправным хозяином. Поэтому множество российских бизнесменов каждое утро в сопровождении многочисленной охраны выезжают на свой бизнес. Сравнивая даже это состояние мы видим, что в США нет такого эскорта для обычного американского миллионера. В основной массе рабочие в США верят только своему боссу, так как понимают, что их собственное благополучие зависит только от развития данного вида бизнеса, в котором они существуют.

В последние годы предпринимательство (бизнес) подверглось влиянию самых разнообразных отраслей науки. Существенное влияние оказали кибернетика, физиология, философия и религия.

Со стороны государства и партии за десятилетия советской власти были истрачены гигантские средства и затрачена огромная энергия на создание сознания советского человека. Сознание советского человека характеризовалось беспредельной верой в светлое будущее, сильных вождей ведущих к цели и подчинения командно-административной системе. Предпринимательство и гонка за длинным рублем беспощадно наказывались. За валютные операции была уголовная статья. Как результат этого - неумение работать с деньгами, как со стороны государства, так и со стороны множества предприятий и населения. В конечном итоге идет непрерывная дискуссия по поиску виноватых и новых вождей, ведущих к светлым капиталистическим вершинам. За время советской власти постоянно нагнеталась обстановка вражеского капиталистического окружения. Поэтому до настоящего времени всяческое проникновение иностранного капитала множеством россиян рассматривается как вражеское вторжение, направленное на разрушение России. Как результат - это трудности по эффективному применению зарубежных инвестиций по созданию свободных демократических общественных организаций, финансируемых из-за рубежа.

Говоря языком бизнеса, можно спросить: **“Так где же лежат деньги и кто будет платить в этот раз за создание совершенно нового сознания россиянина, способного гибко вписываться в рыночный механизм".**

Для создания такой надстройки целесообразно притянуть и облагородить ценности советского периода, отняв их у политических противников реформ и создать механизм с учетом периода советизации. При переработке опираться на опыт и методологию классического американского бизнеса, передовиков капиталистического труда, притягивая высказывания опытных бизнесменов и их отношения в бизнесе и жизни.

Идея рассмотрения рынков как зон боевых действий необычайна, но в тоже время наиболее приемлема для России. В эту стратегия сразу вписываются все славные российские исторические победы с разработкой различных предметов, введение системы политзанятий на предприятиях. Начинается процесс формирования рыночного сознания, охватывая частные предприятия и учебные заведения, а затем все общество.

Россия вошла в рыночную экономику как атеистическое государство. В странах рыночной экономики преобладают религиозные мировоззрения.

Для американских бизнесменов эта монография дает возможность узнать историческое умение россиян преодолевать трудности и разрабатывать наукоемкие виды продукции. Эта монография может служить бизнес - сувениром для партнеров Россия - США. Такой подход дает возможность лучше узнать внутренний мир партнера - конкурента и повысить эффективность собственного бизнеса.

Монография может представлять определенный интерес для многих читателей интересующихся Россией.

Монография предназначена для предпринимателей, руководителей и специалистов различных отраслей промышленности и соотечественников, которые стремятся отстаивать национальные интересы России на внутренних и мировых рынках.

Примечание: В монографии под определением “русские” необходимо рассматривать всех граждан, говорящих и думающих на русском языке. Это связано с тем, что в США понятие “русские” определяется именно так, хотя в это понятие входят украинцы, белорусы, евреи, татары и прочие граждане бывшего СССР и России. Кроме того во многих разделах монографии использованы материалы из иностранных источников, где также указывается это понятие. Монография не претендует на формирование националистической идеи.

Салтыков-Карпов Анатолий к.т.н., ст.н. с. PhD Нью- Йорк

2 .ОСНОВЫ ИСТОРИКО- ПАТРИОТИЧЕСКОЙ ИДЕОЛОГИИ
РОССИЙСКОГО ПРЕДПРИНИМАТЕЛЬСТВА

Одним из существенных положительных моментов, касающихся советского периода развития национальной промышленности и ее пропорционального развития являлась пропаганда советского образа жизни. При этом идеологическая работа, престижность профессий высоких технологий ставилась во главу угла. Отдел пропаганды ЦК КПСС, курировавший эти работы, придерживался в этом отношении жесткой позиции по развитию конкуренции между сверхдержавами. "Советское - значит отличное". В настоящее же время слабо слышен лозунг: “Российское значит отличное". Это проявляется не только на государственном уровне, но также и в среде российских частных компаний - оплоте рыночной экономики.

Не ведется широкомасштабная работа по реформированию советского сознания, которое необходимо для развития национальной промышленности и выживаемости личности в современном обществе. При советской власти было выпущено множество книг и брошюр такой политической направленности, которая способствовала укреплению Советского строя, развитию классовой борьбы и конкуренции сверхдержав. Эта политическая литература формировала понятие антиамериканизма. Такая литература распространялась в больших тиражах среди населения и использовалась на политзанятиях. Формировался образ мыслей советского человека за счет финансовых и технических средств государства и правящей партии. В настоящее время резкий выход из одной общественно-экономической формации и переход в другую начался без работ в области реформирования сознания.

Необходимо увязывать развитие конкуренции в области идеологической работы с развитием всех отраслей народного хозяйства.

Изучение наработок в цивилизованной рыночной экономике по развитию демократии и конкуренции в области идеологической работы показали, что в нормальной здравомыслящей среде любого цивилизованного общества существуют активные общественные силы. Они имеют финансовые и технические средства для выполнения определенных общественных и политических задач, которые способствуют стабилизации общества.

Большая часть дееспособного бывшего советского народа не устремляется к капиталистическим вершинам для строительства собственного светлого будущего. Это все говорит о слабой деловой активности нации. Ранее идеологическая надстройка стимулировала движение товаров и услуг в советском обществе и была одним из главнейших устоев правящего режима. Несмотря на резкую критику такой идеологической работы и промывание мозгов, нужно констатировать, что она необходима. В первую очередь это связано с созданием собственной идеологии российского бизнеса для укрепления его общественно-политических устоев.

Следующий важнейший фактор - это создание и становление конкурентоспособной нации. Она должна пройти конкурентную закалку на внутреннем рынке России. Потом может в перспективе с успехом действовать и на мировых.

Наиболее интересное сравнение по существующей ситуации можно найти в одной книге, в которой описывается время пришествия первой волны татаро-монгольского войска, когда еще было мало информации о его мощности и силе, а самомнение и разобщенность у россиян была примерно такая же как сейчас. Так это примерно выглядело:

"Где же эта сила татарская? (рыночная экономика!) Кыпчакских быков больше, чем татар (инвесторов и крупных западных компаний) Так гоняясь за ними мы до Лукоморья дойдем, а лагеря татарского (конкуренции и делового предпринимательства) и не увидим. . .

Мстислав(сторонники реформ и к ним примкнувшие) решили взять влево, пересечь холмы и если за холмами идет бой (процветает цивилизованное общество) ударить на татар сбоку, чтобы помочь половцам воеводы Яруна (сторонникам реформ). . . .Он повел свой отряд (страну в обход на холмы и поднявшись на более высокий бугор, остановился потрясенный тем, что увидел. . . . .

На равнине, выжидая, развернулись густые ряды свежего татарского войска . . . Всадники . . . стояли неподвижно в грозном молчании. Отчетливо были видны железные шлемы, блестящие латы, кривые клинки в руках (высокое качество). Отряд за отрядом (фирма за фирмой) длинной вереницей растянулись татары . . . по равнине. Сколько их? Двадцать полков? или больше?

Вот где затаилась татарская сила, скрываясь до последнего страшного дня. Где выход? Где спасение? Наших русских войск много, не меньше чем татарских . . . .! Но почему они не собраны вместе такой же грозной неодолимой силой? Почему каждый князь . . идет сам по себе, со своей дружиной?

И была сеча зла и люта. . . . .

В битве при Калке погибло много славных русских богатырей " В.Г.Ян "Чингиз-хан"

" . . . . те объективные трудности, которые испытывает сегодня российский бизнес, ничто по сравнению с тем, когда эти трудности исчезнут, откроются границы для иностранного капитала и сюда придут западные фирмы с их капиталами и опытом. Тогда начнется такая конкуренция, что пресс нынешнего политико-экономического хаоса покажется райской жизнью." Интер бизнес №2 1993 г.
Между этими фразами длиной в семь столетий есть нечто общее.

Достаточно отметить, что некоторые американские бизнесмены, особенно в сфере малого бизнеса опасаются иметь дело с российскими бизнесменами. Они не уверены в их стабильном общественно-политическом положении. Автор работал в компании, где американский бизнесмен желал приобретать российские компоненты, как лучшие на рынке по цене и качеству, но не был уверен в политической стабильности существующего режима. В широко распространенных международных каталогах радиокомпонентов нет российской продукции. Хотя по опыту практической работы автора можно понять, что некоторая продукция из России могла бы быть конкурентоспособной. Поэтому зачастую, особенно в высокотехнологическом бизнесе тут в США используется много электронных компонентов, изготовленных в Таиланде, Сингапуре, Тайване, Малайзии. Но практически не видно клейма : ”Сделано в России”, кроме водки.

Целесообразно в среде предпринимателей создавать свои идеологические структуры, увязывая бизнес и стабилизацию. Многие иностранные бизнесмены создают свои фонды, клубы, издают журналы, финансируют различные религиозные, общественные и политические организации. Так, например, американские организации выпускают агитационные информационные материалы под названием "Материалы о расцвете экономики", "Демократии", библии и. т.п., которые раздают бесплатно. Все эти издания выполнены в больших форматах и напечатаны на хорошей бумаге.

Идеологическую защиту предпринимательства надо рассматривать также как и физическую защиту. В России имеет место высокий уровень политического накала и конфронтации, жажды победы в классовых битвах.

Мировое рыночное сообщество создало свой защитный идеологический слой. В нем доля коммунистической идеологии настолько мала, что ее эффективность практически равна нуля. В России же доля коммунистической идеологии, особенно ее теория непримиримой классовой борьбы, социальной справедливости, уравниловки в доходах, имеет существенный вес.

Основные позиции новой идеологии российского предпринимательства следующие:

1. В связи с тем, что Российский народ резко вышел из коммунистической экономической и политической формации и стал переходить к рыночной форме, то для более успешного решения различных задач целесообразно среди трудящихся проводить политучебу по методологической структуре бывших университетов Марксизма-Ленинизма, но только с иным содержанием. Содержание определяется руководителями полит семинаров. В тематике политзанятий целесообразно в сжатом виде давать информацию и реальные примеры выживаемости специалистов в рыночной экономике, роль творцов рыночной экономики, современные подходы в работе специалистов, жизненный образ жителей этих стран по различным профессиям. Целесообразно также представить видеофильмы о жизни семей и конкретных специалистов.

2.Идеология российского предпринимательства должна базироваться на двух периодах жизни российского общества: ценностях Российской империи и Союза Советских Социалистических республик.

3.Для идеологической защиты все российские предприниматели организуют Заочную Патриотическую школу российских предпринимателей, в которой они сами являются одновременно учителями и учениками.

4.Основная идеологическая концепция ученика Заочной Патриотической школы российских предпринимателей базируется на следующих началах, которые излагаются в виде клятвы Ученика.

Она мысленно дается мистическому существу, которое условно называем Мировым Разумом, имеющим некую связь с божественным началом. Это необходимо для того, чтобы показать имеющиеся существенные отличия предпринимателей от других жителей, так как при становлении любого дела можно первоначально надеяться на свои силы и возможности и особенно на определенную психофизическую поддержку, которая исходит из внутреннего подсознания личности.

КЛЯТВА
ученика Заочной Патриотической Школы Российских Предпринимателей:

Я, российский предприниматель___________________________, торжественно клянусь, что **буду предпринимать** активные действия для укрепления экономической и политической мощи своей Родины.

Всемерно приумножать и беречь частную, общественную и государственную собственность, **поддерживать** различные политические, общественные и благотворительные движения, направленные на укрепление стабильности, политического и экономического положения в обществе.

Представлять, что на рынке взаимодействует **физический и человеческий капитал.** При этом роль **человеческого капитала и его рыночная грамотность**, **намного ценнее,** чем физического, так как конкурентоспособная продукция может создаваться исключительно конкурентоспособной нацией.

Неустанно работать над повышением качества своей продукции и услуг и этого **требовать** от своих подчиненных и компаньонов, конкурентов и потребителей. **Активно внедрять и использовать** передовую технику, компьютерные технологии, **электронизировать и автоматизировать** производство и быт. **Содействовать ускорению** продаж различного оборудования, материалов, сырья и услуг. **Поддерживать** молодежные движения и оказывать содействие учебным заведениям во втягивании молодежи в предпринимательство.

Вести работы по созданию положительного образа предпринимателя. Всячески **поддерживать и развивать** конкуренцию в области идеологической работы. **Обогащать** свою память знанием всех богатств, которые выработало человечество. **Впитывать** в свое сознание для создания победителя славное боевое историческое прошлое из героических подвигов советского и русского народа. **Изучать и перенимать** богатый опыт героев Капиталистического и Социалистического труда. **Представлять**, что для предпринимателей наступает Великая Отечественная война за экономическую независимость своей Родины. **Буду продолжателем** дела своих отцов - героических защитников Отечества, принявших на себя конкурентный удар высокого качества.

Буду стремиться стать настоящим бойцом рыночной экономики, физически сильным, закаленным, ловким, бесстрашным и смелым, находчивым, предприимчивым, обладающим смекалкой, хваткой,

активно действующим в любой критической ситуации, умело использующим возможные варианты создания новых рабочих мест, привлечения специалистов различных квалификаций для решения задач любой сложности.
Регулярно выплачивать все виды налогов.

Буду стремиться обладать особым складом ума и свойством делать деньги.

Буду полагать, что Советский период - это уникальное конкурентное историческое отличие, по отношению к другим странам рыночной экономики.

Буду проводить практические занятия в своих подразделениях со своими подчиненными.

Чтобы победить, надо учиться уметь побеждать. Рынок подвластен только Победителям.

5.В упрощенном виде необходимо показать, что для российских предпринимателей наступает Великая Отечественная война, в которой идет наступление товаров, услуг, развитие конкуренции.

Идея рассмотрения рынка как поля боя не нова. Просто Россия вступила в этой международный бой как равноправный боец. Руководитель американской электронной компании говорит: "Мы сражаемся с японцами не на жизнь, а на смерть. .... Японцы рассматривают рынки как зоны боевых действий и сражаются на них с полной самоотдачей. Они все делают для победы......".

При этом несоизмеримо возрастает роль человеческого фактора, который способствует успешному созданию, реализации и потреблению различных видов продукции и услуг. Возникает потребность в новой форме мышления, качественных требованиях жизни и во взаимосвязи всего этого с новым ценообразованием, перераспределением доходов и расслоением общества.

6.Для укрепления связи российских предпринимателей с остальной частью общества предлагается переработанная тематика славного исторического прошлого из прожитых двух эпох и ее применимости для идеологической работы в виде политзанятий. Речь идет о создании сознания победителя рыночной экономики. Российские предприниматели перерабатывают и изучают богатый опыт победителей рыночной экономики и стараются перенять его для своих конкретных условий. В качестве примеров берутся исторические деятели мировой цивилизации, изучается их опыт и факторы, которые способствовали их успешному становлению. В качестве таких примеров нужно брать такие личности, как Д. Донской, Г. Форд, В.И. Ленин, И.В. Сталин, М. Калашников, З. Космодемьянская. Эти личности получают свое новое рыночное призвание.

В подсознание бывшего советского человека вводятся понятия приближения конкурента, важности работ над качеством, смены стратегии производственных отношений, исключения конфликтов в компаниях, которые собираются выживать на рынках своих действий.

7.Если ранее пропаганда велась в виде централизованной мощной системы, то в настоящее время в цивилизованной рыночной экономике целесообразно представлять, что сама идеология раскалывается на множество различных направлений, обсуждений, в которых вырабатывается некое новое многомерное направление, способствующее развитию новых видов продукции и услуг.

8. В целом необходимо отметить, что задача реформирования сознания для успешной работы в рыночных условиях требует больших затрат как в финансовом, так техническом и психологическом плане.

Некоторые читатели скажут, что этого всего не нужно, так как нам дана свобода, и мы защищены Конституцией. По этому поводу в правовом государстве США американский судья Пимед Хенд говорит:

"Свобода находится в сердцах мужчин и женщин. Когда она там умирает, никакая конституция, никакой закон, никакой суд не смогут спасти ее".

9. Предлагаемая концепция должна способствовать в целом снижению конфронтации в обществе и стабилизации социально-политической обстановки, базируясь на единстве целей, выживаемости в мировой конкурентной борьбе личностей, предприятий и государств.

В бизнесе классики стремятся показать, что нужно использовать все, что возможно для реализации и не только в денежном эквиваленте. Первоначально нужно разработать хорошо продуманную идею, которая охватит умы миллионов и даст толчок для разработок и реализации несметного количества продукции. Бизнес - это одна хорошо продуманная идея.

Общество приобрело конфронтационный момент, связанный с расслоением и созданием наряду с классовыми врагами в лице мировой буржуазии еще и своих новых русских, богатых и бедных.

Как показывает практика происходящих реальных процессов, часть россиян недостаточно в полной мере понимает сам конечный смысл перехода к рыночной экономике. Это примерно схоже с теми же процессами, когда была поставлена задача создания коммунистического общества. Существовал тончайший слой революционеров. Они чего-то там наверху разрабатывали и преподносили свои идеологические наработки в народные массы. Народные массы шли куда-то, слепо веря вождям. Они чего – то выполняли.

Переход к национальной рыночной экономике показывает, что в результате такой жесткой и стабильной идеологической работы множество русских получили идеологическую прививку к способности действовать в командно-административной системе.

Разрушение коммунистического ориентира оставило в сознании метод приема информации в этом направлении.

В современной рыночной экономике существуют очень сложные пути движения товаров и услуг, поэтому только практический опыт современных предпринимательских структур и исследование их работы может в перспективе дать наработку для новых национальных стратегий.

Имеется оппозиция, получившая в наследство хорошо отлаженный аппарат пропагандистской работы среди трудящихся, доставшийся ей от прежнего режима, само население, у которого генетически существует инстинкт восприятия подобной информации и естественно пока печальные результаты нынешних экономических преобразований. Эффективность в этой работе видна и до сих пор отражается.

Человеческий фактор очень значимый момент в рыночной экономике. Усилия предпринимателей по сбыту своей продукции и услуг настолько сильны, что работают с клиентом не только по прямым своим коммерческим интересам, но также находят тесные контакты буквально в иных сферам: в области искусства, литературы, социологии, религиозном мировоззрении и тому подобных. Создается общность интересов предпринимателей и потребителей, которая потом переходит в решимость для приобретения различных товаров и услуг.

Отсутствие новых идеологических методов работы, поддержки духовной религиозной составляющей, а также соответствующих общественных организаций делает самих предпринимателей незащищенными в духовном и идеологическом плане. В идеологическом плане класс предпринимателей проигрывает при разжигании страстей и предстоящих классовых битв, развития рабочих и профсоюзных движений.

Образование, как известно, прямо связано с конкурентоспособностью. Ни одно общество не может иметь высококачественную продукцию без высококачественных исходных материалов. Образование создает "человеческий капитал", который в соединении с "физическим капиталом" и дает увеличение производительности и качества.

Этот сложный комплекс задач по реформированию человеческого капитала, способного действовать в высокотехнологической конкурентной среде не решить государственным структурам или высшей школе. Это должно решаться сообща все обществом. Движение по созданию нового человека должно стать массовым и осознанным всеми без исключения слоями нашего общества. Необходимо учитывать, что в рыночной экономике на первый взгляд имеется определенная разобщенность. На самом же деле все там увязано и плотно сколочено в ходе многолетней неустанной работы над качеством и выживаемостью в жесткой конкурентной борьбе.

Разработки стратегий менеджмента требуют порой массовых действий, которые увязываются во взаимовыгодные действия, порой разных по своим интересам и целям, групп населения.

Например, высокая преступность, информация о которой передается по средствам массовой информации ведет к падению прибылей в первую очередь туристических компаний, производства по продаже и изготовлению различных сувениров и других структур, занятых различными видами услуг в этой области. Это влияет также на приток валюты в банки и иные структуры. Богатые туристы не поедут в такой город. Так что остается делать в этом случае заинтересованным лицам, предпринимателям и иным структурам. Ждать мудрых полицейских чиновников, создания высокоэффективной системы безопасности туристов. Это не столь эффективно как движение по рекламированию самого безопасного города. В этом случае возникнет смещение мнения в лучшую сторону у мирового потребителя в вопросах работы над качеством услуг.

Надо решать задачу общности судьбы предпринимателя и потребителя и находить более тесные связи и точки соприкосновения буквально по всем вопросам жизнедеятельности.

Необходимо рассматривать и пропагандировать идею обогащения как следствие неустанной напряженной работы, как вторичное, производное от изначального внутреннего движения личности, пытающейся доказать себе и обществу свою значимость и вследствие этого получающего за свою напряженную работу такой вид награды.

В возникающих социальных конфликтах виноваты порой и сами коммерческие структуры. Их необходимо рассматривать как передовую линию обороны национальной рыночной экономики. Необходимо отметить, что в идеологическом плане сами коммерческие структуры являются существенным тормозом, сказывающимся на развитии реформ. В качестве примера можно привести пренебрежительное отношение к своим соотечественникам продавцов некоторых престижных магазинов.

Вы входите в престижный магазин в Манхеттене. Даже, если вы ничего и не купили и промучили продавцов с подбором одежды или иных предметов, вы лучший друг этого магазина . Заходите еще и передайте всем вашим друзьям, что их всех тут ждут. Хотя тут в США трудно что либо определить. Выходит из Лексуса или Мерседеса девушка в ободранных джинсах и изрядно полинявшей майке и ......

Есть еще более опасные антирыночные лозунги: “Вне политики, вне конкуренции”. Налицо отрицание общественной роли бизнеса и монопольная деятельность. Конкурент должен присутствовать на рынке.

Если говорить об особенностях национальной конкурентной борьбы, то мы присутствуем при возникновении уникального явление конкуренции двух идеологий: капиталистического и советского образа жизни. Национальные коммерческие структуры оказываются в самом пекле этой битвы двух систем.

Предприниматель - как ведущая сила рыночного общества должно звучать гордо. Такие слова, как маклер, бизнесмен в Советском Союзе звучали как ругательные, как один из синонимов, описывающий жуликов и им подобных.

Антиамериканизм проявляется даже в среде российских работников высшей квалификации, которые работают на американские компании. Один такой российский инженер сказал, что самое главное, что он не американец. При этом он сказал с гордым вызовом. Хотя с удовольствием работал на американскую компанию и ездил в командировки в США. Даже здесь в США есть много бывших советских людей, которые поневоле попали сюда при развале СССР. Они недовольны существующим положением.

Сложность перехода по отношению к таким странам как Япония, Южная Корея Германия в отличии от России заключается в том, что через их духовную составляющую почти всего общества не проходил хирургический нож создателей общества всеобщего равенства. При этом всеобщее равенство декларировалось в СССР не на словах, а на деле, как всепобеждающее учение. Вполне возможно, что для части общества, особенно - верхушки это учение носило чисто декларативной характер.

Но для основной массы - это было как атрибут существования. Теперь этот атрибут превращается в одно из важнейших средств политической борьбы за своих избирателей.

Положение России в учебно-методическом плане упрощено. Она видит борьбу мировых капиталистических гигантов за свое место на мировом рынке. Эти исследования и их результаты могут служить для нее практическим примером для своих национальных наработок. Вопрос состоит в том как и что будет воспринимать Россия в этих наработках.

Наиболее злободневный вопрос сегодняшнего дня для российской экономики - это создание и развитие конкурентной среды и как она должна восприниматься обществом.

Поэтому во многих книгах указывается, что рынок рассматривается как поле боя. Особенно это отражено у японцев.

Восточные конкуренты намного сильнее, чем на самом видимом деле. В области образования в странах имеется самый высокий авторитет учителей и науки. Для того, что бы быть принятым в высшем обществе надо обязательно стать ученым или творческим работником. Поэтому даже бедные родители вкладывают в образование своих детей большие деньги. Потому что в перспективе все это с лихвой окупится.

За этим кажущимся благоухающим фасадом видна напряженная работа огромной народной массы. Многие бывшие советские люди не видят и не хотят видеть, как создавалось общество западной цивилизации.

Многие россияне все еще имеют устаревшее понятие о самом предпринимателе. На самом деле - это очень сложное определение. Оно сравнимо с понятием коммунист. Если вспоминать старое ленинское определение понятия коммунист, то как многие помнят: Настоящим коммунистом можно лишь стать тогда когда обогатишь свою память знанием всех богатств, которые выработало человечество. Это можно в полное мере отнести и к каждому бизнесмену.

Многие путают понятия предпринимателя с понятием капиталист. Бизнес часто гибнет в ходе конкурентной борьбы. В США ежегодно “погибает” несколько десятков тысяч бизнесов в ходе поражения в конкурентной борьбе. Может давать им отличительный знак - бывший капиталист?

Наступает новое видение маркетинговой войны. Высококачественные товары иностранного производства проникают на внутренний национальный рынок. Они одновременно улучшают уровень жизни части граждан и, в тоже время разрушают национальную промышленность. Она не успевает перестроиться для конкурентной борьбы. Поэтому для успешной перестройки необходимо не только наличие товаров, материалов, но также и человеческого капитала. Так же и высокого качества взаимоотношений практически по всем вопросам, как со стороны предпринимателей, так и потребителей.

В данном случае можно привести аналогию того, что россиян допустили на мировой рынок, а соответствующего инструктажа и обучения не провели. Это примерно также как к станку допустили необученного рабочего. Ему, например, руки, ноги и голову повредили. Кто тогда в этом виноват?

Коммунисты пытались создавать человека нового светлого будущего. У них как мы видим, частично получилось.

Россия - это гигантское предприятие с огромным запасом сырьевых и людских ресурсов и имеет такой же большой по размаху рынок недвижимости в виде земли. Россия доминирует на мировом рынке по этим факторам. Но если рассматривать мировые тенденции развития современных обществ, то оказывается, что эти все богатства являются в то же время и недостатками. Это уже практически апробировано на таких странах как Япония, Южная Корея и т.п.

Специалисты по западному менеджменту советуют руководителям поработать на рабочих местах в качестве простых работников. В одной книге описывается случай, когда руководитель одной американской фирмы целый день работал, перетаскивая мешки на складе. После этого прибыли его фирмы выросли. Не говоря о его престиже.

В то же время имеет место негибкость современных бывших советских руководителей, у которых на предприятиях идут массовые сокращения, зарплата работникам практически не выплачивается. В то же время верхушка разъезжает на дорогих импортным автомобилях, из бухгалтерий идут информационные слухи о зарплатах руководителей, которые как пламя предстоящей новой классовой войны разжигают непримиримость. Средства массовой информации и интернет пестрят сообщения о том, как национальный капитал (труд бывших советских трудящихся) вывозится за рубеж. Там на бывшие народные средства покупаются старинные замки, заводы, фабрики и спортивные клубы. Но тогда задается вопрос: "Выдержит ли такое предприятие в конкурентной борьбе?" Мало вероятно!

Для этого и должна служить идеологическая надстройка на каждом частном предприятии.

В одном учебнике по бизнесу указывается пример западного руководителя, который, видя тяжелое положение своей фирмы, согласился и назначил себе оклад в размере одного доллара для спасения духовного единства и целостности фирмы в конкурентной борьбе. В то же самое время мы знаем, что факторы духовного единения и общности цели могут дать больший результат, чем экономические расчеты.

В науке, особенно в области информационно-измерительной техники, существуют методы и средства повышения точности систем измерения за счет применения комбинированных способов измерения. В этом случае используется несколько различных по своей специфике методов, с которыми проводится анализ сложного состава и потом используется комбинирующий результат. Таким путем достигается высокая точность и возможность в получении более достоверного результата. Для повышения чувствительности информационно-измерительных систем измерительный сигнал модулируется прямоугольными импульсами для исключения мешающих факторов, а также исключения таких неприятных моментов как дрейфы и одновременно с этим достигается значительное повышение чувствительности к измеряемому параметру. Перескакивая с одного временного пространства в другое, можно таким путем обрести чувствительность для решения различных задач.

Для развития бизнеса можно рассматривать разные исторические примеры. Например - это восстановление

Конституционной Монархии. Но восстановление Монархии не в прежнем качестве самодержца, а в качестве согласительного и связывающего органа по подобию, например, как Император Японии или имеющиеся конкурирующие монархии в странах западной Европы. Рассматривая статус российского монарха, нужно учитывать его действия в демократическом пространстве. Для этого уже есть множество положительных примеров из других высокоразвитых стран, таких как Великобритания, Дания, Швеция, Япония, и т.п. Но это не только пример. Это еще и конкуренция во всем ее многообразии. Нужно рассматривать процессы укрепления сильной центральной власти, исходя из комбинированных методов, когда в процессе повышения качества используется несколько различных по методам средств. Такой подход можно применить и в вопросах власти. Дума, Сенат, Президент, судебная власть и Император дополняют и усиливают ее. Можем задать себе вопрос, укрепляет ли власть японского императора саму государственность Японии, ее историко-патриотическую основу? Судя по практическому обилию в России японских товаров и плачу американских предпринимателей, подвергающихся атакам японских конкурентов, можно сказать, что в этом что-то есть.

В качестве пространства действия российского Императора предложить территорию Санкт-Петербурга. Таким образом как бы повышается статус Санкт-Петербурга, как царствующей столицы Российской империи.

Восшествие на престол Императора можно рассматривать как приглашение на заведование кафедрой маститого ученого. Это позволит для национального бизнеса дать множество взаимовыгодных моментов, к которым можно отнести ритуалы по традиционным формам этикетов царского двора, что позволит действительно повысить прибыли от туристического бизнеса и одновременно с этим даст возможность всем россиянам как внутри страны так и за рубежом почувствовать некоторое связывающее звено. Также возможно, что Император возьмет на себя функции по ликвидации межнациональных конфликтов. Территория действия Монархии может также рассматриваться как же как и Государство Ватикан на территории Италии. Таким образом имеются примеры, которые показывают свое положительное влияние. Также восстановление Монархии будет служить некоторым связующим звеном с историческим прошлым и восстановлением прежнего лозунга, имеющего очень важную жизненную силу: “За Царя и Отечество."

Восстановление монархии в ее исторически- патриотическом состоянии позволяет также укрепить историческую связь поколений многовековой истории Российской Империи. Император также будет заниматься вопросами восстановления исторической ценности своей Империи.

Следующий немаловажный для развития демократии и консолидации российского общества вопрос касающийся окончательного завершения гражданской войны вспыхнувшей в 1918 году. Если рассматривать сам процесс окончания гражданской войны в России, то мы знаем по учебнику Истории КПСС, что победила коммунистическая идея и партия коммунистов встала у власти на многие годы. А что стало с теми кто боролся против? Они были выдворены в другие страны, расстреляны или погибли в тюрьмах. Если рассматривать аналогию гражданской войны в США, то мы видим существенные отличия. Все участники гражданской войны остались на своей родине и работали во благо ее процветания. Следовательно возникает вопрос: Так когда же наконец окончится гражданская война в России и каким актом? В этом случае частичное восстановление Монархии могло бы стать этим актом, соединяющим всех россиян, разбросанных по всему свету. Если рассматривать структуру нынешнего управления России, то надо признаться в том, что хоть и есть некоторые элементы демократического управления, но в целом практически все руководство страны и регионов состоит из бывших или нынешних коммунистов, в том числе и демократов с внутренним коммунистическим содержанием. Достаточно отметить, что автор монографии считает себя американцем советского происхождения. А американцы русского происхождения живут тут в США с 1918 года.

Восстановление Монархии в виде конституционной на территории Санкт-Петербурга может также рассматриваться как важнейший элемент развития международной конкуренции с другими странами. Нужно отметить, что в некоторых в рыночном отношении высокоразвитых странах имеются королевские и императорские дома.
Российский императорский Дом и особенно такие акции как коронация, выезд императора, полковые смотры, смена караулов нужно рассматривать как вызов конкурента.

Такая акция несомненно позволит повысить авторитет службы в вооруженных силах России, создаст привлекательность и престижность профессии военного, защитника родины. Для этого можно было бы создать императорскую гвардию из полков, которые существовали в Царское время: уланы, гусары, кавалергарды и т.п. Названия полков имеют мировую известность: Преображенский, Семеновский и т.п. Молодые люди, которые бы служили в этих полках могли получать дополнительное элитное образование и таким образом формировался бы новый почти дворянский костяк России. Они носили бы обмундирование того времени и именовались как исторические полки России. Действительно имеется вопрос. Живет ли новая Россия опять при Советской власти или все таки у этой страны была многовековая история. Прошло только около ста лет когда существовала страна, которая называлась Советская Россия. А царская Россия существовала несколько веков.

Говоря о восстановлении монархии необходимо отметить тесную связь монархии с православной верой (церковью). Говоря о конкуренции необходимо отметить, что речь идет о понятиях конкуренции культур. Есть англосакская культура с ее королевский двором и православная с ее царским двором.

Возникает следующий вопрос: Если были такие национальные герои, которых восприняли коммунистические идеологи, как Суворов А.В., Кутузов М.И. и другие, так куда делись многочисленные полки, с помощью которых они совершали свои ратные подвиги? Опять же видна отрывочность из общей стройной исторической системы. Вполне вероятно, что вряд ли они бы вступили в ряды Красной армии и скорее всего командовали бы дивизиями Белой армии. Подавлял же А.В. Суворов пугачевское восстание.

В истории существования Российской Империи был наработан богатейший материал, не имеющий цены в мировом понимании ценностей современного бизнеса. При этом мы даже еще не в полной мере осознаем какие это могут быть настоящие ценности. Кроме того Император своим восшествием напоминал бы постоянно россиянам русскую поговорку :” У каждого должен быть свой царь в голове”. Это в полной мере соответствует основным канонам рыночной демократии.

В настоящее время Россия возвратилась на путь капитализма, развития собственных рыночных отношений и демократии. Таким образом можно сделать логический вывод, что победила Белая армия. Поэтому целесообразно для преобразования советского мышления в демократическое произвести установку различных мемориалов и памятных табличек героям Белого движния. Важное значение с политической точки зрения могли бы произвести установки таких мемориалов в Крыму. Остатки Белой армии уходились через Крым, а оставшиеся офицеры и солдаты Белой армии были расстреляны. Зарубежные потомки, рассеянные по всему свету могли бы посещать такие места.

Большевики взяли власть в свои стальные руки. Они решили вести народ к счастью железной рукой. В этом имеется некоторая аналогия с сегодняшним периодом. Так свободно выбранные демократы стали такой железной рукой вести народ к счастью. Многие из них самих не представляют особенности рыночной экономики и особенно то, что философская основа должна разрабатываться для национального рынка, исходя из историко-патриотических начал. Можно рассматривать формирование таких рынков как японский, южнокорейский, немецкий, то увидим некоторые аналогии пригодные для России. Американская армия оккупировала Японию и заполонила своими товарами и своей идеологией. Японцы поучились у своих завоевателей и постепенно создали свой специфический рыночный капитализм со своей исторически-патриотической основой. В Южной Корее учителями были захватчики - японцы, а учениками выступали сами хозяева.

Определенный интерес представляет практика менеджмента советского периода. Многие его могут называть трагедией, застойным времен, всячески поносить и поругивать. Надо найти в этом периоде положительное, что может выправить положение в области идеологической работы.

Прошедшее время было названо "застойным". Если развивать эту идею с демократических полит корректных форм общения и американизации российского общества, то она оскорбительна для множества россиян и особенно для их потомков. Этим словом наносится оскорбление определенной части соотечественников, которые отдавали свои жизни за независимость Родины. Поэтому нельзя оскорблять память погибших. Определенные прорывы и высокая конкурентоспособность научных направлений дает право полагать, что не все это время было таким застойным, как это трактуют некоторые. Существовали и светлые стороны в советской жизни. У Советской власти были хорошие положительные стороны и термин "совковости" применяется также неуместно, как одно из средств разжигания межнациональной или классовой розни. При этом как ни странно термин "совковость" часто используют доморощенные демократы, которые должны были обрести проамериканскую политкорректность.

У большевиков можно многому поучиться. Так в частности в трудах американских специалистов можно найти примеры для национального бизнеса. В одной книге приведено интересное изречение :" Несомненно то, что мы никогда не сдадимся". В. И. Ленин. Это неплохой руководящий лозунг для современных предпринимателей.

В другой американской книге в качестве идеального примера для ведения переговоров необходимо использовать опыт и выдержку министра иностранных дел СССР товарища Молотова, которого за его стойкость на переговорах называли "Мистер Железные штаны".

Право изречение, что нет пророка в своем отечестве. О достоинствах советского периода можно узнать через переводы.

Такая же ситуация возникает и с самим вождем - В. И. Лениным. Как его можно рассматривать. С одной стороны как тирана и диктатора, развязавшего гражданскую войну, но с другой стороны и как менеджера. Он создал свою теорию и на практике со своими единомышленниками создал новый тип государства. Пускай находят специалисты в его творении много ошибок, но он создал новый тип государства. Так сказать предпосылки для нового передвижения товаров и услуг. Написал по этому поводу много своих произведений и кроме этого обладал огромной работоспособностью.

Поэтому с него необходимо брать пример в области работоспособности, умения принимать решения, как бы тяжелы они не были и уметь рисковать.

Нужно учиться использовать российские исторические ценности.

Можно представлять, что в 1917 году был не переворот, как предполагали многие, а самая настоящая Великая Октябрьская Социалистическая Революция.

Если рассматривать современный бизнес, то он базируется на различных мифах. Как пример, чудовище озера Неси - Лох. Это один из эффективных примеров того, как на обычном озере делается прекрасный бизнес при этом довольно прибыльный. Таким же образом мы должны полагать или даже утверждать, что действительно город Санкт – Петербург – Петроград – Ленинград. Это уникальный город в мире, который просуществовал во множестве исторических эпох. В нем произошли такие удивительные события, оказавшие существенное влияние на множество поколений во всем мире.

Этот город был зачинателем все этого. Так неужели же революционные праздники могут быть так просто отданы на откуп для политических битв и пройдут мимо российского бизнеса. Во всем цивилизованном мире праздники это прекрасное время для бизнеса. Праздники могут служить местом эффективных коммерческих операций. В США все праздники служат важнейшим инструментом для развития бизнеса. Например, день матери или отца. Широко распространены национальные праздники, которые даже не входят в перечень оплачиваемых федеральных праздников. Например, существуют интересные оригинальные праздники улиц. В этих случаях улицу перекрывают для проезда транспорта и посреди уличной дороги устраивают праздничные столы. Недопустимо, чтобы бизнес России и мира взирал на то, как две конфронтационные колонны будут угрюмо размахивать знаменами различной окраски и о чем - то спорить давно уже прошедшем. Празднуют же французы и День Бастилии и почитают одновременно с этим и Наполеона. А он погубил на российских просторах французскую армию. В США существует множество федеральных, штатных и местных праздников. Во время этих праздников идут крупномасштабные распродажи.

Поэтому Великие Российские Революции должны стать практическим примером и поводом для реализации различных стратегий в российском бизнесе во всем их многообразии, начиная с различных массовых мероприятий и кончая, таким как распродажи революционных символик, и тому подобной атрибутики.

В данном случае необходимо увязывать идею консолидации с рыночными аспектами интенсификации движения товаров и услуг. Например, потребление выпивки и закуски в праздничные дни. После разрушения советского строя образовалось множество новых праздников. Для бизнеса не имеет смысла отвергать ранее существовавшие советские праздники. А наоборот, используя свой капитал и возможности их использовать для идей консолидации. Таким образом, увеличиваются прибыли. Если 7 ноября озлобленные демократы отказываются выпивать и закусывать, отвергая этот праздник, то революционно настроенные марксисты озлобленно напиваются и таким образом усиливается конфронтация. Она в конечном итоге может опять привести к празднику Нового Великого Октября-2.

Это в немаловажной степени относится и к такому вопросу как реализация исторических ценностей Времен революционного периода и Советского времени.

Как известно при разрушении берлинской стены предприниматели тут же стали распродавать осколки от этой стены. При разрушении Советского Союза возникают более значимые исторические ценности. Поэтому нужно подойти к таким наработкам с чисто коммерческим интересом. Масштабность национальных исторических действий намного превышают мировые наработки.

Во многих американских ресторанах используются старинные вещи для создания оригинальных интерьеров. В одном ресторане висело обычное колесо от конной повозки. Хозяин с гордостью говорил посетителям, что это колесо от повозки первых переселенцев его предков. Автор был в одном интересном ресторане, в котором с потолка, со стен свисали старинные предметы, которые использовались со времен завоевания Америки первыми переселенцами. Это были старинные предметы, показывающие как развивалась индустриальная Америка. Это были старинные молотки, клещи, пилы, меха для раздувания огня в небольших плавильнях, тиски, различные плакаты и т.п. Оригинально и со вкусом!!!

Из-за процесса чрезмерной советизации и уравниловки в обществе частично потеряна сноровка. Умение преподнести все это нужным образом. Нужно заново вспоминать, как подковать английскую блоху и искать Левшу и не одного, а сотни тысяч по всей стране.

Наиболее интересные эффективные операции по конкурентоспособному менеджменту осуществлялись в советский период и выявились во время Великой Отечественной войны. Несмотря на критику самой идеологии и возникновения такой войны, можно с позиций современного менеджмента рассмотреть множество различных ситуаций и представить их в весьма интересных аспектах. Медитация в этом временном пространстве позволяет вывести из мира подсознания энергию победы. Эта энергия, входя в сознание предпринимателя, позволит ему эффективнее действовать.

Общеизвестно, что при первой атаке фашистских войск по всей линии фронта битва была настольно упорная, что местами немецкие войска так и не смогли перейти линию границы. Битва на границе была такой кровопролитной, что потери фашистов составили примерно столько же, сколько они потеряли при завоевании всей Европы.

Это явление резко контрастирует по отношению к сегодняшней промышленно-продовольственной агрессии, естественно в положительном ее понимании.

Существующая мировая тенденция развития рыночной экономики предусматривает те же битвы. Это не означает, что на граждан, на их дома будут падать бомбы. Захватчики не будут входить в жилища и расстреливать. Ситуация состоит совершенно в другом. На внутренний рынок проникают более высококачественные и порой даже неведомые товары и продукты. Они вытесняют с внутреннего рынка не только товары, но и самих национальных производителей.

Хорошо ли это или плохо? Вот в чем вопрос сегодняшнего дня.

Это имеет двоякую сторону рассмотрения. С одной стороны это улучшает и насыщает рынок необходимыми товарами. С другой стороны российские предприятия встают и не могут реализовать свой товар.

В СССР существовала общегосударственная программа по качеству. Но ввиду того, что при старой громоздкой и некомпетентной системе управления, лишенной внутренней конкуренции, она превратилась в бутафорию, насмешку. В других странах, особенно в Японии, поднятая на государственный уровень, она дала положительные результаты.

Развитое общество стало обществом знания.

Поэтому все большее число людей приобретают знания путем долгих лет формального образования. Движение товаров и услуг определяется в основном людьми, которые потребляют или создают эти богатства. Поэтому бизнес должен обращать особое внимание на процессы, которые влияют на качество работы.

В списке традиционных причин снижения производительности можно найти следующие:

низкий уровень образования,
безграмотность,
враждебное отношение к частному сектору,
ориентация на краткосрочные цели,
пренебрежение к технологии и организации,
недостаточное внимание к качеству,
невнимание к человеческому фактору,
низкий уровень подготовки кадров,

сопротивление изменениям,
чрезмерные уступки рабочим,
чрезмерно мягкие правила работы,
враждебное отношение к руководству,
нежелание интенсивно работать,
отсутствие рабочей гордости,
распространение алкоголизма и наркомании,
низкая квалификация молодых рабочих,
неразвитая рабочая этика
и т.п.

Эти требования выставлены не для российских фирм, а для американских, но они вполне пригодны и для национального производства.

Отличительное свойство стран, бросающих вызов лидеру, состоит в том, что они уделяют особое внимание развитию системы образования. Конкуренты делают упор на систему обучения - один из основных исторических уроков, ставших причиной ослабления стран - лидеров.

Наличие даже чрезмерно богатых русских в новой России дает множество положительных моментов для подрастающего поколения. Это дает возможность для создания конкурентной среды между поколениями. Молодежь будет видеть, как в напряженной конкурентной борьбе действуют предприниматели. Она будет естественно тянуться за ними. В этом случае мудрость, искусство, практический опыт и знания предпринимателей могут служить положительным примером. Это было в коммунистической России. Седовласые ветераны партии, герои гражданской и отечественной войн приходили и рассказывали о своих подвигах, как боролись с врагами народа, как расстреливали своих же соотечественников.

Советская молодежь, затаив дыхание, слушала про боевые подвиги и мечтала встать на их место и также беспощадно бороться за светлое коммунистическое будущее, которое в реальном ее представлении было неким абстрактным понятием.

Но в настоящее время в этом случае возникает совершенно другая задача. Такие примеры участия бизнеса в молодежном движении имеются в других странах.

Необходимо в этом случае подходить с основных мерок выживаемости нации в целом. Движение творческих сил и разработка нестандартных идей - основные факторы, влияющие на развитие общества.

Российские предприниматели, обогатившиеся за такой короткий отрезок времени, стали одним из важнейших элементов движущейся силой новой России. Они стали источниками разжигания классовой ненависти, чем и пользуются их оппоненты.

В Царской России средним правящим классом было общество дворян, обладающих многовековым накопленным знанием. Эти результаты мы видим в таких деятелях искусства, как Лев Толстой, Тургенев, Пушкин, Лермонтов, Достоевский и т.п.
На смену им пришла партия коммунистов, которых тоже стали учить усиленными методами.

Сейчас же в сменившейся социально-экономической обстановке на их смену пришел класс - предпринимателей, который таким же образом стал поднимать лозунг: "За все в ответе". Обладая финансовой властью, предприниматели способны решать различные задачи. Предприниматели должны это понимать, начиная от хозяина мелкой лавчонки и кончая руководителя крупных банков, коммерческих и производственных структур.

Один из совладельцев небольшой строительный фирмы после работы зашел в коммерческий магазин с целью предстоящей покупки видеомагнитофона. Он не успел переодеться, и был в нереспектабельном виде. Продавец в беседе высказал фразу о том, что" не ему такие вещи покупать". Обиженный строитель ушел, но это его сильно задело. На следующий день он проходил мимо этого магазина поздно вечером из бани. Воспоминание об унижении всплыло из души. Он, не сдержавшись, поднял с земли камень, и бросив его, разбил большую дорогую витрину. А мог бы и гранату бросить. Как видим, продавец неправильно высказался, а фирма потерпела убыток. Данная беседа была записана во время командировки в поезде в беседе со случайным попутчиком. Собеседник сам удивился всплывшей случайно ненависти. Он был человеком достаточно обеспеченным. Его бизнес шел в гору. Но пробужденное революционное сознание дало такой результат. Это говорит о том, что в российском подсознании еще сильны славные революционные традиции. Поэтому молодой современный российский бизнес должен руководствоваться старой восточной поговоркой, которая примерно гласит так: "Сильный должен ходить на цыпочках".

Российский бизнес должен понимать, что если он не будет осуществлять связь с обществом, то возможная разбалансировка политических сил окажется не в его пользу.

В начальный период перестройки с одной стороны баррикад говорили: "Ценности социализма продаете?" С другой стороны баррикад им говорили в ответ: "Да кто их купит?"

Весь смысл национальной рыночной стратегии и заключается в том, что нужно научиться выходить на рынки со своими национальными специфическими продуктами и приучать клиентов покупать их и воспринимать как необходимый рыночный компонент. Если же полностью выбросить весь советский период на свалку и отказаться от его реализации на мировых рынках, то таким образом это отрицательно скажется на формировании всей инфраструктуры национального рынка. Однако же не все ценности выбрасываются. Продаются ордена, медали и атрибутика советского периода. Многие новые русские и олигархи должны быть признательны советскому периоду, который позволил им создать свои финансово-промышленные империи.

В вопросах единения с политических позиций необходимо рассматривать и процессы советского периода, касающиеся выживаемости личности и общества.

Это наиболее эффективно выявляется в период Великой Отечественной войны, когда конкуренция достигла наиболее ярких жизнеутверждающих моментов и породила победоносный дух нации.

В этом аспекте рассмотрение позиций современного менеджмента и событий и эпизодов Великой Отечественной войны дает много интересных взаимосвязанных факторов. Это можно представить на ряде примеров из наиболее известных эпизодов Великой Отечественной. Лучше всего анализ проводить, используя иностранные источники, так как россияне, созданные в старой системе, подавать товар весьма эффективно не могут. Поэтому общая методика этого процесса, прекрасно отработанная в западной экономике, кстати подходит для России.

Современный национальный бизнес должен сам финансировать и проводить исследования, связанные с генерацией предпринимательской энергии, исходя из тех героических побед и подвигов, которые будут выискиваться для анализа.

Поэтому забота о национальных подвигах, оказывается в сфере компетенции российского бизнеса.

Страна не только должна знать своих героев, но также иметь способность для впитывания непобедимого боевого духа с целью переработки для создания конкурентоспособной нации.

В западной литературе посвященной выживаемости личности в бизнесе приводится термин - развитие, силы ума. Это показывается на примерах мысленного сосредоточения на каких-то путешествиях или возвращение в исторические времена. Так в одной книге предлагается совершить путешествие во времена Наполеона.

Такие умственные упражнения способствуют развитию силы ума, что оказывает положительное влияние на разработку своей предпринимательской деятельности.

Одно дело просто читать про боевые подвиги и другое дело, сосредоточившись медитировать в то пространство.

В книгах по бизнесу пишется, что если вы решились, вы должны стоять до конца. И в этом смысле действия предков - победителей и советы бизнесменов сходятся.

Поэтому ситуация, имеющая место в современной промышленности, очень схожа со Сталинградской битвой.

Только "маленькие домики Павлова" - национальные предприятия пытаются отстоять свою независимость. Трудно предположить, на сколько хватит их боезапасов и энергии, чтобы выстоять и в перспективе и победить.

Поэтому такие подходы должны стать решающими в создании мира согласия работников и предпринимателей.

В борьбе за качество и создание конкурентной среды россиянам придется изрядно попотеть. При этом сами конкуренты, в силу сложившихся факторов должны, будут выступать одновременно учителями и соперниками на мировых и внутренних рынках.

Еще один немаловажный фактор, ухудшающий положение российских предпринимателей, заключается в отсутствии идеализации национальных героев предпринимателей, которые пытаются защитить национальные интересы. Ранее в области литературы, искусства, в художественных произведениях существовали, особенно в советский период, такие работы, которые идеализировали образ коммуниста или простого честного советского человека. Пропагандировался бескорыстный труд.

Яркий пример этого кинофильм "Коммунист" в котором стратегия менеджмента выражается в том, что коммунист, которого прекрасно играет артиста Урбанский, идет в лес и рубит дрова для того что бы поезд пошел дальше .

Все сидят, а он рубит дрова. Нечто похожее происходит и сейчас.
Само произведение" Как закалялась сталь" также можно рассматривать совершенно с иных позиций. Как стойкость и целеустремленность не только самого литературного героя, но также и самого автора, прошедшего такие трудности, но не сломавшегося.
Нужно только уметь находить самые главные истоки, которые преобразовываются в само движение и генерацию менеджмента. Это также видно и в других кинофильмах, как средствах массовой пропаганды советского образа жизни. Такой подход находится в простых кинофильмах американской рыночной экономики. В этих простых сюжетах заложены практические примеры по правовым вопросам, по развитию знаний в области техники, красоты и иных направлениях.

Все оказывается не так, как себе это представлялось!

Это конечно же переходный период и поэтому мы можем сказать про наших предпринимателей словами известного поэта:

"Хоть знает враг (конкурент) морально мы слабы(низкое качество и отсутствие конкуренции)

За ним и лес и города сожжены (высокое качество и конкуренция)
Вы лучше лес рубите на гробы (готовьтесь к конкурентной битве)
В прорыв идут штрафные батальон (российские предприниматели)

3.НОВЫЕ РУССКИЕ
ВЕЛИКОЙ ОТЕЧЕСТВЕННОЙ

В виду того, что книга написана в США, то тут по странному историческому стечению обстоятельств все кто говорит по русски считаются русскими. Поэтому многочисленные народы, населяющие СССР стали именоваться в США русскими. Это - грузины, евреи, украинцы, татары и другие. При этом знание истории и особенностей проживания в СССР у многих американцев весьма поверхностное. Автор был в магазине Радиошек по продаже электронных компонентов. Продавец - афроамериканец узнав, что автор из России сказал: Я знаю вашу страну. У вас есть город Киев. (Киев-столица независимой республики Украина).

Естественно возникает множество вопросов, касающихся оборотной стороны советского образа жизни. Новые термины - совковость, новые русские вносят определенный разлад в жизнь общества и разрушают национальную экономику.

Традиционно гордость россиян вращается вокруг: победы в Великой Отечественной войне, ракетно-ядерного щита, и лучшего мире автомата. Это неоспоримые факты не располагают к реальному осмыслению происходящего.

Для этого целесообразно проанализировать состояние нации на период июня 1941 года. А после этого каждому самому определить. А такие ли россияне все на самом деле? Или в них что-то изменилось?

Анализируя сегодняшнее состояние, россияне должны, скорее говорить не о том, что с ними произошло, а скорее всего о том, что им предложено.

Речь идет о вызове мировой рыночной экономики, который был брошен, россиянам, и что делать с этим вызовом.

Об этом моменте приводится в книге Павла Далецкого "На сопках Маньчжурии" Лениздат - 1952 г.

" Когда, был взят Мукден и, в руках у нас оказались архивы Квантунской армии, мне снова попалось имя Маэямы Кендзо. На совещании генералов он делал доклад о тактике русских войск, основываясь на опыте русско-японской войны 1904-1905 года, он утверждал, что нечего бояться наступления русских со стороны Монголии, потому, что русские не умеют действовать в горах, они не пройдут через Большой Хинган, Маэяме приводил в пример Куропаткина, Засулича, Штакельберга.

В это время я уже писал книгу о войне 1945 года. Но я все более стал задумываться о том, что же происходило здесь сорок лет назад, когда русские люди воевали в Маньчжурии под начальством Куропаткина и других царских генералов. Во мне звучали слова приказа товарища Сталина:" Поражение русских войск в 1904 году, в период русско-японской войны, оставило в сознании народа тяжелые воспоминания. Оно легло на нашу страну черным пятном".

В настоящее время, говоря сталинским языком, это темное пятно превращается в огромную черную космическую дыру, в которую как в бездну вливается сознание российских граждан, многие из которых совершенно не понимают существующей ситуации, творящейся в определенных отраслях народного хозяйства.

Необходимо учитывать определенную связь и противоречия между информацией, которую получает руководство и которая имеется на местах и в сознании граждан. Эти процессы очень значимо влияют на стратегическую обстановку, в каком бы социально-политическом или временном разрезе не смотреть. Будь это рыночная экономика или Великая Отечественная война.

Для анализа нужно обратиться к иностранным источникам. Они дают более достоверную информацию о тех русских, которые и являются настоящими победителями. В новой рыночной экономике необходимо определить, кто же сейчас является победителем. Дать определение: “ Что такое национальный победитель в рыночной экономике”.

"Должно быть он (Гитлер) - насколько это было возможно - выбросил из головы все мысли о шведском короле Карле Х11 и Наполеоне Бонапарте, которые после стольких блестящих побед, похожих на его собственные, потерпели катастрофу в безбрежных просторах России"

. . . . . .Для завоевания России недозволенных приемов не было - допустимы были все средства . . . .

Победоносная Россия вышла из этой битвы (Второй Мировой войны) как единственная держава, способная бросить вызов - и

пожалуй даже нанести поражение Соединенным Штатам Америки в области техники и материальной мощи. . .

. . . . .В этот самый момент начался поход, который по своим масштабам не имел равного в мире. . . .да поможет нам бог, особенно в этой борьбе. . . . .

Воззвание Гитлера перед походом на Восток к германской нации в 7 часов утра 22 июня 1941 года. Тремя с половиной часами ранее сполохи залпов 6 тысяч орудий озарили предрассветное небо на Востоке, обрушив на застигнутых врасплох русских шквал огня и смерти. . . . .

. . . . .ни одна битва с истории человечества не идет в сравнение с этой. . . .По числу людей, весу боеприпасов, протяженности фронта, отчаянной ярости боев - день 22 июня никогда не будет превзойден . . . . .

. . .Но еще до наступления темноты стало очевидно, что эта компания существенно отличается от предыдущих. . . . Как гигантский зверь, пойманный в сеть Красная Армия (Россия), отчаянно отбивалась и по мере того как рефлексы пробуждались в отдельных уголках его тела сопротивление нарастало. . . .

. . . тщательно отработанное взаимодействие всех родов войск создавали вермахту (мировой рыночной экономике) ореол непобедимости, которого не имела ни одна армия со времен Наполеона. Однако русские, (российские предприниматели) игнорируя эту военную репутацию вермахта, действовали совсем иначе. . . .

. . . нет того чувства, что мы вступили в побежденную страну, которое мы испытывали во Франции. Вместо этого-сопротивление, постоянное сопротивление, каким бы оно безнадежным не было, отдельное орудие, группа людей с винтовками, (малое российское предприятие) , человек, выскочивший из избы на обочине дороги с двумя гранатами в руках . . . .(российский предприниматель)

(Из иностранных источников о начале Великой Отечественной войны" Взгляд с Запада. От Барбароссы до Терминала."

В конце сентября 1941 года, когда отгремели последние залпы в "Киевском мешке" и захлопнулись двери товарных вагонов, увозивших русских пленных на запад, немцев мучила все та же проблема. **Русский медведь был мертв, но не хотел ложиться. Точные сведения о русских потерях по подсчетам ОКВ - 2,5 миллиона человек, 22 тысячи орудий, 18 тысяч танков, 14 тысяч самолетов....**

Что же тогда подпирало Красную Армию?

В Берлине уже началась работа над проектом плана оккупации, который предусматривал отвод в Германию примерно восьмидесяти дивизий, из которых половину намечалось демобилизовать, военно-оккупационная администрация должна была сохранить в своем распоряжении сильные мобильные группы в основных промышленных и транспортных центрах. Каждая группа, помимо несения обычных оккупационных обязанностей, должна быть способной посылать мобильные боевые отряды в неоккупированный хинтерланд с целью ликвидации любых попыток к сопротивлению, прежде чем они примут опасный характер.

Захватчикам представлялось, что нанесенный урон Советской армии позволяет считать военную компанию победоносно законченной. Жители оккупированных территорий будут сидеть, сложа руки или слегка сопротивляться. Для подавления такого сопротивления было достаточно послать мобильный отряд.

Однако на линии фронта будущее выглядело совсем в ином свете. Немецкие солдаты чувствовали, что находятся в глубине чужой и враждебной страны.

Лишь реки нарушали однообразие территории....

За каждой из них скрывался враг, который отступал, но всегда вел огонь. И очень часто дневной бой заканчивался, а русские снова были видны на горизонте, и через цейсовские бинокли можно было различить танки Т-34 с их зловещими, напоминающими капюшоны, скошенными башнями, которые, казалось, заманивали немцев все дальше и дальше на Восток. От сражавшихся рядом с немцами союзников - румын и венгров, которые не считали себя суперменами, в германскую армию начали все чаще проникать настроения обеспокоенности и тревожные рассуждения: **что русского всегда приходится убивать дважды, что русских никогда никто не побеждал, что никто, проливший здесь кровь, еще не уходил их России живым.**

И каждый немец, на каком бы участке фронта ни воевал, с тревожным чувством страха и восхищения обратил внимание на поведение раненых русских.

"Они не плачут, они не стонут, они не ругаются. Несомненно, есть что-то загадочное, что-то непостижимое в их суровом, упорном молчании".

Да и с позиции рыночной экономики вопросим:
" Что же это был за такой инвестиционный фонд, который финансировал победу в Великой Отечественной войне?"

Как будто преисполненные злобной решимостью принудить своих врагов проявить слабость, фашисты не оказывали медицинскую помощь военнопленным и свели их рацион до минимума.

Тревожное чувство, что им приходиться сражаться против противника почти сверхъестественной силы и стойкости, было

широко распространено среди немецких солдат, особенно в пехоте, и его можно было проследить в их письмах и дневниках. Но в Главное командование сухопутных войск эти настроения проникли несколько позже.

Мы видим, что начало Великой Отечественной войны по исследованиям Алана Кларка показывают существенное отличие в информации, которую получает руководство и той, которая имеется на местах. Нечто похожее образуется и в нынешней ситуации.

Наступление иностранных технологий, продукции и особенно услуг и образа жизни ведет естественно к внедрению иных черт, искажающих лицо нации.

С одной стороны есть определенные преимущества, но с другой стороны и большие минусы.

Самые огромные минусы, это конечно же падение производства, увеличение безработицы, увеличение разрыва в мире высоких технологий. Будь это ввозимый автомобиль, или куриная ножка - они все отрицательно сказываются на выживаемости российского потребителя и производителя. Производитель не может продать свою продукцию. Потребитель отдает свои кровные денежки, которые уходят за рубеж. Они вкладываются в развитие другого предприятия, находящегося там за рубежом. Оно в свою очередь наращивает свои производства и многократно усиленное такой финансовой иностранной поддержкой опять возвращается в товарном виде на российские рынки.

Сейчас же в настоящее время разрозненные частные предприятия создают свои партизанские отряды, пытаясь таким образом вести освободительную борьбу за независимость национальной промышленности и за достойное место на рынках.

Вместо "быстрого усмирения" захваченной территории карательные меры, к которым охотно приступили немцы, разожгли пламя народной войны, и партизанское движение начало быстро расти.

Жители сел, деревень и хуторов предоставляли кров и продовольствие партизанам и группам, выходивших из окружения русских военных, росла ненависть к захватчикам по мере того, как становилось известным зверское обращение фашистов с мирным населением.

Особое значение приобрел провозглашенный Сталиным тезис о патриотическом, национальном характере войны.

В этом случае уместно сказать о том, что коммунисты использовали комбинированный подход. С одной стороны вроде коммунистическая партия во главе с вождем И.Сталиным организовала и возглавила отражение вражеской армии, но с другой стороны они привлекли на свою сторону русский национализм. В

Советской армии были введены погоны и воинские звания царского времени , ордена с именами известных царских военачальников. Были выпущено кинофильмы : Петр Первый, Иван Грозный, в которых была отражена положительная роль царей для укрепления центральной власти и защиты отечества.

Реакция противника (конкурента) была предсказуемой - террор должен быть усилен и стать повсеместным.

Когда мы говорим о конкурентоспособной нации, то можем опять привести хороший пример.

В Сталинграде каждая битва выливалась в схватку между отдельными лицами. Солдаты выкрикивали ругательства и издевались над противником, от которого их отделяла улица; часто перезаряжая оружие, они слышали дыхание врага в соседней комнате; рукопашные поединки кончались в сумеречном дыму и клубах кирпичной пыли ножами и топорами, кусками камня и искореженной стали.

Из дневника Вильгельма Гофмана:

1 сентября: **"Неужели русские действительно собираются сражаться на самом берегу Волги? Это же безумие."**

8 сентября:"...**безрассудное упрямство**".

11 сентября:"...**фанатики**".

13 сентября"... **дикие звери**".

16 сентября: **"Варварство.. это не люди, а черти**".

27 октября: **"Русские - это не люди, а какие-то железные существа. Они никогда не устают и не боятся огня**".

Вот выдержки из дневника немецкого солдата:

"16 сентября. Наш батальон вместе с танками атакует элеватор, из которого валит дым - горит пшеница. Говорят, что русские сами подожгли ее. Батальон несет тяжелые потери. В ротах осталось по 60 человек. **В элеваторе сражаются не люди, а дьяволы. которых не берет ни пуля, ни огонь.**

18 сентября. Бои идут в самом элеваторе. Русские внутри него обречены. Наш батальонный командир говорит, что комиссары приказали этим людям сражаться в элеваторе до конца.

Если все здания в Сталинграде будут обороняться, как это, ни один из наших солдат не вернется домой. (миллионная группировка немецких войск была пленена в ходе сталинградской битвы).

20 сентября. Битва за элеватор продолжается. Русские ведут огонь со всех сторон. Мы сидим в подвале, выбраться на улицу нельзя....

22 сентября. Сопротивление русских в элеваторе сломлено.... **В элеваторе мы нашли трупы сорока убитых русских. Половина из них**

в военно-морской форме - морские дьяволы. В плен взяли только одного тяжелораненного, который не может говорить или притворяется."

Нельзя сейчас полагать, что Фюрер был глупый человек, а немцы в чем-то ошибались. В современном рыночном представлении нужно Великую Отечественную войну рассматривать как битву двух конкурентов. Это была битва конкурирующих систем, машин, идей, руководителей. Если это был вождь, то он действительно вел к победе. Если это был солдат, то он знал один лозунг:" Родина или смерть".

В ходе военных операций русскими были разработаны новые приемы ведения боев.

Русскими была разработана надежная стратегия уличных боев при численном превосходстве противника. Это использование штурмовых групп - небольших отрядов солдат, вооруженных легкими или тяжелыми пулеметами, автоматами, гранатами, противотанковыми ружьями, которые поддерживали друг друга стремительными контратаками, выработали тактику создания "зон смерти" - густо заминированных домов и площадей, к которым обороняющаяся сторона знала все доступы.

Вот что писал Чуйков: "Успех в значительной мере основан на скрытом сближении с противником".

".. двигайся ползком, используя воронки и развалины; рой ночью траншею, на день маскируйся; накапливайся для броска в атаку скрытно без шума; автомат бери на шею: захвати 10-12 гранат - тогда время и внезапность будет на твоей стороне.

. . . Врывайся в дом вдвоем - ты да граната. Оба будьте одеты легко - ты без вещевого мешка, граната без рубашки: врывайся так: граната впереди, а ты за ней; проходи весь дом опять же с гранатой - граната впереди, а ты следом"

Внутри дома "вступает в силу" неумолимое правило: Успевай поворачиваться! На каждом шагу бойца подстерегает опасность. Не беда - в каждый угол комнаты гранату, и вперед очередь из автомата по остаткам потолка; мало - гранату и опять вперед. Другая комната - гранату! Поворот - еще гранату! Прочесывай автоматом! Не медли!"

Эти очень важные советы можно трансформировать для современной стратегии выживаемости предпринимателя и предприятия в жесткой конкурентной борьбе, естественно в переносном смысле этого слова. Хотя порой конкурентная борьба на мировых и отечественных рынках ведется в буквальном смысле этого слова.

Нация в целом оказалась не приспособлена для нанесения ответного удара. Это привело к тому, что многие предприятия оказались в тяжелом положении или обанкротились. Многие стали ложно представлять саму идею приватизации и акционирования, полагая, что раз стали частным предприятием, то поэтому должны процветать. Но все оказалось не так как хотелось. Руководство многих образовавшихся частных компаний оказалось не в состоянии выдержать конкурентный удар.

Совершенно ясно, что образовавшиеся после приватизации так называемые частные российские предприятия это не есть настоящие в рыночном смысле слова предприятии. Они не прошли сложный процесс выживаемости в рыночной борьбе, не закалились, не обрели статуса победителей. Рабочие не имеют того рыночного сознания, о котором много говорится в иностранной социологической литературе. У многих "частников" в голове имеется ложное представление о капиталистической форме существования.

Анализ практики выживаемости многих иностранных компаний показывает, что там есть элементы социалистического производства и отношений.

К таким элементам можно отнести:

широкое внедрение рабочей активности,

рационализаторское движение,

умения создавать корпоративность в компании,

понятие рабочей гордости,

демократизацию компаний,

заботу о выживаемости родного предприятия.

Общую ситуацию можно представить по аналогии с поединком боксеров. Только один вышел на ринг в классе мастеров, имея это звание, заслужив его в ходе жесточайших боев (многолетней практической конкуренции), а другому просто присвоили (мгновенно акционировали по приказу). Некто (государство) взял такое право на себя и, присвоив боксеру это звание, выпустил на международный ринг (в мировую экономическую рыночную систему). Можно представить, что будет на самом деле твориться на ринге в реальности. Что и видно невооруженным глазом наяву. Все это оказалось подобно допуску без обучения и инструктажа рабочих к управлению сложными станками. Одному оторвало палец, другому руку, третьему ногу, ... теперь многие истекают кровью. Но, по всей видимости, основной массе таких работников, в том числе стоящих и у руководства страной, была нанесена черепно-мозговая травма в результате, например, удара от оторвавшегося шпинделя.

Но во время войны......

Немцы собирались брать штурмом Москву.

Город жил тревожной жизнью.

Цвет москвичей был на фронте - в армии, ополчении, батальонах добровольцев, а сотни тысяч жителей столицы, включая женщин и детей, днем и ночью на подступах к городу и на его окраинах строили оборонительные сооружения, рыли противотанковые рвы,

устанавливали проволочные заграждения и противотанковые "ежи". На Восток хлынули неорганизованные потоки беженцев.

.. В затемненном городе, с его заснеженными улицами, закрытыми магазинами, с воем сирен воздушной тревоги, царила атмосфера отчаянной воинственной решимости.

Эта атмосфера была полной противоположностью той апатии и безразличию, которое предопределили падение Франции в 1940 году. Тогда страна и ее институты были принесены в жертву личной безопасности, мелких удовольствий и привычную удобную жизнь можно было, как казалось многим французам, сохранить, просто отказавшись воевать. Но русские в 1941 году были далеки от подобных мыслей.

К лишениям и жертвам они привыкли на протяжении столетий, но в немецких захватчиках они сейчас видели причину их бед. Эти вещи не имели ценности по сравнению с глубоким патриотизмом русских.

Развитие конкуренции будет искать истоки в чисто национальных и патриотических чувствах и естественно в сознании граждан. Это примерно такое же аналогичное действие, которое происходило в японской, германской или южнокорейской промышленности после многих лет иностранной оккупации.

Сперва учеба у оккупантов, перенимание наиболее передового и прогрессивного, а затем стремительная атака на чисто национальной волне, как атака камикадзе с самурайским кодексом чести.

Это дало определенные успехи.

Такая же аналогия проглядывается в национальной промышленности, в беседах со студентами, которые уже испытывают чувства национального унижения. Возникает общеизвестный лозунг "За державу обидно".

Надо руководствоваться основным правилам современного бизнеса: **"Создавай бизнес сперва в своей душе. Если это понравилось тебе, значит, может понравиться и другим".**

В таком мощном прорыве иностранных конкурентов на внутренний рынок России видится много положительных моментов. Идет широкомасштабный учебный процесс. Приватизация это как лабораторная работа по рыночной экономике.

Какие бы сейчас процессы не происходили, в любом случае будет идти извращенное реформирование экономики. Оно в первую очередь будет связано со сложным процессом реформирования сознания. Сознание основной дееспособной части жителей стран рыночной экономики имеет более глубокое осознанное понимание стратегических целей и задач выживаемости. Специалисты уделяют особое внимание выживаемости каждой личности и предприятий. Эта идеология переходит в целом на укрепление устоев государства.

Команды, действующие на мировых рынках, формируются из победителей.

Таких работ в России сейчас практически не проводят. Образовавшиеся предприятия не могут наладить экономику, так как не имеют опыта работы в условиях конкуренции и спада производства. Возникают процессы разлада между руководителями и работниками компаний. Это затрудняет создание корпоративности и выживаемости компаний.

Если ранее стратегия компартии была направлена на процессы сплочения социалистического предприятия и страны в целом, то в данном случае таких процессов не происходит. Есть акционированная компания, есть руководство, есть рабочий коллектив. Но все это действует раздельно. Рабочие чего-то делают. Руководство руководит. Но все это делается автоматически, без души, как будто работают одни роботы. Это существенно отличает. Можно рассматривать аналогию в боевых действиях. Есть полководец, есть армия, солдаты и офицеры. Но у них нет веры в успешность своих действий, нет веры в победу.

В данном случае сходны отдельные пораженческие настроения, которыми были охвачены солдаты вермахта. Синдромом неуверенности в победу на своей земле захватывает определенную часть русских.

Это связано с тем, что не ведется работа с населением, не проводятся наиболее упрощенные разработки идеологий, более понятные, для того, чтобы осознать свое положение.

Великая Отечественная война показала настоящий дух нации, которая была в еще более тяжелом положении. В настоящее время, когда экономическое и политическое положение более благоприятно для процветания нации ее духовное состояние становится более плачевным.

Это связано с тем, что возникли ошибочные стратегии внушаемости, связанные с присвоением прав собственности на то, что не имелось в действительности. Это право собственности на победу в Великой отечественной войне.

Кто выиграл в Великой Отечественной войне? Какие русские?

Определенная часть, как показывают исследования, скажет с гордостью, что это мы !

Хотя этого нет на самом деле.

Любой бизнес требует рассмотрения реального процесса производства и получения своей доли по праву.

Современные россияне не обладают таким правом собственности, кроме тех, кто непосредственно участвовал в войне или пережил это трагическое время. Наследники могут говорить, что была такая нация советских людей. Они воевали на фронтах Великой Отечественной войны. Благодаря их духу и выдержке была выиграна эта крупнейшая в истории человечества война машин и идеологий.

В настоящее время наступает новая война, еще более страшная и более опустошающая в своем технологическом плане.

Это война высоких технологий, образа жизни, передела собственности.

Как выжить и победить в такой войне, в которой нет никаких приказов и начальников над тобой?

Война, в которой враг почти не видим!

Война, в которой нет смертоносных ураганных залпов ракет и снарядов.

Война, для победы в которой нужно максимально концентрировать свою энергию и ум на выживаемость не только физическую, но и как яркой и уникальной, сильной личности. Непрерывно конкурировать как с самим собой, так и с другими такими же специалистами. Митинговые и вождистские действия не могут решить таких сложных задач. Нет готовых рецептов и развернутой программы действий. Выпущено множество учебников по экономике современного рынка, они дополняются книгами преуспевающих бизнесменов. Но анализ этой литературы показывает огромное количество противоречий, которые отражены в вопросах выживаемости специалистов.

В новой ситуации возникают новые отношения и обязанности производительных сил, которые существенно отличают советский образ производственного мышления от рыночного.

В этом случае нужно рассматривать другой более важный психологический аспект формирования нового типа российского предпринимателя.

Это осознание им глубокого чувства нужности, активности и творчества, умения эффективно руководить, преодолевать трудности. А если настигает неудача, то быть готовым встретить ее достойно и иметь способность и силы для нового подъема. При поражении осознавать, что не справился, что оказался слабаком, что не смог подняться, что конкуренты его задавили, что проявил слабину с рабочими, что во время не смог навести производственную дисциплину, что во время не сориентировался в новой технологии, что.....

И таких "что" должно быть много в подсознании нового российского предпринимателя, который горя в своем танке (офисе) должен быть уверен в победе.

Эти исследования показывают, что степень неуверенности лежит в корнях более глубоких, которые отличают наших соотечественников от тех 1941 года.

Кто же эти новые русские 1941 года?

Об это неплохо представлено в статье Пауля Карела "Почему немцы не могли взять Москву?"

Лиддел Гарт объясняет тот факт, что Советский Союз выстоял прежде всего мужеством и стойкостью русского солдата, его способностью выносить тяготы и непрерывные бои в условиях, которые прикончили бы любую западную армию.

Преступные действия Сталина против наиболее талантливых советских генералов и офицеров поставили Советский Союз на грань поражения. Расплата не застала себя ждать. Красная Армия оказалась неподготовленной. Боевой дух низкий, солдаты плохо обучены и оснащены. Сталин уничтожил и подверг тюремному заключению от 20 до 35 тысяч командиров Красной Армии.

Устранить офицера генерального штаба все равно, что свалить дерево: требуется в среднем от 8 до 10 лет, чтобы подготовить майора генштаба, который мог бы организовать снабжение дивизии или руководить ее боевыми действиями.

Если говорить о создании патриотической предпринимательской волны, которая стабилизировалась на мировых цивилизованных рынках, то можно сказать, что эта очень сплоченная и жестко действующая армия, в которой увязаны многие процессы. Особенно производственные.

Российские предпринимательские армии еще только формируются. Но политработа не ведется в этом направлении. Конфронтация усиливается от того, что многие полагают, что где-то кто-то вредит. Если многих поменять местами, то от этого ничего не изменится. Потому, что те наверху образуются из того же теста, что и нижние слои.

Поэтому в данном случае лучше подходить более упрощенно, например, так:

"В декабре 1941 года был взят в плен советский полковник. На допросе, он сказал, что на его просьбы о подкреплении он получал отказ, подкреплений нет, сражайтесь до последнего солдата. Капитан Риттер сослался на ожесточенное сопротивление, которое оказывают в последнее время русские войска на всех участках фронта. Полковник кивнул головой. За последние несколько недель, сказал он, в войска прибыло много новых офицеров, по большей части люди средних лет, все как правило, освобожденные из лагерей в Сибири. Они были арестованы во время процесса над Тухачевским, но уцелели и отбывали заключение в тюрьмах и лагерях.

-Для них служба в действующей армии на фронте - это возможность реабилитировать себя. Смерть их не страшит. И кроме того,- добавил полковник, - они хотят доказать, что не были предателями, а патриотами, достойными Тухачевского.

Видна существенная разница между внутренним духовным миром тех советских людей и того состояния, которое присутствует сейчас в сознании множества бывших советских людей.

В научных исследованиях при проведении экспериментов появляются отрицательные и положительные эффекты. Очень часто отрицательные эффекты создают возможность для положительных реализаций. Например, влияние температур на работу полупроводниковых приборов носит отрицательный характер при разработке стабильной аппаратуры, в тоже время полупроводниковые датчики температуры являются очень чувствительными измерителями температуры.

Из Советского периода нужно выносить и эффективно использовать идею глобального корпоративного национального духа нации, которая умеет выжить в любых условиях и пройти через трудности с честью и достоинством.

Особенно этот момент касается внутренней взаимосвязи патриотизма и активных действий. В то время Сталин совершил много ошибок и погубил множество советских людей. В реальности, выйдя на свободу, репрессированные стали наиболее эффективным звеном в отражении вражеского нашествия.

Если ранее говорили на просьбы о подкреплении: "Сражайтесь до последнего солдата, до последнего патрона!" То сейчас многие просят инвестиций или ждут помощи или итогов выборов. Хотя должны научиться сражаться за каждый рубль.

Автор был на одном крупном судостроительном заводе. Он шел с начальником одного крупного цеха и беседовал о проблемах развития этого предприятия.

- Вот видите, что сейчас твориться. Ранее мы делали подлодки. А сейчас заказов практически нет да и нет возможностей.

- Хорошо. Но вот скажите как на духу без протокола. Вот если бы сейчас город был бы окружен фашистами, сколько бы вы могли сделать подлодок, исходя из внутренних ресурсов.

-Если честно без протокола, то думаю что несколько подлодок смогли бы дать.

Сейчас в настоящее время идет аналогичное нашествие новых технологий, новых видов продукции, услуг. Она выражается в развитии конфронтации из-за неспособности понимать новую ситуацию.

Поэтому процессы современного развития предпринимательства целесообразно показывать в упрощенном виде.

Для детей это игра, забава, в виде "Менеджера" и тому подобных игр и книжек.

В реальности имеется иная, более мрачная картина.

Хлынувший поток иностранных радиокомпонентов почти погубил национальную электронную промышленность, другие отрасли находятся в аналогичном состоянии в результате насыщения отечественного рынка иностранными товарами.

Счастливое детство уходит, но память оставляет хорошие примеры. Например, всем целесообразно опять перечитать стихотворение про Федорино горе. Это сказка о том, как все само летало. Как некий полтергейст заставлял товары и производство само действовать с использованием потусторонних сил. В этом смысле, конечно же российские герои - победители как национальный полтергейст должны оказать существенную поддержку для активизации в области продаж продукции и услуг и особенно в проведении взаиморасчетов.

Кстати, у Федоры все вещи разбежались от ее нерадивости.

В книгах по иностранному бизнесу приводится много аналогий, для лучшего усвоения практического материала. Для всех россиян сейчас наиболее лучшим примером может послужить эффект лягушки в кастрюле. Если лягушку бросить в кипящую воду, то она мгновенно выпрыгнет из кипятка, но если лягушку поместить в кастрюлю с холодной водой и поставить ее на медленный огонь, то лягушка там сварится заживо.

Нечто похожее происходит и сейчас со многими соотечественниками.

Кипяток 22 июня 1941 года заставил всех активно действовать. Но холодная рыночная кастрюля, стоящая на медленном огне на импортной плите не дает этого понять сейчас многим россиянами это довольно печально.

Поэтому мы можем закончить это пособие следующими словами:

"1941 год, который начался с такой уверенностью немцев в победе, заканчивался в атмосфере мрака и тревоги".

В завершении политзанятий целесообразно прослушать речь товарища Сталина о начале Великой Отечественной войне, которую он начинает словами : "Братья и сестры..., а заканчивает Враг будет разбит! Победа будет за нами!"

Затем слушатели встают и крепко держась за руки поют песню :

"Вставай страна огромная, вставай на смертный бой......

... пусть ярость благородная, вскипает как волна

Идет война народная, священная война....."

Целесообразно начать поиски участников сражений, особенно тех кто участвовал в атаках сталинских штрафных батальонов, производить видео и аудио-записи их рассказов и воспоминаний об их переживаниях и способности к победе и выживаемости, прослушать песни военных лет, помянуть национальных героев.

Часто на полях сражений находит каски, пробитые пулями и снарядами. Они могут быть использованы для проведения занятий

по данной тематике. В древних сказаниях шлем (каска) является символом мысли. Шлем – защитный атрибут для воинов и воинственных божеств. В искусстве аллегорические фигуры Судьбы и Веры обычно изображали в шлемах.

Мысленно можно представить себя воином, бегущим в атаку на мировой рынок.

Организовать на предприятии сбор финансовых и технических средств для поддержки ветеранов и участников Великой Отечественной.

4.СПАСИТЕ НАШИ ДУШИ.

АТАКИ СОВЕТСКИХ ПОДЛОДОК

НИКТО НЕ ИМЕЕТ ПРАВА САМОСТОЯТЕЛЬНО ПОКИНУТЬ АВАРИЙНЫЙ ОТСЕК.

При рассмотрении процессов выживаемости и адаптации российских бизнесов нужно обратиться к тем областям человеческой жизнедеятельности, которые показали свою наибольшую эффективность и кроме того были достаточно основательно опробованы на практике.

К одним из таких существенных моментов в истории СССР- России можно отнести атаки советских подводных лодок (ПЛ). В этих примерах можно найти сочетание высокой надежности техники и высочайшего качества советско-российской души.

В настоящее время в российской рыночной экономике пока что еще недостаточно отработаны методики по выживаемости российского бизнеса. Поэтому необходимо использовать, то, что наработано и имеет практическую ценность. К этому явлению можно отнести рекомендации по борьбе за живучесть и непотопляемость советских (ПЛ).

Живучестью ПЛ (бизнеса) является способность противостоять боевым и аварийным повреждениям, восстанавливая и поддерживая при этом в возможной степени свою боеготовность.

Элементами живучести(бизнеса) являются:

-непотопляемость

-пожаровзрывобезопасность

-живучесть оружия и технических средств

-защищенность личного состава.

Надводной непотопляемостью ПЛ (бизнеса) называется способность оставаться на плаву, не опрокидываясь, при затоплении части отсеков прочного корпуса и цистерн главного балласта (ЦГБ)

Подводной непотопляемостью ПЛ (бизнеса) называется способность при поступлении воды в отсеки прочного корпуса всплывать в устойчивое надводное положение или при сохранении воды продолжать плавание в пределах глубин, безопасных для прочности переборок аварийного отсека.

Взрывопожаробезопасность ПЛ (бизнеса) называется способность исключать возможность возникновения взрыва, возникновения и развития пожара до размеров, приводящих к выходу из строя ПЛ или личного состава.

Живучестью оружия и технических средств (бизнеса) называется способность противостоять боевым и аварийным повреждениям, сохраняя и восстанавливая в возможной степени свои тактико-технические характеристики.

Защищенность личного состава (бизнеса) называется способность корабельных коллективных и индивидуальных средств защиты исключить или ослабить воздействие на личный состав оружия противника, а также поражающих факторов, возникающих при повреждениях.

Живучесть ПЛ (бизнеса) обеспечивается:

-- конструктивными мероприятиями, осуществляемыми при проектировании, строительстве, модернизации и переоборудовании пл.

-- организационно- технических мероприятиях

-- действиями личного состава по борьбе за живучесть

Организационно - техническими мероприятиями по обеспечению живучести пл. (бизнеса) называется совокупность мер, направленных на предотвращение поступления воды внутрь прочного корпуса пл., возникновения пожаров и взрывов, на предупреждение аварийных ситуаций с оружием и техническими средствами и поддержание в постоянной готовности и использованию средств борьбы за живучесть, а также на подготовку личного состава к безаварийной эксплуатации оружия и технических средств и к борьбе за живучесть пл.

Борьбой за живучесть ПЛ (бизнеса) называется совокупность действий личного состава, направленных на поддержание и восстановление в возможной степени боеспособности пл. при боевых и аварийных повреждениях.

Борьбу за живучесть ведет весь личный состав (бизнеса), включая сверхштатный независимо от специальности.

Борьба за живучесть пл. ведется при **максимальной централизации руководства**, не исключающей инициативных действий личного состава в обеспечении общего направления борьбы за живучесть.

При борьбе за живучесть необходимо **сосредоточить основные силы и средства на главном направлении** при одновременном ведении ее на других участках.

Руководит борьбой за живучесть командир пл. (бизнеса).

Борьбой за живучесть в отсеке руководит командир отсека.

Личный состав без приказания выполняет следующие действия:

. . . .

Для оказания помощи личному составу аварийного отсека в борьбе за живучесть командир пл. может направить в этот отсек аварийную партию. При формировании аварийной партии по приказанию старшего помощника командира пл. часть личного состава может быть снята с отдельных боевых постов.

Командир пл. руководит борьбой за живучесть пл. и при аварии обязан:

-- оценить изменение плавучести, остойчивости и управляемости пл., возможности использования оружия и технических средств, обеспечения жизнедеятельности личного состава

- по оценке развития аварийной ситуации, выбрать главное направление борьбы за живучесть пл. и довести его до личного состава

-- принять решение и дать необходимые указания: о локализации аварии, о создании рубежей обороны, об условиях борьбы за живучесть

Первый обнаруживший аварию обязан голосом объявить аварийную тревогу в отсеке и немедленно доложить о месте и характере аварии в центральный пост.

Личный состав, кроме лиц, находящихся в аварийном отсеке, по сигналу аварийной тревоги немедленно прибывает на командные пункты и боевые посты, согласно расписания по борьбе за живучесть, выполняет действия без приказания и борется за живучесть под руководством центрального поста. При этом проход через аварийный отсек запрещается.

Весь личный состав, находящийся в момент аварии в аварийном отсеке, поступает в распоряжение командира этого отсека (руководителя борьбой за живучесть в отсеке) и участвует в борьбе с аварией.

Никто не имеет права самостоятельно покинуть аварийный отсек.

Вывод личного состава из аварийного отсека осуществляется только по приказанию центрального поста в указанный им отсек

Для оказания помощи личному составу аварийного отсека в борьбе за живучесть командир пл. может направить в этот отсек аварийную партию. При формировании аварийной партии по приказанию старшего помощника командира пл. часть личного состава может быть снята с отдельных боевых постов.

Зам. Командира по политработе:

-принимать меры по поддержанию высокого политико-морального состояния и дисциплины личного состава, мобилизуя его на энергичные и инициативные действия по борьбе с аварией.

-решительно пресекать проявления трусости, не допускать панических настроений и неуверенности.

-заботиться о своевременном оказании помощи пострадавшим

-своевременно докладывать командиру пл. о поведении личного состава.

Локализация аварии достигается созданием рубежей обороны.

Границы рубежей обороны определяются командиром пл.

Они создаются по внешним границам герметичных переборок и палуб аварийного отсека. Командирами рубежей обороны являются командиры отсеков, смежных с аварийными.

По своему подобию атаки советских пл. подобны деятельности предпринимателей, которые уделяют большое внимание поиску клиента, тратя при этом значительную энергию и много времени.

Экипаж пл. может долгое время крейсировать в надежде найти прекрасную цель для поражения и очень часто таких удач бывает мало. Возможно, что и настигает удача. Но радость победы может омрачиться тем, что на пл. может обрушиться преследование как акция возмездия противолодочных кораблей противника и это приводит к трагическим последствиям.

Обычно многие предпочитают или видят только счастливый конец, триумф победителя - богатого преуспевающего предпринимателя. Но обычно не обращают внимания или не хотят понимать того, что скрывается за тем сложным механизмом, который таит в себе искусство предпринимательства. Оно подобно удачной торпедной атаки.

Нет нужды вскрывать сложный механизм движения товаров и услуг на российском рынке. Для каждого вида товаров и услуг может существовать своя специфика. Но в идеологическом плане она будет аналогична удачной торпедной атакой советской ПЛ.

Победы, как и деньги, не даются даром.

Об этом прекрасно описывает в своей книге командир "Лембита" А.М.Матиясевич.

" Лодка обнаружила две колонны транспорта противника. В первой колонне шли три транспорта. Их охраняла группа сторожевых кораблей и катеров противолодочной обороны. В другой колонне было два транспорта с таким же боевым охранением".

Японский бизнесмен погружает свое сознание в атакующего камикадзе, американский бизнесмен выходит на большую дорогу бизнеса, держа в руках по кольту, а русский бизнесмен . . . . . .

Внимательно сосредоточившись, он погружается в отсек советской пл. и внимательно впитывает тот героический смысл атаки и ее последствия.

Вот что пишет командир:

". . . Я объявил боевую тревогу и повел лодку на сближение . . .

Теперь все внимание приковано к намеченной цели. Знаю, что в отсеках, на боевых постах, стоят люди, на которых я, командир, могу положиться. Любой приказ будет выполнен быстро и точно.

--Аппараты товсь!.. залп!

Командир боевой части докладывает:

--Торпеды вышли.

Две огромные стальные сигары посланы с таким расчетом, чтобы поразить первый, а возможно и второй транспорт. Веду мучительный отсчет секунд: ".. сорок пять, ноль, сорок шесть ноль, сорок семь .. а вдруг промахнулся?.. сорок девять..

Взрыв! За ним второй! Смотрю в перископ: головной транспорт горит, над его четвертым трюмом поднимается густой бурый дым и вырывается пламя. Люди в панике прыгают за борт. По-видимому он гружен боеприпасом. Второй транспорт, высоко задрав корму и обнажив винт, тонет".

"Комиссар по переговорным трубам передал во все отсеки о большом боевом успехе. Решаю атаковать отставшие транспорты конвоя. Поднял перископ и увидел, что корабль охранения идет прямо на лодку.

Пришлось отказаться от атаки и уходить на глубину. Лодка буквально скользнула под килем сторожевика и сразу же посыпались нам вслед глубинные бомбы.

Быстроходный конвоир проскочил над погрузившейся лодкой и выбросил по корме серию глубинных бомб.

Лодка стремительно уходила на большую глубину. Отлично выполненный маневр укрыл ее от таранного удара, но не избавил от беды. Вокруг кипели бомбовые разрывы. В их тесном кольце лодку то подбрасывало вверх, то она проваливалась в пучину, то качалась как коромысло, то кренилась на один или другой борт. Такие резкие крены не раз случалось выдерживать подводным лодкам советской постройки : возможно, они сошли бы благополучно и для "Лембита". Но от сотрясения корпуса появилась искра, которая попала в яму одной из двух групп аккумуляторных батарей. Газы воспламенились, раздался взрыв, и начался пожар.

Ужасен взрыв на корабле! Но втройне ужасен он на подводной лодке, находящейся под водой. До поверхности моря и свежего

воздуха громадная толща воды, а всплыть мешает преследующий враг. Взрыв и пожар, ядовитые газы и недостаток кислорода, а над водой - противник. Гибель кажется неминуемой.

Но сильнее взрыва и пожара, сильнее врага оказались советские люди, составлявшие экипаж "Лембита".

Когда лодка коснулась грунта, приборы показали всего лишь 37 метров от поверхности моря. Это было слишком мало: если лодка попыталась бы уйти, то враг мог ее услышать. Рядом с постом электрика и радиорубкой вырвалось пламя. Огонь ударил в лицо радисту. Какой-то миг - и весь центральный пост заполнился клубами дыма. Затем раздался взрыв.

Лембитовцы остались в темноте. Радиоаппаратура разлетелась вдребезги. Людей разбросало взрывом. Быстро был включен аварийный свет.

Это позволило вступить в решительную борьбу за жизнь корабля. Экипаж действовал, как на аварийных учениях. Проявилась отличная боевая выучка.

Люди работали в кислородных приборах. Командиру пришлось его часто снимать - загубник мешал говорить и командовать.

Раненые и задыхающиеся подводники решительно и активно действовали. Окутанные клубами ядовитых газов, стоя в ледяной воде, многие из них работали и создавали преграду течи.

Через некоторое время поступление воды прекратилось в трюм. Пожар ликвидировали. Но еще имеются струйки дыма. А дыму уходить некуда. Сквозь его клубы едва пробивается свет аварийных лампочек.

Катера противника надеялись добить "Лембит" и непрестанно ходили под лодкой.

Но что они могли услышать?

Однако время от времени катера занимались опасной для наших подводников "профилактикой" - сбрасывали две-три бомбы и глушили моторы. Прислушивались".

Так прошло много часов. Наверху ничего не слышно. В отсеках трудно дышать, начинается кислородное голодание. Многие лежат на палубе, уверяя, что здесь больше воздуха. Требовалось быстро поставить на ноги тех, кто особенно был нужен в этой сложной обстановке. Становилось нестерпимо холодно. Командир сидел в кресле, укутавшись с ног до головы шерстяным одеялом. Его мозг лихорадочно работал, он делал подсчеты, искал лучшие варианты для предстоящих решений. Прежде всего надо было исходить из непреложных фактов: связи по радио не будет, под водой расходовать энергию придётся, полагаясь лишь на одну группу аккумуляторов. Как-то он справится? Гидроакустик слушает, что делается наверху. Тишина. Видимо враг посчитал, что все окончено. Решили всплывать только с наступлением темноты.

Наконец этот час пришел. Раздается команда :"Раздать оружие, пустить мотор. Проверить рули, осмотреть еще раз дизеля.
Всплыли!

Вооруженные краснофлотцы готовы вступить в бой.

Наверху все оказалось спокойно.

Вот так вот казалось победа была очевидна, но сколько пришлось испытать при ответной реакции.

Аналогичные стрессовые ситуации часто испытывают предприниматели при проведении различных коммерческих операций.

Например, бизнесмен совершил просто удачную сделку и тут же "добрые" люди сообщили всем кому надо и не надо. Утром к нему нагрянули, или подловили по дороге соратники Робин Гуда и стали потрошить якобы на помощь для немощных и . . . .

Хуже, если есть свое производство. В этом случае в компанию могут прийти помимо робин-гудовцев, самые настоящие, честные и придирчивые чиновники из различных ревизионных и контрольных служб. Они будут, как придирчивые старшины проверять ваши боевые отсеки и таким образом накопают столько, что множество нарядов вне очереди или суток губы вам обеспечено.

Сама работа подводника дается как практический пример для предпринимателя, так как эти люди, как и предприниматели, считают, что их служба хотя и сурова и нелегка, но привлекательна и приносит им удовлетворение, тем, что здесь наиболее полно проявляется чувство исполненного долга.

Надо думать каждому, как во время катастрофы на подводной лодке. Спасение зависит от умения, быстрой реакции, профессионализма и общности судьбы и самое главное победоносного настроя. И это также проявляется у моряков советских ПЛ. Конечно море можно и не любить. Но нужно понимать, что только выдержка и закалка позволяют ощутить себя победителем. Настоящий военный моряк (бизнесмен) гордится своим умением оставаться хозяином положения в шторм и переносить все тяготы и неприятности, вызываемые подводным плаванием (битвой с конкурентами).

Нужно выращивать в себе чувство победителя. И в этом смысле интересен случай, описанный в книге Маккея "Как уцелеть среди акул", о выживаемости предпринимателей в американской рыночной экономике.

Генерал Уэстморленд проводил однажды смотр взвода десантников-парашютистов во Вьетнаме. Проходя вдоль шеренги, он задавал каждому вопрос: “Ну как, сынок, тебе нравится прыгать?" "Очень нравится. сэр!" - прозвучал первый ответ. "Ну что, нравится тебе прыгать?" - спросил он следующего. "Самое сильное переживание в моей жизни, сэр!" -- воскликнул парашютист. "Ну что, нравится тебе прыгать?" -- спросил он третьего. "Терпеть не могу" , -- ответил тот. "Так почему же ты это делаешь?" -- "Потому, что хочу быть среди тех парней, которым нравится прыгать".

Сейчас в настоящее время первоочередная общенациональная задача в России это выращивание таких победителей, которые бы могли активно действовать в слаженных командах.

Скорее всего, тут нужно подходить с тем же подходом, как это делает Деннис Коннор, человек, который положил конец победам австралийцев в гонках яхт и вернул в США кубок Америки, одержав победу на четырех дистанциях. Он объяснил в нескольких словах, как он этого добился: **"Я окружаю себя только лучшими людьми и благодаря этому выгляжу лучше".** Настоящие победители умеют быстро вновь обрести спортивную форму и после сильного удара. Это очень важное для руководителя инстинктивное чувство, независимое от того, стоит ли он у руля двенадцатиметровой яхты или во главе предприятия стоимостью в миллион долларов.

Победители окружают себя другими победителями. Победитель знает, что он победитель. Он не нуждается в том, чтобы его окружали второсортные людишки и подхалимы. Он знает, что одержит больше побед и пойдет дальше, имея соратников, которые не только в состоянии не отставать от него, но могут и его кой-чему научить.

В этом смысле атаки советских ПЛ являются идеалом для любого российского бизнеса.

Наиболее удачный пример героического подвига близкого по характеру с предпринимательской энергией - это действия А.И. Маринеско. Это можно привести в качестве идеального примера по анализу повести Александра Крона "Капитан дальнего плавания".

Одной из наиболее удачных операций можно считать атаки советских пл. под руководством Маринеско А.И. Он был командиром подводной лодки М-96 , так называемая "Малютка" по аналогии с малым предприятием. Например такие лодки совершали самостоятельные походы в течении 11 и более суток. Она пересекла до 20 линий минных заграждений!! и вернулась на Родину. Экипаж "малютки" отличался выдержкой, мужеством, высоким пониманием воинского долга. А командир пл. Александр Иванович Маринеско был настойчив в поиске врага и искусен в торпедных атаках.

За годы войны А.И. Маринеско по объему потопленного тоннажа занял одно из первых мест среди подводников не только Балтийского, но и других флотов Советского Союза. **Он совершил ни с чем не сравнимый подвиг. В ночь на 30 января 1945 года на подходе к Данцигской бухте Маринеско атаковал шедший под сильным конвоем транспорт водоизмещением 25 тысяч тонн - " Вильгельм**

Густлоф". На его борту находилось более 6 тысяч гитлеровцев, в том числе 1500 офицеров и выпускников-подводников. Этим количеством людей можно было укомплектовать 35 экипажей подводных лодок!!! Три дня Берлин был в трауре по случаю такой невосполнимой потери!!!
Маринеско был объявлен личным врагом фюрера.

В этом видна важность человеческого капитала. Так как поражение живой силы конкурента приводит к тому, что победа оказывается на стороне победителя. Так как воссоздание человеческого капитала более важная часть и существенная потеря приводит к трагедии нации.

Но очень часто возникают непонимание, того, что казалось бы удача как и точное попадание в цель может приносить только один небывалый успех, как куча денег, свалившаяся на голову счастливчику .

На Западе средства массовой информации, поставленные на широкую ногу практически мгновенно отреагировали на это событий. В СССР это событие известное как **"атака века"** замалчивалась. И это привело к тому, что советское общество лишилось чего - то очень важного для своей выживаемости.

В книгах по современному бизнесу очень часто указывается, что нужно выискивать в компаниях специалистов и людей, обладающих нестандартным подходом, людей мыслящих не в рамках общего массового сознания. Людей, которые стремятся чего - то усовершенствовать, активистов производственного движения. Они вечно носятся обуреваемые внутренней активностью и часто их не понимают. Они страдают множествами недостатков. Но в условиях высочайшей конкуренции высококвалифицированный и отточенный в мировой конкурентной борьбе зарубежный бизнес понял, что такие люди весьма ценны и поэтому очень часто от таких людей зависит судьба компании. Хотя может быть с первого взгляда и кажется, что их поведение весьма некорректно и абсурдно. Такие люди имеют очень тонкую интуицию и обладают сверхтонким чутьем на поиски различных усовершенствований, на активные действия.

К таким примерам для подражания можно отнести активную генерацию творческой энергии Александра Ивановича. Но самое главное нужно также воспринять и то, что последовало за этим подвигом.

Когда в СССР - России говорят о какой-то загубленной советским образом жизни честной невинной душе, то почему -то сразу показывают пальцами на чиновников, на тупых и бездушных начальников, на вождей. Но кто их всех создает? Они разве появляются из иного мира? Они все вышли из народа, дети семьи трудовой. Они порождены системой взаимоотношений. Трудящиеся приходят на работу и видят свое предприятие погибающим и разваливающимся. Они надеемся на мудрого руководителя, на своих старших и младших начальников, на правительство. Но надо реально представлять . . . . .

Как-то в свое время внушили сказку для советских детей о том как круглосуточно горит свет в окне Кремлевской башни и Великий Вождь неустанно думает о народном благе. Но надо быть реалистами. Пора стать взрослыми людьми.

Во всем мире гражданам демократических стран совершенно ясно, что правительство ничего не делает, а все **делают конкретные люди.** Что Россия ничего не делает. **Делают россияне.** Организации ничего не делают. **Делают конкретные работники и руководители.**

Когда человек понимает, что ответственность несет он сам, а результат зависит непосредственно от него, он преображается. **Необходимо всегда помнить и о приближавшейся опасности и быть готовым к решению и преодолению трудностей.**

Особенность в действиях современного предпринимателя состоит в том, что у него нет вышестоящего руководства. Это налагает на него особые требования по работе на предприятии.

Некоторые объясняют успех атаки "С-13" - случайной удачей.

Сама по себе случайность это результат того восприятия интуитивного чувства личности, соприкасающейся с тем неосознанным миром, из которого выходит понятие случайности победы, случайности сделки.

В книгах по бизнесу часто указывается, что вы должны постоянно работать и в результате этого у вас как бы случайно при столь активном действии выйдет, то к чему вы стремились. При этом это даже может и для вас казаться случайностью на первый взгляд. Получив желаемое, вы оглянетесь назад и, увидите гору сделанного. Вы поймете, что эта случайность для вас не была как таковой легкой добычей.

Поэтому анализ действий Александра Ивановича дает поддержку для производственных и коммерческих действий российских предпринимателей. Если изучать книги по зарубежному бизнесу и анализировать работу Маринеско, то можно найти много похожего.

Маринеско дает на этот счет множество своих советов.

Маринеско говорил :"**Лодка (бизнес) - как человек. У каждой свой характер, свои достоинства и недостатки. Все это командир должен понимать до тонкости".**

Он был экспериментатором.

"...С тактико-техническими данными следует считаться. Но молиться на них тоже не следует. **Автономность, если потренироваться и затянуть потуже ремешки, можно увеличить. Можно быстрее погружаться и быстрее всплывать.** Быстро погружаться рискованно, но если трюмные и рулевые -- мастера своего дела, риск оправдан. **Мало торпед -- значит,**

надо стрелять без промаха, и не пренебрегать пушечкой -- она годится не только против самолетов.

Легко загорался необычной идеей, не боялся парадоксальных решений и не любил категорических запретов, пресекающих в корне всякую фантазию. Как большинство талантливых людей, он был человек неожиданный.

Из воспоминаний Маринеско:
"на девятый день пребывания в море все мы очень устали. Много трудились, мало отдыхали. По несколько раз в сутки одно и то же: "Арттревога!", " Срочное погружение"," по местам стоять к всплытию". Недовольства не ощущалось.
...теперь для срочного погружения требовалось всего 17 секунд -- ни одна малютка до сих пор этого не добивалась....

Наиболее опасные проходы подлодок через минные поля.

Минреп -- так называется стальной канат, удерживающий якорную мину на заданной высоте. У "М-96" было много касаний о минрепы. Это мучительно, особенно в подводном положении. Мина - это молчаливая смерть. Попал на минное поле, ползи. Иди, не виляя самым малым ходом. При касании мин о борт, не шарахаться, а осторожно отрабатывать назад. Тихоненько, чтобы минреп не сорвался, отводить корму, а непременно и не от минрепа, как ошибочно толкает инстинкт, а непременно в сторону минрепа. Он натягивается как струна, но должен соскользнуть мягко. Нервы при этом нужно держать в кулаке. Очень хочется поскорее убраться из опасного места -- нельзя. Слышишь скрежет натянувшегося каната, его слышат все. И надо, чтобы команда знала, что у командира рука, лежащая на машинном телеграфе, не дрогнет, он не поддастся панике.

Маринеско перешел на другую ПЛ и серьезно взялся за дело. Тренировал личный состав по - своему, проводил тут же на Неве пробные погружения. К началу навигации лодка была "на товсь", дух у команды был боевой.

Держался по-товарищески, распекать не любил, но дисциплину держал крепко, такому на шею не сядешь, умел и на место поставить.

Пример упорства и настойчивости к победе проявился при потоплении вооруженного транспорта "Зигфрид", водоизмещением пять тысяч тонн.

Торпедная атака не получилась. Капитан во время застопорил ход и все три торпеды прошли по носу. Неудача не обескуражила командира. Он снова атаковал одной торпедой. Но торпеда была замечена, транспорт дал ход, и она прошла за кормой. Капитан видать был толковый.

Казалось бы все потеряно, транспорт упущен. **Но у Маринеско была бульдожья хватка, отступать он не привык и подал команду на всплытие.**

Предполагают, что у Маринеско было сильно воображение, когда он в детстве начитался книг о морских сражениях. Поэтому использование лодочной артиллерии он видел через огонь и дым Наваринской битвы.

С первых выстрелов "сотки" обнаружилось, что транспорт способен огрызаться. Завязалась настоящая артиллерийская дуэль.

В итоге "Зигфрид" пошел ко дну.

На отходе лодку преследовали миноносцы.

Атака века!!!! - о ней написано очень много в разных странах, разными людьми. В частности можно рассмотреть вопросы, связанные с интуицией подводника. Она сродни интуиции менеджера. Об интуиции менеджера можем привести в качестве примера высказывания известных японских бизнесменов, которые говорят, что это способность предвидеть из множества малозначимых факторов развитие события, предсказать его.

Сейчас совершенно ясно, что Маринеско вела интуиция комплексного знания опытного капитана дальнего плавания и подводника, человека нестандартного мышления, со своей высококвалифицированной командой.

Случайности и не должно было быть.

Как бывший торговый моряк Маринеско догадывался о возможных маршрутах транспортных судов!!!

Как опытный подводник он предвидел, что такие транспорты идут с сильным конвоем. Поэтому выбор крупной цели прямым образом связан с наибольшими трудностями и риском.

Командир объявил боевую тревогу, все заняли места по боевому расписанию. Начался первый этап атаки.

Затем началась погоня, она продолжалась два часа. Командир приказал выжать из дизелей все, что можно. Тут же начался кромешный ад.

Вся команда в высочайшем напряжении. Особенно механики, которые отвечают за работу механизмов. Не дай бог, что случиться!!!!

В решающий момент страху негде просочиться, в этот момент человек действует.

Главное уверенность командира и его знание корабля, его возможности, уверенность в людях и дает те самые победные бойцовские свойства. На лодке лишних нет. Все выполнят свой долг и не подведут. И никто, даже сам командир не может добиться успеха в одиночку, то испортить дело может почти каждый.

Уверенность покоится на доверии. Командир вообще привык доверять людям. Но его доверие к команде, можно сказать выстрадано. Это все отражено в ремонте, тренировках, в несении

корабельных нарядов. Он знает каждого старшину, каждого матроса со всеми их достоинствами, и слабостями, заботами и пристрастиями, верит им как самому себе. И доверие это взаимно. Ему тоже верят и, пожалуй, даже больше, чем самим себе.

Когда командир говорит: "НАДО!". делается то, что час назад казалось немыслимым, делается потому, что сказал это слово он, командир, батя.

Приказ о форсировании двигателей был отдан командиром в спокойном тоне. Спокойствие это одно из самых трудных человеческих состояний. Спокойными бывают и равнодушные. Но сохранять спокойствие в часы наивысшего напряжения всех душевных сил -- это уже величие.

Сумасшедшая гонка продолжалась еще около часа. В течение этого времени командир не сходил с мостика. Видимость была по - прежнему плохая. Временами налетали снежные заряды. Тогда все, стоящие наверху, переставали что- либо видеть. Но нет худа без добра -- на лайнере и на кораблях конвоя, идущую полным ходом в крейсерском положении лодку тоже не видели.

.. и вот наступил решающий момент (атаки века).

в 13.02 курсовой угол достиг расчетного. Командир скомандовал "право на борт!" и лодка легла на боевой курс. Начался заключительный этап атаки. Все продумано. Угол встречи торпед с целью 90 градусов -- идеальный угол. **Дальше следуют команды "стоп дизеля" включаются электромоторы, лодка вновь принимает позиционное положение, нос слегка притоплен, чтобы торпеды при выходе не шлепнулись на волну, затем "малый вперед!" и "торпедные аппараты товсь!".**

Внутри лодки грозное затишье, она уже не грохочет и не содрогается. Шум винтов едва слышен на фоне налетающих на рубку тяжелых январских волн, люди примолкли, чтобы не упустить слова команды. **"На товсь" не только торпедисты**, но и **рулевые-горизонтальщики**, их задача -- мгновенно переложить рули в момент, когда лодка , выпустив торпеды и потеряв при этом почти десятую часть своего веса, под всплывает с дифферентом на корму. А следующей командой будет "срочное погружение". Поэтому трюмные машинисты тоже на "товсь", им предстоит в считанные секунды принять в цистерны многие тонны морской воды.

Все эти согласованные действия должны произвести многие люди и только безошибочное сложение всех усилий обещает успех. Но всю полноту ответственности за то, что все произойдет так, как надо, несет только один человек.

Тот, наверху.

И он этот человек спокоен, потому что убежден : все произойдет именно так. Для этого прожита многотрудная жизнь моряка, для этого пришлось много изучать лоции, таблицы, штурманские приборы, двигатели и оружие, накапливать опыт в боевых походах, проводить бесконечные тренировки, для того, чтобы добиться от каждого члена экипажа на первый взгляд противоречивых качеств -- быстроты сообразительности и автоматизма действий.

Несколько последних длиннейших секунд. Наконец цель заполняет собой поле ночного визира и крестовина рассекает ее точно посредине.

-- Пли!

Опять длиннейшие секунды ожидания.....

И вот в самую последнюю из этих неправдоподобно длинных секунд -- грохот взрывов.

На этот раз торпедная атака была проведена идеально. Все три выпущенные веером торпеды попали в цель. Они не просто попали, а поразили самые уязвимые места, разрушив попутно многократно рекламируемую в фашистской печати версию о непотопляемой конструкции суперлайнера. Лайнер затонул примерно через полчаса.

Сознание консервативно. Особенно в реальности представления практической атаки подводников. Казалось бы, что просто подплыть и выпустить торпеды и ты уже герой.

Но это только начало того, что в общем можно назвать геройским подвигом. И в этом случае судьба Маринеско является реальным отражением характерного советского подвига. Этот подвиг с одной стороны является героическим, принадлежащим к истории человечества. При этом оборачивается лишениями и трудностями для непосредственных участников событий, в том числе, и для командира.

Командир знает, что прежде чем добраться до противника, подводная лодка ежечасно подвергается смертельной опасности от мин, сетей, катеров - охотников за подводными лодками, самолетов, береговой артиллерии. Намечая цель для атаки, командир твердо знает : чем крупнее и значительнее цель, тем сильнее она будет защищена конвоем из боевых кораблей. Против них одна защита - скрытность, маневр.

Один военнопленный немец непосредственный участник атаки, служивший на кораблях сопровождения, сказал, что миноносцы сбросили порядка двухсот глубинных бомб при поиске лодки Маринеско. **В поиске участвовало шесть миноносцев. Сами же моряки насчитали порядка двухсот сорока разрывов.**

Расчет Маринеско был верен - охранение никак не ожидало нападения со стороны берега и в первую минуту растерялось. Это дало возможность лодке оторваться от преследования и уйти на глубину. Но когда корабли охранения нащупали все таки примерное местонахождение лодки, сказались трудные стороны принятого решения. На прибрежных глубинах, не превышающих сорока метров, легче обнаружить и обложить, как зверя в лесу : притаившуюся лодку. **И вот тут Маринеско проявил все свое искусство маневрирования.** Это было хождение по краю бездны -- один неверный шаг, и гибель неизбежна. Прижаться к дну нельзя -- там могут быть донные мины. Держаться близко к поверхности опять - таки нельзя, чтобы не попасть под таран. Оставалось вертеться в тесном водном пространстве, стараясь в меру возможности дезориентировать противника. Для этого, по существу, был только один способ -- подставлять его акустическим приборам как можно меньшую, все время изменяющую свое положение площадь и таким образом искажать получаемые приборами сигналы.

И если ни одна из двухсот сорока бомб, сброшенных на лодку в течение часа не повредила прочный корпус (мелочи вроде разбитых сотрясением лампочек и вышедших из строя приборов не в счет) даже непосвященному, должно быть ясно : **секрет успеха не в удачливости, а в хладнокровии, мастерстве и интуиции командира.**

Акция возмездия длилась в течение часа и команда Маринеско вышла победителем в этом поединке.

Особенно сейчас понятию интуиции уделяется особое внимание в сфере мирового бизнеса. Маринеско этим свойством обладал в совершенстве.

Почти час шел этот странный бой, в котором противники не видели друг друга, играли в жмурки. Нужно было обладать вдохновенным спокойствием, что бы улучив момент, когда у противника иссяк запас глубинных бомб, дать полный ход и вырваться из опасного района.

Кроме таких трудностей произошедших во время этой атаке можно также сказать и о том, что было выпущено четыре торпеды, **но одна из них застряла в торпедном аппарате, вышла наполовину!!!!**

И в этом виде она представляла смертельную опасность для корабля. Достаточно торпеде сдетонировать от взрыва глубинной бомбы и гибель неизбежна.

Кроме этого транспорта лодка потопила еще вспомогательный крейсер "Штойбен". Но ему в истории было отведено незначительное место по отношению к гибели "Густлова". Гитлер был настолько взбешен, что приказал расстрелять начальника конвой.

Анализируя величие этого подвига и все последующие социально-идеологические "разборки" в которые оказался втянутым Маринеско, можно просто сейчас поражаться тем парадоксам, в которые попадают национальные герои или люди обладающие возможностью и способностью действовать в экстремальных ситуациях и абсолютно беззащитные в иных видах своей деятельности. Общеизвестно, что продвижение по службе в советское время для определенной части советских людей касалось не сколько профессиональных качеств, а умения активно действовать на общественно- политической работе. Это необходимо, но в данном случае от таких лидеров требовалось обладать умением и свойством понимать других лидеров, которые выявляются в совершенно иных ситуациях. Поэтому ценный фонд советских менеджеров, умеющих проявить себя в критических ситуациях, был практически уничтожен. Его задушили мелкие пиратские вылазки людей, совершенно не понимающие психологии нестандартного мышления.

В качестве примера для анализа мы используем выдержки из статьи Л.Ф. Добротворского "Уроки Морской войны".

"Как известно, в наших морских и сухопутных сражениях с японцами нам часто по необходимости приходилось вести артиллерийский бой на таких огромных расстояниях для которых у нас не были приспособлены снаряды, и потому мы не имели никакой физической возможности видеть, что они делают, попадают, или не попадают, долетают или не долетают, берут ли правее или левее, а следовательно нам не по чему было исправлять наводку своих орудий. В этих случаях мы стреляли как слепые наугад и поэтому очень подходили к тем условиям, когда упражняющемуся в стрельбе из ружья никогда не показывают наблюдатели, корректирующие стрельбу ни направления его пули, ни номера, куда они попадают, ни самого щита. Что он будет знать о своей стрельбе? Ровно ничего, хотя бы палил всю жизнь!

Это очень важный момент касается не только стрельбы, но и относится к современному периоду, относительно реального восприятия той конкретной информации, которая лежит рядом с нами. Эти разговоры возникают часто среди специалистов, имеющих различную политическую окраску. Ослепление неудачей в создаваемой рыночной экономике, приводит к тому, что некоторые полагают, что создание барьеров против иностранного вторжения приведет к более благоприятному развитию. В этом случае мы будем опять палить без корректировки своих действий относительно реакции конкурентов и поведения клиентов.

...несмотря на громадную дальность полета снаряда из крупных пушек (15-17 верст), мы принуждены были узаконить стрельбу не далее 5 верст...

Для нас, мало думающих, плохо работающих в своем деле и с полным недоверием относящихся к новым изобретениям, всегда приятнее предполагать, что наше дело закончено, что мы пользуемся последними плодами его. Но не так рассуждали другие ...

Когда нашим светилам говорили, что японцы стреляют с 12 верст, то они, смеясь, отвечали: "Пусть себе валяют хоть с 15 верст, мешать им не будем; пусть себе глупят, это только нам на руку: снаряды без толку расстреляют, а тут мы их и доймем".

По наивности мы думали, что они только постреляют и попугают нас некоторое время с 12 верст, а в конце концов подойдут же для настоящего решения боя на узаконенное наукой расстояние и тут же жестоко поплатятся от наших многочисленных пушек....

Между тем чего же проще: снаряд несется с невероятной быстротой 15 и более верст, а используется им для нанесения вреда неприятелю всего для 5 верст. Зачем же прощать этот промежуток в 10 верст? Японцы и не простили!...

Они разработали снаряд-мину, которая давала массу густого дыма разного цвета и была удобна для пристрелки.

Почему же эти, так называемые глупые дикари могли заблаговременно позаботиться о науке и даже сверхнауке, а мы, просвещенные моряки, остановились на полнауке?

Почему же ни Техническому комитету, ни начальникам артиллерийских отрядов, ни многочисленным начальникам Тихоокеанской, Черноморской и Балтийской эскадр не пришло в голову усовершенствовать стрельбу настолько, чтобы пользоваться для поражения неприятеля всею дальностью полета снаряда?

Ведь вслед за этим само собой велись бы : и большие углы возвышения орудий и другие таблицы стрельбы, и лучшие дальнемеры, и оптические прицелы, и чувствительные дальнобойные гранаты".

Когда мы говорим о развитии электронизации, то тут уместно отойти от исторического анализа и увидеть явную аналогию, касающуюся вопросов связи качества и развития этих направлений. Как мы видим, технологически пушки могут решать задачи дальнего боя. Но не имеют эффективной возможности из-за отсутствия соответствующей поддержки измерительной техники. То же самое возникает и на производствах. Существующее технологическое оборудование могло бы работать более эффективнее, если бы имело соответствующее оснащение, позволяющее более лучше исследовать и управлять процессами с целью получения продукции высокого качества, экономии в затратах и энергии и т.п.

Но на самом деле реальность отражена в нижеследующем историческом аналоге.

"Если мы теперь нарвались на безнаказанное истребление нас с огромных расстояний, с которых мы в самые сильные бинокли видели только трубы и мачты противника; если мы нарвались на такой быстрый ход его эскадры, который нам и во сне не снился, то кто поручится при существующей у нас безответственности береговых властей и флотоводцев, при безграничной слепой их воле, что мы не натолкнемся в будущем на еще большие сюрпризы: на такие гранаты, на такие ядра, которые будут нас сжигать, испепелять или мгновенно отравлять, на такие пушки, которые будут действовать как пулеметы, на такие мины, которыми можно будет бить за несколько миль?!.

Теперь же вывод первый: кто бы нами не командовал - Рождественский, Дубасов, Скрыдлов, ... - и кто бы на наших судах ни плавал, погром наш ... неизбежен.

Вывод второй: тактических и других ошибок было сделано много.. но не они привели нас к поражениям.

Вывод третий: японцы, обеспечив себя громадным ходом, дальнобойными гранатами, и подводными лодками с нетерпением ждали появления нашей морской силы, чтобы без остатка разделаться с ней ...

Какой такой фатум висит над нашими головами, что японцы и другие нации могут приходить к верным решением, мы же ни как не можем!...

Ведь всякое дело мы умеем как-то так запутать, так удалить от здравого смысла, что просто страшно становится за судьбу России и всех нас.

Взять хотя бы понятия о флоте (малом и среднем бизнесе).

Его с развязностью считаем каким-то подспорьем армии(в промышленности), на манер понтонов или обозов...

В понятие военного корабля (бизнеса) включаем всякую железную посудину (всех жуликов), лишь бы на ней стояли пушки и минные аппараты. Всю оценку личного состава определяем его удалью и отвагой, нисколько не смущаясь прикрывать им не только свое невежество по всем техническим вопросам, но даже чуть ли не с полной радостью готовы заменит это удалью: пушки, снаряды, башни, броню и машины современных кораблей. Без малейшего смущения выпускаем в офицеры недоученных кадетов и без всякой церемонии наполняем корпус случайным подбором мальчишек даже без намека на конкуренцию'.

Нужно анализировать существующую ситуацию по развитию творческих личностей из истории. Так в частности, первую по времени книгу "Морская тактика" во Франции написал не адмирал, а судовой поп-иезуит Павел Гост. Характерно, то, что он к военно-морскому делу прямого отношения не имел, и плавая на кораблях, только исполнял свои обязанности священника. Однако никто из адмиралов не мог до него с такой глубиной составить знаменитые правила маневрирования флотов и ведения морского боя. Эта книга стала учебником на многие годы: старые адмиралы, как школьники, учились по ней воевать на море. Потрясающий пример парадокса. Во второй половине XVIII века англичане тридцать лет подряд терпели неудачи на море и не знали толком - почему? Это до крайности взволновало общественное мнение Англии. Моряков обвиняли в трусости, некоторые адмиралы пошли под суд и были расстреляны. А действительная причина неудач так и не была установлена знатоками военно-морского дела. Ее открыл как раз посторонний мирный человек, далекий от флота – шотландский мелкий чиновник Джон Клерк. Ни моряком, ни военным он не был, и что больше всего удивительного, никогда раньше не плавал на кораблях. Но сложилось так, что сухопутный незаметный чиновник, видевший корабли только с берега, дал Англии ключ к завоеванию морей. Чтобы спасти военную честь родины, этот Джон Клерк, в порыве оскорбленного патриотизма, фанатично стал искать причины: почему английские корабли не побеждают? Для изучения морского дела он не поехал на море, а сел за стол и, как в игре в шахматы стал расставлять кораблики и затем вычерчивать схемы на бумаге, постигая законы, методы и приемы морского боя, построения судов в боевой порядок и т.д. К счастью, он не был заражен профессиональной рутиной, на его здравый смысл не давили общепризнанные морские теории, высокие чины, традиции, заветы, и заповеди стратегов и тактиков морского боя. Отрешившись от проторенных путей, Клерк впервые посмотрел на морское дело проницательным взглядом постороннего человека. Свежесть необычного восприятия и природный талант привели его к великому открытию, что английские моряки имели ложное представление о морской тактике: обязательно сражаться с противником в одной кильватерной колонне, корабль против корабля. И у Джона Клерка, который был свободен от предвзятых идей, явилась дерзкая мысль - написать произведение о новой морской тактике. Обвинение английских моряков в трусости Клерк отрицал, но зато мудрствующих адмиралов он уличил в невежестве. Он рекомендовал не стесняться, ломать свой кильватерный строй, сам по себе не имеющий никакого значения, и делить эскадру на отдельные отряды. Один из этих отрядов, смело вклинившись в строй противника, нападает на его отрезанную часть, другие тем временем препятствуют противнику оказать помощь атакованным судам. В таких случаях неприятель не может отказаться от боя без риска потерять часть своих кораблей. Клерк убеждал не бояться, если бой превратится в общую свалку - выгода будет на стороне того, кто это сделает первый, сделает сознательно, по расчету, внезапно. От такой внезапности противник теряется и, заражаясь паникой, приходит в беспорядок. Словом, дезорганизовать противника, нарушить его органическую цельность, смешать строй - вот путь к победе. С появлением в свет выдающейся книги Дж. Клерка англичане круто изменили методы и приемы ведения морских сражений, руководствуясь ею, они одержали ряд блестящих морских побед - при Доминике, Сен-Винсенте и Трафальгаре.

Нужно представлять каждому работнику предприятия, что все в производственном рыночном мире взаимосвязано. Вы плохо говорите о своем предприятии!!!! Вы сами торпедируете свой отсек

и таким образом брешь придется заделывать всей вашей команде. А денежки идут из одного кармана.

Для прослушивания конкуренты могут сбрасывать радиобуи и определять местонахождение лодок, преследовать их в нейтральных рыночных водах. Поэтому все зависит от слаженности действий собранных экипажей (производственных коллективов).

В некоторых книгах указывается, что предприниматель должен работать в перспективных направлениях, для текущей работы у него имеются квалифицированные активные управляющие.

Это можно отнести и к мудрой боевой поговорке в рассматриваемой статье: "Счастлив тот начальник, который сделав сигнал начать бой, больше не будет нуждаться ни в каких сигналах".

Сейчас возникает первоочередная задача подготовки новой предпринимательской победоносной эскадры.

Поэтому задача командиров отдельных кораблей (бизнесов) представляется наиболее важнейшей.

Они должны издавать правила, заказывать суда, подготавливать себе офицеров, команду и материальную часть... Подчинение должно вытекать не ради власти начальников, а ради тех действий и приемов, которые по общему, основательному обсуждению приведут к успеху, к славной победе над врагом....(конкурентом).

Поэтому целесообразно также рассмотреть процесс формирования и стратегию управления одного из прославленных российских флотоводцев - адмирала Нахимова

...Адмирал едва сдерживал желание атаковать скорее врага...

Русский адмирал не сомневался в блистательном успехе...К тому же он судил о своем флоте по себе: он знал, как безгранично предана ему вся эскадра; он имел твердую уверенность, что она разделяет его геройскую отвагу, его преданность отечеству и долгу; что касается ее технического знания своего дела, то в завершившемся тогда опасном крейсерстве эскадры, при неистовых осенних бурях вдоль сурового кавказского берега, адмирал находил в этом отношении достаточно несомненных залогов.

Ничто лучше Нахимова не умел говорить с матросами, его простая, но обдуманная и исходившая от сердца речь не только была всегда им понятна, но и неизменно производила подобающее действие. Никто лучше Нахимова не изучил трудной науки обращения с подчиненными, умения согласовать справедливую строгость с заботливостью и кроткостью.

"Нельзя принять поголовно, - говорил он, - одинаковую манеру со всеми. Подобное однообразие в действиях начальника показывает, что у него нет ничего общего с подчиненными и что он совершенно не понимает своих соотечественников. А это очень важно...вся беда наша в то, что многие молодые люди получают вредное направление от образования, понимаемого в ложном смысле. Это для нашей службы чистая гибель! Конечно, прекрасно говорить на иностранных языках, я против этого несколько не возражаю и сам охотно занимался ими в свое время, да зачем же прельщаться до такой степени всем чужим, чтобы своим пренебрегать?! Некоторые так увлекаются ложным образованием, что никогда не читают русских журналов и хвастаются этим, я это наверное знаю. Понятно, что господа эти до такой степени отвыкают от всего русского, что глубоко презирают сближение со своими соотечественниками-простолюдинами. А вы думаете, что матрос не замечает этого? Замечает лучше, чем наш брат? Мы говорить умеем лучше, чем замечать, а последнее уж их дело; каково пойдет служба, когда все подчиненные будут наверное знать, что начальники их не любят? Вот настоящая причина, что на многих судах (бизнесах) ничего не выходит и что некоторые молодые начальники одним только страхом хотят действовать. Страх подчас хорошее дело; да согласитесь, что не натуральная вещь несколько лет работать напропалую ради одного страха. Необходимо поощрение сочувствием; нужна любовь к своему делу, тогда с нашим лихим народом можно такие дела делать, что просто чудо. Удивляют меня многие молодые офицеры: от русских отстали, к французам не пристали, на англичан также не похожи..."

В данном случае Нахимов затрагивает очень важную проблему, которая сейчас рассматривается в ряде учебников по иностранному бизнесу. Как быть при управлении в компании, которая постоянно подвергается атакам конкурентов и нужно держать дело в своих руках. Если ранее казалось, что система штрафов является одним из самых надежных элементов в работе, то на самом деле эта практика в компаниях прошедших жернова такой конкурентной борьбы исчезает. Так в Сони этот процесс рассматривается иначе. Здесь не говорят о наказании рабочего, говорят о том, чтобы не допустить повторения брака и смягчают процесс, так как это влияет на настрой в коллективе. Такая же ситуация имела место и в американских компаниях , в которых работал автор. Никаких штрафов, никаких понижений зарплаты. Только анализ и создание комплекса мероприятий, связанных с сведением брака и ошибок к минимуму.

Важно только одно, что как только работник обнаружил брак на потоке, он должен немедленно сообщить менеджеру об этом происшествии.

На некоторых российских предприятиях введение штрафов не дало эффективных результатов и привело к озлоблению рабочих и естественно к утрате лидирующих позиций. Увеличилась конфронтационность.

Для лучшего усвоения материала целесообразно почитать книги о морских сражениях, о морских разбойниках и пиратах, о жизни замечательных флотоводцев и путешественниках.

Также целесообразно пересмотреть исторические фильмы на эти темы и организовать хоровое пение песен по этой тематике.

Предприниматели после прослушивания данного учебного курс в конце национально- патриотических занятий, сидя за столом, крепко сжав кулаки, несколько раз убежденно повторяют слова:

--Никто не имеет право самостоятельно покидать аварийный отсек!!!!

Затем поют или прослушивают песню В. Высоцкого:

Спасите наши души.
Уходим под воду
В нейтральной воде.
мы можем по году
Плевать на погоду, --
А если накроют --
Локаторы взвоют
О нашей беде

. . . .
Спасите наши души!
Спасите наши души...

5. СУВОРОВ А.В. НАУКА ПОБЕЖДАТЬ.

ТЯЖЕЛО В УЧЕНЬЕ, ЛЕГКО В БОЮ

Многие полагают, что предприниматели это те, кто наваривается, кто только хапает, кто только сидит в ларьках или кто благоухает в офисе. На самом деле исследования и опросы граждан показывают крайнюю некомпетентность в этих вопросах.

Многие полагают что предприниматели это капиталисты, другие говорят добрые слова только о предпринимателях, которые непременно сами должны чего- то делать и при этом обязательно своими руками или с помощью различных орудий, (чтобы были мозолистые руки) . При этом мозоли в голове почему-то не учитываются.

Другие пылают ненавистью к торгашам. При этом сами "торгаши" про себя могут говорить, что мы торгаши (мазохистские явления в коммерческой бизнесе).

В фильме "Коммунист" - главный герой, олицетворяющий идеальный образ коммуниста, работал кладовщиком.

Хотя товарищ Сталин говорил:" что в рядах коммунистов все еще царит высокомерие и пренебрежительное отношение к торговле вообще..., второстепенное дело ,.. а работников торговли - как конченых людей. Эти люди не понимают, что советская торговля есть наше родное большевистское дело, а работники торговли, в том, числе работники прилавка, если они только честно работают - являются проводниками нашего революционного большевистского дела".

И.В. Сталин. Краткая биография. Москва, 1950 г.

Но что является самым трудным и практически непонимаемым на большинстве деловых предприятий, то это необходимость в обучении и одновременно с этим приспосабливании к быстро изменяющейся ситуации. Возникает ощущение того, что россияне утратили чувство возникающей опасности. Будь то неожиданные увольнения на производстве или развитие конкуренции со стороны соседних компаний. Например, резкая потеря постоянной клиентуры воспринимается работниками некоторых предприятий, как случайный процесс, а не закономерность и во всем могут винить свое руководство или Правительство. Но при этом своей вины не ощущать. Даже возник общенародный лозунг: Стабильность.

Хотя в любом учебнике или советах предпринимателей западного бизнеса указывается, что нужно окружать себя только победителями, что нужно всем думать на предприятии о том, как выжить. Что армия должна состоять из настоящих бойцов, а не из сильного командира и слабосильных воинов. С такой армией побед не выиграешь и в жесткой конкурентной борьбе не устоишь.

Для усиления фактора обучения на выживаемость и развитие победоносных свойств необходимо изыскивать такие аргументы и приводить такие примеры, которые были бы неоспоримы в любой конфликтной ситуации, где бы она не возникала, по вопросам выживаемости, желания победы, обучения.

К таким неоспоримым моментам в истории Отечества необходимо отнести жизнь и творчество Суворова Александра Васильевича. Такой предлагаемый подход в изучении российской истории как бы связывает два казалось бы совершенно разных учебных предмета : историю и бизнес. Это соответственно дает новое понимание ценности в изучении такого предмета как история, даже для тех, кто особо не тянется к таким знаниям. Но если он хочет стать настоящим рыночным бойцом, то суворовский флаг в руки!

Горжусь, что я русский! Суворов

Необходимо обратить особое внимание на творчество А.В. Суворова. Потому, что военное искусство, которым он обладал в совершенстве, является творческим и поучительным для сегодняшнего момента. Российские предприниматели и рабочие должны обратить на сам процесс подготовки войск, который позволил привести армии Суворова к блистательным победам. Этот подход и методы несомненно помогут в становлении и выживаемости российских предприятий.

Конечно, многие зная его биографию, зная его как национального непобедимого героя может быть и не увидят ничего удивительного в этом. Русские бизнесмены, взяв из его многотомных описаний походов и жизни отдельные фрагменты, найдут то, что необходимо для значимости обучения в условиях ведения бизнеса и роли славного исторического прошлого.

Великий полководец сам, невзирая на свое величие, не гнушался и занимался, для того, чтобы победить.

Уже будучи знаменитым и непобедимым он совершил свой знаменитый Альпийский поход, чтобы спасти армию и не позволить неприятелю ее пленить.

"Место, дочитанное вчера, заложено сухим кленовым листом. Сладко забилось сердце Александра: вчера он уже заглядывал вперед и догадывался, каковы-то предстанут воинам Ганнибала Альпийские горы, как-то пойдут по кручам и узким тропинкам тяжкие, громоздкие слоны и , главное, что скажет своим воинам перед битвой Ганнибал.....

Речь Ганнибала окрылила войско. Исполняясь жара и бодрости, воздели все руки и засвидетельствовали, что готовы следовать всюду, куда он их поведет.

Армия Ганнибала вступила в горы......

......21 сентября армия Суворова через Белинцону двинулась к Сен-Готарду.....

....Альпы встретили Суворова дождями и мглой. Дождь почти не переставал. Горные речки и ручьи вздулись. Ноги солдат то скользили, по мокрой гальке, то вязли в глине. Дорога шла вверх, то вниз с крутыми спусками и подъемами по скользким косогорам. Речек и ручьев встречалось множество, их переходили вброд по колено, иногда по пояс. **Суворов задал быстрые марши. Солдаты выбивались из сил, срывались с крутизны и разбивались. Несколько вьючных лошадей скатилось в пропасть.**

Тем не менее солдаты сохраняли бодрость и веселье. Они догадывались, что этот поход - последний. Что Суворов ведет их домой. Никто не сомневался. В невзгодах винили не Суворова.

Суворов ехал среди солдат на казачьей лошади, легко одетый, накрывшись от дождя " родительским" плащом из тонкого, ничем не подбитого сукна. На голове Суворова красовалась, свисая намокшими полями, широкая итальянская шляпа.

Главные силы французов защищали перевал. Численность французов не превышала силы Суворова, но выгоды позиций утраивали их мощь. **Суворову приходилось штурмовать** естественную крепость.

Для атаки Суворов приказал Багратиону зайти в тыл французам. Для этого отряду Багратиона пришлось решать неимоверную трудную задачу. Карабкаясь по скалам, местами почти отвесным, солдаты встречали сильный отпор французских горных стрелков. Маскируясь скалами и большими камнями, из-за гребня утесов французы поражали наступающих метким огнем. Солдаты Багратиона упорно лезли на крутизны, чтобы зайдя французам в тыл, принудить их к отходу.

Суворов приказал атаковать уже в третий раз. В это время солдаты Багратиона зашли в тыл. **Пораженные этим невероятным подвигом французы очистили перевал.**

Считая свою позицию неприступной, французы не собирались разрушать Чертов мост. Пробиваться через туннель под картечными выстрелами значит даром губить солдат. Суворов приказал двум ротам егерей зайти в тыл французам справа и слева. С одной стороны вздымались почти отвесно скалы, с другой - гремела в туманной бездне Рейса.

Егеря приступили к выполнению безумно смелого маневра. Одна рота цепляясь за малейшие выступы скал полезла вверх, второй после опасного спуска в русло реки пришлось переправляться вброд по стремнине, а затем карабкаться под огнем метких стрелков на крутизну противоположного берега.

Мост был взят.

Казалось путь свободен. Но австрийцы обманули Суворова.

Любому бизнесмену надо быть готовым к тому, что клиенты, партнеры могут подвести при этом не по своей вине. Ситуация на рынке может измениться не в лучшую сторону. Нужно всегда разрабатывать подстраховочные операции.

На картах, которые они ему дали был намечен маршрут. Однако на практике тут не оказалось даже горных троп.

У Суворова оставался путь обратится назад на старую опять занятую французами дорогу. Но он решился идти вперед.

Никогда в мире ни одна армия не проходила по такому пути, какой избрал Суворов, и никто из полководцев всемирной истории человечества, кроме него не решился бы подвергнуть свою армию таким испытаниям.

Армия Суворова, измученная семидневным непрерывным маршем истратила весь провиант. Обувь у всех солдат была разбита. Много вьючных лошадей пропало в дороге вместе с вьюками, свалясь в пропасть. **Тем не менее Суворов приказал выступить из Альторфа в Муттенталь через хребет ранним утром 27 сентября.**

Чем выше, тем охотничья тропа делалась круче, местами совсем пропадая на голых лбах утесов. Сначала ноги людей увязали в глине, а выше утопали в рыхлом снегу. Местами идти можно было только гуськом, в одиночку. Облака то кропили дождем, то опускались и охватывали солдат густым туманом. Одежда у всех промокла. Ветер сушил ее, но леденил тело. Привалы делались там, где возможно, на больших площадках, открытых ветрам. На биваках находили мало топлива, чтобы обогреться и думать не приходилось: на огне пеклись только лепешки из розданной муки. Вьюки с остатками провианта шли позади.

На подробных картах Швейцарии, путь проделанный Армией Суворова через Росшток, до нашего времени обозначается словами : "Путь Суворова в 1799 г". Некоторые русскоязычные молодые американцы совершают такой переход, повторяя поход А.Суворова.

Но это было не все. Разведка обнаружила, что австрийцы опять обманули полководца. Австрийская армия ушла, не дожидаясь прихода Суворова.

Проводники сообщили, что передовые части Массены ждут армию Суворова. Болтливые французы хвастались, что Массена обещал пленным русским генералам свидание с Суворовым и со всем его штабом. Он считал, что русские в Альторфе попали в мышеловку и всей армией не миновать плена.

Но французы стали в тупик, на застав Суворова в Альторфе. Они не хотели верить, что он предпринял с армией переход через хребет Росштока.

Маленькая армия Суворова, вконец истощенная без обуви и продовольствия, не могла противостоять большой и хорошо вооруженной армии Массены, привычной к горным переходам.

Никогда русская армия не находилась в столь отчаянном положении. Оставалось только одно с оружием в руках пробиться в Россию или всем погибнуть.

Совет решил пробиваться с боями.

29 сентября начался поход. Массена рассчитывал обмануть Суворова и завлечь русскую армию в ловушку.

Но Армия Суворова отчаянно сопротивлялась и ожесточенно пробивалась с боями. Французы отступили, полагая, что армия погибнет от холода и голода в горах. Пушки пришлось оставить. Для них вырыли братскую могилу и захоронили, поставив крест.

Все пережитое и испытанное раньше солдатами Суворова побледнело перед тем, что они вынесли, переходя хребет Рингенкопфа (Паникс).

Босая, голодная армия переходила снежные вершины, побеждая суровую природу, неприступные скалы, дождь, жестокие вьюги. Русские сохранили оружие, но штыки, создавшие славу суворовским солдатам, теперь служили им вместо альпенштоков. Они втыкали штыки в снег и расселины камней и помогали солдатам взбираться на кручины.

Спуск с Рингенкопфа был труднее и бедственнее подъема. Ударил мороз. Сильный ветер сдувал со скал снег, полируя ледяную поверхность. Все зазубрины и впадины сглаживались - негде было утвердить ногу. При спуске погибло много солдат. Только в Иланце солдаты добыли дров, чтобы погреться и обсушиться.

Начав поход с двадцатью тысячами солдат, Суворов пришел в Кур с пятнадцатью. В боях, от стужи, голода и несчастий в горах погибло пять тысяч человек.

За спасение чести государства от посрамления и армии - от постыдного плена Павел 1 возвел Суворова в высочайший военный чин - генералиссимуса.

Но на похоронах Суворова ему не были оказаны такие почести. Он был похоронен по ритуалу как фельдмаршал. Сказались опять же придворные разборки и зависть, которые преследовали великого полководца всю жизнь со всех сторон.

Талантливым, богатым и преуспевающим всегда будут завидовать и озлобляться на них. Считать их виновниками своих бед.

Вот можно привести отдельные примеры того, как в России ценили талант и способности великого полководца.

"Вашему полку, Александр Васильевич показывать пример другим!"

Оценка, данная Екатериной работе Суворова в Суздальском полку, возбудила к новому полковнику **недоброжелательство и зависть.**

По новому уставу обучались гвардия и полевые войска. **Суворов не получил ни повышения, ни нового назначения.**

Про Суворова распространяли слухи, что полковник на Новой Ладоге продолжает чудить. ... По слухам, он изнуряет солдат непосильными работами. Специально для проверки посылали губернатора. Тот осмотрел полк и остался им доволен.

Легенды и анекдоты сопровождали движение "планиды" Суворова. В солдатских байках было много и правды и небылиц, но в целом все это говорило о той безмерной солдатской народной любви к полководцу.

К этому состоянию души и должно стремиться современное руководство частных компаний, для того чтобы одерживать победы на конкурентном рынке.

По слухам Суворова хотели отдать под суд за то, что взял крепость без приказа. По этому поводу Екатерина написала поперек приговора знаменитую фразу : **"Победителя не судят!"**

В принципе такая оценка должна подходить к любому виду бизнеса. Если бизнес живет, рабочие имеют работу, владелец бизнеса наряду с этим занимается благотворительной и общественно-политической деятельностью, то можно закрыть глаза на разные финансовые нарушения, которых может быть великое множество вследствие несовершенства законов для рыночной экономики.

Число турок Суворов определил на глаз в десять-двенадцать тысяч. У Суворова было всего три тысячи....

...Не выдержав натиска, турки дрогнули и побежали, бросая оружие и амуницию. Турецкий обоз и все пушки достались победителям....

... День был из ряда вон знойный, многие солдаты пали от солнечного удара. Суворов весь день провел на коне. В одной рубашке, с обнаженной головой, безоружный, с нагайкой в руке, он появлялся в разных местах боевого поля под неприятельским огнем - отдавал приказания и командовал, ободрял солдат веселыми шутками.

Суворову приходилось не только побеждать неприятеля, но еще завоевать право на самостоятельность, побеждать косность, преодолевать козни завистников. Эти победы давались ему труднее, чем победы на полях сражений и уносили много здоровья и сил.

Такое явление имеет место сейчас на многих предприятиях. Торможение на предприятиях вызывается не сколько технологическими, сколько психо-социоорганизационными факторами, т.е. определяются человеческим фактором.

Активность Суворова не ослабевала с годами.

При назначении командиром Кременчугской дивизии он был готов приняться за ее обучение с таким же рвением, как двадцать с лишком лет назад взялся за дело новый командир Суздальского полка....

...Ты отличись сначала перед солдатом, тогда тебя и начальство отличит - учил Суворова старый солдат из роты петровских ветеранов.

Для Суворова была ясна простая цель военного воспитателя: она заключается в том, чтобы создать победоносные воинские силы, ибо полководец должен побеждать.

Это стыкуется с фразой из учебника по бизнесу: чтобы выжить надо уметь побеждать.

Турки Суворова звали грозный Топал-паша. Там где русскими войсками командовал он, турки всегда терпели поражение.

Но как ни странно Суворов явился на свет полуживым: не дышал, не открывал глаз, не шевелился, не кричал. Повивальная бабка нашлепала младенца. Он ожил, открыл глаза и басовито крикнул.

Своим патроном и ангелом Александр Васильевич избрал Александра Невского.

Отец говорил Александру, царь Петр построил в Петербурге монастырь на том самом месте, где Александр Невский разбил шведское войско. Незадолго до своей смерти Петр перевез в этот монастырь на открытой ладье гроб с останками великого Новгородского Полководца. Сам Петр стоял на руле ладьи, а гребцами были генералы и высшие сановники.

У настоящих победителей, к которым можно отнести и Петра и Суворова, существовала сильная национально - патриотическая платформа.

В некоторых учебниках по бизнесу указывается о том, что надо создавать у себя в сознании теневые мистические кабинеты из сильных личностей всех времен и народов и учиться у них выживать и побеждать. Это существенно влияет на выживаемость национальных бизнесов.

Александр Суворов начал проходить свои военные университеты еще мальчиком, изучая жизнеописания великих полководцев. Он мысленно представлял те места сражений, трудности, которые испытывали великие полководцы, переносившие невзгоды, горечь побед и поражений со своими верными воинами.

Суворов обладал с детства мечтательным воображением. Ему слышался ропот оробевших воинов Ганнибала перед вступлением в Альпийские горы, рев горных рек , боевые крики. . . .

С детства Александр был очень начитан. В России дворянам давали очень хорошее образование. Суворов не был исключением. У него были отличные воспитатели и гувернеры.

Такой офицер и начал свою блестящую карьеру в армии. Он сразу начал ее активно и вскоре о его подвигах стали говорить. Он получил наряду с признанием своих заслуг и множество врагов, недругов и завистников, которые ставили ему подножки на каждом шагу. То что в России недолюбливают нестандартно мыслящих и творческих людей это конечно же не вина советского периода. Яркий пример постоянных гонений и издевок в российской общественной среде, сам непобедимый великий русский полководец.

Ему было тяжело переносить, окруженному славой, на вершине и получать постоянные уколы от государевых слуг, генералов. Но Александр Суворов имел мужество и стойко отстаивал интересы солдат и русской армии. Это проявилось в его споре с Павлом 1, который стремился опруссачить русскую армию. За это полководец конечно же сурово поплатился и провел некоторое время в ссылке. Но и это не могло умерить его пылкую любовь к отечеству и армии.

Суворов любил солдат, заботился о них. Чтобы солдат был обут, одет, сыт, накормлен. Чтобы при переходе его на привале ждали горячая каша, сытный обед, палатки для отдыха. Обязательно была баня. Да и сам он предпочитал есть простую солдатскую еду.

Для победы важно учитывать состояние своих солдат. То же можно отнести и к отношению предпринимателей и их заботе о своих рабочих. В современном высокотехнологическом и жестко действующем конкурентном бизнесе факторы заботливого отношения предпринимателей к своим рабочим похожи на отношения Суворова к своим солдатам. В этом случае естественно победа за теми, кто действует жестко и сплоченно.

Суворов А.В. написал свое бессмертное учение "Наука побеждать".

Это учение очень важно для российских предпринимателей не только как наставление для победы, но также как одно из первых учебно-методических пособий для проведения политзанятий среди командного и рядового состава конкурентоспособных бизнесов России. Сам Суворов участвовал в проведении таких занятий.

Легендарный самурай, ученый, специалист по военному искусству Миямото Мукасаси когда-то написал книгу о стратегии борьбы. Она была издана в переводе на английский язык под названием "Книга пяти колец". Она стала настольной книгой для некоторых иностранных бизнесменов. Им сказали, что изучение этой маленькой книжки позволит познакомиться с важнейшими элементами, секретом победы в борьбе с Японией в области коммерческой деятельности.

Такая система занятий существует в западной конкурентной среде. Производственное обучение считается частью производственного процесса и руководители всех звеньев выступают как преподаватели для своих рабочих.

Суворовские победы подтверждали верность его учения. В основе "Науки побеждать" лежало "Суздальское учреждение". И то, что исходя от молодого полковника, тогда многим представлялось чудачеством, теперь стало веским и обязательным, как приказ фельдмаршала, отданный для исполнения.

В " Науке побеждать" две части: Первая; "Вахт-парад", или "Ученье перед разводом". В этой части заключены не только основные положения суворовской тактики, но дана полная программа нового учения с перечислением команд, какие следует подавать.

"Исправься! Бей сбор! Ученье будет"

"Атакуй первую неприятельскую линию в штыки! Ура"

"Неприятельская кавалерия скачет на выручку свой пехоты: атакуй!"

"Атакуй вторую неприятельскую линию или - атакуй неприятельские резервы! Марш!"

"Ступай! Ступай! В штыки!"

"Докалывай! Достреливай! Бери в полон!"

По окончании учения (читалась вторая часть "Науки побеждать" - "разговор с солдатами их языком" или иначе "Словесное поучение солдатам о знании, для них необходимом" . Эта часть имеет примерный характер, указывая, о чем надо говорить солдатам и какими словами.

Затем излагались "Три военные искусства". Первое - глазомер, второе- быстрота, третье - натиск.

Глазомер Суворов ценил очень высоко. Под "глазомером" он понимал способность быстро схватывать при обзоре местности, удобна ли она для боя, уменье быстро выбирать выгодную позицию, дорогу для марша, направление атаки.

Быстрота необходима прежде всего в походе. Чтобы напасть на противника или чтобы его преследовать, необходимо быстро передвигаться. Поэтому Суворов учил солдат и войсковые части быстрым, стремительным маршам во всякую погоду, зимой и летом, по хорошим и плохим дорогам, в знакомых и незнакомых местах, днем и особенно
ночью.

Суворова обвиняли, что он этими учебными маршами изнуряет солдат. Он отвечал на это: "Легко в учении - трудно в походе (на войне и бизнесе) ; тяжело в учении - легко в походе (и бизнесе) ". Он с неумолимой строгостью требовал, чтобы командиры принимали все меры для облегчения солдатам быстрых маршей. Кашевары должны быть всегда впереди, чтобы солдаты приходили к готовым котлам; палатки должны быть поставлены к приходу солдат на ночлег. Обувь, одежда, амуниция - все приспособлялось к тому, чтобы обеспечить войскам быстроту передвижения.

Суворов очень высоко ценил и берег время.

Поэтому здесь можно это подтвердить выражением. Время - деньги.

До Суворова русская конница ходила в атаку на рысях. Суворов научил конницу свою быстрым атакам "маршем, маршем", то-есть на полном скаку.

Натиск - в этом слове Суворов соединил все, что относится к успешному наступлению. В атаке надо принимать решения быстро, без колебаний и выполнять их упорно и настойчиво, одним дыханием. Суворов учил пехоту не только атаковать пехоту противника, но и кавалерию, что было новостью.

Глазомер, быстрота, натиск, взятые вместе, означали на языке Суворова, что нужно правильно разобраться в обстановке, умело выбрать направление главного удара и стремиться к полному уничтожению противника. Это все в полной мере подходит и для бизнеса, особенно для развития конкурентной стратегии.

Суворов, создавая новое военное искусство, решительно боролся с устаревшей прусской системой военного обучения.

Суворовская "Наука побеждать" отразила в себе лучшие черты русского национального характера: отважность, проницательность, быстроту, натиск, человечность.

Суворовское военное искусство основывалось на глубочайшем патриотизме и безграничной вере в силу и непобедимость русских войск.

"Мне солдат дороже себя" - говорил Суворов.

Всей душой он любил русского солдата и солдат отвечал ему такой же любовью.

И крепостные русские крестьяне быстро превращались под начальством Суворова в отлично обученных "чудо- богатырей".

Суворов изобретал новые приемы боя, каких не знал противник. Так, он учил войска не только ночным походам, но и ночным боям.

Талант и организаторские способности проявились, например, при штурме Измаила.

Когда русские начинают читать учебники по бизнесу, как ставить свое дело, с чего начинать, какие нужны информационные каналы, какие нужны приспособления и прочее, то они могут опять же обратиться к тому учебно-методическому материал, который был выработан Суворовым.

Открылся военный совет. Суворов спрашивал о числе и состоянии русских войск. Спрашивал о боевых запасах. Интересовался произведенными осадными работами. Сколько турецких войск заперлось в Измаиле? Какой дух турецких войск? Велика ли у турок артиллерия и обеспечена ли она огневыми припасами?

Отпустив генералов, он поехал на разведку измаильских укреплений. Все поняли, что штурм решен.

Военная тактика турок Суворовым была изучена тщательно. Он выработал свою победоносную тактику.

Своих неутомимых гренадеров Суворов приучил отражать повторные удары свежих турецкий войск. Атаковать без передышки первую, вторую и третью орды (непрерывные волны наступающих).

"Крепости строят для того, чтобы их штурмовать.

От безделья в сырых землянках больше люди хворают".

По приказанию Суворова сделали в поле подальше от глаз неприятеля копию измаильского вала с глубоким рвом; перед ним вырыли волчьи ямы. Молодых солдат учили, как застилать плетнем волчьи ямы, забрасывать фашинами ров и штурмовать вал.

Яркий пример суворовского производственного обучения.

Послание к Сераскиру и защитникам Измаила

"Я с войсками сюда прибыл.

Двадцать четыре часа на размышление - воля; первый мой выстрел - уже неволя; штурм - смерть.

Что оставляю вам на размышление. Александр Суворов".

Сераскир ответил: "Скорее Дунай потечет назад и небо упадет на землю, чем сдастся Измаил"

.... в ночь на 11 декабря Суворов повел войска на штурм.

...цепкими муравьями карабкались люди по лестницам и крутым склонам валов. . . .. .

..... раскаты "ура" и ответные вопли" алла" с вершины вала говорили о том, что там идет беспощадная рукопашная схватка...

...на улицах и площадях города завязался снова бой. вернее - сотни кровавых боев...

К часу дня русские войска достигли середины города.

11 декабря Суворов послал донесение Екатерине в Петербург: "Гордый Измаил у ног Вашего Величества !"

Судьба Суворова - это судьба талантливого военачальника постоянно угнетаемого и затираемого сильными мира сего. За взятие Измаила ему был присвоен чин подполковника Преображенского придворного полка. Эту награду за подвиг беспримерный в истории, можно было счесть за издевку. Враги Суворова радовались; доброжелатели сетовали на несправедливость; в армии негодовали.

Решаясь на штурм Измаила, Суворов поставил на карту всю свою военную карьеру. Неудача штурма могла бы стать закатом звезды Суворова. Теперь она горела ярко, высоко поднявшись над горизонтом.

- Чем могу наградить ваши заслуги граф Александр Васильевич? - спросил Потемкин.

- Ничем, князь. Я не купец и не торговаться приехал...

Суворова отправили на границу Финляндии для осмотра крепостей, пока праздновали взятие Измаила. Потемкина чествовали как победителя.

Но в Финляндии Суворов не раскис, не поддался хандре и стал активно поднимать воинство. Он тут показал выпрямляющую силу труда. Он отвлек солдат от праздности не только воинским обучением. Ему не хватало рабочих рук; он заставил солдат участвовать в постройке крепостей, на обжиге извести, на устроенных им кирпичных заводах, заготовке и пилке леса.

Суворовские войска не раз одерживали победы, нападая на противника неожиданно ночью.

"Пуля - дура, штык - молодец" - говорила суворовская "Наука побеждать". Это значит, что Суворов придавал большое значение атаке "белым оружием", то - есть штыками пехоты и саблями конницы, чем ружейному огню. И понятно: ружья того времени заряжались очень медленно, одной пулей с дула; в пылу боя зарядить второй раз было некогда, а первый выстрел часто пропадал даром. Это не значит, однако, что Суворов пренебрегал ружейным огнем совсем. Он требовал, чтобы не стреляли зря, берегли пулю и стреляли не в вольный свет, а прицельно, выбирая целью командиров противника.

От каждого подчиненного, начиная с главных командиров и кончая рядовыми, Суворов требовал быстрого соображения, уменья сразу находить ответ и принимать решение в трудных случаях. Он требовал, чтобы все знали от рядовых до генералов деятельное военное искусство. Ответа " не могу знать" он не терпел и ненавидел "немогузнаек".

Это учение в совершенстве стыкуется с системой производственного обучения в инофирмах, таких как Сони и т.п. Где указывается, что все должны работать не только физически, но и вкладывать свой ум.

Чтобы развить смекалку в солдатах. Суворов иногда задавал неожиданные вопросы, требуя быстрых ответов. Этим моментам в развитии дееспособного бизнеса сейчас уделяется большое значение. Мы говорим о нестандартном развитии различных идей, направлений. Это в целом способствует успешной выживаемости высокотехнологического бизнеса.

Ученье заканчивалось словами командующего вахт-парадом: "Субординация, послушание, дисциплина, обучение, порядок воинский, чистота, опрятность, здоровье, бодрость, смелость, храбрость, победа, слава!"

Суворов учредил в своей штаб-квартире нечто вроде курсов повышения для офицеров и с увлечением давал офицерам уроки тактики и стратегии на живых примерах своих побед.

Когда читаешь эти строки в книге и начинаешь их переносить на сегодняшний этап развития современного общества, то начинаешь поражаться тому, что все то, что великий полководец написал для своих армий того времени практически полностью подходит в качестве руководства для российского бизнеса.

Полководец обращает все внимание именно на человеческий капитал.

Это основные факторы роста любого конкурентоспособного бизнеса. Именно человеческий фактор, люди, а не станки и оборудование являются определяющими для выживания любого бизнеса.

Для Суворова солдат дороже всего. Он его обучает, как надо действовать, вносит уверенность.

Последние слова вахт - парада. Это аналогия ключевых слов любого научного отчета. Эти слова, как магические, нужно заучить каждому предпринимателю, собирающемуся успешно действовать на любом секторе рынка.

Можно их использовать в качестве лозунга, как в советское время, в качестве средства массовой пропаганды на предприятии.

Но самое важное - это конечно же непрерывное обучение самого Суворова.

Нужно представлять, что великий полководец всегда был победителем и стремился это привить к своим подчиненным. В одном учебнике по бизнесу преуспевающие американские предприниматели советуют мыслить только категориями победы, мыслящий категориями поражения обречен на неудачу.

Суворов, находясь на вершине своей боевой славы, не умел расслабляться и, попадая в трудные положения, выходил победителем.

Исследования показали, что многие рабочие и руководители различные звеньев не стремятся переменить свою профессию, пойти учиться.

Если бы Суворов не обучал своих солдат, одерживал бы он победы?

Но самое главное, что Суворов умел одерживать победы в себе. Умел выстоять сам.

Это способность ярко проявился при назначении его для командования Северной группой войск, находящихся в Финляндии.

Суворов принялся при назначение за дело как всегда рьяно. Стал повышать боеготовность во всех направлениях. Но ему не подчинялась морская флотилия, стоящая в Финляндии. В его инструкции, которая ему была дана как руководство, об этом ничего не говорилось. Командующий флотилией **сэр Бушприт** (это кличка капитан-командора Нанинга) **согласился подчиниться Суворову** в том случае, если **он сдаст ему экзамен** на младшее морское офицерское звание - экзамен на мичмана.

Сэр Бушприт думал, что пошутил. Но на следующий день явился адъютант Суворова и вручил прошение на этот счет.

В этом прошении сообщалось, что генерал-аншеф Суворов, граф Рымникский и граф Священной Римской Империи, Александра Невского и многих других орденов кавалер, почтительно просит в первый удобный для капитана-командора день сделать ему, Суворову, экзамен на мичмана для производства в первый на флоте офицерский чин.

Когда некто из производственников начинает возмущаться по поводу того, что учиться не надо, то этот пример будет для них весьма поучителен.

Пока сэр Бушприт отправился в Петербург за разъяснениями и разрешением, Суворов с помощью командира корабля "Северный орел" приступил к тренировкам и изучению корабля. Суворов был знаком с морским дело, так как командуя обороной Херсона имел дело с флотом. Кроме того дружил с Ушаковым и тот слушался его советов. На Дунае под рукой Суворова была флотилия адмирала Рибаса. Но он считал, что этого мало.

Пять дней подряд Прончищев маял команду своего корабля парусными учениями. **Матросам показалось очень лестным, что с**

ними наравне тянет шкоты, лазит по вантам, ставит и убирает паруса, крепит снасти, вяжет узлы и сплеснивает тросы сам Суворов. Они дивились неутомимому проворству, цепкости этого старичка со смешной тугой косичкой седых волос, с "косоплеткой" из ленточки георгиевских цветов, завязанной бантиком на конце.

Павел 1 недолюбливал Суворова за его строптивость и за то, что тот не собирался вносить прусский дух в русскую армию.

Из Петербурга пришло известие:

"Произвести мичманский экзамен генералу Суворову, не откладывая, по всей строгости, без послабления, рассмотреть при сем, что генерал Суворов действительно к исполнению сей должности прямо способен, образовав для сего испытания комиссию из командиров...

По слухам Павел 1 добавил: "Старик чудит, надо дать ему урок".

Суворов в назначенный час вошел при полном мундире в салон адмиральской каюты и экзамен начался. Вопросы задавали по очереди командиры кораблей. Суворов ответил на все вопросы.

Самое последнее испытание устроил капитан-командор. Он решил закончить экзамены игрой в жмурки.

Сэр Бушприт любил заниматься этой игрой с матросами. При этом матрос с завязанными глазами шарил в пустом пространстве, пытаясь найти ту часть корабля, на которую называл командир. Урядник стоял наготове в линьком в руке.

Когда Суворову сообщили, он, храня невозмутимый важный вид, окинул взглядом верхнюю палубу, от шканцев до бушприта и сам завязал себе глаза полотенцем, плотно обмотав его вокруг головы, чтобы ни у кого не могло появиться сомнения: сквозь такую повязку видеть нельзя.

Игрой в жмурки Суворов много забавлялся со своими подчиненными, коротая скучные вечера молодым еще командиром в Суздальском полку и даже в Бырлаге перед штурмом Измаила. Суворов придавал глазомеру большое значение. **Он сам обладал тонко развитым чувством пространства и считал, что пустая, на первый взгляд детская забава развивает способность быстро ориентироваться в темноте.**

Это испытание Суворов с честью успешно выдержал. Он сдал экзамен на мичмана и флотилия перешла под его непосредственное подчинение. Он опять победил.

Но самое главное, что необходимо отметить в этой истории это то, что Суворов решал первоначально задачи государственного значения и не впадал в личностные отношения, какими бы они неприязненными не были. Необходимо в этом случае учитывать, что Суворов этого времени - это фельдмаршал, национальный герой. Человек на вершине своей славы

В Финляндии он создал прочные оборонительные сооружения. И это привело к тому, что стали распространять нелепые слухи и сплетни на его счет в столице. Суворов жаловался на клеветников в Военную коллегию, а самым беззастенчивым из них даже грозил поединком. Все эти простодушные способы борьбы с бесстыжими интриганами вызывали у его врагов один только злорадный смех.

Суворов видел дальше большинства своих современников. При открытом характере Суворова ему претил всякий обман, однако наряду с этим в нутре Суворова, в его поступках и словах было много затаенного. Суворовская тактика внезапного удара, широкое использование ночной тьмы для подготовки и нанесения удара требовали скрытности.

Иностранцы анализировали действия Суворова и перенимали самые передовые мысли.

Во многих своих преобразованиях французской армии Президент Военного комитета Ламет следовал учению Суворова.

Основные национальные высказывания Суворова:

Нарядишь русского солдата в прусский мундир, так он что тоже немец будет?

А русский мужик каждую субботу в баню! На полок! Поддай пару!

Строгость - великое слово! При строгости и милость! Милосердие покрывает строгость! В чем истинное искусство благонравия: милая солдатская строгость, а за сим общее братство!

А солдат не бестия. а человек....

Мы и Фридриха с нашей простотой бивали, да и как...

Павел ! : Что вы с ваши натурализмом! Фридрих - светоч мира...

- И гнилушка светит.

Один из плененных французских генералов сказал Суворову:

- Ваша теория войны есть теория невозможного. Атака у Лекко противоречит всем правилам тактики.

- Что делать! - со вздохом ответил Суворов.- Все мы, русские, такие; хотим невозможного....

Активные действия Суворова против французских войск в Европе привели к тому, что **Бонапарт, узнав о неудачах французских войск воскликнул:**

- Безумцы! Они погубили все мои победы!

Но и здесь в Европе Суворов непрерывно занимался обучением войск.

Против него Бонапарт выставил своего ученика Жубера Бонапарт назвал его "наследником своей славы", гренадером по храбрости и великим генералом по своим военным познаниям".

- Молодой человек приехал поучиться - сказал Суворов - дадим ему урок.

Силы противников в предстоящей битве можно было оценивать как равные.

Когда-то Суворов говорил, что на такой штурм, как штурм Измаила можно решиться только раз в жизни. В этот раз он штурмовал естественную крепость, более сильную, чем Измаил, защищаемую армией, более сплоченной, храброй, воодушевленной и лучше устроенной, чем гарнизон Измаила, с главнокомандующим - молодым, пылким, решительным учеником Бонапарта. Городок Нови, сам по себе представлял средневековую крепость. Суворов не хотел и не мог уклоняться от боя; победа была необходима, так как открывала дорогу во Францию.

...бой гремел по всему фронту...

Склоны гор устлались телами павших. Огромные потери русских войск уничтожили их численный перевес над противником.

Возникло тяжелое положение, армия Суворова не могла атаковать и солдаты отступали.

Суворов приказал рыть для себя могилу тут же на месте скопления обступивших его солдат. В какой-то миг наступил психологический перелом.

Со всех сторон закричали : Братцы! За Суворовым!

Живая лавина суворовских солдат катилась наперекор силе тяготения снизу вверх. Штыки солдат грозно нависали. **Прямо с марша Суворов повел солдат на штурм высот. Началась третья и последняя атака.**

Нужно осмыслить этот переломный момент, когда казалось что уже нет сил и резервов и только одно слово полководца дает новую энергию для победы. У изможденных солдат находятся новые силы для решающей атаки.

Такие же слова должны искать и предприниматели для успешной работы на рынках, где идет жесткая конкурентная борьба.

По силе натиска она во много раз превышала первые две и явилась неожиданной и роковой для французов.

Таким образом продолжалось шестнадцать часов сражение упорнейшее, кровопролитнейшее и в летописях мира, по выгодному расположению неприятеля, единственное. Мрак ночи покрыл позор врагов." так он писал Павлу 1.

6. ОБРАЗОВАНИЕ – ЭТО ТО ЧТО ОСТАЕТСЯ

Образование - это то, что остается,
если забыть все, чему учили в школе.
Альберт Эйнштейн.

Процесс производственного образования, существовал при Советской власти. Надо проанализировать его достоинства и недостатки и понять, что сама по себе компания учебного непрерывного производственного процесса при Советской власти в идейном плане была верна. Но отсутствие частной собственности и тем более конкуренции привело к тому, что она имела низкую эффективность. В настоящее же время сама система непрерывного образования при внедрении в бизнес России дает неоспоримые преимущества для тех руководителей, которые во время осознают ценность этого направления.

Ценность непрерывного образования дает возможность осмотреть все процессы производства и сбыта продукции и всей сложной идеологии российского бизнеса со множества разных сторон. При этом владелец бизнеса одновременно выступает как педагог и ученик одновременно. Все работники одновременно охватываются единой идеей всеобщего и непрерывного образования, одновременно выступая как преподаватели и ученики. Действительно может ли рабочий быть учителем у своего руководителя. Конечно, если сам руководитель проработает хоть один день на этом самом рабочем месте. Он наверняка поймет особенности и создаст возможности для улучшения процесса на этом или ином участке. Это в целом отразится весьма положительно на работе всего предприятия. Не говоря уже о возникновении подлинно демократических форм и новой связи между предпринимателями и рабочими.

Современный высокотехнологический производственный бизнес весьма успешно за эти годы адаптировался и приобрел еще более новые сложные формы. Они могут выявляться и осознаваться только теми, кто непосредственно вылез из окопа и пошел в штыковую атаку в этой жесткой и беспощадной мировой рыночной битве.

Внутрипатриотический лозунг сегодняшнего дня для многих российских деловых предприятий это :**"Каждый работник должен постоянно повышать свою квалификацию".**

Реальные проблемы гораздо сложнее, описанных в учебниках и каждый работник предприятия должен быть готов с ними справиться сам непосредственно на своем рабочем месте.

Конкуренцию можно разделить на внутреннюю и внешнюю.

Внутренняя - все рабочие и сотрудники фирмы находятся в непрерывной конкуренции между собой при работе над качеством своей продукции и услуг. Одновременно с этим они сознают что только их единство и забота о работоспособности бизнеса позволит выжить в борьбе с внешней конкуренцией.

Внешняя конкуренция - это взаимоотношения с аналогичными фирмами, изготовителями, клиентами. Каждый рабочий должен болеть за свою фирму, и говорить и рекламировать где угодно и как угодно только с хороших сторон. Исследования показывают, что плохие высказывания о работе фирм ее же сотрудниками, в особенности рабочими, сильно подрывают конкурентные позиции фирм. Если предприятие намеревается вложить большие деньги в образование и профессиональное развитие своих сотрудников, оно должно тщательно подходить к тому, кого и как оно принимает на работу. Многие фирмы при подборе на работу уделяют особое внимание тем, кто умеет и хотел учиться.

Особая сложность заключается в видах обучения. Что недостает большинству программ? Необходимо учиться в классе и на рабочем месте и все это переносить в жизнь. В качестве основных видов знаний указываются межличностные взаимодействия и экономическое образование и его взаимосвязь с производительностью труда, качеством, конкурентоспособностью, собственным уровнем жизни, гарантией занятости.

При ответе на вопрос: "Кого учить?" Можно ответить просто: “Всех!"

-Люди быстрее учатся, если непосредственно вовлечены в решение реальных проблем.

-Разовое обучение в аудитории не меняет поведения человека.

-Практика дает гораздо больше.

-Лучше всего человек учится, когда его роль активна.

-Лучше активнее учится самому на примере, чем слышать о нем.

-Руководство должно быть уверено в необходимости обучения, выделять для этого время, вознаграждать за него и само участвовать в нем, если процесс обучения идет на рабочем месте.

Обучение через деятельность наиболее эффективно, когда люди учатся друг у друга. Составители учебных программ должны знать, что обучение - работа индивидуальная. Обучение через деятельность позволяет преодолеть проблему трансформации абстрактных знаний в навыки, дает результаты непосредственно в процессе обучения и позволяет интенсивнее участвовать в обучении.

Группы по разработке новых изделий составлены из специалистов разных отраслей. Эти специалисты учатся друг у друга, высказывают различные точки зрения на проблему, с разных сторон рассматривают информацию о состоянии рынка, в особенности результаты проб и ошибок, которые неизбежно сопровождают процесс параллельной разработки изделия.

Обучение через деятельность требует совершенно иных качеств у руководителей различного уровня. В идеале они должны владеть этим методом и уметь непосредственно организовывать процесс обучения. Руководители сами должны разрабатывать программы обучения и сами вести их, привлекая специалистов по методике обучения, но не по их содержанию. На многих фирмах проводится процесс корректирующего обучения, пытающийся восполнить пробелы в школьном образовании. Большое внимание уделяется переподготовке, так как переход к новым технологиям требует значительных затрат, связанных с обновлением знаний. Переподготовка обходится намного дешевле, чем прием нового работника.

Развитое в технологическом отношении общество требует новых более совершенных знаний и умений. Если рассматривать ситуацию на создаваемом российском рынке, то мы тут видим некоторые особенности. Это касается таких лозунгов как "Насыщение прилавков продуктами и товарами". Множество видов зарубежной продукции, особенно в сфере наукоемкого бизнеса создавалось как естественный процесс выживаемости в ходе длительной и упорной конкурентной борьбы. Тут возможно некоторое отличие. Например, русские ученые и оборонные отрасли в состоянии произвести множество различной высокотехнологической техники и даже в более высоком качестве. К сожалению, потребители, не имея того рыночного сознания как у своих зарубежных конкурентов, не воспримут эти разработки. Они не будут использованы. Производители не получат денег и соответственно могут нести убытки.

Эти явления наводят на мысль о том, что нужно развивать конкуренцию не только среди производителей, но соответственно и среди потребителей. В этом случае можно привести примеры из восприятия работ художников разных направлений. В свободном обществе художник показывает свои работы, которые воспринимаемы только им одним или немногими избранными. Но в это время идет постепенный рост восприятия этого искусства и у других менее восприимчивых, но гибких, умеющих прислушиваться к мнению специалистов. Общество более активнее впитывает эту информации и соответственно ценность данных работ. В закрытом обществе при отсутствии свободы распространения информации это приводит к плачевным результатам. Поэтому мы сейчас часто видим труды некоторых забытых (читай забитых) соцдействительностью и обществом наших соотечественников. Потом на международных аукционах эти работы продаются за большие деньги. Хотя тут в свое время этот национальный страдалец пытался продать такую картину за пару бутылок пива. И то общество воспринимает эти произведения искусства в цене по несколько десятков тысяч долларов.

Проблема состоит в том, чтобы найти механизм постоянного повышения квалификации всех занятых в процессе перехода от одного набора требуемых знаний и навыков к другому.

Парта относится к основному капиталу, а человек сидящий на ней - учащийся к издержкам. Необходимо усвоить, что великое множество идей, продукции было разработано самоучками, рукастыми умельцами, так сказать внутренними рационализаторами, такими казалось бы серенькими и скромными мужичками-работягами (русскими Левшами), сидящими в углах мастерских, в лабораториях в цехах заводов и фабрик. В основном большой объем конкретных работ тащили небольшие активные группы работяг, которые так сказать брали все производственные задачи на себя.

Так бывший президент фирмы "Дженерал электрик кредит" говорит, что : "Ни один, буквально ни один из бытовых электрических приборов не был создан гигантскими концернами - ни первая стиральная машина, ни кухонная плита, ни электросушилка, ни электроутюг, ни настольная лампа, ни холодильник, ни газонокосилка, ни морозильная камера, ни кондиционер, ни пылесос, ни посудомоечная машина, ни электрогриль в конце концов".

Очень часто все то, что дается современной цивилизации идет от этих казалось бы сумасбродных идей и нестандартных решений.

Этих примеров в истории множество. В американской аналитической работе по таким направлениям даже ведутся специальные исследования по сбору высказываний о тех или иных направлениях, которые могут высказывать выдающиеся личности о том, что может быть.

Гарри Уорнер. Президент компании "Уорнер бразерс". В 1927 году при появлении первых звуковых фильмов его комментарии по поводу этого эпохального события были таковы: “На кой черт зрителю слышать, как артисты говорят? " Следующий Роберт Милликен, получивший Нобелевскую премию по физике в 1923 году заявил :"Нет никакой вероятности, что человек когда-либо сумеет использовать энергию атома". Самое замечательное высказывание сделал глава Патентного бюро США

Чарльз Дьюэлл в 1899 г.: “Все что можно изобрести, уже изобретено!!!!!!!!!"

Если такие выдающиеся люди допускают вольности в перспективных рассуждения о новых направлениях в жизни общества, то что можно тогда сказать о небольшой кучке людей из правительственного аппарата, который должен управлять такой огромной страной, пытающейся уцелеть в беспощадной мировой конкурентной борьбе.

Вероятность достижения большой производительности труда, высшего качества и конкурентоспособности определяется по пяти критериям: энтузиазм, гибкость, постоянное улучшение, постоянное обучение, общее понимание цели перемен.

Эти критерии были разработаны на основе изучения успехов и неудач компаний в Японии, Европе, Америке и во всем мире.

ЭНТУЗИАЗМ - без чувства необходимости перемен и желания их действительно добиться - всякие стратегии "конкурентоспособности" не более, чем дым и мираж

КРИЗИС КОНКУРЕНТОСПОСОБНОСТИ. Ничто так, как явная и осознанная опасность, не делает людей готовыми принять изменения. Никогда бы "Ксерок" не стал перестраивать свое производство копировальных машин, если бы не конкуренция со стороны "Кэнона" и т.п.

НОВЫЕ ВОЗМОЖНОСТИ ДЛЯ БИЗНЕСА. Возможность начать сначала, сделать все как надо именно теперь практически всегда способствует появлению решительных и уверенных в себе людей. Чувство нужности того, что ты делаешь и энтузиазма важно сохранять длительное время. Фирмы должны искать таких людей, вознаграждать их и давать дорогу. Отбирать и продвигать людей, стремящихся к победе, побуждать как отдельных людей, так и группы к успеху, проектировать так структуру, чтобы системы были малы, гибки, и не убивали инициативы.

ЧЕМПИОНЫ (РАЦИОНАЛИЗАТОРЫ) Обычно внутри компании находятся энтузиасты, пытающиеся внедрить какие - то новшества. Они упрямы и настойчивы, они вдохновляют людей и успех их начинаний привлекает внимание. Обычно фирмы стремятся сами ответить на ряд вопросов :

-Откуда идет энергия, направленная на перемены?

-На какие препятствия и на чье противодействие натолкнется организация работы по - новому?

-Есть люди готовые испытать на себе новые подходы? Кто они и насколько велико их влияние?

ГИБКОСТЬ И УМЕНИЕ ПРИСПОСАБЛИВАТЬСЯ-отличительные черты лидеров во все времена. Действия повышающие гибкость :мелкие, просто управляемые системы вместо сложных. Персонал, в состав которого входят люди, владеющие разными профессиями узкие специалисты и люди способные мыслить широко. Минимум бюрократии.

По мнению многих специалистов успех многих компаний на мировой арене является результатом не гениальности или технических достижений, а внимания к деталям и ежедневной охоте за усовершенствованиями. Не существует "маленького " улучшения, ни один работник не должен оставаться на обочине.

Лозунг Японии - Постоянно улучшать - значит "нагибаться за последним зернышком риса".

Русская поговорка еще более содержательна: “Разгребай , да по зерну подбирай".

Среди многих причин длительного превосходства Японии над другими странами является умение японцев учиться. Для них применимо множество русских поговорок: “Жить значит учиться. Знание и труд рядом идут. Больше науки - умнее руки".

К недостаткам образования относят такие понятия, как максимальное знание познавательных навыков (мышления, объяснения, понимания) межличностное общение, гибкость, усердие, решимость, самодисциплинированность, ответственность.

В этом плане США (читай Россия) должна понять кто им противостоит. Лозунг Японии :" Японское образование от колыбели до могилы”. Обучение составляет их каждодневную жизнь. Кроме того наряду с другими факторами успеха японской экономики имеется такой как - всепоглощающая непрерывная и хорошо организованная страсть к учебе.

Необходимо также помнить, что не каждая копейка, вложенная в образование дает отдачу. От занятых в сфере образования необходимо требовать роста производительности так же как и от работников других отраслей.

Японцы всегда знали, что их выживание зависит не от природных, а от человеческих ресурсов. Они закалились в ходе длительной борьбы с междоусобицами, землетрясениями, тайфунами и тому подобными процессами. Они постоянно ждут приближения опасности и готовы к битве с надеждой и уверенностью в своей победе.

Стратегия образования Японии соответствует старой китайской поговорке: "Если ты планируешь на один год-расти рис, на двадцать лет - выращивай деревья, на века -воспитывай детей"

Российский бизнес должен это запомнить. Российский бизнес должен изменить свои методы для того, чтобы соответствовать новому миру и влиять на качество образования.

В настоящее время новые черты мировой экономики проступают в следующем:

ТЕХНОЛОГИЯ : передовая технология перестает быть монополией развитых стран, новшества распространяются повсюду в кратчайшие сроки. Их копирование, улучшение и использование становится не менее важным, чем изобретение.

СРАВНИТЕЛЬНОЕ ПРЕИМУЩЕСТВО : динамическое и зависимое только от людей, а не статистическое и определяемое природными условиями. Страны бедные природными ресурсами могут стать серьезными соперницами в мировой конкурентной борьбе. Это есть на самом очевидном деле.

ЧЕЛОВЕЧЕСКИЙ КАПИТАЛ наиболее ценный ресурс, гораздо более важный, чем природные ресурсы или накопленные богатства

ГИБКОСТЬ - преимущества дает способность к быстрой адаптации, а не обладание специализированными знаниями и навыками.

КАЧЕСТВО - становится еще более важным, особенно в хозяйствах, ориентированных на информацию и услуги.

ТОВАРЫ НА РЫНКЕ - снижающееся значение традиционных товаров, быстрое превращение технических новшеств в стандартные массовые товары

Особое внимание необходимо уделять целеустремленности. Это важное условие успеха в любой области.

Вот что пишут по этому поводу американские специалисты после посещения японских фирм:

. . . рабочие набрасываются на возникающие проблемы, с вниманием относятся к мельчайшим деталям. . .

Японцы смотрят на рынки как на поле боя. Они "атакуют" рынок, рассматривая конкурентов, как достойных противников, которые должны быть безусловно и однозначно разбиты. Они повсюду стараются получить информацию, задают бесчисленные вопросы, на все встречи и переговоры приходят в огромном количестве, выдают горы цифр, анализируют сотни возможных вариантов, задерживаются на работе, пьют до поздна, а на следующий день снова работают в полную силу. Этот порыв является следствием образа жизни японцев и системы образования. Они учат, что успех зависит не от способности, а от усердия.

Таким образом русские должны видеть, что такие серьезные конкуренты, как США и Япония начинают уделять пристальное внимание системе образования, считая ее неотъемлемой частью производственного процесса.

Но можно привести почти аналогичный пример из советской истории. В книге о советском разведчике Вайсе “Щит и меч” описывается спасительный случай, который казалось бы связывает совершенно разные направления в образовании. Вайса пытают в гестапо. Он подвергается перепроверке. Его методично избивает дюжий гестаповец. Вайс обнаруживает, что из кармана пальто мучителя свисает собачий поводок. Вайс совершенно случайно прочитал когда-то книгу по собаководству. Он в перерывах между избиениями рассказывает о том, что он любит собак. Что и у него была собака.

Гестаповец в последний день таких процедур перед уходом нагнулся к нему и сказал: “Я тоже люблю собак. Бил так аккуратно, что не повредил ни одной кости”. Казалось бы это пустячок. Но если рассуждать о роли книги и спасенных собственных костях, то это немаловажный фактор собственного благополучия. В масштабах российского государства имеет место примерно такая же аналогия. Почти сплошная рыночная безграмотность населения и руководства страны дала такой плачевный результат реформ. При этом наломали не только дров, но и множество собственных костей.

Действительно образованность нации позволяет повысить не только производительность, но и успешно осуществлять эффективные продажи товаров на различных рынках. Можно задавать вопросы и отвечать. Можно ли продать видеомагнитофон или компьютер пещерному человек?

Итак вызов россиянам, брошен! Он брошен не кем- либо или какой-то вражеской силой, как некоторые пытаются внушить. Он брошен самим временем, так же как у американского бизнеса Россия должна объявить двухминутную готовность.

Россияне, также должны понять, что вызов брошен им самой производительностью. В результате этого страна терпит сокрушительное поражение на высокотехнологическом фронте мирового рынка.

Возникают первоочередные задачи и поиск их решения. Как найти энергию для победы? Как создать лидирующие или равноправные позиции на мировом и внутреннем рынке?

Вот основная задача, которую к сожалению не под силу решить не только мудрому новому вождю, но и его мощной команде. Подъем нации в такой сложной рыночной ситуации возможен только от изначального становления дееспособных квалифицированных предпринимателей, которые разрабатывая соответствующие стратегии и выведут совместными народными усилиями страну из такого тяжелого высокотехнологического положения.

Все конечно должно начинаться с маленького дела. С маленького предпринимателя, который предпринимает, что то на своем рабочем месте. Это может быть рабочий, или генеральный директор, или просто банкир, просто русский человек.

Как великая русская река Волга. Она, как известно из школьных учебников, начинается с маленького ручейка. Потом в нее вливаются другие ручейки и таким образом, виден результат - уже мощнейшую реку. Но все рукава текут в одном согласном направлении и в таком случае возможно образование такой реки.

В этом случае образование является незаменимой вещью.

В завершении политзанятий целесообразно всем слушателям мысленно сосредоточиться и пройти с Суворовым по фронтовым дорогам, через Альпы. Почувствовать тесную связь его победоносного духа и активности свой предпринимательской энергии.

Разработать стратегию защиты от конкурентов, проанализировать проведение работ над качеством продукции и услуг.

7.КРЕСТЬЯНСКИЙ СЫН МИХАИЛ КАЛАШНИКОВ И

ЕГО ДЕЛО

Возникает задача поиска тех скрытых резервов и примеров высочайшей конкуренции, которая присутствовала в промышленности Советского периода. Это нужно для того, что бы проанализировать и понять как могли советские люди конкурировать в таких жестких условиях и создавать продукцию мирового качества.

Если анализировать вопросы подъема японского качества, то мы находим в книгах аналитиков высказывания о том, что при работе над качеством были применены требования военных стандартов на надежность и качество разработок.

Такая подсказка сразу нам дает место поиска - это исследование творчества наших конструкторов-оружейников.

Это нужно для того, чтобы:

- понять важность человеческого фактора в создании изделий высокого качества в конкурентной среде,

- разбить устоявшееся мышлении в вопросах малой значимости практики и опыта,

- развеять некоторые ореолы вокруг знаменитых авторитетов по вопросам поиска внутренних резервов,

- показать большое значение неустанной работы по совершенствованию.

Далее мы приводим высказывания из книги М.Т. Калашникова "Записки конструктора-оружейника", которые наиболее удачно подходят в качестве полезных советов для выживаемости деловых российских предприятий и в первую очередь реформирования мышления непосредственно у рабочих предприятий. Множество высказываний известного русского оружейника созвучно с мнением крупных практиков и аналитиков современного высокотехнологического бизнеса.

Таким образом создатель АК-47 становится в глазах нового поколения учителем для каждого российского предпринимателя.

Несмотря на то, что в настоящее время Россия испытывает очевидное поражение в мировой конкурентной борьбе, в тоже время имеются такие наработки советского периода, которые как путеводные маяки помогут соотечественникам перенять тот богатый опыт наиболее конкурентоспособной продукции. И самое главное того человеческого капитала, с помощью которого были созданы такая продукция, которая получила неоспоримое мировое признание. К этим моментам в истории мировой цивилизации относится создание автомата АК-47. Творческий путь создателя автомата в настоящее время требует особого осмысления и может служить предметом для проведения политзанятий на деловых российских предприятиях.

"Рассматривая и показывая историю Калашникова, мы имеем возможность больше узнать о том, каким образом Советским Вооруженным Силам удалось избежать зависимости от иностранного конструирования и производственной технологии и обрести в этих вопросах полную независимость. Но пожалуй, самое главное - узнать больше о человеке, который стал для советских людей народным героем в области техники".

Э.К.Изел. Ю крупнейшим американский специалист по истории и технологии стрелкового оружия.

Кроме того мы можем таким образом сформулировать основные положения для работников деловых предприятий, которые должны брать пример трудового подвига и того характера поведения Михаила Калашникова, чтобы воссоздать такой же конкурентный трудовой потенциал, который существует в других высокоразвитых странах. Сам характер и масштабность проводимых Калашниковым работ подобна творческому процессу таких героев труда, как Генри Форд, Эдисон и другие. Они все похожи друг на друга, хоть и существовали в разных социальных системах. Общее то, что они выходцы из простого трудового народа.

В мире признаны две единицы стрелкового оружия, имеющие мировое признание - это американская скорострельная винтовка М-16 и автомат Калашникова. Их создатели простые рабочие люди, не имеющие специального образования. Их учила жизнь и общество, в котором они создавали свои удивительные изделия.

"Американский генерал морской пехоты Коффилд: "Признаюсь, я лично предпочел бы в бою ваше оружие. Мне довелось воевать во Вьетнаме, командовать там подразделением. И очень хотелось в качестве личного оружия иметь автомат вашей конструкции. Останавливало одно обстоятельство : у него иной, чем у М16, темп и звук стрельбы. И поведи я из него огонь, мои солдаты открыли бы стрельбу по мне самому, посчитав, что рядом со мной противник".

Изучение американскими специалистами Смитсоновского института творческой деятельности Калашникова имеет высокую воспитательную ценность для американской молодежи !!!!!!!

Накопление огромных состояний требует огромной энергии, она в свою очередь не может появиться без системы хорошо организованных и разумно используемых специальных знаний.

Однако совершенно необязательно, чтобы ими обладал именно человек, желающий сколотить состояние.

Томас Эдисон провел в школе не более трех месяцев. Но он не был невеждой. И умер отнюдь не бедняком. Генри Форд закончил не больше шести классов, но его финансы были в порядке.

Михаил вырос в семье в которой было семнадцать детей, но выжило шесть братьев и две сестры. Отец Тимофей Александрович закончил два класса церковноприходской школы, мать Александра Фроловна знала грамоту плохо. Но своим чутким крестьянским сердцем они понимали значение образования для будущего детей и всячески поощряли наше стремление к учению, книгам, к работе. В школе учителя говорили, что учеба и труд - это неразрывное целое. Учительница Зинаида Ивановна устраивала соревнования в школе по лучшей постановке дела по откорму телят. Создавала дух состязательности среди школьников.

Однако многие, в том числе и Зинаида Ивановна, считали, что призвание Михаила не на земле работать, не на ферму идти, а быть поэтом, литератором. Стихи он начал писать в третьем классе. Сочинял пьесы. Их ставили в школе. Любил выдавать рифмованный шарж. Они тоже звучали на школьных вечерах в исполнении его сверстников. Блокнот и карандаш стали его постоянными спутниками. С ними он не расставался и ночью. Нередко, проснувшись, доставал их из-под подушки и записывал в темноте рифмованные строки, которые зачастую не мог расшифровать днем.

Это увлечение не прошло и в армии.

В школьные годы он любил мастерить с той же упоенностью, как и писать стихи. Строил из дерева домики, от которых катились тележки к ветряным мельницам. Познавал изменения форм, следил за прикосновением плоскостей, улавливал переходы кривизны, соотносил динамику отдельных частей и предугадывал кинематику целого. Конечно, ни одного из этих терминов он тогда не знал, но сами понятия уже жили в нем интуитивно.

" Всегда нужна возвышенная и мечтательная идея".

Активная творческая деятельность Михаила Тимофеевича Калашникова началась в армии, когда он начал служить механиком-водителем танка в учебном батальоне. В округе под командованием Г.К. Жукова активизировался творческий поиск и рационализаторская работа, повысился интерес к ней. В полку появился стенд. На нем вывешивались листовки с тематикой проблем. Каждая тема имела практическую направленность прежде всего на совершенствование эксплуатации и обслуживания техники и вооружения. Атмосферу творчества в части всячески развивали и поддерживали командиры.

Во время войны он с группой солдат выходил из окружения и часть его группы, оставшаяся неподалеку от них была расстреляна из немецких автоматов. Они помчались на звуки выстрелов к месту боя. Впрочем это был не бой. Фашисты просто расстреляли из автоматов безоружных людей. И их троих ждала бы та же участь, не прикажи военврач разведать деревню. Калашникову часто снился сон по этому трагическому случаю.

"Но что мы могли сделать против пулеметов и автоматов!!!!"

"В госпитале перед глазами вставали погибшие товарищи, слышались автоматные очереди, просыпался, лежал с открытыми глазами и думал, почему это у нас в армии так мало автоматического оружия, легкого, скорострельного безотказного?

.... в феврале 1939 года пистолет -пулемет системы Дегтярева вообще был снят с производства и вооружения, изъят из войск и сдан на хранение на склады. Негативное отношение проявили руководящие работники наркомата Обороны.

Советские конструктора предупреждали, что на вооружении иностранных армий поступает большое количество автоматического оружия. Особенно в армию фашистской Германии.

Окончательно решила судьбу пистолета-пулемета начавшаяся советско-финская война. Оказалось, что в условиях лесистой и пересеченной местности пистолет-пулемет достаточно мощное и эффективное огневое средство ближнего боя. К тому же противник, используя находившийся у него на вооружении пистолет-пулемет "Суоми", наносил ощутимый урон советским подразделениям в ближнем бою.

Уже в это время разработка оружия велась несколькими коллективами, создавалась острая конкурентная борьба между конструкторами.

Так Шпагин полагал, что можно изготавливать автоматы в виде штампосварной конструкции, поэтому у него было много противников из числа знаменитых оружейников. Но он доказал, что такое возможно и его конструкция выдержала испытание. Все известен автомат ППШ-труженик Великой Отечественной.

Видя автомат ППД Калашников представлял себе и задавал вопрос:" А какой бы я сам сделал пистолет-пулемет? Утром вытаскивал из тумбочки тетрадку, делал наброски, чертежи.

"Я заболел по- настоящему идеей создания автоматического оружия. Мысль о создании своего образца преследовала меня неотвязно. Однако постоянно чувствовал, что мне не хватает знаний. Читал книги, собирал сведения у раненых лежащих рядом. Простые беседы с теми кто воевал и знал этот вид оружия позволил более лучше узнать этот вид оружия. Соседи по койке рассказали о солдате Рощепее. Рядовой Русской армии, полковой кузнец оружейной мастерской Рощепей сделал первую автоматическую винтовку в начале XX века. Печальная судьба таланта в России. Высшие военные круги его не поняли, не поддержали, не оценили. Более того неверие в талант солдата-конструктора, неприятие автоматического оружия, нерасторопность при принятии его на вооружение армии обернулась тем, что конструкторскими находками Рощепея вскоре воспользовались в других странах. Основная масса создателей оружия -это все простые рабочие. Умельцы. Начиная с Демидова.

Интересен, особенно для начинающих предпринимателей, момент создания первого автомата Калашникова!!!

В целом он является идеальным учебным примеров практически для любого предпринимателя начинающего собственное дело, не имея инвестиций или богатых родственников. Но есть самое главное - идея и решимость для ее реализации.

В то суровое командно-административное сталинское время военной поры Калашников сошел с поезда на станции Матай и сразу направился к начальнику железнодорожного депо. Он оказался однофамильцем - Калашниковым. Это был хмурый, довольно неприветливый человек. Сперва Калашникова охватила робость. Но все оказалось не так как ожидалось.

Собеседника больше всего поразила просьба: оказать незамедлительную помощь в создании макетного образца задуманного Калашниковым в госпитале пистолета-пулемета!!!!!!

"По меркам военного времени, за одну такую просьбу он мог направить меня в компетентные органы, что бы разобраться. Но у однофамильца был по настоящему разумный взгляд на действия каждого человека и он не принимал решения сгоряча. Рассмотрев чертежи и расспросив, он убедился, что перед ним человек одержимый идеей, с целью, стремлением сделать все от него зависящее для достижения победы над врагом.

-Конечно людей лишних нет. Но выход вижу один: оказать тебе помощь не отрывая специалистов от основного производства. Но тут нам надо поговорить с людьми: кто какие может резервы времени найти - сказал он в конце беседы".

Создали опытную группу из слесаря - сборщика, токаря - фрезеровщика, электрогазосварщика, испытателя. Калашникову казалось, что такого количества людей будет достаточно для работы над образцом. Представлялось техническую и инженерную сторону дела выполнять будет он.

" Это была наивность человека, еще не отдававшего себе отчет о том, насколько сложна, трудна именно та часть, которая называется у конструкторов отработкой чертежей. После беседы с начальником депо представился районному военкому и доложил о цели моего приезда".

В Книге Акио Мориты « Сделано в Японии» – создателя компании Сони описывается интересный случай. Акио и его товарищи увидели американский магнитофон. Они не знали его внутренности , будущих проблем по созданию такой же конструкции, но они, самураи, приняли решение создать. Если кого интересует, как погибла американская бытовая радиопромышленность под ударами японских конкурентов, то все началось в тот момент когда создатели Сони приняли это решение.

На улицах американских городов часто можно увидеть множество выброшенных механических кинокамер, старых магнитофонов и иной американской отечественной техники.

Сейчас когда автомат Калашникова был признан американскими специалистами оружием массового поражения, то этот виртуальный эквивалент ядерного гриба начал вырастать, именно на станции Матай в железнодорожном депо.

Рабочие депо с энтузиазмом откликнулись на просьбу - помочь солдату-отпускнику в создании оружия. Многие из них готовы были трудиться и ночью. Рабочие, отработав две смены, подходили к Калашникову и предлагали посильную помощь. Все жили одной думой : сделать все, чтобы быстрее разгромить врага (конкурента).

Прошло три месяца упорной работы.

Первый опытный образец пистолета-пулемета лежал на промасленном верстаке.

Испытывали автомат тут же в цеху, проводя стрельбы.

Итак макет пистолета-пулемета готов. А что дальше? Куда его везти? Кому показывать? Решили направить Калашникова в Алма-Ату в областной военкомат.

В военкомате появление раненого старшего сержанта с самодельным пистолетом-пулеметом естественно вызвало подозрение. Поэтому он тут же был арестован и просидел несколько суток на гауптвахте.

Но потом все выяснилось и стали проверять оружие. И дорабатывать.

Испытания проводились на базе авиационного института. Для работ выделили людей и небольшое помещение. После положительных испытаний, отправили дальше в Артиллерийскую академию на дальнейшую доработку.

Но после проведения исследований специалисты дали заключение о том, что **автомат в целом не годится** для использования. Но отметили большую и трудоемкую работу, проводимую тов. Калашниковым с большой любовью в чрезвычайно неблагоприятных местных условиях.

В этой работе проявился талант. Поэтому предложили направить Калашникова по "надлежащей дороге".

Так Калашников стал оружейником-конструктором.

Испытания первого образца пистолета- пулемета Калашникова закончились неудачей. Но он стал дальше конструировать и участвовать в конкурсах, которые объявляло Министерство Обороны на разработки стрелкового оружия.

В конкурентной борьбе с автоматом Судаева его конструкция также не прошла. Хотя он был признан положительным. Нет особых сравнительных преимуществ.

Начал работать над ручным пулеметом. Много помогал рабочий Кох, любовно отделывающий каждую деталь.

На конкурс представлялись три отличающихся друг от друга пулемета - В.А. Дегтярева, С.Г. Симонова и М.Т. Калашникова. Они дошли до финальной части соревнований.

Но образец Калашникова не выдержал экзамена. Комиссия сделала вывод: он не имеет преимуществ перед принятыми ранее на вооружение армии изделиями. Так и ручной пулемет стал достоянием музея.

Неудача крепко ударила по самолюбию Калашникова. Ему уже тогда кое-кто "любезно советовал" заняться чем-либо другим, а не оружие конструировать. Удрученный, слушал он эти "товарищеские" голоса и сам стал сомневаться в способностях сотворить, что либо путное.

Но его поддержали близкие товарищи, которые показали, что нужно стараться хладнокровнее анализировать существующую ситуацию. Опыт дело наживное.

Конструктор должен предъявлять сам себе требования:
- насколько он улучшит удобство оружия в эксплуатации,
- максимально упростит устройство,
- повысит надежность в работе,
- насколько отойдет в проектировании от стандартных решений.

Это можно отнести и к сегодняшней ситуации практически для разработки любого современного изделия. Для того, что бы выжить на создаваемом конкурентном российском рынке.

Калашникову часто задавали вопрос: "Как вы стали конструктором, не имея даже среднего образования?"

"Всякое образование принесет пользу обществу, родному Отечеству лишь при условии, если заявишь себя реальной работой, если будешь постоянно ставить перед собой цель. Я бы даже сказал так: должно быть непременное стремление к решению сверхзадач. И тогда человеку могут покоряться в творческом поиске такие вершины, о которых и подумать когда-то было страшно".

Судьба подарила радость общения с замечательным самородком-оружейником Петром Максимовичем Горюновым. Горюнов имел за плечами всего три класса сельской школы. Он поставил перед собой цель создать пулемет, превосходящий по своим боевым качествам, простоте, технологичности, стоящий в то время на вооружении громоздкий станковый пулемет Максим. С "Максимом" Горюнов прошел пять лет по дорогам гражданской войны.

Не раз Петр Максимович с горечью вспоминал, как не выдерживал "максим" напряжения боя, интенсивной стрельбы, отказывал в самую трудную минуту. Как тяжело его было транспортировать на маршах, при смене позиций. Так что недостатки, слабые стороны этого оружия он хорошо познал на практике.

В ходе работы над пулеметом конструктора часто преследовали неудачи. Также слишком сильные были конкуренты. Кроме того Сталин настаивал на том, чтобы пулемет Дегтярева ДС-39 оставался основой для создания других образцов. Кроме того над созданием этой конструкции работало еще несколько изобретателей из других оборонных заводов.

"И вдруг специальная комиссия после сравнительных государственных испытаний сделала неожиданный вывод: пулемет системы малоизвестного для всех конструктора Горюнова по надежности, безотказности в работе и живучести деталей превосходит пулемет системы маститого изобретателя Дегтярева и рекомендуется для принятия на вооружение Красной армии".

Узнав о заключении комиссии Сталин потребовал созыва специального совещания об окончательном решении вопроса о принятии станкового пулемета на вооружение войск. На этом совещании сам Дегтярев признался, что пулемет Горюнова следует принять на вооружение.

Калашников участвовал в доработках других видов стрелкового оружия. Вносил свои улучшения.

Но бывали и неприятные минуты, которые в дальнейшем способствовали творческому взлету старшего сержанта.

Бывало высокое начальство могло высказывать свои обидные замечания. И это позволило в дальнейшем конструктору поднять на новый качественный уровень свою работу над образцом автомата (АК).

Дружба с Судаевым А.И. конструктором автоматического оружия принесла много полезного.

"Пистолет-пулемет Судаева (ППС) был лучшим пистолетом-пулеметом периода Второй Мировой войны. Ни один иностранный образец не мог с ним сравниться по простоте устройства, надежности, безотказности в работе, по удобству эксплуатации.

Одержимость - это качество, я отметил бы еще в характере Судаева. Он ставил перед собой цель и непреклонно шел к ней. Алексей Иванович буквально загорался работой, не любил приблизительности, неопределенности, разбросанности".

Калашников поработал над карабином, но дальше опытного образца он не пошел.

"Но все интересные идеи, заложенные в нем, я решил перенести в оружие, над проектированием которого в ту пору занимались уже несколько наших конструкторов."

Был объявлен конкурс на создание автомата под новый патрон образца 1943 года.

Конкурс был закрытым. Те кто принял в нем участие, представляли всю документацию под вымышленными именами. По условиям конкурса требовалось представить не только чертежи общих видов, расчеты на прочность узла запирания, определить темп стрельбы и дать ряд других важных характеристик, но и сделать детальную проработку проекта.

Многие участвовали в конкурсе и получили отрицательные ответы и одним из последних получил ответ Калашников.

Утвержден проект и теперь его надо воплощать в металл.

"...творчество есть приближение к тому, что даже трудно сформулировать. Занимаясь творчеством, конструированием, ты будто греешься у огня, который сам сумел развести и пригласил к нему других насладиться его теплом.

Часто трудно очень трудно войти в работу. Но когда входишь, выйти из нее становится невозможно. Она превращается в величайшее наслаждение и радость. Дивное это состояние души, которое считаю, очень нелегко передать кому-либо, нелегко, потому что оно сугубо индивидуально.

На полигоне умели оберегать это состояние души, понять индивидуальность конструктора. У одного получалось лучше, у другого - хуже. Но все работали с наслаждением и огромным увлечением, относясь с уважением к тому, что проектировал и создавал каждый."

"Все цветы должны цвести" - гласит восточная мудрость. Если применить ее к работе конструктора, то я сказал бы так: каждый конструктор должен обязательно раскрыться как творческая личность, естественно, для этого необходимы соответствующие условия. Назову несколько на мой взгляд наиболее важных.

- У конструктора должно быть право выбора цели.

- Его творческая дерзость может проявиться только в его самостоятельном решении, в котором заложен качественный прорыв вперед.

- Конструктор обязан "делать" себя сам.

- Чтобы раскрыться, ему необходимы материальная база и накопленный предшественниками опыт."

Тем и славился полигон, что усилия его специалистов направлялись на главное - в условиях жесткой конкуренции, строжайшего отбора выявить в каждом образце все его лучшие качества. И даже если он не был допущен к повторным испытаниям или сошел с дистанции на заключительном этапе другие специалисты стремились к тому, чтобы идея, оригинальные подходы к конструкции могли обрести второе дыхание, вторую жизнь в следующем поколении оружия, в новых разработках.

Создание АК-47.

Сложности стали возникать сразу же по прибытии на испытания. Сперва уволился стрелок-отладчик, который делал отладку на кучность боя.

При испытаниях прежнего параметра не получалось.

" нельзя делать поспешных выводов, относиться легкомысленно с пренебрежением к любой мелочи, пока не убедишься, что образец надежно действует в руках каждого, кто берет его в ходе проверки."

Начало испытаний.

"Не утаю закрадывалась мысль: “С кем ты взялся соревноваться? Жди, что первым покинешь полигон." И тут же приходило спасительное :"Не боги горшки обжигают. И ты можешь победить в конкурсе".

Голос своего автомата Калашников узнавал безошибочно.

"И вот сидишь иной раз на стуле или стоишь перед чертежной доской и слушаешь, замирая, как "шьет строчку" твое оружие".

Первым сдался и уехал Шпагин. Позже создатель ППШ отказался вовсе от дальнейшего участия в конкурсной программе. Все чаще захлебывался от невероятного напряжения, перегреваясь от бесконечной стрельбы образец Дегтярева. Его автомат не дал хороших результатов.

Окончательные результаты испытаний анализировались и рассматривались компетентной комиссией. Выводы были самые суровые. Многие образцы не рекомендовались даже для дальнейших доработок, снимались с соревнования. Тяжело было смотреть на товарищей, вместе с которыми только что участвовал в жестком состязании - столько огорчения было на их лицах. **Каждый до последнего выстрела питал надежду на успех. Каждый ...**

Но на повторные испытания с последующим устранением недостатков комиссия рекомендовала лишь три образца оружия . Среди них - и мой автомат.

... хотя до окончательной победы было еще так далеко. Ведь из трех образцов только один мог иметь право на жизнь. И чтобы достичь в этом соревновании лучших результатов предстояло не просто доработать оружие, а сделать еще один качественный рывок вперед. Надо было упростить отдельные детали, облегчить вес автомата, а это плохо сочеталось с улучшением кучности боя, на что мне тоже указали как на недостаток. Требовалось устранить возможность повторения задержек при стрельбе. Словом слабых мест в образце хватало ....

На заводе, который стал местом доработки возникли трения, так как многие заводчане требовали не помогать молодому конструктору, а дорабатывать свой автомат.

И в это время неожиданно возник дерзкий замысел втайне от руководства сделать: маскируясь доработками сделать капитальную перекомпоновку всего автомата. Мы шли, конечно: на известный риск, условиями конкурса перекомпоновка не предусматривалась. Но она значительно упрощала устройство оружия, повышала надежность его в работе в самых тяжелых условиях. Так что игра стоила свеч. Укоротили ствол до 420 миллиметров. Это первое, что бросилось в глаза в начале новых испытаний.

А условия испытаний все усложнялись. Одна из неприятных процедур - **замачивание заряженных автоматов в болотной жиже** и после определенной выдержки ведение огня.

Испытание грязной водой автомат прошел достойно, без единой задержки отстреляли полностью магазин.

На очереди не менее тяжкий экзамен - **купание оружия в песке.** Сначала его тащили по земле за ствол. Потом - за приклад. Как говорится вдоль и поперек волочили, живого места на изделии не оставили. Каждая щелка, каждый паз и шлиц были забиты песком.

Жестокость испытаний - одно из условий конкурса.

Это были действительно лишь первые удачи.

Автомат продолжали испытывать **на жизнестойкость,** бросая его с высоты из разных положений на цементный пол, проверяли после каждой стрельбы все детали и механизмы на наличие даже мельчайших повреждений, поломок, трещин и других дефектов. **Оружие должно быть в бою живучим**.

Комиссия составила отчет. Выводы были таковы: "рекомендовать 7,62 -мм автомат конструкции старшего сержанта Калашникова для принятия на вооружение".

"Появление автоматов Калашникова на мировой арене есть один из признаков того, что в Советском Союзе настала новая техническая эра". Э.К.Изелл. Главный советник истории вооружений национального музея США.

Дальше были изготовления опытных образцов, войсковые испытания.

Много предложений было внесено в конструкцию автомата солдатами и сержантами, которые испытывали его в полевых условиях.

В начале 50-ых годов встала проблема автоматизации производства оружия.
Начинали с малого, простого. С помощью пневматики механизировали зажимные приспособления, потом - управление станками, и т.п.

"... процессу совершенствования предела нет и не может быть".

Несмотря на то, что АК-47 зарекомендовал себя превосходно, однако процесс усовершенствования его шел непрерывно.

"Тем не менее мы все равно продолжали искать новые пути дальнейшего повышения надежности оружия, точности стрельбы, снижения его веса.
Был объявлен специальный конкурс на снижение веса автомата. За каждый сэкономленный грамм - премия. Общими усилиями вводилось много новшеств в изготовление деталей.....

"Если бы мне в самом начале работы над проектом автомата сказали, что я сделал его в три килограмма весом, тогда не взялся бы, посчитал бы, скорее всего, такое предложение авантюрным.

Очень много в нашей работе значили терпение и настойчивость при воплощении задуманного в металл."

"Описываемые события происходили в пору, когда страна продолжала напрягать усилия, поднимаясь из разрухи. Поэтому в то время не было возможности обновлять технологию совершенствования оружия и особое значение придавалось поиску резервов непосредственно на рабочих местах, в цехах, в творческой инициативе каждого специалиста, на каком бы участке он не трудился.

Огонь творчества надо поддерживать, а людей пытливых, не стандартно мыслящих, не жалеющих времени для поиска новых подходов к конструированию, к разработке, совершенствованию образцов и производственной базы, всемерно поощрять".

"Мне довелось не раз слышать миф о моем фантастическом везении, о редчайшем благоприятствовании судьбы всем моим начинаниям. Прежде всего везло на встречу с людьми удивительно чуткими на все новое, ценящими в другом человеке его приверженность к творчеству к неустанной работе".

" Мне очень близко, например, по духу признание конструктора 9-мм пистолета ПМ Н.Ф. Макарова: "Чем можно объяснить мой успех в создании пистолета? Колоссальным трудом, который я вложил в это дело. Достаточно сказать, что я в то время работал ежедневно практически без выходных с 8 часов утра до двух-трех часов ночи, в результате чего дорабатывал и расстреливал образцы в два, а то и три раза больше, чем мои соперники, что безусловно дало возможность в совершенстве отработать надежность и живучесть".

"Прав Макаров: надо работать в несколько раз больше и эффективнее соперников, если хочешь довести конструкцию до совершенства, добиться победы в конкурсном состязании».

В истории с М.Калашниковым, созданию первого автомата должно будущим бизнесменам уделяться особое внимание. Первое это то, что должен решиться сделать. Надо учесть, что идет вторая Мировая война. На ее фронтах в жестоких схватаках проходят успешные испытания автоматы, созданные в различных конструкторских бюро и заводах всего мира. Советские, немецкие, американские, французские и другие всемирноизвестные конструктора днем и ночью работают над своими конструкциями. Авторитеты в бизнесе, обилие на рынке различных товаров часто подавляют личную инициативу для действия. А какой-то неизвестный сержант бросил вызов и стал победителем.

Этот подход оружейников России, как нельзя кстати подходит в качестве учебно-методического материала в разработке различных современных изделий.

8.РАЗМЫШЛЕНИЯ У ПАРАДНОГО ПОДЪЕЗДА

Возникло ошибочное массовое мнение о том, что рыночная экономика это чисто экономические отношения. С таким предубеждением создаются малые предприятия, где рабочие и предприниматели начинают гнаться за прибылью и мыслят в чисто денежных категориях.

Последние исследования показывают, что **предпринимательство необходимо относить к чисто творческой деятельности к особому виду искусства.** При этом в нем не обязательно именно деньги будут играть ведущую роль.

Многие крупные состояния, предприятия создавались при минимальных затратах и практически без капвложений. Для этого достаточно было произнести речь, убедить сильных мира сего и успех был обеспечен.

В этом положении в настоящее время Россия имеет множество преимуществ, по отношению к другим странам рыночной экономики. Если рассматривать огромное количество товарной продукции, которое вращается в мировом рыночном хозяйстве, то достаточно рационально подойти к нему со стороны и выбрать для массовой реализации то, что имеет первоочередную важность, производить и выпускать.

Если рассматривать такой простой продукт, как множительная техника, то русские должны увидеть очевидную связь между развитием демократии и распространением продаж такой техники. Ранее в коммунистическом обществе было целесообразно для одномерности советского сознания иметь множитель типа Суперксерокса в виде Госполитиздата. Вся публикация различных изданий шла через цензуру (Горлит). В свободном демократическом обществе, при наличии множества различных недоходных, некоммерческих, негосударственных общественных и политических организаций, огромные средства, ранее направляемые на формирование коммунистического сознания, теперь должны быть разбиты на множество очень малых, конкурирующих между собой. Они таким образом создают особую идеологическую платформу рыночного мышления. Но уже в этом случае эта Суперсистема Госполитиздата разделяется на множество малых частных независимых Политиздатов, которые выпускают свое независимое собственное мнение и исследуют общество

Нужно представлять, что государство полностью отошло от разрешения политических и социальных конфликтов, предоставив гражданам свободу выбора. **Свобода выбора будет определяться не какими-то новыми вождями или общенациональным лидером, а каждой личностью отдельно, осознанно.** Таким образом россиянам нужно представлять, что идеологический механизм рыночной экономики опускается на их сознание. Ранее идеология была монополией государства и коммунистической партии, сейчас эта монополия исчезла. Но это не означает того, что идеология не нужна для общества. Должна вестись такая же по активности политическая работа по вопросам рыночной экономики и демократизации общества среди населения. Способны ли русские по отдельности самоорганизовываться или же будем ждать сильных личностей, нового пути и вождя.

Когда русские начинают думать о том, как оболванивают и кто кого, то нужно представлять, что накапливание капитала, создание нового продукта, который покупается на рынке, требует первоначально не вложения денег, а создания идеи, возможности для создания продукта, и затем уже вступает в действие механизм купли - продажи.

То есть деньги это вторичная часть от бизнеса. Очень часто бывает, что первые деньги на дело дают родители, или по предложению автора идеи делается определенный продукт и сам автор порой берется за его продажу. Таким образом создается возможно большое дело, которое через несколько лет может вырасти в огромное, захватывающее мировые рынки.

Вы бедный инженер, но талантливый. У вас есть идея. Вы можете заинтересовать выгодным предложением успешного предпринимателя. Он возьмет вас в долю и даст деньги для развития. Конечно вы будете отстегивать ему от прибыли, но будете в деле. Потом возможно выкупите, когда разбогатеете. Автор работал в такой компании.

Рассматривая эту идею и наличие олигархов в России, можно констатировать, что такой подход с привлечением власти и средств государства вполне приемлем.

Значит дело опять же не деньгах. И это мы видим, если будет изучать битвы на мировых рынках и взаимоотношения между финансовым капиталом, промышленным и творцами рыночной экономики. Творцы рыночной экономики могут создавать такой продукт, который тут же будет подхвачен финансистами и большим промышленным бизнесом.

Таким образом постоянные думы о деньгах являются ошибочным моментом в развитии любого предприятия. Для нормального существования необходимо стремиться развиваться творчески и тогда успех обеспечен.

Если эти бизнесы не выживут, то следовательно никакая рыночная экономика не даст положительных результатов. Частные предприятия - это надежда и опора любой рыночной системы. В данном случае про них можно сказать, что они за все в ответе.

Хотя немногие понимают то, что опасность может подстерегать каждое предприятие на каждом шагу. Например, предприятие эффективно действует, вроде дело двигается, но для специалистов видно, что системы контроля устаревшие, низкая квалификация рабочих, что используют сырье низкого качества. Но с другой стороны вроде никаких законов не нарушают, работают честно. Но этими данными могут воспользоваться конкуренты и таким образом мы видим, что вроде бы около этого предприятия и стоит крепкая охрана, но на самом деле оно не защищено с интеллектуальных позиций. Оно находится под угрозой поражения.

Некоторые иностранные предприниматели приезжали в Россию и снимали фильмы о своих будущих компаньонах и конкурентах. Чтобы потом на основе этой информации обсудить возможное партнерство с другим инвесторами.

Надо анализировать, что происходит со многими российскими товарами на мировых рынках. Из-за распускаемых слухов и устоявшегося традиционного мнения о том, что вся российская продукция низкого качества - дает полное основание русским конкурентам иметь существенные аргументы. Все это приводит к тому, что российский бизнес вынужден продавать свою продукцию по низким ценам.

Фактически Россия стоит у порога создания сектора рынка, который можно назвать идеологическим. Кстати говоря, уже есть конкурентная борьба. Коммунистические организации распространяют свои издания по низкой цене или просто раздают, в тоже время материалы по рыночной экономике лежат на прилавках магазинов и стоят очень дорого.

В настоящее время уровень ответственности спустился с трибуны вождей на самый низ, к каждой конкретной личности.

Но как показывают исследования, проведенные автором, по анализу работ американских аналитиков современного бизнеса и сравнении с русскими возможностями и состоянием души видно, что особого страстного желания разбогатеть у большинства российских граждан нет. Это видно по общественно-социальной активности среди рабочих, студентов, среди самих предпринимателей.

Конечно же над всеми бывшими советскими людьми нависает незримый образ бескорыстного труженика, а образ торгаша неосознанно отпугивает. И россиянин в этом не виноват.

В любом случае требуется развитие силы ума, которым к сожалению за годы Советской власти люди не занимались. Конечно были занятия по политграмоте, политбои, чего-то выискивали у богатых заморских воротил и акул, но все это делалось поверхностно, не вникая в суть тех реальных процессов, которые проходили в том обществе.

То поступило сообщение что такой-то японский бизнесмен обанкротился и прямо в офисе сделала себе харакири.

Советский народ смеялся. Буржуй, мы его недорезали так сам. Поделом ему. Но мало кому из советских людей тогда в голову приходила такая странная мысль. Да и многие не могли этого знать, что взлет японского жесткого высокотехнологического бизнеса был обусловлен приходом в него самураев (японских дворян) со своим кодексом чести.

Эти японские дворяне влились в японскую предпринимательскую волну, впитав все лучшее от американского бизнеса, тщательно изучив его особенности и переработали на свой лад. Япония после второй мировой войны была оккупирована американской армией и наводнена американскими товарами. Такая же аналогичная ситуация происходила в Южной Корее, которая была оккупирована японскими войсками. И вооружившись этим знанием, они обрушились на мировые рынки со свирепостью и беспощадностью азиатских орд по силе и мощности равных разве, что полчищам Чингисхана, но в новом представлении. Российской электронной промышленности, автомобилестроению не до смеха.

Наличие закрытых информационных границ гарантировало советскому народу спокойное, стабильное почти безмятежное существование.

Негативная отрывочная информация о западном образе жизни преподносилась советским людям в нужной для правящей партии трактовке или на ушко. Специалисты политологи и обществоведы давали разъяснения и делали нужные выводы.

В системе учебного процесса особенно при подготовке инженеров существовал жесткий контроль правящей партии и всякие исследования, отклонения от учебных программ могли повлечь за собой суровые наказания.

В это время в американских университетах профессора проводят специальные исследования по развитию нестандартного мышления, поиска трудных решений и таким образом, будущий специалист, как спортсмен тренирует не мышцы, а клеточки своего мозга. Они объясняли, что чем сильнее вы приучаетесь напряженно думать, тем оказывается вы достигаете особого мышления. которое привлекает хаос идей, из которых можно выбрать то, что возможно взять для реализации собственными силами.

Любому действию надлежит многократное его обсуждение при рассмотрении.

В американских университетах профессора могут давать задания студентам по разработке самых невероятных приборов, которые никто никогда не купил. В ходе таких исследований было выявлено, что после таких проработок из студента как бы выходило ненужное и они начинали плодотворно работать более творчески в нужном направлении.

Конечно творческие способности и их развитие - это особая область в рыночной экономике и надо понимать, что и такой же существует механизм взаимодействия, товаров, услуг и активности мозга каждой личности в их гармоническом взаимодействии. Собственно говоря и мысли - это тот же товар, только что не имеющий цвета, веса, запаха. Но он может быть таким существенным, что от одной мысли и ее реализации могут быть получены миллионы долларов.

Так один ректор в американском городе делал доклад перед местными бизнесменами и так построил свой доклад, обосновывая эффективность новых учебных программ, что за час своего доклада ему удалось собрать несколько миллионов долларов для развития учебно-производственной базы института.

Для этого нужно просто взять одну из своих бредовых мыслей и практически ее реализовать и потом проанализировать.

Но нужно исходить хотя бы из тех наработок, которые уже опробованы там за бугром и таким образом иметь возможность оттолкнуться от чего- то существенного.

При изучении литературы по современному бизнесу видно множество противоречий, множество мнений и суждений аналитиков и самих предпринимателей. Естественно в таком хаосе направлений рабочему человеку трудно разобраться и таким образом впитать этот рыночный дух, к которому любая западная высокоразвитая страна шла ни день и не два, а трудные десятилетия проб и ошибок. Сами предприниматели в конкурентной борьбе ковались как настоящие бойцы.

Поэтому надо постепенно приучаться к новым формам мышления, изучая тот подход.

Первый момент касается восприятия неопределенности и неожиданности. Неожиданность это важнейший элемент рыночной ситуации. Неожиданный клиент, неожиданная кризисная ситуация, неожиданная утерянная возможность. Эти события постоянно нависают над предпринимателем и его рабочими. Поэтому эта ситуация должна постоянно витать над их головами, сверлить мозг и не давать расслабляться.

Раунд поединка длится не три минуты, а целый трудовой день между всеми человеческими ресурсами. Но поединок должен быть честным. Хотя в современной рыночной ситуации бить ниже пояса, используя кастет, привычное явление. Эффективное действие может оказать моральная поддержка тренера и его напутствия и внушения перед боем и в перерывах. Этот эффект влияния таких психологических воздействий на активность боксеров можно видеть, наблюдая бои. Сперва кажется, что боец начинает слабеть. Но тренер его возбуждает, внушает ему силу, уверенность в победу и это позволяет стать победителями тех, кому внушаемость проникла в душу и внушила свойства победителя.

Нужно просто приучаться к неожиданностям и самое главное к восприятию неопределенности.

Неопределенность требует развития силы ума. Это связано с тем, что в вашем мозгу зреют какие- то мысли. Возможно их бесконечное множество. Если вы занимаетесь умственным тренингом, то эти мысли бесконечны. Они подобны лодке, мелькающей на горизонте в большое волнение. То она мелькнет, то исчезнет. Но вам нужно успеть высмотреть, кто там сидит, как он, например, одет, что он кричит.

То же самое и в бизнесе: у вас имеются неограниченные возможности, но нужно стараться создать кратчайший путь к осуществлению своих желаний. Это могут быть не обязательно пути к деньгам. Очень часто интуиция предпринимателя ведет к таким направлениям, которые могут быть и парадоксальными, исходящими из тех тупиков, в которые они попали. Возникшая проблема может стать источником для развития нового направления.

В 1930 году, когда Чету Карлсону было 24 года он разослал 80 писем в различные компании с просьбой принять его на работу в качестве инженера. На все запросы пришли отрицательные ответы. Тогда Карлсон решил заняться изобретательством. Постепенно он увлекся идеей создания машины, которая могла бы изготовлять копии документов. Восемь лет спустя в 1938 году, ему удалось переснять несколько слов на восковую бумагу. Карлсон запатентовал изобретение и стал предлагать его различным компаниям. Лишь один мелкий бизнесмен, прочитав о его методе в журнале, откликнулся на предложение.

Долгие годы Ч.Карлсон и его финансовый покровитель пытались преодолеть не только технические трудности, но и опровергнуть обескураживающее мнение самых авторитетных специалистов, которые утверждали, что копировальные машины не могут найти широкого применения. Казалось, затея обречена на провал. Но изобретателю удалось решить две наиболее сложные технические проблемы, что помогло резко улучшить качество копий и снизить стоимость массового производства своего копировального аппарата.

После этого Ч.Карлсон и его единомышленники учредили корпорацию, которая потом стала называться просто "Ксерокс".

В галерею героев капитализма попала и тетушка Маргарет Рудкин, которая для больного астмой сына стала печь в домашних условиях чистый пшеничный хлеб, да так распеклась, что основала компанию, которая изготавливает теперь 1 миллион буханок хлеба в неделю, а заодно сотни других печеных изделий.

Когда Стив Джобс из фирмы "Эппл" посетил "Ксерокс" и впервые увидел компьютер "Алто" с " мышью "он" прыгал по всей комнате и орал разные слова". И все время спрашивал: "Ну почему, почему вы ничего со всем этим не делаете? Подоплекой, разумеется, было : "Если вы не сделаете, то мы сделаем".

Несмотря на то, что все сотрудники "Ксерокс" упрашивали руководство корпорации выпустить персональный компьютер на рынок, совет директоров счел риск неприемлемым. Крупным администраторам маленькая машина вовсе не казалась решением проблемы, над которой они работали, - а они пытались создать информационную технику будущего,- и они не сумели разглядеть возникающий рядом с ними новый мир. А для Стива Джобса компьютер типа "Макинтош" был именно решением проблемы: как превратить компьютер в забавную машинку, да еще столь простую в обращении, что любой человек, от школьника до профессионального писателя, захочет ее купить. Джобс думал о людях. Руководство "Ксерокс" размышляло на тему общественного блага.

Все оказалось связанным с образом мышления. Ранее рынка компьютеров не было. Люди не понимали, что такое компьютер. Эти машины ассоциировались с космическими программами с системой бронирования авиабилетов. Джобс видел будущее более отчетливее. Так сказать через призму неопределенности и общественное мнение. И предвидя это он это будущее приблизил.

Большинство успешных дел развивается из очень скромных зародышей. Джон Диир, вермонтский кузнец, перехав в Иллинойс, придумал как усовершенствовать плуг. Компания "Диир" отпраздновала свое сто пятидесятилетие. В 1925 году некий агроном Уоллман ставил в Луизиане опыты по опылению зерновых культур с аэропланов. Только в 1966 году основанная им компания "Дельта эйр лайнз" прекратила заниматься опылением и переключилась на другие операции. Вторая по величине пищевая компания, специализирующаяся на изготовлении молочных продуктов и готовых к употреблению блюд "Дарт энд Крафт" начала с одной лошади и одного фургона. "Келлогу", крупная пищевая компания, производящая готовые к употреблению продукты из зерновых, десерты и пр., отсчитывает свою историю с того момента, когда в некоем санатории была организована торговля пшеничными хлопьями. "Кока-Колу" поначалу считали чем-то вроде шарлатанского зелья, которым торговали в аптеке где-то в Атланте. Компания "Леви Страусс" родилась в тот день, когда один немецкий эмигрант затоварился холстом для палаток во время знаменитой калифорнийской "золотой лихорадки" и пустил материал на пошив грубых штанов для золотоискателей.

Вот такие компании, созданные с маленького дела в ходе многолетней конкурентной борьбы выжили и активно действуют.

Но даже очень сильные компании могут попадать в тяжелое положение. Когда в конце 50-х годов в США резко возрос спрос на иностранные автомобили, детройтские автомобилестроители сочли это причудой студентов из университетских городков, выражением эгоистических настроений молодежи. К тому времени, когда американская автомобильная индустрия осознала наконец, что такое хороший дизайн, совершенство и привлекательность автомобиля, наступили 70-е годы, и Детройт потерял свое лидерство в бизнесе - а вместе с ним и около 4 миллионов рабочих мест.

Интересна история взлета одно из знаменитых героев американского бизнеса 80-х годов -Стива Джобса из "Эппл компьютер". Со своим приятелем Возняком они в гараже родителей Джобса изобретали первый компьютер. Стив прыгал из одной компании в другую, жил, то в Индии, то в общине в Орегоне, не очень-то подружился с коллегами, в Силиконовой долине(Центре Американской электронной промышленности), не производил должного впечатления. Возняк работал в компании "Хьюлетт-Паккард" и месяцами размышлял о том, кто бы мог купить у него схемы персонального компьютера, который он тогда разрабатывал. Ему никогда и в голову не приходило продавать компьютер в собранном виде!!!!!

Их первой идеей было продавать платы собранные из доступных частей, чтобы любители могли сами создавать компьютеры. Возняк разрабатывал платы и занимался схемами сборки. У Джобса была идея получше : эти платы надо продавать.

Они призвали друга, который открыл магазин. Но друг не выразил интереса к продаже плат, а заявил, что готов продать пятьдесят полностью собранных компьютеров. Джобс привез машины, однако торговля шла очень плохо. Да и все дело двигалось медленно. Джобс впал в панику и всерьез подумывал, не удалиться ли в какой-нибудь японский монастырь для изучения буддизма. Он уже не был уверен, хочется ли ему вообще заниматься компьютерами.

Впрочем Хорошее дело начинается именно так. Если вы убеждены, что идея действительно неплоха, поделитесь ею друзьями. Если они говорят, что идея замечательная, то это опасный симптом. Когда идея всем кажется великолепной, возможно она появилась на сцене слишком поздно. Но если ваши друзья приходят в замешательство, пожимают плечами, значит не все так плохо. А уж когда начинают хихикать и ржать, как лошади, будьте уверены.- что вы на пути к чему -то стоящему.

Айвон Чуинари начал свою фирму "Патагония" - ныне это крупный поставщик альпинистского снаряжения и туристской одежды - всего с одного человека, с самого себя. Это было в калифорнийском городке Ветруа в 1938 году. Чуинара решил заменить импортные железные шипы на альпинистских ботинках, которые выдерживали одно-два восхождения, хром-моллями (т.е. сделанными из хром- молибденовой стали) они тверже прочнее и долговечнее. Чуинари основал свою "Патагонию" без всякого плана, управленческого и рекламного опыта. Не было у него и специалистов по ковке металла. Он работал в сарае, на ручном горне, имея всего 800 долларов капитала, занятого у матери. А вот что Чуинари знал точно - это какое снаряжение нужно ему самому при восхождении, а еще он чувствовал, что серьезные альпинисты последуют его примеру. Идея была под носом у любого восходителя. Но только Чуинара вдохнул ее аромат. Сегодня "Патагония" производит продукцию двух с половиной тысяч наименований.

Рождение дела сложный духовный процесс.

Создавай - те бизнес первоначально в своем мозгу. Если этот вид бизнеса нравится вам, то наверняка это кому-то пригодится. Нужно только уметь найти новый или открыть рынок сбыта и производства и вам успех обеспечен.

Иногда невзгоды становятся причиной бизнеса и довольно преуспевающего. Один американский предприниматель страдал аллергией на пищевые продукты. Поэтому он решил сам выращивать себе экологически чистые продукты. Потом организовал магазин по продаже таких продуктов. Одновременно с этим он убедился, что садовый инвентарь американского производства очень низкого качества. Он решил и закупил в Англии партию хорошего садового инвентаря.

Таким образом была организована одна из ныне процветающих и эффективно действующих малых фирм.

О героях американской рыночной экономики пишут много, изучают движение, взлеты и падения. Для этого существуют специальные институты, которые имеют финансовую поддержку от самого частного бизнеса. Это связано с тем, что забота о спасении утопающего дело рук самих утопающих.

Но нужно опять же думать о том рыночном обществе и его сознании. Через чего они прошли и что позволило им создать тот мир со своими достоинствами и недостатками, с высокими технологиями и тому подобными явлениям.

Исторический подход в выживаемости показывает, что в основном лидеры вырываются за счет высокого качества своей продукции и большего введения дополнительных новшеств в создаваемую продукцию и услуги. Чем оригинальнее это происходит тем, больше привлекает внимание и таким образом влияет на успешность сбыта продукции.

В первую очередь должно быть создано высокое качество рыночного мышления, чтобы воспринимать товар высокого конкурентного качества. Надо понимать, что любая среда обитания требует определенной гармонии.

Первые шаги в потере качества мы видим в боевых действиях периода гражданской войны.

В гражданскую войну рядовое офицерство почти поголовно оказалось на стороне белых. Добровольческая армия ген. Деникина, а позже Русская армия ген. Барона Врангеля состояла в подавляющем большинстве, по словам ген. Туркула, командира Дроздовской дивизии, из "бедняков-офицеров, романтических штабс-капитанов и мальчиков-добровольцев, защищавших Россию, свободного русского человека и человеческое русское будущее, а не каких-то помещиков и фабрикантов. С самого зарождения белого Движения "цветные полки" :Корниловцы, Алексеевцы, Марковцы, и Дроздовцы с их офицерским составом составляли ядро Белой армии. О их боеготовности писал В.Триандафилов в стратегическом разборе "Ликвидация Врангеля" (Сборник трудов Военно-научного общества при академии Рабочей Крестьянской Красной Армии (РККА) Москва, 1922):

.. .Армия Врангеля, уступавшая нам в количественном отношении, превосходила наши части в качественном. Имея в своем составе громадный процент офицеров, она превосходила наши армии в подвижности и умении гибко маневрировать, так и стойкости. Эту стойкость показали все части Добровольческой, а позже Русской Армии, заслужив признание даже своего противника".

Это характерно показано в кинофильме “Чапаев”. “Красиво идут”- говорит красноармеец-пулеметчик, о белогвардейцах, идущих в психической атаке. В этом моменте показана непримиримость двух миров со своими понятиями и отношением к красоте. Нажатая смертоносная гашетка Максима и подкошенные ряды инакомыслящих соотечественников показывают, -- это отношение, которое перешло в метод решения различных задач подобного характера.. В этом фрагменте есть некая символичность и поучительность для сегодняшнего конфронтационного момента.

Конечно процессы потери качества отражены и не только в этом. Например, коммунистические лидеры - верные ленинцы, захватили и расстреляли заложников и пересажали дельцов крупнейшей в мире Петроградской фондовой биржи, банковских служащие высокой квалификации и многих специалисты рыночники, которые вращали капиталом не хуже иностранных капиталистов. Это были специалисты чуждые создаваемому советскому обществу всеобщей справедливости. В ходе этих расстрелов Россия потеряла, тот ценный человеческий капитал, который нарабатывался сложными мучительными годами, боролся и выживал в этой жесткой финансовой борьбе. Представим, что некая сила придет и расстреляет в один день всех дельцов Нью-Йоркской или Токийской биржи. Как это отразится на экономике этих стран? Как отразится на мировой экономике? Как все это можно восстановить?

Остается здание, компьютеры и другая техника, но людей то нет. Можно набрать с улицы, но четко налаженные связи, выкованная хватка рыночного бойца не может быть создана у человека с улицы сразу. Для этого нужно обрести навыки в битве с конкурентами.

И этот ценный капитал качественного меньшинства был утерян и продолжает теряться и сейчас. Кроме того он обладал высокой жертвенностью и стойкостью. Офицерский состав Белых армий понес потрясающие потери. "Дроздовская дивизия" в огне более шестиста пятидесяти боев потеряла 15000 убитыми и 35000 ранеными бойцов.

И хотя все от рядового солдата и офицера до Главнокомандующего, за очень малым исключением, понимали безвыходность положения, все без упрека и ропота шли в бой, преодолевали невероятные трудности и, жертвуя собой, "умирали молча, стиснув зубы, как умирает русский человек" ,- писал проф. Кизеветтер в "Лекциях по русской истории" (Прага в 1925 г.)

Этот героизм белого офицерства нашел отражение в песне, появившейся в Крыму, которая беспримерным патриотизмом была бы интересна и для теперешней советской молодежи.

Пусть свищут пули, льется кровь.
Пусть смерть несут гранаты

Мы смело двинемся вперед-
Мы русские солдаты.

В нас дух отцов-богатырей,
И дело наше право,
Сумеем честь мы отстоять
Иль умереть со славою

Не плачьте матери, отцы,
Не плачьте жены, дети,
За благо Родины своей
Забудем все на свете

Не плачь о нас , Святая Русь
Не надо слез, не надо
Молись о павших и живых,
Молитва нам награда

Вперед же братцы, на врага,
Вперед полки лихие!
Господь за нас, мы победим,
Да здравствует Россия!

Они были побеждены. На другое нельзя было рассчитывать: слишком велико было несоответствие между скромными возможностями Белых армий, в особенности в Крыму, и громадными ресурсами остальной, находящейся в распоряжении большевиков, России.

Можно также предположить и вопросить себя. А на самом деле закончилась ли гражданская война в России (СССР)? Если рассматривать окончание гражданской войны в США, то мы видим, что бывшие противники мирно уживались в одной единой и неделимой стране. В России (СССР) две противоборствующие силы не пришли к согласию. Поэтому в учебниках истории КПСС окончание гражданской войны коммунистами трактуется со своих позиций. Это физическое уничтожение Белого движения и вытеснение его остатков из страны. При Советской власти коммунистические идеологи затратили много средств и энергии на прославление героев гражданской войны со стороны Красного движения. Тема битвы советских спецслужб с зарубежной эмиграцией была и остается очень популярной в народной российской среде. На эту тему было выпущено множество интересных и увлекательных кинофильмов и книг. Например, популярный сериал «Операция Трест». Зарубежная эмиграция выжила и трансформировалась в капиталистическое общество. Следовательно поиск путей соприкосновения с зарубежной эмиграцией позволит России обрести рыночные навыки. Особую роль тут могла бы сыграть литература дальнего зарубежья. Знакомство и чтение такой литературы позволило бы понять рыночное мышление и культуру близких по древней культуре и духу поколений.

Когда большевики, а затем и коммунисты объясняли рациональность расстрела всей царской семье этот довод был один. Каждый член этой семьи мог стать символом возврата к старой царской системе управления. Но возвращаясь к истокам русской истории мы знаем, что императрица Анна Иоанновна не была так сильно близка к императору. Особенно парадоксально выглядело это опровержение, в демократическое время, когда на похороны ближайшего царского родственника приехала огромная делегация родственников семьи Романовых из разных стран. При этом некоторые даже не знали русского языка. Императрица Екатерина Великая плохо знала русский язык, но более ярого русского националиста – императора наверное в истории России не было.

Таким образом оказалось как не парадоксально, что существующая демократическая власть в России полностью состоит из потомков Красного движения. Можно поэтому предположить, что трудности встраивания России в мировой рыночный механизм и создания демократического общества частично заключаются в том, что возникают проблемные отличия рыночного и советского сознания.

Поэтому имеет смысл согласиться, с тем, что в конечнои итоге Белая армия победила. Россия возвратилась на путь капитализма.

В завершении политзанятий целесообразно спеть всем песню В. Высоцкого

Наши предки - люди темные и грубые, -
Кулаками друг на дружку помахав,
Вдруг увидели: громадное и круглое
Пролетело, всем загадку загадав.

А в спорах, догадках, дебатах
Вменяют тарелкам в вину
Утечку энергии в Штатах
И горькую нашу слюну.

9. 125 ГРАММОВ ХЛЕБА ДЛЯ НАСТОЯЩЕЙ ПОБЕДЫ

Учебно-методическое пособие

1.Введение.

1.1.Данная разработка является результатом исследований, проводимых в мистической Заочной Патриотической школе российских предпринимателей (Школа)

1.2.Основные положения Школы:

1.2.1.Предприниматель это тот, кто что-то предпринимает для укрепления экономической и политической мощи своей Родины.

1.2.2. Школа рассматривает рынки как зоны боевых действий

1.2.3. Школа формулирует понятие Великая держава, увязывая приоритеты в наукоемких технологиях, в интенсификации развития и использования средств электроники, автоматики, компьютерной техники и т.п.

1.2.4. Школа предлагает для совершенствования человеческого капитала самостоятельное изучение и перенимание передового опыта выживаемости сильных личностей в истории человечества и цивилизованной рыночной экономике.

1.2.5.Постоянство в одном в непрерывном изменении.

1.2.6.Перевоплощайся в героев.

1.2.7.Нужно уметь разрабатывать совершенно новые, выдающиеся идеи, которые многим могут показаться нереалистичными.

1.2.8.Сила Ума находится в вас, развивайте ее путем бурных фантазий без всяких ограничений.

1.2.9.Верьте, что победа будет за вами и вы никогда не сдадитесь в битве с конкурентами.

2.Цели и задачи занятий:

Данная разработка предназначена для:

-проведения специальных психоаналитических исследований по формированию российского рыночного сознания,

-определения степени способности выдерживать жесткие конкурентные атаки высокотехнологических конкурентов,

-определения реальных условий и ограничений в свободе действий на внешнем и внутреннем рынке для российских предпринимателей и их работников,

- изучения степени восприятия нестандартных ситуаций в сознании российской личности,

-формирования в сознании российской личности идеалистических мировоззрений, способствующих интенсивности развития творческих процессов и рыночного сознания,

-определения реальных рыночных ценностей советского периода,
-исследований, связанных с новыми формами историко-патриотического воспитания,
- усиления мистических медитаций в мир Великих Воинов-героических защитников Осажденного Ленинграда - реальных победителей,
-использования в качестве чувствительного возбуждающего катализатора для вибрации национального российского подсознания,
-усиления значимости и роли советской и российской науки на процессы выживаемости в реальных жестко действующих конкурентных битвах на мировых рынках,
- формирования корпоративного духа жителей Петербурга- Ленинграда,
- повышения деловой активности,
- снижения конфронтации и накала классовой борьбы.
-использования как одного из аспектов реального капитала любой фирмы, не имеющий материальной(вещественной) формы, но оказывающий серьезное воздействие на привлекательность всего, что с ней связано, на ее доброе имя и репутацию,
-использования, как специфической российской разработки и подхода в развитии национальных рыночных отношений, создающих неценовую конкуренцию для удержания своих лидирующих позиций,
-использования, как формы конкуренции при разработке различных стратегий в общей историко-патриотической направленности деятельности предприятий,
-использования в качеств талисмана, амулета для соотечественников и гостей Великого города, как уникальной историко-патриотической ценности.

Данную работу можно рассматривать как специфическую российскую разработку проекта Связи с общественностью.

3.Необходимые экспонаты и оборудование:

3.1.Экспонаты Пайки Блокадного хлеба в количестве, определяемом для каждого студента, слушателя группы.

3.2. Свечи в количествах, определяемых для каждого студента, слушателя группы

3.3. Магнитофон и кассета с записью симфонии Д. Шостаковича № 7

3.4. Метроном

Примечание: перед проведением данных практических занятий рекомендуется голодание или ощутить чувство голода.

4.Историко-патриотическое обоснование

Изучая различные зарубежные советы и рекомендации по становлению и выживаемости современного бизнеса, мы сталкиваемся с осознанием того, что можно определенную часть славного исторического прошлого с успехом использовать в наработках по этой части.

Естественно мы можем использовать такие конкурентоспособные ситуации, которые на деле доказали свою эффективность и были успешно подтверждены победами.

Нужно учитывать, что современное высоко цивилизованное рыночное общество, несмотря на изобилие различных материальных благ, развитого и интенсивного товарного производства в своем гармоническом развитии сочетает идеалистическую и материалистическую составляющие мировоззрения. Естественная гармония и конкуренция этих двух направлений в рыночной философии приводит к успешному генерированию различных идей и их эффективной материализации.

Мы должны втянуть в наше сознание такие элементы идеалистического мировоззрения, которые будут способствовать более успешному развитию реформ и становлению национального предпринимательства.

К таким моментам необходимо отнести восприятие наших славных исторических побед. Но при этом нельзя как в прежнее время предполагать, что тут же будут собираться толпы советских граждан для традиционного возложения венков или проведение различных массовых шествий. На самом деле реальная процедура вхождения в мир национальных Победителей имеет более сложный характер. Если анализировать ранее историко-патриотическое воспитание и его методы, то они большинству советских людей известны и в определенной мере набили своим однообразием оскомину. Это внесло определенные негативные моменты в сегодняшнее историко-патриотическое воспитание. Особенно при формировании национального сознания конкурентоспособного российского предпринимателя.

В данном случае целесообразно говорить о таком направлении в конкуренции как историко- патриотическая, имеющая элементы существенного отличия и новизны, заставляющая более понятнее осмысливать происходившее и происходящие процессы.

Если мы будем внимательно изучать сценарии различные зарубежных боевиков, особенно касающиеся битв между американскими и азиатскими бойцами, т.п. то очень часто мы видим, что наряду с обычными напряженными физическими тренировками, которым подвергается герой-будущий победитель, существует еще более сложный психологический комплекс испытаний, во время которого формируется сильный духовный мир победителя. И мы видим, как войдя в состояние особого транса во время сверхчеловеческих учебных тренировок в душу победителя - бойца входят Духи Великих воинов. Примеры: Это использование духов Великих воинов в современной трактовке зарубежных боевиков. В книге Наполеона Хилла "Думай и богатей" приводится пример использования исторического опыта Наполеона для восприятия его энергии и умения вести за собой в развитии дееспособного и конкурентоспособного предпринимателя. Но уже в этом примере есть существенные отличия для россиян. Это связано с тем, что наряду с жаждой к победе, которой обладал Наполеон может войти в сознание качестве составляющей и его негативная часть. Существенным элементом которой является сокрушительное и катастрофическое поражение в России.

В целом мы видим, что эти моменты повышают эффективность действий многих специалистов и бойцов. Особенно если мы видим как в конце фильма герой, впитавший в себя физическое и духовное знание колотит очередного злодея.

Но анализируя наше подсознание мы можем уверенно констатировать, что в его определенных областях находятся очень богатый мир настоящих национальных Победителей, дух которых должен пробудиться в пока еще дремлющем сознании российских граждан.

Особый момент в развитии новые идей уделяется медитациям - в переводе - это означает "размышляю, обдумываю".

При этом мы можем сосредоточиться на определенном славном историческом событии и находясь в этом временном пространстве ощутить и понять внутренний мир Победителей.

Это мы можем отнести к героическим защитникам Блокадного Ленинграда. В настоящее время саму блокаду с позиций конкурентной рыночной борьбы нужно рассматривать как эффективное подтверждение победы в жесткой конкурентной борьбе, которая не имеет себе равных в истории. Нужно реально представлять, что осада любого города это довольно распространенное военное действие. Но в данном случае мы говорим об уникальности такой осады, когда город практически лишенный поддержки извне, окруженный сильным и хорошо вооруженным противником (конкурентом), выстоял и вышел победителем.

При этом, если мы будем рассматривать рекомендации специалистов по успешному бизнесу по развитию силы ума то обнаружим, что для получения быстрых зарядов энергии, повышения чувствительности путем вызывания зрительных образов необходимо совершать мысленные путешествия.

Хотя этот казалось бы неплохой совет может многих удивить, и даже восхитить своей заморской гениальностью, то вынужден констатировать, что в национальной истории восприятием мысленных путешествий в духовный мир героев пользовались такие люди как А.В. Суворов, который в детстве читал про походы великих воинов. Это как мы знаем ему пригодилось. А.И. Маринеско при атаках на вражеские конвои использовал срочное всплытие и пользовался корабельной артиллерией, так как опять же в детстве начитался много книг про морские сражения, Петр Первый имел духовного героя Александра Невского, Сталин - Петра Первого и Ивана Грозного и т.п.

Но как всегда в этих процессах для усиления мира восприятия и духовного сближения и осмысления истоков победы нужны предметы, которые бы обладали определенной биоэнергией. В настоящее время конечно же идет дискуссия по поводу накапливания биоэнергии у неодушевленных предметов.

В общем виде можно согласиться с этим даже самым ярым материалистам, что какая- то мистическая сила заложена в старых предметах. Так, например, различные виды оружия и т. п. Но кроме этого идя путем доказательства мы можем констатировать, что наряду с этими вещами и технологии, которые использовались во время битвы конкурентов также могут обладать определенной биоэнергетической силой.

Следовательно на основе технологии могут быть созданы такие виды продукции, которые будут также обладать биоэнергетической силой.

И это можно отнести к такому виду продукции, который выпускался в Осажденном Ленинграде, как Блокадный хлеб. Особенно мы обращаем внимание на те самые 125 граммов, которые выдавались по карточкам на каждого защитника города.

Производство хлеба по этой технологии можно отнести к так называемому блокадному предпринимательству, которое может стать учебным пособием для формирования национальных истоков развития современного российского предпринимательства.

По "плану Барбаросса", утвержденному Гитлером в декабре 1940 года, немецкие военачальники (конкуренты) рассчитывали захватить Ленинград, раньше чем Москву.

"...дух славянского народа в результате тяжелого воздействия боев будет серьезно подорван, а с падением Ленинграда может наступить полная катастрофа".

Но враг просчитался. Сорок отборных фашистских дивизий натолкнулись на ожесточенное сопротивление защитников города и понесли существенные потери. Командование вермахта опасалось, что потеряет и остальное, если ослабленные дивизии ввяжутся в затяжные беспощадные уличные бои. Похоронив стратегию "блицкрига", там увидели спасение в стратегии голода.

8 сентября 1941 года после полудня немцы (конкуренты) взяли Шлиссельбург и замкнули кольцо окружения вокруг Ленинграда. С этого времени поступление в город продовольствия по суше прекратилось. Руководством была поставлена задача организации производства пищевых продуктов и их заменителей из непищевого

сырья, имеющегося в городе, учитывая, что основная часть промышленных предприятий эвакуирована.

В настоящее время эти историко- патриотические аспекты формирования национального рыночного сознания имеют еще более глубокое осмысление в этом моменте. Нужно учитывать, что начинающая развиваться конкуренция захватывает всех не только производством современных высококачественных продуктов и услуг. Немаловажное значение имеет в конкуренции славное историческое прошлое, а также разработка особых видов продукции и услуг, которые укрепляют связь производителей и потребителей и кроме того создают комплекс таких мероприятий, которые делают бизнес привлекательным и имеющим отличительные особенности по отношению к другим производителям.

Поэтому когда мы говорим о том, что хотим иметь у себя ту саму роковую 125 - граммовую краюшку хлеба, то это у определенной части соотечественников вызывает улыбку, насмешки или вертят около виска пальцем, мол не в себе. Широко распространенное мнение : Хлеб да еще с опилками.

Но нужно учитывать реалии сегодняшнего дня и иметь свойство воспринимать действительность и ее историческую аналогию по ранее имевшей место ситуации.

Так мы можем констатировать, что ворвавшиеся на внутренний рынок более высококачественные продукты и услуги зарубежного производства фактически позволили Санкт-Петербургу сдаться без боя. Это можно отнести практически ко всем видам производства, особенно промышленного. И что в этом случае надо первоначально осознать эту реальную ситуацию поражения. Только реальное осознание опасности поражения позволяет изыскивать реальные мероприятия для защиты, но если этого чувства нет, то таким образом возникает задача наращивания этого чувства. Потеря чувствительности для рыночных ситуаций очень опасная вещь и многие даже передовые страны и компании, не учитывая приближения и развития конкуренции, терпели сокрушительные поражения.

Даже такая передовая в рыночном отношении страна как США утеряла бдительность и ей кучка террористов нанесла существенный физический и моральный урон.

Но несмотря на то что на российское общество было обрушено много вскрывшихся негативных факторов из советского периода и естественно привело к очернению много, нужно констатировать, что Советский Осажденный Ленинград выстоял перед сильным и жестко действующим конкурентом и в этом его отличительная историко-патриотическая особенность перед благодушествующим и раздираемом идеологическими противоречиями, насыщенным иностранными товарами российским Санкт-Петербургом.

Поэтому изучение реальных национальных победителей дает новые возможности для взыскивания новых идей и связи с мистическими силами.

Именно вера в идолов, которые стали реальными победителями позволяет подняться многим успешно действующим предпринимателям. Многие крупные бизнесмены делали себя основываясь на биографиях тех людей, которые вошли в историю мировых цивилизаций. Естественно тут нужно учитывать историко-патриотический фактор. Свой герой - соотечественник для нормального гражданина своей страны это вполне объяснимое явление. Хотя конечно нужно подходить комплексно к решению резкоменяющихся ситуаций. Целесообразно комбинировать в таких направлениях и брать рациональное из отечественной и зарубежной истории и таким образом возникает существенная поддержка невидимого советника.

И в этом смысле героические защитники осажденного Ленинграда несомненно являются теми самыми тайными советниками.

Так на совещании в Смольном представитель Лесотехнической академии, профессор Шарков В.И. предложил использовать гидроцеллюлозу в качестве наполнителя для блокадного хлеба.

Она использовалась в качестве структурной добавки к ржаному хлебу. Так было предложено производить богатые белком витаминные дрожжи из непищевого сахара, из древесных опилок.

Научные работники института гидролизной промышленности за сутки разработали режим получения гидроцеллюлозы и приготовили опытный образец для испытания в Центральной лаборатории хлебопечения в качестве добавки к хлебу. К концу вторых суток выяснилось, что введение гидроцеллюлозы в хлеб в количестве 10-15 процентов не ухудшает его органолептических свойств и немного увеличивает припек. После получения согласия от медиков было создано производство пищевой гидроцеллюлозы.

Так что мнение о том, что этот хлеб был с опилками очень большое заблуждение, если не больше. Все дело в том, что эта гидроцеллюлоза была предвестником, началом работ по созданию специальных органических материалов. Таким образом можно констатировать, что в блокадном Ленинграде велись научно-исследовательские работы высокотехнологического характера.

Производство блокадного хлеба было налажено на нескольких предприятиях, которые подвергались непрерывным бомбежкам.

Всего же за период блокады было выработано около 15 тысяч тонн пищевой целлюлозы.

То есть если мы будем исторически изучать процедуру формирования национальных конкурентных свойств, то также должны понимать, что и у зарубежных конкурентов существуют свои историко-патриотические особенности. Достаточно привести пример из книги "Сделано в Японии" А. Мориты, создателя фирмы "Сони". ("Сони" – одна из крупнейших транснациональный корпораций в мире по производству электронной техники. Она запустила в массовое производство транзисторный радиоприемник, создала первый в мире домашний видеомагнитофон, портативный кассетник с наушниками, разработала лазерную технологию звукозаписи и т.п. Компанию создали два японца: А. Морита и М. Ибука, имея начальный капитал в 700 долларов и абсолютно разрушенной войной стране).

Мы , японцы, конкурируем не только в бизнесе, но и в жизни. Во время войны японские милитаристы использовали имя императора как средство добиться повиновения, отдавая приказы от его имени, а не от своего. И японцы соревновались друг с другом, желая показать как они ему преданы и верны.

В эпоху Токугавы надменные самураи приходили в деревню и бросали вызов всем встречным, как ковбои на старом Западе США. Выяснение, кто из них самый сильный было приятным времяпровождением для многих из них.

Конкуренция в западном мире очень сильна и распространяется от мелких лавочек до крупнейших универмагов, предприятий. Но эта конкуренция распространяется не только по ценообразованию, но также и по услугам. Японские предприниматели закалку по конкуренции сперва проходят на внутреннем рынке, а потом выходят на международный уровень.

Маркетинг - это война, в которой конкурент является вашим противником, а покупатель - территорией, подлежащей завоеванию. Маркетологи должны учиться на примерах величайших военных сражений.

Наступает новая эра конкуренции. Язык маркетинга заимствован у военных.. Маркетинговые сражения разыгрываются в умах потенциальных покупателей. Ум - вот настоящее поле битвы. Очень трудная для понимания территория.

Развивая конкуренцию не только между странами., но и между городами и гражданами, мы должны понимать, что конкурентоспособная продукция создается только конкурентоспособной нацией. Но самым главным краеугольным камнем развитого общества является конкурентоспособность личности.

Современный высокоцивилизованный, высокотехнологический рыночный механизм воспринимает только Победителей. При этом его основой является исторический национальный базис.

Поэтому нужна аккумуляция энергии Победителей при медитативном общении через эти 125 граммов блокадного хлеба. Можно представить, что этот кусочек хлеба является неким мистическим мостом (биоэнергетическим ретранслятором) между нынешним сознанием и сознанием тех реальных победителей, которые имея только 125 граммов этого хлеба в сутки противостояли в течении 900 дней и ночей огромной армии сильного и вооруженного противника (конкурента).

Это должно стать определенным заделом для формирования в сознании нынешнего российского человека новых зачатков сознания победителей.

И эти созданные по технологии блокадного производства с той же начинкой 125 граммов хлеба должны внести некоторые элементы ясности в национальное состояние российской души и реально понять смысл славных исторических побед и сегодняшнее поражение в мировой конкурентной борьбе.

Кроме того возникает задача определения реальных стоимостных ценностей советского периода в мировой рыночной экономике. Одни говорят, что это кощунство, другие говорят, что это ничего не стоит и никому не нужно, другие начинают задумываться.

Такой неустойчивый разброс мнений по поводу исторических ценностей советского периода требует более тщательного изучения не только с точки зрения определения реальных цен, но и обучения элементарным азам ценообразования в рыночной экономике.

Ранее бы изучали такие понятия как себестоимость и тому подобное. Но изучая сложный механизм ценообразования мы сталкиваемся с парадоксами. В американском магазине для миллионеров лежат джинсы, простреленные из автомата Калашникова и они стоят бешенные деньги. Хотя в магазине через дорогу такие же, но целехонькие, продаются по цене на порядок меньше. То узнаем, что разбитая машина принцессы Ди может быть продана за миллион долларов и по всей видимости прибыль от ее последующей продажи составит четыре миллиона. Мы узнаем, что поговорка современного бизнеса гласит: "Не думай о том сколько это стоит, а думай о том, что за это дадут".

Мы должны понимать, что входим в совершенно новое пространство понятий. Надо в него входить со своими национальными понятиями. Иначе так и будем плетись на поводу других технологий бизнеса.

Поэтому даже эта частица Блокадного хлеба может служить неким символом создающим отличительные особенности.

В целом же контактирование с этим куском Блокадного хлеба приводит к специальным психоаналитическим исследованиям, позволяющим рассмотреть ранее известные исторические события совершенно с другой стороны. Это определенным образом существенно влияет на формирование нового рыночного сознания россиян со своей специфической особенностью. Нужно полагать, что рыночные трактовки японского капитализма существенно отличаются от американского и т.п.

Так как существенное влияние оказывают исторические особенности.

Следующий важнейший момент касается восприятия новых форм общения с такими предметами несущими в себе элементы славного историко-патриотического прошлого. К ним можно отнести в качестве консолидирующей формы это христианское общенациональное покаяние.

В нашем конфронтационном обществе, не остывшем от накала политических и классовых битв, все время идет непрерывный поиск виновных и все ходят озабоченные тяжелой думой :"Что делать?". Некоторые "честные" политические деятели требуют всенародного покаяния от различных партий, народов или отдельных личностей и в этот метод можно использовать для решения и научно-технических задач.

"Господь даровал врачевство покаяния, которое может уничтожить и изгладить все грехи наши, только если мы знаем, в чем состоит это врачевство и как им нужно пользоваться. Во-первых, оно состоит из осознания своих грехов и исповедания их. Во-вторых, из великого смиренномудрия, если ты будешь исповедовать грехи, как должно, то душа смирится, потому что совесть терзая ее, делает смиренной. Со смиренномудрием должно соединяться сокрушенное сердце. Сокрушенное сердце не возмущается, не оскорбляется, но всегда готово терпеть страдания, а само не восстает. После смиренномудрия нужны напряженные молитвы и обильные слезы днем и ночью. А после столь усиленных молитв нужно великое милосердие. Оно в особенности делает сильным врачевство покаяния".

Свт. Иоанн Златоуст.

Необходимо отметить, что впервые использовать в зарубежной практике пример героической обороны Ленинграда предложил глава войск СС Гиммлер при обороне Берлина.

Во время блокады ленинградцы выжили, исходя из собственных внутренних природных, производственных и человеческих ресурсов.

За несколько дней до капитуляции Германии Гиммлер занялся историей Ленинграда: он хотел вдохновить берлинцев чужим примером. Он призывал : "Мы должны защищать наш город, как русские защищали Ленинград". Из истории мы знаем, что самые жестокие и кровопролитные бои были при штурме Берлина в 1945 году.

Поэтому мы можем также писать на стенах нашего города :"Мы должны защищать наш город, так как русские защищали Ленинград". Естественно в смысле отражения товарно-промышленной агрессии путем создания национальной продукции и услуг высокого конкурентоспособного качества.

Все вышеизложенное послужило аналитическим обоснованием для проведения исследований по встраиванию этой уникальной исторической ценности для воспитательных мероприятий.

Приводя пример с разработкой целлюлозы для Блокадного хлеба мы вводим понятия аналогии с выживаемостью и необходимостью использования результатов отечественной науки, которые определяют величие Высокотехнологической державы. Это также связано и с тем, как используются работы и исследования российских (советских) ученых. Яркий пример этого проявляется в использовании во время Блокады пищевой целлюлозы, разработанной профессором Лесотехнической академии Шарковым В.И.

Российское общество мало информировано о развитии конкурентной среды в целом. Так как ее практически не было в России (СССР). Имело место конкуренция на мировых рынках вооружений, в среде битвы спецслужб и в ряде отраслей, связанных с загранпоставками и практически все.

Но наиболее важная (личностная) интеллектуальная конкуренция существовала только в одном месте - в высшей школе России (СССР). Ее сотрудники, проводя научные исследования, конкурировали между собой стремясь получить ученые степени и звания.

Но даже в таких условиях в высшей школе продолжается развиваться конкуренция и ее накал не исчезает. Он даже еще более ужесточается, в связи с тем, что были сняты ранее существовавшие идеологические ограничения.

Естественно и в воспитательной работе преподавателей как научных работников конкуренция имеет место. И если существует проблема и есть возможные пути ее решения, то почему бы этим не воспользоваться и таким образом подтвердить свою общественную значимость.

При разработке данной тематики и использования в учебном процессе усматривается важнейшая цель - это увязывание историко-патриотических ценностей с осознанием отношения к ним в условиях свободного демократического общества и материализации для использования как примера развития уникального производства.

В начале этих работ столкнулись с трудностями технического характера при материализации Пайка Блокадного хлеба.

Оказалось, что та установка на которой готовили целлюлозу на химико-технологическом факультете выбросили. Яркий пример рыночной безответственности. Хотя Лесотехнической академии существует свой музей.

Автор был в небольшом американском городке Джим Торп. Этот городок имел ранее другое название, но ему дали имя известного американского спортсмена олимпийского чемпиона для популяризации. Ранее этот был город шахтеров. Но производство угля прекратилось. В центре города осталась старинная станция, в которой был сделан музей. Все предметы, которыми пользовались в то время там были представлены. Сохранилась узкоколейная дорога по которой возят туристов. Такая музейная ситуация существует практически в каждом городе США. Яркий пример конкуренции в историко-патриотическом направлении. О памятниках в США , но это отдельный и огромный разговор.

Рецепт, по которому готовилась целлюлоза, также не сохранился.

Поиски позволили выйти на ученицу Шаркова В.И. д.х.н. Леванову В.П. Она предложила использовать одну из своих разработок пищевой целлюлозы, которая в приближенном виде может заменить Блокадную.

В приложении представлена справка ученика профессора Шаркова д.т.н. В.П. Левановой, в которой она предлагает использовать в рецептуре приготовления экспериментальных образцов «Блокадного Хлеба» модификацию микрокристаллической целлюлозы. **Рекомендуемую целлюлозу можно рассматривать, как продолжение начатых проф. В.И. Шарковым разработок в осажденном Ленинграде.**

Далее оказалось, что на тех заводах, где выпекался Хлеб не осталось данных о других компонентах Блокадного хлеба. В зависимости от объемов поставок муки его рецептура и добавки непрерывно менялись. В самые тяжелые дни Блокады его суточная норма была равна 125 граммам. Этот вес и был принят за историческую базовую норму.

Поэтому было принято решение воспроизвести экспонат Пайка с использованием тех компонентов, которые можно было бы достать для развертывания в условиях массового производства.

В таком огромном городе, культурном историческом центре мира есть множество памятников, даже Чижику-Пыжику. А маленький памятник Пайку Блокадного хлеба ютится на заводском дворе Хлебозавода. Вырезанная в камне девочка держит Паек в своих маленьких ручках. Даже в этом явлении есть несоответствие Величия Санкт-Петербурга-Ленинграда, Величия Блокады и Величия Спасительного Пайка.

Ранее при Железном занавесе такое отношение было допустимо. Сейчас Россия стала равноправным партнером и конкурентом для остальных стран на мировом рынке. Она должна научиться проводить своих конкурентные атаки на всех направлениях, и в том числе и с историко-патриотических позиций.

После выпечки Хлеб был поделен на Пайки. Высушен и покрыт антисептиками для защиты. Для усиления героики и информатики верхнюю корочку украсили орденской планкой и укрепили на ней большую звездочку. Паек поместили в коробку от компьютерных дискет на бархатной подложке, усилив этим понятие драгоценности и памяти.

Паек Блокадного Хлеба разработан как учебное пособие по формированию российского рыночного патриотизма и примера стойкости и мужества в жестко действующей конкурентной среде. Этот Паек является прототипом Блокадного. Во время 900-дневной героической битвы с фашистами он ежесуточно выдавался каждому защитнику Ленинграда. Паек Блокадного Хлеба изготовлен по блокадной технологии, по утвержденной следующей ссыпке на хлеб из обойной муки.

Мука 95% или 96%	- 75%
Жмых	- 10%
Целлюлоза	- 5%
Примеси	- 10%

При Советской власти часто выпекали подобный хлеб с блокадной рецептурой для чествования героев. В данном случае идет процесс вписывания Блокадного Пайка в создаваемый надстроечный рыночный механизм со своими специфическими особенностями. Ранее Блокада рассматривалась как дело и заслуги старшего поколения, молодежи при этом отводилась роль ученическая, познавательная. Для национальной промышленности - это событие касалось только участников Блокады. Для этого как бы отводилось время для чествования и исторического ознакомления. Но это событие не привязывалось к национальным разработкам современных стратегий рыночной экономики.

Необходимо показать связь идеи, ее ценности и материализации и восприимчивости обществом.

Это связано с тем, что в зарубежном рыночном мире наука выживаемости и ее нетрадиционным способам уделяется большое внимание. Дело доходит до того, что исследуются факторы, влияющие на выживаемость узников концлагерей. Было выявлено, что одним из наиболее существенных факторов является умение мечтать и фантазировать.

Необходимо научиться более впечатляюще представлять свое предприятие, компанию. Делегация руководителей академии вывезла Паек к коллегам из австралийского университета. И теперь где- то там далеко в Австралии студенты знают, что это Паек служил источником победы при такой беспощадной битве и что есть такой великий город.

После выступления автора по телевидению руководство академии предложило изготовить партию Пайков в качестве памятного подарка для блокадников -сотрудников академии. И это было воспринято положительно. Самим блокадникам этот Паек служил постоянным напоминанием их великого подвига и что жизнь прожита не зря и даже сейчас в такое смутное время эти исторические ценности могут быть успешно использованы.

Поэтому на практических занятиях в Лесотехнической академии при упоминании очень важного для самого института исторического момента в ходе дискуссии возникло предложение написать мистическое покаяние на тему:

"Прости нас кусочек Блокадного хлеба". Этим моментом заострялось внимание студентов к тому историческому факту, как в производстве этого хлеба во время блокады принимали непосредственное участие ученые Лесотехнической академии. В этом явлении показана роль, значимость и необходимость применения результатов советской науки. Таким образом как бы этот кусочек Блокадного Хлеба служил неким биоэнергетическим ретранслятором, образующим связь между сознанием победителей и их потомками.

Кроме цели покаяния - это сочинение еще преследовало цель формирования нового взгляда -идеалистического, связанного с развитием воображения. Это очень важный момент в творческой деятельности будущего специалиста, собирающегося заниматься в высокотехнологическом бизнесе.

Нужно так же рассматривать особенности формирования ценообразования при продажах такого хлеба. В данном случае возникает множество вопросов и исследований одновременно увязывающих товарное производство, формирование рыночного сознания и ценообразование. Если рассматривать два хлебных куска - один выпеченный из обычного хлеба и другой такой же, но с добавками по технологии блокадного, то можно поразмыслить о цене того и другого в свободном рыночном пространстве. Действительно, будет ли одинаковая цена на эти два куска хлеба или же все таки будет иметь место некоторое отличие в ценах на тот и другой кусок хлеба. Тем более, что сделанный по современной технологии вкуснее и может быть съеден, а блокадный имеет более тяжелый вид и кроме того устрашающие добавки из гидроцеллюлозы.

Как будет рассматриваться тот же Паек блокадного хлеба выпеченный из немецкой муки. Если во время Блокады он рассматривался как выпечка из трофейной муки, то как он будет рассматриваться сейчас?

Для формирования корпоративного духа всего города значимость Блокады неимоверно возрастает, так как дает возможность показать отличительную особенность в историческом плане. Эта ритуальная акция создает конкурентные отличия Великого города по отношению к другим городам России в развитии историко-патриотической деятельности. Ранее при советской власти была такая форма общения как социалистическое соревнование. Эта форма не в полной мере отвечает требованиям конкуренции. Но некоторые ее элементы подходят. Например такие как соревнование между городами.

Например, конкуренция между Москвой и Ленинградом. Москва несколько раз бралась и сжигалась ордынцами. Многонациональная Армия Наполеона топтала ее улицы и площади. Наполеон некоторое время управлял из Кремля! Даже появился злободневный лозунг. "С потерей Москвы не погибла Россия". Вся страна готовила отражение. Если на оборону Москвы бросались силы всей страны, в тоже время Ленинград был фактически брошен на произвол судьбы. Отрезанный от страны, город-крепость вынужден был сам бороться и защищаться. Это прекрасный пример для подражания в становления конкурентоспособных предприятий, которые наращивают свою мощь за счет внутренних ресурсов.

Естественно это приведет к усилению прибылей, особенно для туристического бизнеса, а также к целому комплексу мероприятий, касающихся воспитания подрастающего поколения. Для многих видов деятельности характерны применения различных ритуалов, которые бы стимулировали и создавали новые пути развития движения товаров и услуг. Поэтому целесообразно день Замкнутого Кольца Блокады считать таким ритуальным днем. После полудня можно устроить ритуальное съедения такого Пайка, который может изготавливаться на хлебозаводах Петербурга по рецептуре Блокадного хлеба. Необходимо отметить, что современная пищевая целлюлоза, работы над которой были начаты профессором Шарковым В.И. еще в осажденном Ленинграде, усовершенствована его учениками и обладает целебными очистительными свойствами. Следовательно она может быть использована с рецептуре Хлеба, который можно выпускать порциями по 125 граммов. Ритуал поедания можно совершать в обед 8 сентября и 27 января в день прорыва Блокады. Можно горожанам вечером, при выключенном электрическом освещении квартир города, при свечах мистически общаться в минуту памяти с героями. По стечению обстоятельств день 8 сентября это конец первой недели нового учебного года. Можно представить какой это будет Великий день, когда сотни тысяч людей всех возрастов, населяющие и находящиеся в Петербурге, объединенные общей идеей общения с мистическим духом Великих Воинов - Героических Защитников Ленинграда будут поедать этот паек как Хлеб Господень. Этот ритуал нужно использовать с участием религиозных и общественных организаций. Можно даже приобщить к этому ритуалу и организовать связь и с другим городами России и зарубежных государств, которые имеют деловые и иные связи с Петербургом. В целом это покажет город еще более Великим в международном масштабе.

Предварительные исследования показывают, что проведение занятий по истории России в школах и вузах с использованием такого экспоната более усиливает значимость предмета и этого раздела. Тут в данном случае даже целесообразно подходить более комплексно. Например, использовать не только сам Паек. Занятия проводить при зажженных свечах. Должен быть исполнен ритуал Минуты Молчания. Должен звучать Ленинградский Метроном, работающий обязательно в двух режимах: есть налет или нет. Прослушана Героическая Блокадная симфония Д. Шестаковича, которая была рождена и исполнена впервые именно в сражающемся Ленинграде.

Говоря о формировании свойств рыночного победителя нужно отметить, что часто истоки таких свойств проистекают не только из сложившихся условий, но и формируются как желание быть приобщенным к этим событиям, командам и т.п.

Кроме того нужно учитывать, что обычно период становление любого вида бизнеса составляет примерно три года с неимоверной тратой энергии, желания победы и ограничений, что опять же по странному стечению обстоятельств совпадает со многими моментами с истории Блокады.

Какие эмоции эти процессы вызовут в душе человека:

-у которого родные пережили блокаду,

- который живет в таком городе,

- который приехал в него как турист

-который хочет стать таким же победителем как и героические защитники Ленинграда...

Ранее патриотическое воспитание было прерогативой высших политических органов государственной власти, которые формировали эти чувства в духе советского коллективизма. В общих формах методика верна. В новых условиях она требует усовершенствования, так как развивается существенная роль личности. В этом смысле данный Паек Блокадного хлеба создает новую форму индивидуального патриотического воспитания.

5.Процедура проведения практических занятий

5.1. Перед началом занятий необходимо внимательно прочитать всю данную методику.

5.2. Перед каждым студентом, слушателем ставится Паек Блокадного хлеба и открывается коробка. Хлеб - символ средства существования в странах, где он является главным пищевым продуктом. В христианской традиции хлеб -метафора как духовной пищи, так и воплощение тела Самого Христа.

5.3. Включается метроном.

5.4. Каждый студент, слушатель зажигает свечу. Свеча - образ духовного света во тьме невежества. Свеча - краткосрочностью своего существования символизирует одинокую трепетную человеческую душу.

5.5. Исполняется ритуал Минуты Молчания при ударах метронома.

5.4. Включается магнитофон на негромкий звук и исполняется симфония № 7 Шостаковича Д. При ее исполнении и проводятся дальнейшие занятия.

5.6. Ведущий начинает вести занятие. Для роли ведущего целесообразно привлечь чтеца художественных произведений, который бы мог выразительно и эмоционально передать содержание текста.

Речь ведущего:

Закройте глаза.

Представьте себе, что вы мысленно переместились на машине времени в осажденный Ленинград.

Представьте себе, что вы идете по его заснеженным улицам и сжимаете в руках только что полученный Паек Блокадного хлеба.

Представьте себе, что вы такой Паек будете получать, простояв долгими и утомительными часами в огромных очередях, при лютом холоде и голоде. Вы будете его есть не день, не два, не десять, не сто а все девятьсот дней и ночей.

Представьте себе, что вы видите падающих от голода людей. Вы подходите к ним и видите, что они только что умерли на ваших глазах.

Представьте себе, что вы идете мимо Пискаревского кладбища и видите как туда свозят санки с трупами умерших от голода и холода людей.

Представьте что на этом кладбище найдут свое последнее пристанище около миллиона героических защитников города.

Представьте, что вы входите в свою квартиру и в ней почти вся мебель ушла на согревание и растопку печки. Окна заклеены тонкими полосками бумаги. Через разбитые стекла сквозит леденящий душу холод.

Представьте себе что рядом мать. Ее ребенок плачет и хочет есть. Она отрывает часть своего пайка и отдает ему.

Представьте, что ребенок это вы

Представьте, что мать или отец это вы.

Представьте, что вы видите как бомбы падают на город и разрушают его.

Представьте, что раздается вой сирен и вам нужно спускаться в бомбоубежище. Вы там сидите в битком забитом темном подземелье и ждать когда окончится бомбежка.

Представьте, что вы боец самообороны и вам нужно подниматься на свое дежурство на крышу и тушить зажигалки.

Представьте, что вы на крыше и тушите зажигалки. Вы видите это великий город с высоты птичьего полета, освещенный прожекторами и вспышками зенитных установок. Вы видите как диверсанты пускают сигнальные ракеты, наводя фашистские самолеты на цели.

Представьте, что вы сами хотите представить из всего того кошмара и ужаса, который даже не предвидится в самых страшных фильмах ужасов известных зарубежных фантастов.

Представьте, что вы уже насытились этим и вам кажется что этот город уже умер и погиб.

Но это вам только кажется.

Представьте, что вы идете по заводским цехам и видите как рабочие, дети и женщины стоят у станками и готовят продукцию для фронта. Производство боеприпасов в Ленинграде во второй половине 1941 года по сравнению с первой увеличилось в десять раз! Вы видите как они падают в обморок от голода и холода. Многие тут же спят около своих станков, так как нет сил добираться до своего дома. Вы видите как они падают в обморок от голода и холода. Многие тут же спят около своих станков, так как нет сил добираться до своего дома.

Представьте, стоящие на Неве военные корабли, которые ощетинившись жерлами своих пушек яростно отбивают атаки фашистских самолетов.

Представьте, что вы видите советских солдат, сражающихся на ленинградском фронте.

Представьте Дорогу Жизни по Ладоге и вереницы машин, везущих по льду озера Хлеб. Налетающие фашистские стервятники сбрасывают на них бомбы и вы видите как некоторые машины уходят под лед.

Представьте, как вы видите ученых спасающих художественные исторические ценности в музеях Ленинграда, разрабатывающих новые технологии, произведения искусства, симфонии....

Представьте себя разведчиком и вы находитесь по ту линию фронта.

Представьте себя на той стороне фронта. Вы видите фашистов, которые обжираются тушенкой и хлебом. Спят в теплых домах. Вооружены высококлассным автоматическим оружием, которое для них создает вся промышленная индустрия Европы.

Представьте, что вы читаете немецкую газету Северо-западного направления "Ди фронт" :" Установлено, что большевистские бойцы сопротивляются отчаянно.. стреляют до тех пор, пока не гибнут, в плен не сдаются. Русские солдаты дерутся до последней капли крови".

Представьте, что вы читаете мысли немецкого солдата ефрейтора Фолькенхорста: "Я перестал верить Гитлеру с ночи на 16 апреля. Точнее говоря, с 11 часов вечера. Мы пришли на точку, все вокруг выглядело как обычно: та же тьма, тот же холод. Но там, над Ленинградом, по тучам бегали какие-то странные голубые вспышки...Черт возьми, они пустили трамвай! Пустили трамвай! Русские! В Ленинграде на седьмом месяце блокады! Зачем мы мерзли здесь всю зиму? В этих страшных болотах?

Зачем росли леса крестов на наших дивизионных кладбищах? Зачем мы кричали об их неизбежной гибели, о нашей победе, если они ... пустили трамвай!"

Представьте себе, что вы видите известного немецкого ученого Цигельмайера, руководителя Мюнхенского пищевого института, который по заданию вермахта делал расчеты по выживаемости защитников города. Вы слышите его восклицания: "Как же вы выдержали? Как вы смогли? Это совершенно невозможно!..Я все-таки старый пищевик. Я не понимаю, что за чудо у вас там произошло? "

Представьте себе что вы в этом мире живете, и действуете все девятьсот дней и ночей, как защитник этого города. .

Представьте себе, что вы ощутили это желание выжить, победить и выстоять как наследство от жителей Ленинграда.

Представьте себе что вы студент академии и вам нужно учиться преодолевать трудности.

Представьте себе что вы стали руководителем предприятия и ваша компания подвергается атакам конкурентов. Работники спрашивают Вас как руководителя : "Как победить?". Вы, впитав дух Великих Воинов, говорите им, указав на Паек: "Вот так!"

Если Вы уже имеете опыт выживания и стойкости и он в вас усвоился и вжился как часть вашего сознания, то вы станете таким же победителем как вашим предки.

6. Написать сочинение на тему:" Прости нас паек Блокадного хлеба"

7.Ответить на поставленные вопросы следующего содержания:

7.1. Сколько сейчас может стоить Паек Блокадного Хлеба?

7.2.Нужен ли Паек сейчас, как элемент, формирующий уникальные национальные ценности историко-патриотического характера в конкурентной борьбе за достойное место России в мировом сообществе?

7.3.Рассматривая оборону Ленинграда как битву сильных по технике и духу конкурентов, укажите кто конкретно виноват в том, что Российский Санкт-Петербург не устоял перед натиском зарубежных конкурентов по сравнению со стойким Ленинградом?

7.4. Считаете ли вы, что «Блокада» Санкт-Петербурга прорвана и город сдался на милость победителям (зарубежным конкурентам) или все-таки в городе идут «уличные бои» и создается конкурентоспособная промышленность. Считаете ли Вы себя бойцом такого отряда сопротивления?

7.5. Кто такие победители-оккупанты Санкт-Петербурга?

7.6.Что делать конкретно национальной российской промышленности, на Вашем предприятии и лично Вам для победы в рыночной конкурентной борьбе?

7.7.Ощущаете ли Вы чувство личной вины в том, что Россия терпит сокрушительное поражение в мировой конкурентной борьбе?
7.8. Хотели бы Вы покаяться перед Пайком Блокадного Хлеба и памятью предков, которые показали своим беспримерным мужеством и героизмом достойный пример победы и отражения конкурента?
7.9. Какие в Вашем понимании могут существовать показатели величия державы. В чем они состоят?
7.10. Ваше понимание современного понятия патриотизма.
7.11. В чем сегодня состоит работа по воспитанию патриотизма.
7.12. Ваше мнение по понятиям советского и современного патриотизма. В чем состоят отличия, достоинства и недостатки обоих понятий.
7.13. Немецкая мука, при выпечке Блокадного хлеба во время защиты Ленинграда считалась трофейной. Как это понятие понимать сейчас при выпечке хлеба с использованием иностранной муки, получаемой по линии благотворительной помощи. Ощущаете ли Вы чувство стыда и национального позора.
7.14.Хотели бы Вы иметь такой Паек Блокадного Хлеба дома, на работе, в качестве талисмана или подарка для товарищей и гостей города и как Вы себе представляете его ценность с этих позиций?
7.15.Свои замечания, пожелания и предложения по данной разработке?

10.НОВЫЕ РУССКИЕ ВЕЛИКОЙ ОТЕЧЕСТВЕННОЙ-2

СОВЕТСКИЕ ЛОБОВЫЕ ТАНКОВЫЕ АТАКИ.

Когда мы начинаем с волнением и значительным интересом изучать и рассматривать ранее запретный зарубежный мир видео бизнеса и различные по своей гамме и содержанию несомненно увлекательные и впечатляющие кино и видеофильмы с их очень острозакрученными сюжетами, битвами и гонками, то в ряде случаев возникает странное ощущение, что при всей глобальности звездных войн и иных битв монстров мы начинаем чувствовать, что это где- то было нами видено. При этом не только видено, а как будто мы даже и присутствовали при этом. И если говорить о более сложном процессе, то из нашего подсознания всплывают различные видения и картины из того что можно считать как возможная генетическая передачи как связь в ранее славным историческим прошлым.

В российской истории имеется множество таких парадоксальных примеров, которые часто отражаются в самых крутых зарубежных боевиках и восхищают нас своим мужеством и героизмом.

Мы должны констатировать , что это было в нашей истории битв суперменов и ее называли просто "Курская дуга".

Изучение стратегии и тактики непосредственно самого сражения и его подготовки нужно предпринимателям рассматривать не только с точки зрения развития в себе силы победоносного ума и энергетической поддержки. Даже более масштабнее в рамках существовавшего в то время человеческого капитала. Наши старшие соотечественники, обладая перспективным дальним пространственным видением могли ковать победу задолго до начала боевых действий.

Естественно современная рыночная экономика несет в себе не только "торгашеские" операции, но и более сложные процессы, к которым также надо отнести непременно и научно-техническую разведку, идеологические диверсии и множество различных мероприятий, которые позволяют вовлекать потребителей в сферу своего влияния. Например, распространение слухов о заражении говядины ведет к падению продаж и потреблению. Терпят убытки мясные комбинаты, торговля, столовые и т.п. В тоже время увеличивается рынок сбыта для другой продукции. Распространение слухов о низком качестве российской продукции и услуг ведет к более глобальным масштабным потерям, которые казалось бы не ощущаются каждым реально. В целом же в масштабах всей страны каждый соотечественник не пекущийся о высоком качестве российской продукции и услуг забивает гвоздь в крышку гроба национальной промышленности и следовательно несет на себе часть вины за общий развал. Поэтому изучение реальных действий победителей позволяет по- новому в более упрощенном виде осмыслить то, что предстоит совершить новому поколению.

Необходимо учитывать, что преподнесение любого продукта требует эффективности, в которой должна усматриваться определенная простота изложения и в тоже время глобальность и масштабность задуманного. В этом аспекте рассмотрение Курской дуги является классической задачей для изучения ее в комплексе формирования рыночного российского сознания. Победа и победители российской рыночной экономики будут создаваться тогда, когда о мощности и качестве продукции и услуг их конкуренты будут говорить также как это делали немецкие солдаты.

Изучая в бинокли позиции противника, они (немецкие офицеры-танкисты видели "простиравшуюся во все стороны равнину с многочисленными долинами, небольшими рощами, разбросанными там и сям деревнями с избами под соломенными крышами, речками и ручьями, из которых река Пена струила свои быстрые воды меж крутых берегов. К северу местность становилась выше, что благоприятствовало обороняющимся. Обширные поля густой и высокой пшеницы затрудняли наблюдение".

Таким было поле боя, где вермахт предпримет свое последнее крупное наступление на Восточном фронте, где произойдет величайшая танковая битва в истории человечества и одно из самых важных и ожесточенных сражений второй мировой войны.

Рассматривая Великую Отечественную не как идеологи и иные теоретики и историки, а как битву высокотехнологических конкурентов, русские бизнесмены должны стремиться охватить масштабность подготовки и также и сами разработанные тактические задачи, которые были применены в ходе это битвы. Это русским бизнесменам необходимо для развития силы ума и возбуждения той победоносной силы, которая позволила реально в масштабах такой компании показать реальную победу.

Нет особой разницы между победами в Великой Отечественной и тем, что происходит при внедрении иностранной техники на внутренние рынки любой страны, в том числе и России. Все тоже самое. Только с еще большей беспощадностью.

Из всех видов боевой техники, с которыми столкнулись немецкие войска во время второй мировой войны, ни один не вызвал у них такого шока, как русский танк Т-34 летом 1941 г. Блестящие успехи немецких танковых дивизий во время компании во Франции в предшествовавшем году укрепили старательно насаждаемую нацизмом веру в немецкое превосходство.

В этом мы можем также провести некоторую аналогию, при которой СССР потерпел поражение в Холодной войне и терпит поражение Россия в рыночной экономике. Сформированное специально для реализации коммунистических идей и программ мировоззрение советского человека привело к сокрушительному поражению и потере духовных стержневых составляющих особенно после разрушения идеологии коммунистической эпохи.

Но тут нужно отметить, что частично социалистические идеи были использованы в высокотехнологическом производстве наиболее конкурентоспособных зарубежных компаний.

Из японского опыта выживаемости. Никакая теория, программа или правительственная политика не могут сделать предприятие успешным. Это могут сделать только люди. Надо формировать понимание того, что у рабочих и руководителей одна судьба. Компании, которые достигли в Японии наибольших успехов, это те где достигнуто это понимание.

Предприятие ничего не достигнет, если взвалит всю умственную работу на руководство. На предприятии каждый должен вносить посильный вклад , и вклад работников нижнего звена не должен ограничиваться только физическим трудом. Мы настаиваем на том, чтобы все наши работники вкладывали свой ум. Жестокая конкуренция заставила рабочих действовать рука об руку с предпринимателями.

Мы в "Сони" поняли, что проблема с рабочими, привыкшими работать только ради денег , состоит в том, что они зачастую забывают о том, что от них ожидается работа в интересах всего коллектива в целом, а такой эгоцентризм, когда человек работает только на себя и на свою семью , не думая об интересах товарищей по работе и своей компании - нездоровое явление. Обязанность руководителей компании состоит в том, чтобы постоянно побуждать работников делать важную работу, которая их удовлетворяет, и они трудятся в компании, как члены единой семьи.

В Японии мы считаем, что самое важное для компании - это моральное состояние ее рабочих.

Если они без энтузиазма относятся к своей компании, она может погибнуть.

При чтении этих строк возникает ощущение того, что это написал коммунист или некто передрал из морального кодекса строителя коммунизма. Однако это выписки из книги А. Мориты. Сделано в Японии. Одного из создателей наиболее эффективно работающей и конкурентоспособной электронной компании в мире.

В области выживаемости в рыночной экономике проводится множество исследований. В первую очередь естественно исследуется роль и значимость человеческого фактора. Это связано с тем, что основную массу людей интересуют вопросы обогащения, возможности заработать, улучшить свое благосостояние. Естественно спасение утопающих(обогащающихся) дело рук самих утопающих (обогащающихся). Очень часто обогащаются и создают компании люди, которые не отличаются от основной массы. Вроде бы они и незаметны. Но на самом деле в их сознании концентрируется множество факторов, которые увязывают желание с трезвым расчетом, интуицией и желанием действовать и утверждаться. Очень часто их оппоненты возмущаются или завидуют им совершенно не анализируя эти особенности.

Открытие, что "унтерменшен" ("недочеловеки ") - так пренебрежительно называли русских нацистские идеологи - сумели создать танки, которые явно превосходят их собственные боевые машины, вызвали страх, как в верхних, так и в низших эшелонах гитлеровской армии.

" Исключительно высокие боевые качества - генерал- майор фон Мелентин, - Мы ничего подобного не имели....

- Самый лучший танк в мире - генерал-фельдмаршал фон Клейст

Превосходство материальной части наших танковых сил, имевшее место до сих пор было отныне потеряно и теперь перешло к противнику...-самый известный и высококвалифицированный из немецких танковых командиров генерал-полковник Гейнц Гудериан.

Естественно никаких зарубежных инвестиций, на которые в настоящее время надеется множество россиян искать не приходилось. Тем более надежд на постановку каких-либо совместных производств с иностранными технологиями. Работала только мысль и желание защитить родную землю более эффективным оружием.

Советские конструктора, создавшие Т-34 сосредоточили свои усилия на важнейших характеристиках, избегая каких либо усложнений конструкции и даже внутреннего комфорта, который на Западе считали необходимым для эффективной работы танкового экипажа.

В итоге им удалось решить основное уравнение, которое должно быть написано золотыми буквами над столом у каждого конструктора танков (российской техники) : эффективность оружия (разработки и ее использования) прямо пропорциональна его способности (высокому качеству и конкурентоспособности) занять правильную позицию, чтобы нанести решающий удар и выдержать без ущерба для себя удары, наносимые противником (конкурентом).

Это уравнение кажется детски несложным, но советские конструктора танков понимали его гораздо глубже, чем английские и немецкие специалисты.

Сейчас, когда возникает задача возрождения российской конкурентоспособной промышленности и товарного производства в душах многих россиян царит отчаяние и депрессия в этом направлении, падает вера в возрождение. Но нужно подходить с исторических позиций. Казалось бы англичане были лидерами и квалифицированными специалистами в танкостроении. Свои танки они использовали уже во время интервенции против Советской России. И сами немецкие конструктора несомненно с их высокой глубиной проработки считались непревзойденными специалистами в этой части. Парадокс новых разработок, создаваемых на грани высокочувствительных сверхчеловеческих напряжений состоит в том, что только реальная опасность и ее истинное осознание наиболее высококвалифицированными патриотическими разработчиками позволяет создать совершенный вид продукции. Это можно отнести не только к танкам, но и к самолетам и к стрелковому оружию.

Если брать аналогии для бизнеса, то тут уместно привести пример взлета Форда. Ведь до Форда в мире уже активно действовало множество автомобилестроительных компаний и казалось бы не имело смысла самому браться за совершенно новое дело. Но однако Форд думал иначе. И он сумел взглянуть на автомобилестроение совершенно с другой стороны. Хотя в то время ставку в автомобильном бизнесе делали на богатых людей. Он же, выпустив относительно дешевый “народный” автомобиль, стал не только одним из богатейших людей цивилизации, но и национальным героем Америки. В этом несомненно сыграло его упорство в достижении цели. Хотя он несколько раз пытался разработать автомобиль и множество раз его преследовали неудачи.

Такой же пример можно привести относительно измерительной техники. Например, автор непосредственно занимается разработкой электронных систем контроля влажности древесины. При насыщении рынка контрольно-измерительными приборами качества обнаруживается, что они являются вещественным доказательством реальной работы над качеством. Россия является крупнейшим в мире производителем пиломатериалов. Но по уровню производств и использования средств контроля влажности она находится почти на самом низком(пещерном) уровне.

Вот почему Т-34 предстал как чудо - оружие...

В это время в мире существовало довольно развитое танкостроение во многих высокоразвитых странах. Выпускались различные модификации танков.

Этот танк был создан в наиболее талантливом конструкторском бюро. Этим бюро руководил Михаил Ильич Кошкин.

К сожалению Кошкин М.И. в 1940 году умер от воспаления легких и не дожил для триумфа своего детища, но именно его новаторский ум сделал многочисленные правильные выводы из опыта работы над танками, воплотил их в проект боевой машины. Так появился на свет танк Т-34. Он был детищем не внезапного наития гения, а трезвого здравого смысла. Своим рождением он был обязан людям, которые сумели увидеть поле боя середины XX столетия лучше, чем смог это сделать кто-нибудь другой на Западе. Творческая инициатива, проявленная конструкторским бюро Кошкина была призвана изменить историю войны, и тем самым историю Европы и всего мира.

Пример разработки танка Т-34 можно также рассматривать как создавался и компьютер, который также изменил ход развития человечества.

Но в данных случаях мы должны обратить особое внимание на то, что казалось бы уже создано множество танков, но Т-34 оказался почему то уникальным потому, что он обладал множеством конкурентоспособных показателей, которые ставили его выше других. Конструктора, создававшие его решали задачи более глубже и мысленно перемещаясь на поля сражений представляли его в реальных боевых действиях. Эти свойства - важнейшие моменты в развитии высокотехнологического предпринимательства особенно в создании конкурентоспособной продукции нужно научиться развивать. Особенно это важно проводить среди той продукции, которой сейчас насыщен наш внутренний рынок.

Нужно только научиться развивать "кошкинский" творческий ум для совершенствования такой же необходимой для потребителей продукции.

Советские танкисты в совершенстве разрабатывали свой советский менеджмент в танкостроении.

В Т-34 был самый примечательный аспект броневой защиты - броня корпуса была покатой и установленной под большим наклоном. На этот способ бронирования танков ни английские, ни немецкие конструктора тогда не обратили большого внимания. Наклонная броня значительно усиливала противоснарядную стойкость Т-34. Это несомненно говорило о дальновидности советских конструкторов. До столкновения с "тридцатьчетверками" военные специалисты мира считали немецкий средний танк Т-111- " королевой полей " танковых сражений.

Но до начала операции "Барбаросса" немцы не имели четкого представления о том, как далеко русские ушли вперед в области проектирования и конструирования танков. Это можем показать на историческом примере. Весной 1941 года Гитлер, видимо стремясь убедить русских в том, что он не планирует нападать на Советский Союз, распорядился, чтобы советской военной делегации были показаны немецкие танковые школы и заводы и чтобы от нее ничего не скрывали. Результаты этого осмотра удивили немецких танкистов, сопровождавших делегацию.

Русские представители упорно отказывались верить, что танк Т-1У может быть самым тяжелым танком Германии, и протестовали , что приказ Гитлера показать им все, не выполняется. Постепенно до озадаченных немцев дошло, что сами русские, по -видимому, имеют более мощные танки, чем предполагалось.

"Только когда в конце июля 1941 года на фронте появился танк Т-34 - угрюмо заметил позже немецкий генерал -танкист - тайна нового типа советского танка оказалась раскрытой.

Во время войны танк Т-34 был тщательно обследован в английской школе танкостроения и получил высокую оценку.

Когда 22 июня 1941 года началась операция "Барбаросса", задачи, стоявшие перед немецкими армиями вторжения, были огромными. Это соответствует аналогичному вторжению зарубежной товарной продукции высокого качества на внутренний национальный рынок. В результате чего под мощными превосходно отработанными ударами квалифицированных зарубежных предпринимателей разрушается национальная промышленность.

Во время битвы за Францию 1940 года немцы (конкуренты) сделали рискованную ставку на стремительный маневр своих танковых дивизий и выиграли. Русская авантюра была чревата несоизмеримым большим риском. Немцам была необходима быстрая и сокрушительная победа. Русским необходимо было выиграть время. В этой схватке танкам Т-34 уже в первые недели войны предстояло сыграть важную роль. Их первые успехи, однако, наносили противнику скорее моральный, чем материальный урон. В настоящее время единичные экземпляры отечественной высокотехнологической техники нужно также использовать как такой же моральный фактор, реально подтверждающий Россию как высокоразвитую рыночную державу. Для этого должно использовать любую трибуну и все возможные средства массовой информации и оказывать всяческое содействием изобретателям и разработчикам в пропаганде национальной продукции и технологий с обязательным указанием ее конкурентных отличий.

Впервые за почти два года успешных боев немецкие танкисты столкнувшись с этим танком испытали, что такое настоящий страх.

.. 8 июля 1941 года танки 17 танковой дивизии продвигались к Днепру...

.. как раз в тот момент, когда усталые канониры в своих душных пропахших пороховым дымом башнях получили приказ экономить снаряды, из густой ржи выполз приземистый русский танк, силуэт которого был немцам незнаком. Несколько немецких танков открыли по нему огонь, но снаряды рикошетом отлетали от его массивной башни.

Когда русская молодежь с восторгом смотрит фантастические зарубежные боевики и монстров, на которых обрушивается смертоносный шквал огня, то она должна понять и ощутить, что творилось в душах непобедимых немецких танкистов, увидевших неизвестного русского стального монстра.

Русский танк свернул на проселочную дорогу, на которой стояла немецкая 37-мм противотанковая пушка. Немецкие артиллеристы выпускали снаряд за снарядом в надвигавшийся танк, пока он не подошел к пушке вплотную, развернулся на своих широких гусеницах и вдавил ее в землю. Затем, оставив позади себя подожженный Т-111- танк углубился в немецкую оборону на 15 километров пока не был подбит с тыла снарядом из 100-мм орудия. Таким было первое знакомство танкистов 17 танковой дивизии с Т-34.

Это очень существенный пример и показатель для решающих танковых атак. Победа заранее ковалась благодаря отваге, мужеству и деловой активности таких русских танкистов.

Что в этот момент двигало русскими танкистами? Вот в чем стоит вопрос сегодняшнего дня для национальной промышленности.

Подобные стычки, как эта происходили и на других участках Восточного фронта в первые недели операции "Барбаросса".

Встреча с Т-34 производила гнетущее впечатление на немецких танкистов, чей боевой дух частично основывался на твердой уверенности в превосходстве немецкой техники.

"Чудо -оружие- говорилось в одном немецком докладе о Т-34 - сеющее страх и ужас везде, где оно появляется...."

Также говорилось о танках КВ-1.

Наши танковые роты открыли огонь с расстояния в 700 метров, но он оказался неэффективным. Мы сблизились с противником, который со своей стороны невозмутимо двигался прямо на нас. Вскоре нас разделяло расстояние в 50-100 метров. Началась фантастическая артиллерийская дуэль, в которой немецкие танки не могли добиться никакого видимого успеха. Русские танки продолжали наступать, и все наши бронебойные снаряды просто отскакивали от их брони.....

Например, характерно единение натиска, которое проявилось 12 июля в районе Прохоровки. Навстречу, прорвавшейся бронированной фаланге танков Гота устремилась лавина тридцатьчетверок Ротмистрова. Передовой эшелон русских танков на полном ходу врезался в боевые порядки немецкой армады, рассекая их по диагонали и стреляя в упор в духе прежних отчаянных кавалерийских атак.

Никогда раньше и после танки не использовались подобным образом в таких масштабах. Более 1200 боевых машин крутилось на узком пространстве, сбившись в гигантский клубок, окутанный густыми тучами пыли и черного маслянистого дыма горящих танков и самоходок. В этом рукопашном бою, где дистанция огня часто не превышала 100 метров, 76,2 мм пушки тридцатьчетверок пробивали броню тигров и пантер, длинные и более мощные орудия, которых в свою очередь сеяли смерть среди советских танков.

В настоящее время ведутся различные диспуты о достоверности тех или иных событий, которые происходили во время Великой патриотической войны. Обычно в России на этот счет действует неплохая поговорка: «После драки кулаками не машут». Но некоторые специалисты могут спорить и обуждать: « Кто победил в той или иной битве или было ли это на самом деле?» При этом возникает некий парадокс при анализе информации со времен войны и в настоящее время.

Русским бизнесменам лучше изучать конкурентные битвы по информационным источникам немецких специалистов военного времени, так что бы скептикам было трудно ставить под сомнение их подлинность.

"Один из танков КВ-1 сумел прорваться к единственной дороге, по которой снабжалась немецкая авангардная группа войск. Первые грузовики, доставлявшие снабжение были немедленно расстреляны и сожжены русским танком. Практически не было возможности уничтожить это чудовище. Из-за болотистой местности обойти его было нельзя. Подвоз продовольствия и боеприпасов прекратился. Попытка вывести танк из строя с помощью батарей 50-мм противотанковых пушек, стрелявших с расстояния в 450 метров, закончилась тяжелыми потерями для расчетов и орудий.

Советский танк остался невредимым, несмотря на, как это было установлено позже, 14 прямых попаданий. Снаряды оставили лишь синеватые вмятины на его броне. Когда подтянули закамуфлированное 88-мм зенитное орудие, советские танкисты хладнокровно позволили установить его в 600 метрах от танка. А затем уничтожили вместе с расчетом, прежде чем оно успело выпустить первый снаряд. Неудачей обернулась и попытка саперов подорвать танк ночью.

Правда саперам удалось подкрасться к танку вскоре после полуночи и подложить взрывчатку под гусеницы танка. Но широкие гусеницы мало пострадали от взрыва. Взрывной волной от них оторвало несколько кусков металла, но танк сохранил подвижность и продолжал наносить ущерб тыловым подразделениям и блокировать доставку снабжения. Вначале русские танкисты получали продовольствие по ночам от разрозненных групп советских солдат и гражданского населения, но затем немцы перекрыли этот источник снабжения, оцепив весь прилегающий район.

Однако даже эта изоляция не вынудила советских танкистов покинуть занятую ими выгодную позицию. В конце концов немцы сумели справится с танком, прибегнув в следующему маневру. Пятьдесят !!!!!!! танков атаковали КВ с трех сторон и открыли по нему огонь, чтобы приковать к себе внимание экипажа. Под прикрытием этого отвлекающего маневра удалось установить и замаскировать еще одно 88-мм зенитное орудие позади советского танка, так что бы на этот раз оно сумело открыть огонь. Из двенадцати !!!!!!! прямых попаданий три снаряда пробили броню и уничтожили танк.

И это был всего один русский тяжелый танк.

Этот случай имевший место в июне 1941 года в полосе наступления 6-й танковой дивизии корпуса генерала Рейнгарда, как пример стойкости и мужества советских воинов приводит в своей книге английский историк Максей К.

В данном случае русские не должны рассматривать аспекты технических и военных операций, а посмотреть на этот процесс исходя из позиций как японцы, которые рассматривают рынки как место боевых действий. Русские бизнесмены должны медитировать к соотечественникам, сидящим в этом танка. Это уже не только славная история, но и практический опыт пример для натиска в борьбе за достойное место в мировой рыночной экономике. Как это не прискорбно, это же и сегодняшнее поражение в мировой конкурентной высокотехнологической борьбе.

Русские должен видеть не танк с экипажем, а свой бизнес. Группу сплоченных единомышленников, желающих делать свое разрешенное в рамках закона дело. Они также окружены конкурентами, также сидят в замкнутом пространстве как информационном так и техническом и пытаются пробиться. У них ограниченный объем запасов, (финансов, сырья,т т.п.)

Нужно ставить фантастические планы. Прорывается не танк КВ-1, а например какой-нибудь отечественный легковой автомобиль и идет в атаку в конкурентной борьбе на какой-нибудь, например, Мерседес или Форд.

Хотя, рассматривая ситуацию, например на американском рынке, то можно констатировать, что одна из больших проблем в городах США – это парковка автомобилей. Огромные автомобили с трудом вписываются в места стоянок. По вечерам можно много раз крутиться около своего дома в надежде найти свободное место. Если использовать маленькие автомобили, то соответственно появиться возможность снять такую проблему или ее минимизировать.

В этом случае уместно привести изречения из библейской книги: **«Каждое дело обнаруживается, ибо дело покажет, потому, что в огне открывается и огнем испытывает дело каждого, каково оно есть».**

Поэтому, несмотря на огромные потери русские должны констатировать, что Великая отечественная война показала способность нации выстоять и создать такие образцы продукции, которые с успехом доминировали на "рынках Великой отечественной".

В ходе таких стычек Гудериан заметил, что : "Они научились воевать..."

По этому поводу писали немецкие опытные танкисты: ".. нет ничего более ужасного, чем танковый бой против превосходящих сил. Численный перевес здесь ни причем, мы в этому привыкли. Но когда у противника танк лучше, это - страшно. Ты даешь полный газ, но твой танк слишком медленно набирает скорость. Русские танки такие быстрые, на близком расстоянии они успевают взмахнуть на холм и проскочить болото быстрее, чем ты можешь развернуть башню. И сквозь шум , вибрацию и грохот ты слышишь удар снаряда о броню. Когда они попадают в наши танки, по большей части раздается глубокий затяжной взрыв, а затем ревущий гул вспыхнувшего бензина, гул, слава богу, такой громкий, что мы не слышим вопли экипажа...".

Редко когда значение технического превосходства было бы так прекрасно разрекламировано.

Надо отметить, что немецкие танкисты были специалистами высочайшей квалификации. Особенно высоким мастерством обладали танковые дивизии СС.

Боевые офицеры СС готовились в своих школах весьма основательно. Множество советских людей было ослеплено ненавистью к фашистской идеологии. Она развивалась при активной поддержке коммунистической партии. Коммунистическая идеология не могла представить фашистов как людей, при этом людей очень сильных духом и высококвалифицированных. В советских фильмах сталинской поры и потом фашисты представлялись какими - то дурачками. Из-за этого формировалась ущербность и усыплялся боевой дух советского народа. В подсознании формировалось ошибочное понимание Великой Отечественной как битвы равных по своей идеологической и технической мощи конкурентов.

Сейчас, когда Россия вступила в мировую рыночную систему, роль и значение Великой Отечественной войны приобретает иное понимание. Специалисты по истории и идеологии вскрыли множество негативными факторов сложного механизма возникновения войны. В качестве отрицательного момента в этих исследованиях появилась депрессия и растерянность в славных реальных защитниках. В рыночном понимании победа России в Великой Отечественной войне приобретает один из важнейших политических и идеологических факторов для формирования сознания российских предпринимателей и обучения науке побеждать.

Представление о рыночной экономике у части соотечественников формируется обычно при рассмотрении действий современных российских предпринимателей. Россияне видят лавки, перекупщиков, каких-то “крутых” ребят чего - то там делающих в своих офисах. У множества таких бизнесменов очень деловой вид. Они выбегают куда-то, окруженные охраной, непрерывно чего-то говорят по радиотелефонам. Многие россияне думают, что это и есть тот самый рыночный капитализм, как на Западе. Даже высококвалифицированные специалисты, например, рассматривая такую страну, как США, представляют ее по американским торговым фирмам, по американским бизнесменам. В результате этого, под воздействием оставшегося в подсознании коммунистического мировоззрения формируется ошибочное понятие, что вся Америка это сплошное торгашество и центр жуликов и проходимцев (Страна Желтого Дьявола, Вечно Зеленых баксов).

Если в коммунистическую эпоху при закрытых границах это приносило какую- то пользу для укрепления государственной власти, то в настоящее время эти процессы несут в себе более глубокую опасности, которая наносит ущерб государственной и общественной безопасности. Даже сейчас иногда раздаются голоса, которые доносятся даже по ту сторону океана: нам не нужно смотреть за бугор.

Но если оценивать трезво, то нужно подходить совершено с иных позиций.

Об этом также указывается в книгах по бизнесу. Про ту же самую Америку.

При этом Вторая Мировая война также рассматривается и американскими бизнесменами для формирования рыночного сознания и его связи с демократизацией общества.

Представления Гитлера о характере американцев возникли у него вследствие чтения приключенческих романов немецкого писателя Карла Майя о Дальнем Западе - книг, на которых воспитывались все немецкие мальчики. Увы, книги эти были написаны человеком, нога которого никогда не ступала на землю Соединенных Штатов. Однако это отнюдь не помешало Гитлеру быть непоколебимо уверенным в том, что он знает США и что там делается. Посмотрев на "артиллерийскую дуэль" между конкурирующими общественными идеями, являющуюся следствием нашей терпимости к свободе выражения мнений, Гитлер увидел, как ему представлялось полнейший хаос. Он оценил это как дезорганизацию общества, которое по этой причине должно быть слабым, уязвимым и неспособным к сколько-нибудь длительным усилиям.

Американский бизнесмен описывает интересный случай когда он летел в самолете между крупными городами и видел как внизу горят ночные яркие огни. Едва только прозвучал сигнал воздушной тревоги, все огни сразу исчезли, как если бы невидимая рука повернула общий выключатель.

Гитлеру пришлось убедиться, что все американцы, невзирая на различия во мнениях и в жизненном пути, могут сплотиться. Надо только дать соответствующий повод.

По этому поводу нужно каждому россиянину мысленно спросить самого себя: “Так какой же нужен ему повод, чтобы Россия смогла сплотиться и одерживать победы на мировых рынках”.

Поэтому США нужно рассмотреть более внимательно не только охватывая взором супермаркеты, бизнес, а мысленно переместившись в закрытые лаборатории и компании увидеть настоящую трудовую Америку, которая кует свою победу в мировой рыночной системе.

Что творится там, за стенами компаний, которые выбрасывают на внешние рынки свою продукцию мирового качества. Вот о чем надо думать в первую очередь. Какие факторы влияют на те внутренние процессы для создания новых технологий и видов продукции, как формировать и создавать финансовые потоки для реализации таких программ.

И этот повод появился у россиян при рассмотрении новой стороны победы в Великой Отечественной войне.

Ранее сформировавшееся мнение у советских людей как про фашистов, так и про капиталистов-предпринимателей практически сопоставимо по своей методологической направленности.

Но нужно сейчас реально признать, что это конкретные живые люди, обладающие определенными знаниями и навыками и для контактирования и побед над ними нужно их изучать.

Так офицеры СС - это были действительно супермены и настоящие мастера своего дела. В одной книге описывается интересный случай.

Один из экзаменов при выпуске офицеров СС заключался в следующем. В нескольких сотнях метров от выпускников устанавливались танки. И курсанты должны были с помощью саперных лопаток выкапывать для себя защитные укрытия в земле. Время на выкапывание укрытия состояло из времени на то, чтобы завести танки и доехать на определенной скорости до курсанта. Непосредственный участник этого экзамена описывает это весьма убедительно. Когда он рыл для себя траншею он думал только об одном как выжить самому. Одному его товарищу попались корни и тот растерялся и пытался бежать с поля, но тут же был расстрелян. Другой, который вырыл слишком малое углубление был раздавлен танком.

Вот с таким человеческим капиталом пришлось реально столкнуться русским танкистам.

Солдаты и офицеры войск СС, которые сражались под Курском , все до одного прошли всестороннюю тщательную подготовку в военной школе СС Бад-Тельц с ее суровой дисциплиной.

Теперь эти "супермены" встретились в бою с представителями "низшей расы" и были потрясены, обнаружив, что те также хорошо вооружены, изобретательны и храбры , как и они сами.

В настоящее время наблюдается аналогичная, но обратная задача. Где рыночная храбрость российских предпринимателей, где изобретательность и особенно их вооруженность?

Любая страна, бросающая вызов экономическому лидеру, часто компенсирует малочисленность населения, недостаточные размеры или дефицит ресурсов такими качествами, как "активность", "напор", "голод", "настойчивость", "горячность" или "старательность".

Эти, так сказать , внеэкономические, нематериальные факторы, которые можно назвать "движущей силой" или "стимулами", помогают многим народам не только преодолевать неблагоприятные стартовые условия, но и быстро возрождаться после разрушений и поражений, так как это было, например, с ФРГ и Японией в послевоенный период.

В этом случае уместно привести высказывание американского бизнесмена по этому поводу:

" Фон Клаузевиц, великий стратег, заметил, что отличительной особенностью бездарных военачальников является неумение захватить инициативу, поскольку они переоценивают силу своих противников. На протяжении многих лет концерны "Дженерал моторс" и ИБМ занимали господствующее положение в своих отраслях, несмотря на серьезные недостатки в своей деятельности.

Потребовалось вмешательство японцев, чтобы продемонстрировать нам всю уязвимость "Дженерал Моторс". То же самое проделала горсточка смельчаков-американцев с ИБМ. Не думали они, что наступит время, когда даже им надо будет считаться с конкуренцией. И все мы, остальные, должны об этом помнить".

"Понятие деловых качеств применимо и к ситуациям, не имеющим ничего общего с предпринимательством. Был ли Адольф Гитлер, хорошим руководителем? На этот вопрос можно ответить по-разному, причем ответ на него служит иллюстрацией того, что способность увлечь людей и организации отнюдь не совпадают с умением выбирать направление и стратегии руководства. В краткосрочном аспекте стратегия Гитлера была чрезвычайно успешной. Так продолжалось до 1942 года. В среднесрочном плане она привела страну к катастрофе. Анализ долгосрочной перспективы показывает, что в действительности Западная Германия (ФРГ) сегодня оказалась одной из стран-победительниц.

Такой же подход можно сделать и в разработке временных планов Сталина и что из этого получилось.

Это позволяет нам более лучше осмыслить, что процесс возрождения требует в первую очередь реформирования сознания. И самое главное воспитание в каждом чувства тревожности и приближения опасности. Опасности сплачивают людей, мобилизуют резервы для эффективного использования, имеющихся ресурсов и создания новых разработок. В этом аспекте война между Гитлером и Сталиным позволила развить конструктивную конкуренцию.

Естественно сейчас не нужны мощные танковые прорывы для завоевания рыночного пространства, но от этого основная идея победы не исчезает, а наоборот еще более усиливается.

Если сравнивать аналогии по вооруженности с позиций развития конкуренции, то обнаружим, что до подготовки к рыночной Курской дуге русским еще далеко. Отсутствует вооруженность в приборостроении, в использовании электронной техники, в масштабности ее применения в народном хозяйстве. Самое главное отсутствует желание для победы - то есть ее эффективного использования.

Российские частные предприятия, не закалившиеся как советские танковые роты в конкурентной битве, не могут надеяться на высокие оценки своей работы со стороны зарубежных конкурентов и естественно на уважение мирового сообщества.

Исследование и анализ различных сражений Великой Отечественной с учет ошибок, усовершенствований и действий солдат и командиров дает полезную информацию для выживаемости в рыночной экономике.

Одной из существенных сторон этой битвы сломившей хребет немецких танковых войск и навсегда передавшей стратегическую инициативу в руки русских - это длительные проволочки и споры предшествовавшие началу немецкого наступления.

В это также можем найти аналогию сегодняшнего дня. Нерешительность многих руководителей, безынициативность рабочих, проволочки, идеологические споры, развитие классовых противоречий, все это приводит к тому, что Россия фактически шаг за шагом терпит сокрушительное поражение, которое по своим масштабам аналогично поражению немцев во время танкового сражения.

В тоже время в иностранных источниках указывается, что все действия советского руководства были согласованными и никаких разногласий не возникало. Конечно при сталинском методе руководства этого и не могло быть. Но тогда возникает сложность в реальном понимания роли самого Сталина в этой битве.

Во время подготовки к битве, к которой готовились и немецкие танкисты и русские. В советских войсках велась интенсивная подготовка. Солдаты проходили физическую подготовку, совершали марш-броски. Экипажи танков соревновались в преодолении препятствий, скорости и стрельбе. На встречах с молодыми солдатами ветераны делились своим боевым опытом. В состав каждого танкового экипажа включались один-два коммуниста или комсомольца, призванных подавать пример....

Как ни парадоксально, в то время как русские приготовления велись энергично и изобретательно, немцы страдали от постоянных задержек и слухов об изменении плана операции и ее отмены.

В последние дни перед наступлением странное чувство - не сколько уверенность, сколько фатализм - охватил немецких танкистов: если эта сила, эта гигантская армада танков, штурмовых орудий, бронетранспортёров и артиллерии не сможет сломить русских, тогда ничто не сломит их. Сейчас существует примерно такое же настроение у части россиян, обнаружившей на своих прилавках множество зарубежной продукции и технологий. Многим кажется, что отстали навсегда, что поражение неизбежно.

Иностранные источники указывают об отсутствии гибкости в изобретательстве во время наступления немцев на Курской дуге.

"Мы двигались вперед, а вокруг нас от огня русской артиллерии дыбом вставала земля - писал радист "тигра". - Иван, с присущей ему хитростью, не открывал огня в предшествовавшие недели и даже нынешним утром, когда наши орудия обрушили на него град снарядов. Но сейчас весь фронт опоясывали вспышки выстрелов. Казалось, что мы вползаем в огненное кольцо. Четыре раза наш отважный "Росинант" содрогался от прямых попаданий, и мы благодарили судьбу за прочность добротной крупповской стали..."

Экипажи немецких танков получили строгие инструкции:

"Ни при каких обстоятельствах не останавливать танк для оказания помощи поврежденным машинам. Техническая помощь является обязанностью только инженерных частей. Командиры танков должны продолжить наступление, пока танк не утратил мобильности. В случаях утраты танком подвижности, но при сохранении боеспособности орудия экипаж должен продолжить вести огонь из неподвижного танка".

Этот приказ по существу обрекал на смерть экипажи поврежденного танка, так как многочисленные советские орудия могли расстреливать остановившийся танк за считанные минуты после подрыва его на мине. У русских были также сформированы специальные группы истребителей танков.

Во время танковых битв конкурентов выяснялись парадоксальные вещи. Так немецкий истребитель танков "Фердинанд", как обнаружили советские пехотинцы, не имеет пулеметов. Грозные для тридцатьчетверок и в дуэлях со стационарными орудиями "Фердинанды" были беспомощными против укрывшейся в траншеях советской пехоты. Вскоре они оказались отсеченными от сопровождавших их средних танков и один за другим были уничтожены группами советских солдат.

Когда говорят о возможностях человеческого фактора, то должны учитывать взаимодействие не только танков-конкурентов, но и пехотинцев. При этом последние в некоторых случаях имеют преимущество, проявившееся благодаря неслыханному героизму советских солдат. В истории Великой отечественной этому немало примеров. Когда казалось бы мощная техника отступает перед человеком. Например, это возникает в том случае, когда русский солдат со связкой гранат попадает в мертвую зону танка. При этом он хорошо виден немецким танкистам, но ствол пулемета танка не в состоянии опуститься ниже и поэтому строчит поверх головы солдата. И у немецкого танка есть одна возможность только отступать. Этот пример был показан в одном из военных фильмов советского периода.

При рассмотрении задач выживаемости бизнесов, то русские должны примерно рассуждать и действовать как русские танкисты. Они, находясь в замкнутом пространстве своего танка действуют с одной стороны, учитывая скоротечность изменяющей боевой задачи, а с другой стороны входя в составной частью в громаду боевых операций должны решать более масштабные задачи, которые ставит высшее руководство. Это примерно сходно с действиями частных предприятий и непосредственно их работников.

Русские должны научиться изучать взлеты современных победителей рыночной экономики, переломив свое гордое сознание.

...Да, несчастья и горя вокруг было больше, чем мог себе когда-либо представить любой из оставшихся в живых немцев. Некогда зажиточные немки трудились на голодный желудок с утра до сумерек, разбирая обломки разрушенного дома.

Наиболее неприглядное зрелище на улицах представляли демобилизованные немецкие солдаты. Они ковыляют по улицам в своих лохмотьях, в дырявых ботинках, утепленных газетами, их мундиры, некогда аккуратно пригнанные и отутюженные, порваны и испачканы грязью.

Впечатляющая картина поражения и упадка. На одной из улиц мы остановились, чтобы поговорить с плетущейся мимо нас группой бывших солдат. Бог мой! Неужели это те отборные войска, что так лихо и самоуверенно прошли маршем через Польшу , Францию и другие временно захваченные страны?... Но сейчас от их былой самоуверенности не осталось и следа. Они понурые, грязные, усталые и голодные. Современные русские должны признать что : Победа оказалась не за нами.

Но осознав чувство своего настоящего поражения Германия восстала из пепла и может естественно служить примером для российской национальной промышленности и как учитель и естественно как конкурент для многих видов продукции и услуг.

11. ЗОЯ КОСМОДЕМЬЯНСКАЯ - СУПЕРМОДЕЛЬ

ВЕЛИКОЙ ОТЕЧЕСТВЕННОЙ

Космодемьянская Зоя Анатольевна (Таня) 13.9.23 г.с. Осиновые Гаи Тамбовской обл.- 29.11.41. дер. Петрищево Верейского р-на Моск. Обл. советская партизанка, героиня Великой Отечественной войны.1941-1945 гг. Род. в семье служащего. Чл. ВЛКСМ с 1938 г. Училась в ср. школе. Будучи ученицей 10 класса ушла добровольцем в партизанский отряд. У дер. Обухово близ Наро-Фоминска с группой комсомольцев-партизан перешла через линию фронта на занятую нем. оккупантами территорию. в кон.ноября1941 в дер Петрищево при выполнении боевого задания была схвачена фашистами.

Несмотря на чудовищные пытки и издевательства палачей, не выдала товарищей, не открыла своего настоящего имени, назвавшись Таней. 29 ноября 1941 г. была казнена. 16 февраля 1942 посмертно присвоено звание Героя Советского Союза. Преданность соц. Родине верность делу коммунизма сделали имя Зои легендарной. К. посвещены многие произведения советских поэтов, писателей, драматургов, художников, скульпторов, ее именем названы улицы многих городов СССР. Поставлен памятник.

(Большая Советская Энциклопедия)

Из опросов российских студентов :" Что я думаю о Зое Космодемьянской ?"

1.Трудно сказать, что либо определенное. Могу сказать, что это подвиг. Но не тот, что делается для воспевания в газетах, а тот, что продиктован тайными вибрациями души. Русский человек всегда подсознательно готов к самопожертвованию. И это как раз такой случай, когда враги захватывают твою родную землю и тебе ничего не остается как только, даже ценой собственной жизни, нанести как можно больший урон врагу. Если все это правда, а не пропагандистский вымысел, то я истинно восхищен ею.

2.Я думаю, что Зоя была патриотом своего времени, наверное многие поступили бы так же окажись на ее месте. Но в нынешнее время ее бы не поняли.

3.Зоя была тем типом женщины, который уже исчезает. О таких говорят:. . . в горящую избу войдет. . . "

Мало таких теперь, а жаль. Готовность к жертве во имя Родины, Отчизны достойно восхищения.

4.Загадка: На веревке болтается на "З " начинается

Отгадка : Зоя Космодемьянская.

Ходила босиком по снегу, была (по бытующим сказаниям и литературе) зверски замучена фашистами, так как не выдала военных секретов. Я думаю, что ее поступок (если это правда), был не необходим (не нужен) . Он ничего не изменил, хотя он принес ей славу и память. Но если это правда.

5.Я думаю, что своих "подвигов" Зоя К. не совершала и все что нам о ней говорили-это вымысел. В те годы народу нужен был какой-то пример героической борьбы молодежи.

5.Зоя К.- это идеал русской женщины, которая способна на все ради своей Родины.. . . Я считаю, что если бы у всех людей было такое сознание, то наша страна оказалась бы на более высоком уровне развития.

6.Зоя была настоящей патриоткой. В настоящее время мало осталось подобных людей.

В книгах по бизнесу полагается узнавать о том, сколько вкладывается средств в то или иное дело и какая от этого образуется прибыль. Это нам так подается в упрощенном виде, полагая, что современный капитализм - это деньги и товар и больше ничего. Но при этом мы однако узнаем, что это не совсем так. В самой природе новой цивилизованной рыночной экономики заложен не только голый экономический расчет, но также и особенности национально - патриотического подхода для реализации тех или иных взаимовыгодных мероприятий, которые способствуют не только успешному продвижению товаров и услуг, но также и укрепляют духовную и общую связи между товаропроизводителями и потребителями.

Это часто повторяется во многих книгах по бизнесу и позволяет таким образом как бы регенерировать в подсознании наиболее важные для любой нации исторические моменты славного прошлого. Этот процесс позволяет воссоздавать в подсознании ощущение принадлежности к той славной когорте героев, которые выходили из нации в разные исторические времена, какими бы они суровыми не были. И это международный бизнес всячески поддерживает, финансирует и стимулирует.

Достаточно сказать, что наиболее известные американские бизнесмены создают в свои кабинетах и офисах теневые кабинеты из известных деятелей и героев своего славного прошлого и, внимательно прочитав их историю, они как бы мысленно ними контактируют, так сказать индивидуально занимаются спиритизмом, вызывают духов и таким образом находят для себя поддержку.

Действительно, что может служить исходным моментом для активного преобразования рожденной мысли в реальное действие. Какая сила должна заставить, казалось бы сейчас без всякого приказа и давления действовать? При этом в условиях полнейшего непонимания, отчуждения, не остывшего накала классовой борьбы, наличия достаточно мощных оппозиционных партий, готовых к возврату к тоталитарной системы.

Можно уже сейчас с твердой уверенностью сказать, что только славное историческое прошлое.

Сила Ума концентрирует свои жизненные силы и вызывает из мира Духов тех национальных героев, которых история беспощадного времени позволила сохранить в памяти.

Одним из таких бессмертных имен несомненно является имя Зои Космодемьянской.

Русский бизнес не должен подвергать сомнению этот исторический момент, который оспаривается некоторыми историками - специалистами. Одни считают что это вымысел, другие что это правда.

Нужен ли был кому-нибудь ее подвиг?

Достаточно ли он был эффективен?

Страдала ли она какой-нибудь маниакальной идеей? Что просто попалась и что ее и так бы убили.

Русских бизнес интересует другое. Это достаточно эффективное решение такой казалось бы странной парадоксальной менеджерской задачи.

Такая малоприметная девушка организовала и совершила такой бизнес, который ставит ее во главе самых крупнейших предпринимателей нашего столетия.

Совершенно ясно, что такая девушка в реальности существовала! Совершенно ясно, что она сожгла конюшню с немцами и была схвачена, подвергнута пыткам и казнена.

Это казалось бы рядовое событие времен Великой Отечественной войны могло бы остаться и без внимания, если бы не то обстоятельство, что эта девушка попала в сферу влияния мощного пропагандистского аппарата Коммунистической партии, который и создал такой имидж для простой комсомолки.

Сперва должно было произойти рождение идеи. Она служит первоначальным толчком для всего остального. И кроме того идея должна быть тут же и реализована,

И такой маленький толчок, как искра из которой возгорается пламя, совершила Великая Зоя. А уже все остальное было доработано этим огромным Советским концерном, который назывался Советский Союз.

В практике современного бизнеса очень часто большие предприятия создают небольшие группы, которые самостоятельно эффективно работают. Эти группы рискуют и добиваются успеха, который уже потом использует головная фирма. В малом деле часто заложено большое.

Зоя Космодемьянская – это русская Жанна Д. Арка

Историю с Зоей можно разделить на две условные части: материальную и историко-патриотическую.

Рассмотрим материальную составляющую задачи:

Вложенные средства :

Обучение подрывному и диверсионному делу, бутылки с зажигательной смесью, сгоревшая конюшня, фашисты, которые практически ничего не стоят - все это в нынешних ценах в свободно-конвертируемой валюте составляет примерно несколько сотен долларов.

Но что происходит дальше в материальной сфере?

Создается крупномасштабная беспрецедентная по своему замыслу акция возмездия за истязания и смерть советской девушки.

Развертывается гигантская пропагандистская машина, которая охватывает массовое сознание советских
людей.
Она охватывает своим влиянием десятки миллионов советских людей, героически сражающихся на фронтах Великой Отечественной и работающих самоотверженно в тылу.

Все охвачены единым порывом отомстить, отквитаться, не дать спуска врагу. Это звучит как приказ Родины за ". . .. слезы наших матерей. . . ."
.

Возникает уникальная, практически невидимая на первый взгляд, связь интересов и их материальное взаимодействие.

Вопросам связи в бизнесе уделяется очень большое внимание. Какая может быть связь между Зоей и, например, конструктором танков или производством тех же танков? Очень тесная. Так как на оборонных заводах принимались повышенные социалистические обязательства, направленные на рост производительности труда, улучшение конструкции танков в результате акции мести за Зою. Таким же образом вовлекается в эту акцию мести и армия, которая начинает выполнять свои боевые задачи. Тратится огромное количество вооружений, боеприпасов, бросаются огромные армейские части с целевой установкой разгромить врага, отомстить за Зою. Специальная армейская группировка со спецгруппой Смерша проводит операции по поиску конкретных исполнителей - мучителей, участвовавших в пытках и казни Зои. И она эта группа успешно эту задачу выполняет. так как были найдены все, кто участвовал в пытках и издевательствах над Зоей. Мучители после допросов были всенародно казнены по приговору военного трибунала.

Следовательно вложенные несколько сотен долларов выливаются в гигантское производство и масштабные боевые операции, которые уже выражаются в миллиардных суммах.

Но это еще должно выражаться и в затратах со стороны фашистов, так как для компенсации и нанесения ответного удара и те тратят несметное количество боеприпасов и сил и энергии. И сумма таким образом практически удваивается.

Таким образом мы видим, что Зоя практически в стоимостном выражении создает гигантское дело, производство. Она организатор рабочих мест и руководитель менеджерской группы. При этом она руководит, находясь в запредельном сознании каждого советского человека и при этом руководит настолько эффективно, что ощущается успех на военном и трудовом фронте. Успешно проводятся армейские операции. Успешно выполняется и перевыполняется план по производству и выпуску вооружений и иной техники.

Зою можно таким образом представить как запредельного менеджера, находящегося в русском сознании.

Но вторая часть это задачи, относящаяся к историко-патриотической не менее важна. Ее подвиг, который происходил во время Великой Отечественной войны начинает оказывать влияние на послевоенную молодежь. Но существующие стратегические и тактические ошибки в пропагандистской линии партии в конце концов приводят к тому что это имя затаскивается по всякому поводу или без повода. Набивает оскомину. Хотя это чрезмерно раздуваемое имя увековечивается в бронзе, мраморе, гипсе. Ее имя служит источником и организацией рабочих мест и заказов. Литейщики получают заказы на изготовление бюстов, строители на установку, поэты пишут стихи, писатели свои книги. Историки проводят исследования. Общественные и партийные деятели занимают умы советских людей памятью о Зое. Следовательно Зоя опять становится организатором рабочих мест и менеджером и послевоенной эпохи.

Но когда мы говорим об эффективности паблисити героев то должны понимать, что многократно шаблонно генерируемые, они теряет свою значимость и нужно искать отличительные особенности.

Отличия - вот что сегодня требуется в современном бизнесе.

Кроме того необходимо понимать, что наряду с огромным обилием различных товаров на прилавках рыночной экономики существует также и обилие рыночных идей, различных общественных направлений, которые выражают чаяния различных философских, религиозных и политических направлений. Поэтому необходимо учиться уметь существовать и выживать в этом казалось бы хаотическом нагромождении чужих мыслей.

И как ни странно эти целевые установки для сегодняшней ситуации заложены в той стратегии, которая была разработана Зоей.

И как ни странно казалось бы в такое торгашеское смутное время, когда Россия раздираема политическими противоречиями, спорами, конфронтацией опять всплывает имя Великой Зои.

Но совершенно в другом виде и при этом как ни странно казалось бы в такой области как предпринимательская деятельность.

Действительно в классических учебниках, в воспоминаниях наиболее удачных бизнесменов говорится, что удача приходит неожиданно. Что нужна концентрация мысли и ее реализация. При этом мозг яркой личности сам прогнозирует свое активное действие. И эту разгадку мы находим в воспоминаниях о Зое.

Однажды у нее вырвалось:

- Какую землю топчут!.

"Я люблю Россию до боли сердечной и даже не могу помыслить себя где-либо, кроме России (Салтыков-Щедрин" из Дневника Зои".

На самой последней странице дневника слова из Гамлета:

"Прощай, прощай, и помни обо мне!"

Великие люди стараются поддержать будущего великого человека через свои исторические высказывания. Комсомолка-материалиста Зоя черпала свою энергию от великих людей.

.. . . .Потом пришла им пора возвращаться. Но Зоя все твердила, что сделано мало.

Эти ее последние слова несомненно могут стать лозунгом на любом деловом предприятии:

"Сделано мало" . Зоя Космодемьянская.

В системе высокоразвитого цивилизованного бизнеса внутри каждой компании существуют различные программы, которые способствуют эффективному развитию производства, формированию корпоративного духа компании и т.п. Следовательно эта начальная установка Зои может служить руководящим указанием для повышения эффективности работ с учетом человеческого фактора. Каждый работник компании должен доказать, что он делает достаточно много для своей компании.

Зоя на допросе.

- Ваша цель?
- Уничтожить вас!
- Вы слишком быстро дошли!
- Что же зевать что ли?

Требовали, чтобы выдала своих друзей. Но в ответ раздавалось: "Нет, не знаю, не скажу, нет"

Унтер -офицер Карл Бауэрлейн (позже попавший в плен) присутствовал при пытках, которым подверг Зою Космодемьянскую подполковник Рюдерер. В своих показаниях он писал:

"Маленькая героиня Вашего народа осталась тверда. Она не знала что такое предательство. . Она посинела от мороза, раны ее кровоточили, но она не сказала ничего".

. . . . Девушку приподняли, поставили на ящик и накинули на шею петлю. Один из офицеров стал наводить на виселицу объектив своего "кодака".

- Эй товарищи! Чего смотрите невесело? Будьте смелее, боритесь, бейте фашистов, жгите, травите!

. . .Мне не страшно умирать, товарищи! Это счастье-умереть за свой народ!

. . .Вы меня сейчас повесите, но я не одна. Нас двести миллионов, всех не перевешаете. Вам отомстят за меня. Солдаты пока не поздно сдавайтесь в плен : все равно победа будет за нами!

. . .Прощайте товарищи! Боритесь, не бойтесь. С нами Сталин! Сталин придет!. . . .

Русские должны представить то беспощадное время. Когда бойцы или труженики в тылу читают в газетах и листовках, во всех ужасающих и леденящих душу подробностях, историю как под Москвой была фашистами зверски замучена девушка. Они видят эти страшные фотографии погибшей девушки с оголенной грудью и обрывком веревки на шее.

Фактически Зоя олицетворяла Родину, которую мучили фашисты. Каждый защитник мысленно представлял ее как дочь, сестру, невесту, жену. Что фашисты могли и с ними так поступить. Представим себе, что этот каждый ощущал что так и было. Какой бы он пылал жаждой мести. Перемножим эту единичную энергию на десятки миллионов. Что должны почувствовать русские в итоге?

"Беспощадная месть убийцам Зои Космодемьянской" - часть листовки политотдела с обращением к советским солдатам.

Слова ее подруги подтверждают значимость подвига и в сегодняшнее время.

"..память о Зое никогда не умрет, не может умереть. Она живая среди нас. Она многих поднимет на борьбу, многим осветит путь своим подвигом."

Достаточно сказать, что на имя матери Зои приходили письма со всех концов страны, со всех фронтов со словами поддержки, восхищения подвигом. И все обещали мстить.

Нет ничего активнее жажды мести и ее действия. Вспомним увлекательный роман А. Дюма « Граф Монте-Кристо».

Но акция возмездия за Зою была более величественна и масштабна.

Рабочие клялись и говорили, что будут работать еще злее, перевыполнять план, несмотря на холод и голод

"Действующая армия. 27 октября (по телеграфу). Части энского соединения добивают в ожесточенных боях остатки 197-й немецкой пехотной дивизии, офицеры и солдаты которой в ноябре 1941 года в деревне Петрищево замучили и убили отважную комсомолку Зою Космодемьянскую. Опубликованные в "Правде" пять немецких фотоснимков расправы над Зоей вызвали новую волну гнева у наших бойцов и офицеров. Здесь отважно сражается и мстит на сестру брат Зои - комсомолец-танкист, гвардии лейтенант Космодемьянский.

Шли письма поддержки из Америки, из Индии, из Австралии, Англии.

Зоя как бы скрепляла всех противников фашизма и взывала к отмщению. Приковывала внимание всего мира к Советскому Союзу, вносила моральную и психологическую поддержку. Все это осуществлялось с помощью подвига Зои.

Таким образом получается, что простая советская девушка взяла бутылку с керосином, подошла к конюшне и чиркнула спичкой. После этого вспыхнул гигантский костер, который до сих пор освещает и согревает своим теплом Великого подвига.

И вот сегодня русские бизнесмены, мысленно переместившись в это временное пространство стоят рядом на снегу и видят как она идет опутанная, избитая и разодранная и на груди у нее висит плакат.

Молодая высокотехнологическая Россия вступила в более беспощадную и жесточайшую битву. Были допущены стратегические просчеты, особенно в области высоких технологий и отсутствия конкуренции. В результате этого она оказалась опутана, связана и наводнена зарубежными высококачественными видами продукции, высокими технологиями.

Но при этом навязанная таким образом свобода обернулась для многих и особенно для национальной высокотехнологической промышленности фактическим избиением и поражением.

Но на самом деле русские должны взять пример с Великой Зои, которая знала как надо на победить. В этом сейчас у каждого российского предпринимателя не должно быть никаких сомнений. Зоя сейчас действительно нужна.

Существующие возникшие проблемы и этот исторический пример необходимо увязывать с задачи выживаемости современной российской девушки, которая должна получить совершенно иной статус, отличный от того который существовал в сознании советских людей.

Хлынувший поток зарубежных товаров и услуг на российский рынок создал наряду с изобилием множество проблем, которые отсутствовали в советском обществе. В данном вопросе нужно подходить комплексно, естественно перенимая все положительное и отсекая то, что является опасным и наносящим ущерб девушкам.

К ним можно отнести, например, рекламу иностранных фирм с дорогой косметикой, с высококачественными кухнями, с комнатными интерьерами, игрушками, мебелью и т.п.

Множество такой информации заставляет внутренне страдать многих российских девушек, у которых при тяжелом финансовом положении не имеется возможности пользоваться такими предметами. Кроме того сами информационные журналы, которые должны формировать новое рыночное сознание российской девушки настолько дороги, что практически они не в состоянии их купить. Таким образом возникает некоторый барьер, который стопорит развитие рыночного сознания в самом его зародыше. В результате этого у многих девушек будет формироваться ошибочное понятие и сам смысл новой рыночной идеологии. Достаточно сказать, что на проводимых опросах по возникновению чувства униженности в нации одна из девушек высказывала мысль о том, пора бы выходить с автоматами на улицу и винила в предательстве СССР.

Конечно можно полагать, что какая -то часть будет "за" (одобрямс), а несколько процентов будет, например, против, как при коммунистах 100% за и 1 % против. Один Эдисон, одна Мария Складовская -Кюри, одна Зоя Космодемьянская входят именно в этот один процент.

Поэтому современное продолжение истории и легенды о Зое вырастает в совершенно ином смысле.

Весь парадокс сегодняшнего и вчерашнего дня состоит в том, что ранее ставилась задача создания идеала советской девушки, патриотической комсомолки, верной и боевой подруги и это все поддерживалось идеологической подпоркой с помощью коммунистической партии.

Кроме того формировался идеал советской женщины- труженицы, при этом упор почему-то делался именно на прославление женщины, как работника физического труда и рабочих профессий. Женщины с веслом, с серпом, молотобойцы, многостаночницы и т.п. Сейчас государство умывает руки, сбросив с себя заботы о воспитании молодежи. Достаточно сказать, что в вузах не выделяется никаких средств для проведения различных культурно-массовых мероприятий и студенты высказывают свои огорчения по этом поводу. Ранее конечно же под контролем партии существовали различные встречи, молодежные вечеринки. Сейчас дорогие дискотеки, к которым подключаются и делают свой бизнес предприниматели мира шоу-бизнеса. При этом при заманивании, принцип унижения и удешевления российской девушки формируется в самой рекламе, например: "Первые десять девушек, пришедшие в костюме Евы получают бесплатные билеты". Так что получается, что стоимость лицезрения раздетой девушки определяется стоимостью билета в дискотеку.

Наиболее выдающиеся произведения, посвященные российской женщине, были написаны Пушкиным А.С., который в то время жил в такую эпоху, в которой даже голая коленка была запрещена к выставлению на всеобщее обозрение. И это естественно отражает наиболее интересные аспекты выживаемости не только девушек, но и юношей, которым бы полагается знать о том, что сильное мужское воображение формируется в результате особого мистического божественного и таинственного отношения к девушке. Это явление связано со множеством факторов которые тщательно изучаются психоаналитиками.

Рыночная ситуация изменяет характер поведения мужчин и женщин. Женщина порой по активности намного превышает мужчину. В США этот парадокс заключается в таком простом примере, как при разводе бывшие жены выплачивают алименты своим бывшим мужьям.

В книге Наполеона Хилл "Думай и богатей" указывается о творческой созидательной силе высокого чувства любви и отношения к женщине как одного из существенных моментов в становлении богатого и преуспевающего бизнесмена. Это видно с витрин рыночной зарубежной индустрии, которую создают иностранные предприниматели для своих женщин и девушек. Возможно, что именно отношение к женщине и сказывается на развитии тех творческих процессов, которые имеют место в зарубежном рыночном обществе и тех стратегических просчетах, которые имеют место в России.

Так, в частности, создание стартера позволило женщине занять место за рулем автомобиля.

Все это влияет на развитие конструктивных идей в области высоких технологий, рост производительности, развитие конкуренции, работ над качеством.

Автор этих строк пригласил на семейный ужин американских предпринимателей из ассоциации принца Уэльского, которая объединяет руководителей наиболее крупных американских и английских компаний. Все три семейные пары имели от четырех до шести детей.

Были проведены специальные исследования, которые ставили первоначальную цель - определение отношения юношей к курящим девушкам.

Это связано с тем, что автор этих строк как преподаватель видит резкую разницу советского периода и сегодняшнего свободного общества. То есть общества насильных ограничений и полной свободы личности и что в этом случае является опасным для выживаемости нации.

Когда автор был студентом, а это 70-е годы, курящая девушка в учебном заведении была редкостью. В настоящее время, проходя в перерыве по коридорам, окутанным клубами дыма, автор видел множество курящих девушек. Входя в респектабельные офисы, автор видит продолжение этих традиций и поражаемся обилию хорошеньких молодых девушек, которые также непрерывно дымя высокосортными дорогим сигаретами, выполняют работу. Это наводит на мысль, что ошибочно понимаемая свобода личности выражается в непонимании свой основной функции и что за этим скрывается. Можно представить аналогию того, что россиян как детей случайно оставили около лотка с мороженным. Что в таком случае делает ребенок. Он ест много порций мороженого и потом естественно болеет.

Возникает вполне закономерное предположение, что начинается неосознанный процесс разрушения независимого сознания женщины и она подпадает под влияние мужских дурных привычек и их фантазий.

Так, в частности, девушки находят единение с юношами в таких мужских развлечениях как курение. Юноши говорят в своих ответах, что им конечно все равно. Один написал, что девушки из-за курения кашляют, чихают и мешают слушать лекции. Некоторые написали, что они хрипят и кашляют и часто болеют, а хотелось бы своих жен иметь здоровыми и сильными(некрасовских женщин).

Но самое опасное - это было то, что почти во всех ответах звучало безразличие. Это их дело.

Мы сами начинали курить и многие помнят как все это начиналось. Это явление стадного характера, которое потом втягивает личность. Поэтому мы должны полагать, что в основной массе первоначальным толчком служит сам юноша, мужчина, которые находясь в дружественных возможно и более тесных отношениях влияют на развитие дурных привычек, которые впоследствии отрицательно сказываются на здоровье девушек. Табачные рекламы с их высказываниями Минздрава также способствуют распространению этого негативного явления. Это можно отнести не только к курению, но и сексу, когда возникает призрачное ощущение престижности, которое определяется количеством бывших партнеров и различных форм сексуального общения.

Естественно свобода требует более осмотрительного поведения. Это чувство нужно воспитывать, вовлекая самих юношей в этот процесс и давая им понять, что будущее нации зависит от них и сохранение в девушках свежести и чистоты даст им намного больше, чем то, что они будут испытывать свою жизнь в "дурных мужских привычках".

Преступление мужчин, именно так и нужно это сейчас представлять заключается в том, что многие из студентов не понимают того, что они говорят и пишут. Нам все равно!!!! С таким же успехом можно залезать в карманы к каждому мужчине и просто брать деньги без всякого угрызения совести. В данном случае мы должны реально представлять, что курящая и втянувшаяся в "мужские забавы" рыночного общества девушка в конечном итоге рожает неполноценного ребенка. Кроме того сама она и ее ребенок часто болеют.

А в цивилизованном мире как и в советское время все затраты на лечение и уход за больным ребенком входят в сферу бесплатного социального обеспечения или с частичным покрытием по страховке. И таким образом каждый теряет из своего кармана часть доходов.

Необходимо отметить, что в США курящие девушки практически не видны. Курение запрещено в ресторанах и общественных местах.

Кроме этого мы должны о Зое говорить как о вызове, который бросает россиянам, рыночная экономика в отношении к женщине и к тому бизнесу, который должен развиваться в этой сфере. Лозунг о том, что бы было меньше государства привел к тому, что часть забот о развитии бизнеса в этом направлении должны взять на себя частные компании. При этом все становится взаимосвязанным. Больше рождается детей, большее развитие получают такие отрасли как производство детского питания, игрушек, различных предметов гигиены, ухода, одежды и т.п. Но первоначально нужно формировать сознание практически всего населения в сторону престижности российской женской судьбы.

Если сравнивать конкуренцию в кинематографии при представлении внешнего вида американских и российских актеров, то можно отметить несколько аспектов, это зубы, курение и алкоголь.

Многие молодые люди халатно относящиеся к своему здоровью не представляют, что в рыночной экономике самое главное - это крепкое здоровье, а все остальное можно купить. Особенно важно сохранить крепкое здоровье для эффективной работы в бизнесе высоких технологий, таких как электроника и автоматизация, компьютерные технологии, медицина и т.п. В этих направлениях как правило работают люди старших возрастов, так как для выживаемости в этом нужно накопить значительные знания и утвердиться своими авторитетными активными действиями.

Предприниматели, который работают в этих направлениях являются элитными слоями мирового бизнеса. К таким людям можно отнести шефа Microsoft, директора General Electric, шефа Intel и др.

Зоя дает с высот своего бессмертной славы и целевые указания, которые как руководящие установки должны использовать российские предприниматели.

Рассмотрим фрагмент допроса Зои:

- Вы слишком быстро дошли

-Что же зевать что ли?

Под словом "дошли" можно сейчас понимать, что быстро навалились, организовали, свое дело, что не зевали. В этом смысле конечно же Зоя является политическим руководитель российских предпринимателей.

Так как понимала, что сделано мало, что надо больше, что нельзя зевать, когда враги такую Землю топчут.

Память о Зое надо трансформировать в особые исследования взаимоотношений между мужчинами женщинами в создаваемой российской рыночной экономике.

Рассматривая вопросы выживаемости национального бизнеса нужно обратить внимание на такие понятия как культура бизнеса.

По мере ужесточения конкуренции и развития работ над качеством культура начинает приобретать доминирующее значение. Одним из элементов формирующих культуру бизнеса является двойственность понятия: мужественность/женственность. Эта характеристика устанавливает степень восприимчивости культуры к особенностям, присущим женской модели поведения.

В сущности все культуры несут в себе преобладающее мужское начало и в "мужественных" культурах предполагается, что мужчина самоуверен, тщеславен, стремиться к борьбе и сориентирован на достижение материального успеха. Мужчины питают уважение к величине, силе и напористости. В "мужественных" культурах женщине отводится лишь деятельность, связанная с улучшением качества жизни, а также с воспитанием детей и заботой о престарелых и немощных.

Женственность, по Хофштеде, предполагает способность к восприятию малого, слабого и медлительного. В "мужественных " культурах акцент делается на материальном успехе и решительности. В женских же приоритет отдается качеству жизни и заботе о слабом.

Но жестокие битвы конкурентов на мировых рынках заставили обратить особое внимание на женский вопрос. И в связи с поражением России в этой битве на мировых конкурентных рынках и падением рождаемости нужно усилить исследования в женском вопросе.

Многим покажется, что автор обвиняет коммунистический режим в том, что произошло в женском вопросе в России.

Однако автор вынужден констатировать, что на самом деле проблема зарыта более глубже и в качестве исторического примера целесообразно привести отрывок из романа Алексея Толстого "Петр Первый".

"-Ладно - сказал Петр - но пусть назовет, что у нас гадкое?

Говорит иностранец Сидней.

- Так... и вдруг вижу ,- из земли торчит женская голова и моргает глазами. Я очень испугался и спросил моего спутника: "Почему голова моргает?". Он сказал : "Она еще живая. Это русская казнь,- за убийство мужа такую женщину зарывают в землю и через несколько дней, когда умрет, вешают кверху ногами..."

- А что? Она же убила... Так издавна казнят... Миловать разве за это?

- Ваше Величество - сказал Сидней ,-спросите у этой несчастной, что довело ее до ужасного злодеяния, и она наверное смягчит ваше добродетельное сердце... (Петр усмехнулся). Я кое-что слышал и наблюдал в России. О, взор иностранца остер... Жизнь русской женщины в теремах подобна жизни животных... Какой пример для будущего гражданина, когда его мать закопана в землю, а затем бесстыдно повешена за ноги! Виллиам Шекспир, один из сочинителей трогательно описал в прекрасной комедии, как сын богатого итальянского купца из-за любви к женщине убил себя ядом... А русские бьют жен кнутами и палками до полусмерти, это даже поощряется законом... Когда я возвращаюсь в Лондон, в мой дом,- моя почтенная жена с доброй улыбкой встречает меня, и мои дети кидаются ко мне без страха, и в моем доме я нахожу мир и благонравие... Никогда моей жене не придет в голову убивать меня, который с ней добр."

Конечно это все несколько изменилось за столетия, но по всей видимости отголоски этого все еще отражаются. Достаточно привести один пример из истории Гулага, когда в баржу затолкали несколько сотен женщин- осужденных и везли по реке в лагерь назначения и как там их по дороге использовали как животных. Это также является одним из тех же сохранившихся диких обычаев.

Могут ли мужчины России трансформировать подвиг Зои в новую своеобразную акцию возмездия, направленную на улучшение жизни российской девушки.

Было бы уместнее в этом случае сказать словами одного доцента, на вопрос студентов о том, как будет проходить сдача экзамена.

" С парней три шкуры сдеру, а девушки должны быть красивыми!"

Мы можем закончить словами заголовка к последней главе из книги о Зое и Шуре: "Они должны быть счастливыми!"

12. ЛЕНИНГРАДСКАЯ БЛОКАДА - ИДЕАЛЬНАЯ СТРАТЕГИЯ

И ТАКТИКА ВЫЖИВАЕМОСТИ

Не многие страны и народы могут похвастаться таким героизмом, когда огромный город, отрезанный практически от внешнего мира, боролся и жил целых 900 дней и ночей и вышел победителем.

Несомненно при проведении политзанятий на деловых предприятиях этот жизненно важный момент советской истории будет рассматриваться более тщательнее с позиций выживаемости и становления духа и сознания настоящих победителей.

О самой Ленинградской блокаде, ее героях уже много написано и напечатано, поставлено множество кинофильмов, посвящено огромное количество стихов и казалось бы все переговорено и давно уже приелось и набило оскомину. Но однако же ....

.

И это мы видим на практическом примере массового героизма советских людей, которые в течении 900 дней и ночей, находясь под непрерывными бомбежками, окруженные сильными, высококвалифицированными конкурентами успешно защищали себя и ценности России. Поэтому на практических занятиях нужно реально исследовать и понять какие конкретно факторы способствовали этой победе. Ранее в советское время при массовых изучениях этих процессов советского героизма не ставилась задача рольного осмысления и психоаналитического подхода к победам и победителям, так как личность должна была пропитываться идеями коммунистической идеологии и поэтому существовал поверхностный (материалистический) взгляд на героя и особенно на его противника. Сценарий для советских героев был прост: они были подчинены коммунистической идее и жертвовали и погибали за светлое будущее и этим все заканчивалось. Хотя в литературе, посвященной героической эпопее постоянно идет передергивание таких слов как советские люди, верность ленинским и коммунистическим идеалам тут же перескакивают на традиции Петра и даже приводится пример, что командующий обороной Ленинграда маршал Говоров все таки бывший петербургский студент. Но однако надо же понимать, что не все были коммунистами, не все были винтиками и когда, например, и попадали в критические ситуации, то не всегда думали о светлом будущем и о самой всепобеждающей идее, а имели только одно желание победить.

Следовательно вероятность победы определялась двумя основными факторами своим всепобеждающим ленинским учением и коммунистических идей и духовных ценностей заложенных в город Петром Первым в виде недвижимости и сохранившихся традиций царского российского периода.

Конечно нужно так же полагать, что и сама Коммунистическая партия того периода имела в своих рядах совершенно иной человеческий капитал, который был способен стать настоящим победителем.

Поэтому партийную литературу о блокаде нужно читать более тщательнее конечно и российским антикоммунистам, так как новое изучение науки выживать относится к тем героям, которые прошли сквозь это и обучение их опыту и мастерству позволит реальнее решать современные задачи рыночной экономики и особенно осмысление себя как победителя.

Кроме того нужно учитывать немаловажный положительный фактор в ленинско-сталинской идеологии, который касался связи с патриотизмом. Это пропаганда непомерной любови к Родине и самое наиглавнейшее, то это создание сознания победителей. Это им удалось. Организовать и подготовить тот самый человеческий капитал, который не позволил врагу войти в Ленинград.

Можно до бесконечности восторгаться героями, приходить на встречи с ветеранами, способствовать получению для них различных пайков и всяких иных благотворительных акций.

Рассматривая Ленинградскую блокаду как аналогию для выживаемости в рыночной жесткой конкурентной борьбе русский бизнес должен выискивать особенности, которые бы могли быть переняты как практическое пособие для сегодняшнего дня.

Необходимо отметить, что у определенной части бывших советских людей имеется искаженное понятие рыночного механизма.

Так при опросах студентов выяснилось, что они имеют весьма примитивное понятие о бизнесе.

Им кажется, что для успешного процветания нужны большие деньги и тогда дело пойдет.

Но однако же по определению "агитаторов" американской рыночной экономики предприниматель - это тот, кто может создать жизнеспособное предприятие "из ничего".

Многие предприятия постигла неудача из-за того, что их владельцев интересовали лишь деньги.

Большинство действительно преуспевающих компаний создаются теми, у кого есть какая-нибудь идея или мечта. Какие бы деньги они не заработали и какого бы богатства не достигли, все это является результатом их готовности работать день и ночь, чтобы превратить эту мечту в реальность. Если вы хотите действительно преуспеть вам необходимо определиться со своими мечтами, прежде чем заняться предпринимательством.

Для победы нужна мечта и она была у жителей блокадного Ленинграда - желание выжить и победить. В этом видна прямую связь времен.

Быть предпринимателем означает не то кем вы стали, а то как вы действуете сейчас. Это способ мировоззрения, способность увидеть возможности там, где другие видят проблемы. Это также знание того, как использовать некоторые основные орудия труда для достижения поставленных вами целей. Раз это смогли сделать другие - значит сможете и вы.

Значит, если русские выжили в такое трудное время значит смогут выжить и их потомки, но для этого конечно же нужно воспользоваться опытом старших поколений. Нужно реально рассматривать практические примеры выживаемости в блокаду.

Для этого целесообразно мысленно сосредотачиваться и стараться перемещаться в то временное пространство на мифической машине времени.

Хотя этот способ и может показаться некоторым материалистическим соотечественникам странным, но ведущие консультанты по производственному психоанализу американских компаний разработали оригинальные методики обучения специалистов для активной работы соответственно с уклоном и традициями американского бизнеса и его исторического мировоззрения. Русским целесообразно изыскивать свои исторические аналогии для перемещений на машине времени. Так как это позволит вытянуть из подсознания свои национальные истоки для

победы.
Сегодняшнюю ситуацию с блокадной надо сравнивать чисто символически. Сейчас конечно же не будет падающих с голоду людей, не будет леденящего холода в квартирах. Но от этого решение политической задачи освобождения "Блокадного" Петербурга, насыщенного зарубежной техникой и продуктами не меняется.

Насыщение внутреннего рынка Петербурга после голодного советского Ленинграда не идет ни в какое сравнение. Для многих россиян это является положительным моментом. Но в целом для российского бизнеса - это почти национальное бедствие. Продукция или не вырабатывается или не может конкурировать с поставляемой из-за рубежа, не могут запуститься нужные национальные производства.

Пора начинать прорываться из этой блокады в которой находится русское сознание.

Героизм Ленинградской блокады как ни странно может служить идеальным примером для русского бизнеса. Нельзя конечно саму блокаду делать каким то абстрактным общим безликим пространством, состоящим из прокоммунистических фанатиков. Оно состояло из конкретных людей, предприятий.

Следовательно практически каждый блокадник несет в себе функции тех деловых качеств, которые позволили им стать героями. Естественно для российского бизнеса они все поголовно являются тайными советниками, так как они прошли эти жернова испытаний, выжили и победили. Пускай даже сейчас может быть они не скопили огромных состояний, но нужно учитывать, что в цивилизованной рыночной экономике основная ставка делается не на крупный бизнес, а на мелкие предприятия, которые являются наиболее эффективными.

Так в частности в США свыше 36 миллионов американцев работают в компаниях с числом служащих менее 100 человек. Практически во всех странах от 20 до 43% трудоспособного населения участвует в мельчайшем и мелком бизнесе. И следовательно выживаемость определяется свойствами самих людей действовать в такой ситуации, когда рядом существует множество конкурентов, но в целом они борясь за выживаемость вытягивают свою национальную экономику. Таким же образом надо рассматривать и героический подвиг Ленинградской блокады, когда множество людей, окруженных во враждебном кольце выкарабкивались. Это и привело к созданию такого исторического делового предприятия как Ленинградская блокада.

Рассматривая образование различных секторов рынка, мы можем констатировать, что Ленинградская блокада имеет по своей сути несколько направлений в создаваемых секторах российского рынка.

Очень часто в зарубежных фильмах показывают героев, которые попадают по стечению обстоятельств в очень трудные ситуации, но мобилизую свои силы у них рождается энергия победы и к концу фильма они становятся героями. Таким образом мы видим определенные аспекты идеологической проработки массового сознания жителей тех стран для своего личного становления в рыночной экономике. Так же действовала и Коммунистическая партия. Она через средства массовой пропаганды, через создание прекрасных произведений, посвященных выживаемости советского человека, и благодаря ее политике формировался свой взгляд на Ленинградскую блокаду.

После того, как стали выявляться негативные моменты в возникновении самой войны, самой блокады возникает необходимость в пересмотре определенных положений с целью очищения и облагораживания этого явления для использования в целом комплексе новых рыночных отношений.

Сама блокада должна рассматриваться с рыночных позиций как битва конкурентов и практический пример для изучения факторов, которые способствовали выживаемости и удержанию лидирующих позиций на рынке. Можно представить и показать, что Ленинград представлял собой как бы часть российского (советского) рынка, на который стремились попасть иностранные конкуренты (немецкие фашисты). Они атаковали, имея мощные технические и психологические средства. Но однако же в жесткой конкурентной борьбе они получили не только достойного противника, но в конце концов и достойный отпор.

Прорыв вражеской блокады и такое рассмотрение дает много полезного для формирования рыночного мышления и выработки особого вида специфических новых товаров и услуг.

Проблемам выживаемости личности в рыночной экономике уделяется много внимания в жизни цивилизованного общества. В советское время у народа таких проблем не существовало. Так как выпускник вуза твердо знал, что на последнем курсе будет традиционное распределение. Он получит путевку на завод или еще куда- нибудь. Там его поставят на служебный "эскалатор" и он будет неспеша двигаться по лестнице советской жизни, уверенный в светлом завтрашнем дне.

Очень интересный момент обнаружил автор этих строк когда имел удовольствие читать лекции студентам пятого курса, когда начался процесс развала централизованной системы и исчезли комиссии по распределению молодых специалистов. Еще в начале нового цикла лекций автор предупредил студентов о том, что теперь распределение будет свободным. Многие тогда усмехнулись.

Но как ни странно эти же студенты через некоторое время перед началом преддипломной практики пришли пересдавать свои низкие оценки, так как у многих из них стали просматривать оценки в зачетных книжках для определения наиболее достойных при принятии на работу в различные компании. Стала возникать конкуренция при подборе молодых кадров в новых компаниях.

Русский бизнес должен реально полагать, что в Ленинградской блокаде участвовали люди - победители. Так как если бы был один мудрый и сильный руководитель (вождь), а все остальные безынициативные и неспособные для активных действий, а самое главное неисполнительные и неорганизованные, то естественно город бы не устоял. Значит что-то было важное заложено в личности каждого героического защитника Блокады. Поэтому нужно особенно внимательно присмотреться каждому, кто желает стать цивилизованным российским предпринимателем или действовать на российском рынке.

Ранее в результате забубненной монотонной коммунистической пропаганды эти события отмечаемые с большой помпой были лишены конкуренции в творческих инициативах. В результате этого многие ценности советского периода, имеющие чисто национальную окраску стали блекнуть и терять свою историко-патриотическую значимость, особенно для воспитательной функции и создания единства и согласия в свободном демократическом обществе. Поэтому российские предприниматели должны все это взять в свою общественно-политическую копилку. Так как это связано с очень важными моментами в разработке, производстве и движении товаров и услуг в таком огромном городе.

Ленинградская блокада затрагивает такие направления предпринимательской деятельности как туристический бизнес, патриотическая и воспитательная работа с молодежью и формирование из них настоящих победителей рыночной экономики, а также соответственно и специфическое товарное производство, которое связано с благотворительной деятельностью и с новой формой отношений в бизнесе как связь с общественностью, методов повышения репутаций компаний и всего остального что делает бизнес привлекательным и усиливает сплочение между производителями и потребителями. Повышается репутация каждой компании, которая подключается к своеобразной национальной программе "Ленинградская блокада".

Основные недостатки сегодняшнего дня, которые преследуют многих россиян - это нерешительность и отсутствие желания рисковать или же реализовать свою мечту. Так, в частности многие не решаются попробовать воплотить свою мечту в жизнь. По беседам со многими родителями своих студентов автор знает, что некоторые из них испытывают трудности с воспитанием своих детей. Так как забубненные ими нудные нотации о личной выживаемости своих детей уже им приелись. Дети практически интуитивно представляют, что в тот или иной момент скажут их несомненно любимые папы и мамы. И в этом аспекте есть аналогия с теми же нравоучениями и пропагандой Коммунистической партии, которая также примитивно, монотонно и многократно вещала о любом примечательном событии, будь то или новая стройка или же славное героическое прошлое. Не было новизны, не было творческой инициативы, а самое главное не было жестких привязок к проблемам текущего дня и не было конкуренции в этой части таких важных работ. И эта монотонность, как медленное покачивание человека в электричке усыпила и погасила бдительность нации в целом при вхождении в мировой рынок. Сейчас возникает задача корректировки и исправления этих глобальных стратегических ошибок При этом можно смело констатировать тот неопровержимый факт, что нет того самого человеческого капитала, который присутствовал во время Ленинградской блокады.

И это проявляется на простом примере, при котором мы даем как один мелкий факт из дневника немецкого солдата, который характеризует что такое советский человек того периода:

" Ефрейтор Фолькенхорст, один из немногих свидетельствовал: "Я перестал верить Гитлеру с ночи на 16 апреля. Точнее говоря, с 11 часов вечера. Мы пришли на точку, все вокруг выглядело как обычно: та же тьма, тот же холод. Но там, над Ленинградом, по тучам бегали какие-то странные голубые вспышки...Черт возьми, они пустили трамвай! Пустили трамвай! Русские! В Ленинграде на седьмом месяце блокады! Зачем мы мерзли здесь всю зиму? В этих страшных болотах? Зачем росли леса крестов на наших дивизионных кладбищах? Зачем мы кричали об их неизбежной гибели, о нашей победе, если они ... пустили трамвай!"

В это простом примере имеется множество моментов для более тщательного их осмысления. Несомненно это настоящий ариец - немецкий солдат победитель всей Западной Европы очень сильный волевой человек, которого не устрашили ни советские танки и пушки, и даже боевой дух советских солдат. А он идеологически надломился от того, что через цейсовский бинокль увидел нечто такое что дало существенные отличия в реальной жесткой конкурентной борьбе. Немцы увидели, казалось бы умирающем и почти им взятом (как им казалось), городе движение простого трамвая.

В это время с другой стороны в осажденном городе про этот трамвай писали:

"Это же был наш символ возрождения, символ жизни. Мы бежали, мы были слабы, но мы бежали на наших непрочных распухших ногах за этим вагоном. Я помню как кричали: “Позвони еще". Такой радостью для нас был этот трамвайный вагон- вспоминает Вера Кетлинская.

Один из студентов на практических занятиях по электронике в сочинении, о том испытывают ли соотечественники унижение от состояния российской электроники написал :.. когда я пришел к другу (это было в третьем классе) и увидел видеомагнитофон меня охватил восторг, что за рубежом такая замечательная техника. . Позже в восьмом классе я впервые увидел наш видеомагнитофон "Электроника", который не воспринимался нашим поколением..."

В современном бизнесе очень значимые моменты для разработки новых направлений определяются почти невидимыми факторами и нужно уметь выискивать примеры.

И сами ленинградские блокадники таким путем пустив трамвая для своих внутрипроизводственных нужд, таким примером фактически стали разрушать внутреннее идеологическое мировоззрение непобедимых немецких солдат. Эта очень существенная связь идеалистического и материалистического взаимодействия и дала свой практический результат на практике. Ни шквал смертоносных снарядов, ни мощные танковые прорывы, просто блокадный трамвай и его вспышки от искр на дугах дали намного больше, чем даже мощные разрывы реактивных катюш.

Это очень важный момент в подавлении внутреннего мира конкурента.

Это можно так же использовать в качестве практического примера множественного применения одного и того же вида продукции и услуг в различных технологиях. Трамвая как техническое средство для передвижения, элемент политико-воспитательной работы, как символ идеологической поддержки защитников города и в то же время важнейший инструмент в идеологическом подавлении конкурента.

Сейчас возникает парадоксальная обратная задача. Многие могут даже сказать примерно так: "Я перестал верить в идеи коммунистической партии и ее вождям, когда увидел, проникшие на внутренний рынок зарубежные высококачественные товары и услуги".

Но однако же этого не произошло и даже более того, по мере вхождения в рыночное пространство и кроме того ухудшение экономической обстановки и падения авторитета огромного числа ранее престижных профессий таких как электроника,. автоматика и т.п. стали укрепляться позиции коммунистической идеологии.

Когда в осажденном Ленинграде для воскресника 8 марта в Международный женский день вышли тысячи горожан.

.... Над крышами домов временами пролетали вражеские снаряды. Но это никого не страшило. Тысячи трудящихся Куйбышевского района расковывали от ледяной коры центральную магистраль города". Вера Кетлинская.

Для бизнеса с точки зрения интенсивного движения товаров и услуг характерно создание всевозможных интересных историй и мифов, создающих более тесную связь и интенсивность для движения товаров и услуг. И в этом случае характерно, что и во время блокады были созданы такие же легенды, которые способствовали формированию того активного творческого капитала, который и можно считать настоящим победителем.

В немецкой газете Северо-западного направления "Ди фронт" указано:" Установлено, что большевистские бойцы сопротивляются отчаянно.. стреляют до тех пор, пока не гибнут, в плен не сдаются.. Русские солдаты дерутся до последней капли крови".

Как мы сейчас будем рассматривать все без исключения и новые красные и белые - это миф или правда о настоящих победителях.

Ледовая дорога через Ладогу была делом, которого не знала мировая история.

В ту зиму родилась легенда о водителе, которого застигла на озере пурга. Он вез хлеб для ленинградцев - тонну черного хлеба, которым можно было спасти от голодной смерти пять тысяч человек. Если ему становилось невмоготу, он вспоминал своих голодных детей и снова мчался вперед. Наконец не выдержал его мотор машины, замолк, скованный морозом. Напрасно пытался оживить его водитель, напрасно рвал из последних сил заводную ручку - мотор не хотел оживать. Тогда этот герой не найдя другого выхода, облил свои руки бензином и зажег их, как факел, чтобы вдохнуть жизнь в застывший мотор.

Обычно очень часто в народе ходят сказания и интересные рассказы, которые как бы неформально поддерживают боевой и творческий дух народа. И кстати говоря, в советское время когда автор служил в армии, то очень часто приходилось слушать интересные истории о простых советских парнях, совершающих необычайные подвиги или такие рассказы, которые позволяли бы наполняться гордостью за свою конкурентоспособную страну.

Они также служили как неформальное средство массовой пропаганды, рассчитанное на укрепление духа сплоченности. Хотя это все было конечно трудно и опровергнуть и подтвердить.

Но в случае с шофером это было действительно. Но все хотя практически конечно было не так. У легенды это сделано более благороднее и прекраснее. Водитель машины Филипп Сапожников из-за поломки машины отстал от колонны. На Озере его застала пурга. Пришлось вести свой "газик" вслепую.

В довершении всех несчастий заглох мотор. Он знал что если мотор замерзнет, то его потом никакими силами не завести. Он испробовал все средства. Мотор молчал. Тогда он скинул свою меховую перчатку, облил ее бензином и, надев на заводную ручку зажег. Раздуваемое ветром пламя доставало руку, раскалившийся металл обжигал пальцы. Стиснув зубы, Сапожников терпел. Несколько раз он выпускал горящую рукавицу, не в силах вынести боли, потом снова подносил ее к мотору. Обожженные пальцы Сапожникова покрылись волдырями, а он все держал заводную ручку с яркопылающей рукавицей, стремясь во то бы то ни стало отогреть мотор. Он наконец запустился. И водителю пришлось вести машину с обожженными руками. Мы можем себе представить, что он испытывал пока не довез машину до склада и не сдал тонну черного хлеба того самого, про который Вера Инбер писала, что о "белого белей".

Перенимая мировой опыт предпринимательства тут же было бы важно отметить и блокадное предпринимательство, не только с точки зрения выживаемости, но и с точки зрения творчества и образования.

Ведь в осаде стали проблемой простейшие вещи, например, добывание огня.

"Раньше спички привозили к нам из области, а теперь ... И вот в публичную библиотеку поступает запрос: как организовать производство кремешков для зажигалок? Как наладить производство спичек? Свечей? Белковых дрожжей? И множество, множество таких необходимейших для жизни города вещей ... И сотрудники библиотеки тщательно по- военному подбирали литературу - по спичкам, по свечам, по дрожжам... Сплошь и рядом оказывалось, что новейшие пособия не годятся для Ленинграда - просто нет возможности поставить производство в блокаде по-современному. Тогда подыскивались старинные книги, книги ХУ111 века, обучавшие примитивному изготовлению хотя бы тех же свечей - и это как раз и подходило к нашим блокадным условиям и немедленно применялось. Оказывалось, например, что такая вещь как современная спичка требует для своего изготовления до семидесяти одной различной химикалии. Нет такого количества химикалий в осаде. Тогда разыскивалась старая литература, литература эпохи рождения первой спички и производство ставилось по ней..."

Так писали библиотекари Публичной библиотеки о том времени.

Скорее всего в вопросах национального предпринимательства и его связи с Блокадой нужно говорить не о музее или о традиционном наборе исторических достопримечательностей, скорее всего о школе блокадного предпринимательства.

Это можно отнести к любому другому виду блокадной продукции.

Еще большее и очень важное место занимает вопрос, связанный с использованием детского труда и воспитание качеств бойца.

В настоящее время - это очень важный момент, так как в рыночной экономике очень тяжелое положение могут испытывать молодые специалисты, которые выбрасываются фактически на улицу и должны после мягкого отношения в вузах и школе приобщаться к свободной рыночной стихии. И в этом случае очень полезен пример использования детского труда на производствах блокадного Ленинграда. Например:

“Большая заслуга , что в суровое время я остался жив и работал, принадлежит моей маме. С первых дней войны она внушала веру в предстоящую победу, убеждала. что на фронте неудачи временные, что будет перелом в войне”.

Литература "Дети блокадного Ленинграда" это фактически учебно-методическое пособие для юных предпринимателей и их будущих наставников из числа квалифицированных специалистов российского бизнеса, а кроме того важнейший инструмент политико-воспитательной работы, а также один из моментов существенной связи с общественностью. Эти мероприятия, позволяют снизить уровень преступности, степень влияния дурных компаний, привычек, укрепить свое здоровье, и производить разработки новых товаров и услуг, охватывающих развлекательный и познавательный бизнесы и услуги.

Нужно отметить, что во многих книгах преуспевающих зарубежных бизнесменов детский период становления очень важен для накопления опыта в предпринимательстве, а также формирования деловой практической хватки и развития силы Ума и интереса.

Дневник Тани Савичевой также занимает достойное место в этой части. Осмысленное осознание этой трагедии в блокадном Ленинграде служит очень важным моментом в вопросах воспитания и не только детей. Примером для подростков служили старшие - мастера, наставники, родители. Нужно учитывать, что мы встречаемся с очень интересным уникальным моментом советского предпринимательства. Когда всего лишь на одной девочке заостряется внимание всего цивилизованного человечества. Хотя в годы Великой Отечественной войны погибли десятки тысяч ни в чем не повинных детей, от снарядов, от голода и в том числе и в самом Ленинграде. Дневник Тани Савичевой является воплощением чувственного трагизма и сострадания. И это кстати говоря, характерно для очень важных моментов в становлении предпринимателей, не только в отечественном, но в и зарубежном бизнесе. Страдание заставляет активно действовать и часто служит особым источником для творческих свершений.

Анализ жизнедеятельности известных в мире создателей финансовых и промышленных империй показывает весь трагизм их создателей. И очень часто империи погибают со своими создателями.

Поэтому в настоящее время нужно осмысливать более реальнее произошедшее. Только осознание чувства опасности может приводить к реальным решениям и действиям.

Во время блокады ленинградцы выжили, исходя из собственных внутренних природных, производственных и человеческих ресурсов.

Это кстати говоря, характерно для высокотехнологического восточного бизнеса. Когда специалисты глубоко внутренне погружаются в решение сложной проблемы, входя в состояние особой медитации.

Таким же образом надо и соотечественникам научиться погружаться в мир Духов настоящих победителей.

Так что возможно очень много различных вариантов для коммерческой реализации, которые не только не оскорбляют памяти погибших, но и наоборот способствуют укреплению единства и сплоченности демократических сил, а также дают новые возможности для движения товаров и услуг с национальной спецификой.

13. НОВЫЕ РУССКИЕ ВЕЛИКОЙ ОТЕЧЕСТВЕННОЙ - 3

КРАСНЫЕ СОКОЛЫ

Очень часто в боевиках последних лет показывают супермена, которого в начале фильма очень сильно колотят до почти полнейшего уничтожения, но потом под воздействием сложных факторов, связанных с его авторитетом и выживаемостью, он восстанавливает свою мощь и начинает к концу сериала крушить своих недругов.

Также является эффективным способ, влияющий на творческую активности - это создание своих мысленных фильмов, в которых сам автор является героем. Такие рекомендации дают специалисты по наиболее успешному бизнесу. Совершение мысленных путешествий в мир фантастики, исторические времена также способствует развитию воображения и дает возможность для получения подзарядки. И эти подсказки опытных специалистов по зарубежному бизнесу дают нам основание создать свой мир историко-патриотического воображения. Так, в частности, одно из упражнений, описанных в книге американских специалистов, дается на примере перемещения в машине времени во времена Наполеона. При этом описывается все до мельчайших подробностей. Как будто зритель видит кинокартину.

Это же можно отнести и к иным взаимоотношениям при разработке новых видов продукции.

Три "Хенкеля-111Н-2" 53 бомбардировочной эскадры лениво развернулись и прошлись над аэродромом еще раз, поливая пулеметным огнем пылающие обломки. Затем, выполнив свое задание, ушли на запад, в то время как ошеломленные летчики выскакивали из своих постелей. Менее чем за две минуты 23-я дивизия ВВС, как боевая часть прекратила существование, не успев сделать ни одного выстрела в свою защиту. Командир дивизии полковник Ванюшкин стоял среди обломков и плакал.

На девяти других крупных аэродромах между Белостоком и Львовом произошло почти то же самое.

Немецкий план внезапного удара (конкурента) по основным советским аэродромам сработал. Подкравшись на небольшой высоте, разбившись на тройки, бомбардировщики нанесли удар как раз в тот момент, когда немецкая артиллерия в 3.15 открыла огонь по советской территории и основные силы немецкой авиации пересекали пылающую границу - 500 бомбардировщиков, 270 пикирующих бомбардировщиков и 480 истребителей - и направлялись к намеченным целям.

И это кстати говоря характерно для современного зарубежного бизнеса. Пока одна часть россиян, страдающая болезнями различной политической окраски и левизны, размахивая знаменами и стоя баррикады пытается что-то защитить и отстоять, то от чего уж ничего не осталось. Другая часть пытается что-то делать или на говне или путем интенсивности продаж, еще большая часть просто в шоке смотрит на все это с позиций зрителя или болельщика. А то еще хуже, выжидающего, как шакалы, чтобы поживиться падалью, оставшейся от жесткой конкурентной драки.

К 4.30. большинство немецких самолетов вернулось на свои базы, где наземные команды спешно заправляли горючим и бомбами, готовя ко второму удару. Сообщений о воздушных боях почти не было - советские ВВС были захвачены врасплох.

Однако позднее, этим же утром во время последующих операций люфтваффе положение резко изменилось. В 9.15 "Мессершмитты-110" 26 -й истребительной эскадры в районе Кобрино встретились с советскими И-16 из 124-го авиаполка. В стремительной воздушной схватке два "мессера" и три И-16 рухнули на землю, охваченные пламенем. Четвертый советский самолет таранил немецкий и они оба упали вниз и взорвались на земле.

За первый день войны советские летчики совершили 18 воздушных таранов.

Хотя немецкие истребители обладали высокой скоростью, чем советские, советские летчики умело использовали лучшую маневренность своих самолетов на виражах. Когда русский пилот оказывался в трудном положении в воздушной схватке, он закладывал крутой вираж и на полной скорости устремлялся на ближайший "мессершмитт". Эта тактика обычно срабатывала, нервы немцев не выдерживали и они резко выходили из боя.

Однако в полудню 22 июня советские ВВС потеряли 1200 самолетов: 300 было сбито в воздушных боях, а 900 уничтожено на аэродромах.

К 29 июня, когда после семидневных упорных боев немцам удалось взять Брест и танковые дивизии Гудериана устремились вперед, немецкое командование решило, что советские воздушные силы фактически уничтожены и их четыре воздушных флота могут сосредоточить свое внимание на поддержке наземных операций.

Но 30 июня их ожидал сюрприз. Когда немецкие танки готовились сомкнуть стальное кольцо вокруг Минска, сотни советских бомбардировщиков появились в небе, волна за волной нанося удары по переправам, мостам и наступающим немецким танкам. В этих операциях, осуществлявшихся почти без прикрытия истребителями советские бомбардировщики несли тяжелые потери. Тем не менее эти убийственные отчаянные рейды советских ВВС служили одной важной цели: теряя сотни самолетов и жизней, русские выигрывали время. В то время как советские летчики приносили себя в жертву, армии рабочих спешно демонтировали целые самолетные и авиамоторные заводы в Москве, Харькове, Таганроге, Ленинграде, Воронеже, и Запорожье; заводы перевозились на тысячи километров на восток вглубь страны. Их собирали вновь в Новосибирске, Казани, Комсомольске, Иркутске и Семенове за Уралом и дальше - вне пределов действия люфтваффе. Из-за этой массовой эвакуации, которая затронула добрую половину всей авиапромышленности страны ежемесячное производство временно сократилось наполовину. Но уже к весне 1942 года выпуск самолетов вновь достиг довоенного уровня.

Некоторые заводы работали и не были полностью построены и рабочие работали под открытым небом в суровых климатических условиях русской зимы!!!.

Сталин писал директорам заводов, что Илы нужны как воздух, как хлеб.

В этом примере дано аналогия и объяснение многим процессам, которые проводятся в зарубежных компаниях. В то время как часть компании интенсивно работает на текущую программу, в недрах и закрытых лабораториях идет более интенсивный процесс разработки новых изделий. При этом он может быть очень дорогостоящим, но перспективным. Это очень важное явление. При этом даже многие сотрудники компании не могут и не должны знать об этом. И таким образом значимость научных исследований несоизмеримо возрастает. Хотя ряд исследований показывает, что многие рабочие этого не понимают, когда думают, что то, что они делают это и есть важное дело. Они совершенно забывают о том, что конкуренты могут подрезать их в этом направлении. Закрытые разработки внутри компании могут спасти положение путем мгновенного развертывания новых видов производств и продукции. Достаточно привести такие характерные примеры как выброс на американские рынки маленьких транзисторных приемников, видеомагнитофонов японских компаний. Или же при более высоких технологиях - это выпуск монолитного полупроводникового операционного усилителя и микропроцессора. При этом сами американские компании используют традиционный русский подход для уличных бойцов: "Бей своих, чтоб чужие боялись". В этой жесткой схватке внутри страны, при непрерывных схватках между отечественными и зарубежными компаниями, развивается и закаляется тот высококачественный человеческий капитал, который и создает чисто американское качество.

И это опробованное необходимо перенести в российскую промышленность, обогатив историко-патриотическим наслоением. Примерно как есть русское мясо с американским кетчупом.

Советские летчики ласково называли штурмовик "Илюша", немецкие же солдаты дали ему другое название - "Шварце тодт" (Черная смерть).

Повышалось боевое мастерство советских летчиков. В первые недели войны советские летчики страдали от отсутствия боевого опыта и устаревшей тактики воздушного боя, предписанного уставами. В течение этого начального периода советские пилоты компенсировали эти недостатки личной отвагой и высоким летным искусством. Имелось немало случаев, когда летчики-истребители намерено таранили вражеские самолеты, но, вопреки распространенному мнению, это не было жестом отчаяния, а хладнокровно продуманным приемом боя, требовавшим высочайшего мастерства и стальных нервов.

Отступив от Ростова немцы организовали оборону на реке Миус. В последующие затем недели Покрышкин, награжденный орденом за успешную разведку, и его эскадрилья участвовали в многочисленных воздушных схватках над линией фронта, прикрывая штурмовики, атакуя немецкие "Юнкерсы-87", сражаясь с "мессершмиттами". Во время этих операций Покрышкин старательно отрабатывал собственные приемы воздушного боя, внимательно изучал тактику противника, охотно делился опытом с молодыми пилотами, собиравшимися вечерами у него в палатке. Мудрость и дальновидность инструктажа Покрышкина наглядно подтверждается всего одним фактом: 30 летчиков, которые участвовали в первых боях под его руководством стали впоследствии героями Советского Союза, а шестеро из них дважды удостоены Золотой звезды. Таким образом результат обучения в действии показал свою эффективность в том простом примере.

Американский писатель М.Кэйдин в своей книге "Тигры" горят", указывает, что немецкие летчики были поражены неуязвимостью и живучестью штурмовика Ил-2, который они называли "летающим дотом" пишет следующее: "Широкую известность в люфтваффе получил следующий случай - он действительно имел место - с одним таким штурмовиком, который подвергся атаке сразу четыре немецких истребителей. Для перехвативших Ил-2 четырех истребителей вооруженных пушками и пулеметами, одинокий советский штурмовик был, что называется "лакомым куском". Первый истребитель зашел в хвост "летающему танку" и выпустил по нему весь свой боезапас - никакого видимого эффекта. Один за другим остальные три истребителя проделали то же самое - но штурмовик продолжал лететь!!!!

Не верящий своим глазам немецкий летчик связался по рации с другим пилотом и спросил: “Почему этот русский самолет не падает". И тут же услышал, ставший классическим, ответ :"Господин полковник, ежа в задницу не укусишь".

В ходе боев тактика совершенствовалась.

Например, русские использовали пару более наступательно, чем немцы, которые по своему уставу отводили задачу уничтожения противника только ведущему, а ведомому - лишь прикрытие тыла лидера. С точки зрения русских, это создавало двойное неудобство: атакующая мощь боевой группы снижалась вдвое, а ведомые - по большей части молодые неопытные пилоты - обретали скорее пассивные, чем наступательные навыки. Поэтому они считали необходимым для обоих пилотов пары играть равную атакующую роль в бою, взаимно прикрывая друг друга.

И эти все мероприятия в целом позволили русским летчикам выжить и победить.

Немцы пытались эвакуировать остатки своих войск морем, направив конвой в количестве 26 судов, прикрытых семью истребителями. Во время воздушных атак на этот конвой экипаж одного из торпедоносцев - ДБ-7 показал образец того героизма, который был характерен для действий советских летчиков на протяжении всей Великой Отечественной войны.

Примечание:ДБ-7 поставлявшийся по ленд-лизу американский двухмоторный бомбардировщик Дуглас-20 "Бостон".

Находившийся под постоянным наблюдением с воздуха на рассвете 15 октября, конвой подвергся ряду последовательных ударов. Первый удар с пикированием нанесли двенадцать Ил-2, второй - раз - также двенадцать "илов", третий удар - десять торпедоносцев, прикрываемые пятнадцатью истребителями. Затем последовал четвертый заключительный десятью торпедоносцами, которые вел в атаку командир авиаполка гвардии подполковник Борис Сыромятников.

Пока прикрывавшие истребители вели бой с "мессершмиттами", торпедоносцы мчались к конвою сквозь плотный заградительный огонь. Еще на подходе к цели в левый мотор ведущего самолета попал снаряд.

Самолет загорелся, но Сыромятников продолжал вести торпедоносцы к цели. Противник сосредоточил огонь всех зенитных орудий по ведущему самолету - новые попадания, пламя охватило оба крыла торпедоносца.

Но Сыромятников продолжал вести самолет прямо на цель, пока не сбросил торпеды.

Когда молодые люди смотрят киносериалы по Звездным войнам и атаки голливудских суперменов и восхищаются фантастическими подвигами киногероев, то нужно полагать, что это было в России и это не фантастика.

В этом случае целесообразно привести пример фрагмента из кинофильма Френка Копполы "Апокалипсис", за который он получил сразу пять Оскаров. В одном сюжете, как одна из вершин творческого киномастерства, показана атака американских вертолетов под классическую музыку Вагнера. Поэтому, используя этот момент можно также рекомендовать по выбору музыкального сопровождения использовать наиболее подходящую мелодию для перемещения в экипаж Сыромятникова и почувствовать накал боя и желание победы. Реально ощутить как где-то в небе прикрывающие истребители ведут бой, а вы вместе с Сыромятниковым несетесь в атаку на торпедоносце. Прямо перед вами гладь морской воды. Вы должны думать и мыслить как победитель Сыромятников, постарайтесь максимально сосредоточиться и войти в мир его души.

Впереди вражеские корабли (конкуренты) и только одно желание победы безраздельно руководит вами.

Пораженный торпедами транспорт взорвался и затонул, а затем пылавший, как факел, ДБ-7 взмыл вверх и, прочертив огненный след, упал в море. Его экипаж погиб. За этот подвиг все три члена экипажа были удостоены звания Героя Советского Союза.

Таким образом мы видим какой существовал накал конкурентной битвы в этом рядовом для Великой Отечественной войны примере. Очень сильный немецкий конвой и такие же мощные советские атаки. При этом чтобы пробить брешь в обороне противника применяется тактика последовательных ударов. Но самое главное это чувство выполненного долга и достижения цели. Поэтому когда многие из соотечественников рассуждают о победах в Великой Отечественной войне, присваивая часть побед себе, то мы должны констатировать, что такие люди как Сыромятников и являлись реальными победителями.

Здесь уместно упомянуть о японских камикадзе, которые реально готовили себя к самопожертвованию.

В США по историческим каналам показывают часто военные фильмы. По одному из местных каналов нью-йоркского телевидения автор видел фильм, в котором были показаны атаки японских камикадзе на американские военные корабли.

Но самое интересное сравнение и вывод можно сделать из следующего, что данная информация приводится из литературных иностранных источников времен Холодной войны. Поэтому американское общество информировано о качестве и боевой выучке советских людей и таким образом может корректировать свой процесс выживаемости. Уместно отметить, что практически любая информация, касающаяся внутреннего мира конкурента, его боевых качеств может пригодиться в конкурентной борьбе.

В СССР (России), показывая славное историческое прошлое, никоим образом не привязывали к развитию конкурентоспособной нации. Просто констатировался факт – это герои, воспитанные коммунистической партией. Такой подход существенно повлиял на выживаемость многих научно-технических направлений.

Искусство и мастерство советских летчиков дошло до того, что они научились сбивать даже реактивные немецкие самолеты.

..Для обеспечения поддержки с воздуха немцы собрали лучшие истребительные эскадрильи люфтваффе. В этом бою наступление поддерживало более 750 немецких самолетов.

Их соперниками (конкурентами) были несколько гвардейских авиаполков, в которых служили такие советские асы, как Покрышкин, Кожедуб, Клубов, Речкалов; перечень имен летчиков обеих сторон читался как справочник:" Кто есть кто", содержащий сведения о Героях Советского Союза и кавалерах рыцарского Железного креста. Естественно, что, когда они встретились в воздухе, сражение над Яссами по своей свирепости и напряженности напоминало бои на Курской дуге. С утра до вечера воздух стонал и гудел от рева моторов - немецкие бомбардировщики волна за волной под прикрытием "мессершмиттов" и "фокке-вульфов" налетали на позиции советских войск.

После нескольких жарких, затяжных боев сражение над Яссами закончилось поражением немцев.

Это были нелегкие победы, одержанные над опытным врагом, обладавшим высоким боевым и летным мастерством, пилотами, составлявшими элиту люфтваффе.

В воздушных боях на Курской дуге люфтваффе имело более 1700 самолетов.

Со стороны русских в бой были брошены илы со специальными противотанковыми кумулятивными бомбами. Так при одной штурмовке, вооруженные этим мощным оружием, они прочесали 9-ю танковую дивизию и за 20 минут превратили 70 танков в пылающие обломки.

На второй день ожесточенных воздушных сражений в небо были подняты мощные группы советских истребителей и над огненной дугой закипели очаги воздушных боев " собачьи свалки". В это день открыл свой новый боевой счет летчик-истребитель Алексей Маресьев, который потеряв 15 месяцев назад обе ноги, летал с протезами на истребителе Ла-5. За два дня боев он сбил пять вражеских самолетов.

В схематическом виде формула победы, разработанная трижды героем Советского Союза Александром Покрышкиным сводилась к девизу:
" высота - скорость - маневр - огонь".
Используя эту тактику, Покрышкин лично в одном бою сбил четыре "мессершмитта". Его самолет с нарисованной на фюзеляже большой белой цифрой "100" был хорошо известен противнику и известно немало случаев, когда строй немецких самолетов нарушался и они разлетались в стороны, услышав по радио предупреждение: "Ахтунг! Покрышкин в воздухе в вашем секторе!", еще до того как пилоты люфтваффе замечали советский истребитель.

Но на этот момент нужно обратить особое внимание, что немецкая разведка действовала осмотрительно и заранее предупреждала своих летчиков. Кроме того использование радиотехники позволяло им вести между собой переговоры. В тоже самое время на многих советских самолетах не было раций.

Когда автору понадобились для исследований новые данные о мироощущении атак советских и немецких летчиков, то выяснилось, что отсутствуют записи переговоров советских летчиков во время воздушных атак. Сейчас это понятно и все знают, что во время полетов ведется непрерывная запись полета и переговоров. Но в то время из-за низкого уровня использования электронной техники такие записи не велись, а жаль. Этот момент был бы очень интересен так как можно было бы еще более чувствительно проникнуться тем боевым духом, когда летчики, находящие на грани наивысочайшего нервного напряжения воздушного боя говорят разные слова, которые поддерживают в них желание победы.

Это по своему подобию похоже на то, как во время поединков в восточных единоборствах часто бойцы выкрикивают различные слова для поднятия победоносного духа и желания победы.

В воздушных боях под Сталинградом ковалось мастерство советских асов. Таким был Михаил Баранов. В одном из боев он вместе с тремя товарищами смело атаковал группу из 25 "мессершмиттов" и лично сбил три самолета. Когда у него кончились боеприпасы, он искусным маневром зашел в хвост четвертого "мессера" , сблизился с ним и винтом отрубил ему руль поворотов, успешно совершив затем вынужденную посадку.

Говоря о значимости малого нужно привести пример действий летчиков самолетов ПО-2. Советские маленькие бипланы По-2 широко использовались на Сталинградском фронте как ночные бомбардировщики. Хотя немецкая пропаганда презрительно называла эти тихоходные машины "русс фанера", немецкие солдаты в своих воспоминаниях о боях на Восточном фронте сообщают, что ночные рейды этих самолетов держали уставшие от боев войска в постоянном нервном напряжении. Эти самолеты укомплектовывались женщинами - пилотами и штурманами. Одна из летчиц Ольга Ямщикова - стал первой женщиной, сбившей вражеский самолет в ночном бою - "Юнкерс-88".

Когда Германия напала на Советский Союз немецкие летчики пренебрежительно считали - и этому способствовала нацистская пропаганда - большинство русских пилотов невежественными, безынициативными роботами и первые крупные успехи люфтваффе, казалось бы подтверждали это впечатление. Но русские быстро усвоили горькие уроки тяжелых месяцев 1941 года и в гигантских сражениях следующего года все большее число советских пилотов начали пробивать бреши в рядах люфтваффе.

За период с 22 июня 1941 года по 8 апреля 1942 года немецкие потери на Восточном фронте составили 4947 самолетов.(Bekker C. The Luftwaffe War Diaries.N. Y.,1964 p.556)

Фактически в настоящее время можно констатировать, что ситуация в российской промышлености подходит только в первым часам начала новой Великой Отечественной, когда многие россияне, еще лежа и нежась в своих постелях, слышат раскаты, как им кажется грома, хотя на самом деле это залпы тысяч орудий зарубежных конкурентов, которые разносят в пух и прах некачественную и не конкурентоспособную российскую национальную промышленность. Оперативные диверсионные группы зарубежного коммерческого бизнеса заполняют прилавки и насыщают внутренний рынок необходимыми товарами.

Говоря об историко-патриотической медитации в то временное историческое пространство, русские должны реально представить сам процесс атаки до мельчайших подробностей и реального ощущения того, что происходит, что будет происходить. И самое главное ради чего все это делается и нужно ли это все было тогда и тем более нужно ли об этом думать сейчас. Например, того же торпедоносца, который характерен и для современного жесткого высокотехнологического бизнеса, когда концентрация знаний и энергии имеют одну и ту же базу - желание победить.

Кружки качества возникли в начале 80-х годов как новый идол, в который поверили японские компании в надежде победить своих американских и европейских конкурентов. (Можно в качестве патриотической фантазии вставить и российских конкурентов).

Кружки качества обычно состоят из 10-12 человек, которые работают как единая команда и преследуют в своей деятельности общие цели. Кружки качества призваны изучать структуру потребностей своих клиентов и постепенно повышать качество товаров. Члены кружка собираются каждую неделю, посвящая несколько часов выявлению имеющихся проблем и систематическим поискам их решения, с тем чтобы совершенствовать деятельность компании.

Феномен кружков качества следует рассматривать в историческом контексте. На этапе послевоенного восстановления экономики (в конце 40- и 50-х годах) Япония производила товары, являющиеся копиями соответствующих западных образцов и отличавшиеся плохим качеством. Это оскорбляло национальную гордость японцев и подталкивало их к принятию всевозможных мер, направленных на повышение качества. Еще несколько десятилетий тому назад японские товары считались дешевыми и скверными, а сегодня стали синонимом высочайшего качества.

Таким образом русские должны провести аналогии и сказать, что товары с российской маркой в настоящее время имеют низкое качество. Но русские не могут также утвердительно сказать это. Так как определенная часть этой продукции на самом деле имеет низкое качество, но с другой стороны имеются товары, которые имеют более высокое качество. Кроме того имеется огромная часть таких товаров, которая вообще не производится российскими предприятиями, а завозится из-за рубежа. Хотя есть возможности, имеются производственные мощности для реализации этого товарной бреши. Но нет желания производить, нет желания рискнуть и выбросить на рынок хотя бы небольшую партию или проанализировать ситуацию. Короче говоря, нет того реального человеческого капитала, который бы был способен дать первоначальный толчок в этом направлении.

Поэтому мы пишем: "На этапе перехода к рыночной экономике Россия производила товары, являющиеся копиями соответствующих западных образцов и отличавшиеся плохим качеством. Это оскорбляло национальную гордость россиян и подталкивало их к принятию всевозможных мер, направленных на повышение качества. Еще несколько десятилетий тому назад российские товары считались дешевыми и скверными, а сегодня стали ...."

Поэтому мы можем сами себя спросить, когда наступит это сегодня, характерное для цивилизованных рыночных стран. Что нужно для этого реально делать?

В конечном итоге все дороги будут сводиться к предпринимателю, как основному делообразующему звену. Так как само собой ничего не будет ни производиться, ни продаваться, ни перемещаться в рыночном пространстве. Кроме того приказов никаких сверху уже не будет поступать, так как вожди рыночной экономики говорят непрерывно: "Поменьше государства".

Предприниматель - это творческий изобретательный и энергичный человек. Зачастую - незаурядная волевая личность, которая в силу этого никак не может вписаться в административно корпоративную культуру.

Значение настоящего предпринимателя для создания и процветания компании невозможно переоценить. Каждому работнику любой организации следует как можно быстрее уяснить для себя ценность качеств, которыми обладают подобного рода люди.

У него есть сила воли, которая и ведет его вперед.
Подобное наблюдается и в спортивном мире. Сегодня победа зависит не сколько от выдающихся физических данных, сколько от силы воли, благодаря которой спортсмен или спортсменка тренируются и соревнуются, добиваясь при этом победы над соперниками.

Традиционно предприниматель выступал как боец - одиночка, который упрямо и настойчиво боролся за реализацию концепции бизнеса. Но за последние годы стали уделять большее внимание коммуникабельности, отношениям с людьми и социальным контактам. Фактически речь в данном случае идет о демократизации бизнеса и о том, что частично социалистические идеи начинают пропитывать высокотехнологический и конкурентоспособный бизнес, действующий на жестком поле боя.

В действительности роль " волка-одиночки" - сильного предпринимателя-индивидуалиста - все еще до конца не выяснена. Но она по всей видимости будет задачей решаемой до бесконечности, так как связана с самим существованием творческой личности. Это подобно рождению новых картин, новый литературных произведений и т.п. Мы видим, что и процесс предпринимательства является таким же творческим. Поэтому сколько бы книг о предпринимателях не писалось, сколько бы они сами не писали о себе, как наши революционеры свои воспоминания, столько же будет разных взглядов и мнений. Мы можем только констатировать на данный момент, что существуют такие то концепции, сформированные учеными в области истории бизнеса да чрезмерно разговорчивыми и везучими предпринимателями, которые на старости лет могут щедро давать какие-то уже устаревшие советы, выступать на "пионерских сборах". Но мы должны понимать, что существует инерция в социальной системе управления. Таким образом закрытые разработки новых предпринимателей могут опровергать существующую тактику, которая может быть вошла в классические учебники как очередное "всепобеждающее" учение, но это только на данный момент. Через краткий миг ситуация мгновенно изменяется и требуется восприятие совершенно новой доктрины. Если этого не учитывать, то могут быть очень плачевные результаты. Поэтому нужно себя готовить на уровне подсознания к постоянной смене ситуации, как в воздушном бою. Ситуация практически аналогична. На фоне ясного неба на тебя сверху сваливается вражеский истребитель, а то может быть и несколько. И тут же нужно быть мгновенно готовым к бою.

Также и в бизнесе, прославление героя- одиночки в настоящее время опровергается стратегией предпринимателей, которые предпочитают действовать "стаей". Они могут достичь больших результатов. Это можно показать на примере отношения к этому вопросу в Японии и США. В американских фильмах зачастую главный герой - это всегда одинокий, сильный и находчивый герой. Он и является идеалом для развития и становления личности. Но в то же время во многих японских фильмах герой является не таким значимым, как существующая и активно действующая команда. Основная роль отводится поддержке друзей, которые ради него, а скорее всего ради своих высоких целей готовы на великие подвиги. И это так же характерно и для Второй Мировой войны, когда из японских летчиков и моряков формировались отряды камикадзе - смертников. И это также служит элементом историко-патриотического отличия и в выживаемости национального бизнеса в этих странах.

Вопросы реальной выживаемости предпринимателей в условиях жесткой конкуренции имеют многомерное решение. При этом существуют начальные и непрерывно меняющиеся текущие данные. В этом есть аналогии воздушных боев.

И в книгах по бизнесу пишется, что нужно искать источники для активной энергии.

В этом моменте наиболее интересные исследования с практическим результатом, подходящим для данных занятий, проводил известный советский поэт Владимир Высоцкий. На одном из своих концертов он рассказывал о том, что старался представлять себя в облике персонажа, которому посвящал свою песню. И яркие примеры этого отражены в его двух песнях об одном воздушном бое. Эти песни также можно использовать на политзанятиях для усиления фактора активного действия и реального понятия победителя.

Песня летчика.

Их восемь - нас двое, расклад перед боем
Не наш, но мы будем играть!
Сережа, держись! Нам не светит с тобой,
Но козыри надо равнять.
. . . .

Песня самолета-истребителя

Я - "ЯК", истребитель, мотор мой звенит,
Небо - моя обитель,-
А тот, который во мне сидит,
Считает, что - он истребитель.

. . . .

14. ПАВЛИК МОРОЗОВ -

БЕССТРАШНЫЙ КОМАНДИР СПЕЦНАЗА "АНТИМАФИЯ"

Морозов Павлик (Павел Тимофеевич) - пионер, участник борьбы с кулачеством в период коллективизации сельского хозяйства в СССР. Род. в семье крестьянина-бедняка. Был организатором и председателем первого пионерского отряда в с. Герасимовка, пионеры которого помогали коммунистам в агитации за создание колхоза, разоблачали враждебные действия кулаков. Зверски убит кулаками. имя М. присвоено герасимовскому и другим колхозам, школам, пионерским дружинам; первым занесено в книгу почета Всесоюзной пионерской организации им.В.И.Ленина. М. установлены памятники в Москве (1948) с. Герасимовке (1954), Свердловске (1957).

Пионер (от франц. pionner) -первопроходец, зачинатель чего - либо, человек, проникший в новую неисследованную область, проложивший пути в науке, технике, искусстве .

Пионер, член Всесоюзной пионерской организации им. В.И. Ленина. Впервые П. стали называть членов детских коммунистических групп, возникающих в Москве в 1922 г. Требования к пионерской организации к П. и программа их деятельности определены в Торжественном обещании, которые дают вступающие в ряды П. , законах юных пионеров, в девизе" К борьбе за дело Коммунистической партии Советского Союза будь готов!" и ответе "Всегда готов!".

Пионеры (воен.) - название личного состава инж.частей франц., герм., брит., амер., и нек. других армий. В русской армии П. наз. солдат пионерских рот и конно-пионерских эскадронов, входивших наряду с минерными и саперными ротами в состав пионерских батальонов. П. предназначались для преодоления препятствий и выполнения фортификационных работ при атаке укреплений противника и обычно действовали во главе штурмующих колонн: при передвижении войск выдвигались вперед для подготовки путей.

Большая Советская Энциклопедия.

Москва. Издательство Советская Энциклопедия. 1975 г.

Таким образом мы видим различные варианты трактовки слова "пионер" в зависимости от исторических и идеологических положений.

Что думают российские студенты о Павлике Морозове:

1. Ничего определенного не думаю, т.к. с пионерских лет нам вдалбливали в головы, что он герой - сдал отца-кулака и был зверски убит. Потом в период гласности выясняется, что он оказывается вовсе не герой, предал отца и в школе был не на хорошем счету. Правды мы не узнаем никогда, ведь то что пишут лживые газеты и продажное ТВ - блеф. Так что я ничего не знаю.
2. Я думаю, что Павлик поступил правильно в свое время.
3. Был легендарной личностью. Такие люди как он должны существовать и они будут существовать.
4. Жалко мальчика. Закладывать не зачем. Но и за это убивать ребенка жестоко. Он это сделал из-за плохих отношений в семье.
5. Энтузиазм, направленный не в ту сторону.
6. Вероятнее всего герой.
7. Вроде - это был разведчик (шпион) или что-то в этом роде. Он ходил (лазил) в тыл врага. Вроде так. (комсомолец).
8. До сих пор остается загадкой зачем он сдал отца и дедушку. По-моему он просто ненормальный.
9. В детстве, когда я читала книгу про Павлика Морозова, была просто потрясена его подвигом. Но сейчас я думаю, что это был вовсе не подвиг. Впрочем я сейчас о нем уже никак не думаю.
10 То что он совершил подвиг, т.е. пожертвовал своей жизнью - это похвально.
11. П. Морозов был замечательным парнем, пионером, который не пожалел своего деда- кулака ради великой идеи коммунизма. Я считаю мы должны гордиться , что в нашей истории были такие люди. П. Морозов должен быть ярким примером для нашей молодежи.
12. Он пионер- герой. О пионеры - героях могу сказать, что они молодцы. Они имели большой энтузиазм даже можно сказать фанатизм. Были людьми дела. Что не скажешь о нынешней молодежи. По крайней мере была какая-то цель и будущее (строительство социализма или коммунизма).

Советский период развития российского общества и его ценности несомненно в перспективе найдут свое достойное место для более фундаментального анализа и пригодности для использования в создаваемой национальной рыночной экономике

В настоящее время нужно констатировать, что демократизация нашего российского общества терпит поражение, связанное с тем, что еще сохранилось сильное классовое противостояние.
Многие еще помнят :
Сквозь грозы сияло нам солнце свободы,
И Ленин великий нам путь озарил.
Нас вырастил Сталин - на верность народу

На труд и на подвиги нас вдохновил.
(Из гимна Советского Союза).

Нужно согласиться что такие люди вдохновляли и направляли в течении нескольких десятилетий не одного и не сотню и не даже тысячу, а сотни миллионов, затронули огромные пласты поколений и внесли определенную и существенную часть своих идей в сознание и подсознание многих людей.

И в создаваемой рыночной экономике тоже должны быть и свои подвиги и свой напряженный труд.

Поэтому возникает задача осторожного и тактичного отношения ко всем тем наработкам которые формировали сознание советского человека. Это можно отнести и к определению ограничений в границах той же самой гласности. Это можно сравнить с генетическими исследованиями и активным внедрением в самые разнообразные ее неизвестные участки. По американским фильмам ужасов, посвященным исследованиям в генной инженерии мы видим какие создаются монстры, с которыми человечеству порой справиться очень трудно. Кроме того можно также привести примеры, которые применяются в теории оптимального управления. Решается задача получения максимально возможного выхода продукции при соответствующих ограничениях тех или иных добавок, температур и иных технологических параметров. Много дашь каких-то добавок - повлияет на прочность продукции. Уменьшишь температуру технологического режима и тут же потеряешь в качестве и т.п.

Тоже самое возникает и в исследовании процессов в обществе.

Мифы создаются для того, чтобы в сознании каждого гражданина формировался свой идеалистический мир героев, которые служат источником для надежды как путеводная звезда.

Это также можно отнести на примере американских кинофильмов патриотического сказочно-фантастического содержания как сериалы про национальных суперменов и т.п.

Чрезмерное вскрытие и попытка представить сложные процессы жизнедеятельности современного общества, особенно в определении истины ведут к тяжелым последствиям, которые отражаются только через много лет в виде очень сильных потрясений. Из истории создания Советской власти и первых попыток досконального выяснения истины знаем, к чему привело вскрытие коммунистами - атеистами святых православных мощей и их всенародное обозрению и примитивная материалистическая трактовка слова Божьего.

Возникает задача реального ограничения границ гласности в таких опасных для нашего политизированного общества областях.

Вскрытие святых мощей подобно и таким же расследованиям мифов Советской эпохи, которые были специально созданы для формирования человека нового светлого коммунистического будущего.

И эта задача стоит примерно и сейчас, как создать такого же человека - личность, который был бы способен противостоять атакам зарубежных квалифицированных конкурентов, атакам иностранных компаний с их товарно-продовольственной агрессией.

И как ни странно, вскрывшиеся факторы привели к тому, что нужно стремиться найти компромисс в этом направлении и внимательно изучать эти наработки, которые позволили создать такой костях советского человека, который позволил ему перенести множество трудностей.

До сих пор еще огромное количество российских людей продолжает свято верить в те коммунистические идеалы. Кроме того возникает задача заполнения некоторого вакуума в сознании после столь блистательных разоблачений (вскрытия святых мощей коммунистической эпохи).

Поэтому нужно стараться изучить и выявить то, что позволит очистить историю и преподнести в новом представлении для укрепления социально-политической обстановки.

И несомненно кристально чистое и светлое имя пионера, как неутомимого первопроходца, бесстрашного солдата пионерской роты Павлика Морозова займет свое достойное место в новой российской истории.

Конечно из песни слов не выкинешь и известная фигура пионера, как его многие считают, стукача, продавшего своего отца несет в себе элементы, которые казалось бы отрицательно влияют на новое свободное рыночное сознание, но однако же...

"Каждый имеет право на свободу мнений и их выражение: это право включает в себя свободу без помех иметь собственное мнение, а также право искать, получать и передавать информацию и идеи через любые средства массовой информации независимо от границ" Статья 19. Всеобщей декларации прав человека.(1948г.)

Поэтому мы берем книгу А. Яковлева " Пионер Павел Морозов " и рассматриваем ее с позиций сегодняшнего дня и возможности использования ее для реформирования нашего советского сознания в рыночное. И тут же мы поражаемся тому, что фактически Павел Морозов обладает большим даром рыночного сознания, чем многие из самых непримиримых противников рыночных реформ и даже самих реформаторов.

Рассмотрим с самого начала эту очень важную и нужную для идеологов рыночных реформ книжку Издательства "Детская литература".

Уже первые страницы книги показывают, что мы по всей видимости в нашем сознании недалеко ушли от того, что происходит сейчас и того что нужно уважать.

"Учительница наша Зоя Александровна постоянно говорит: "Мы теперь все можем"-говорит Паша.

-Попереть бы ее из села (России) скорей-отвечает Трофим. (Мечта российского правительства)" .

Мы это видим сейчас по тому как относится общество и в том числе само государство к образованию, начиная от начальных классов школы и кончая подготовкой специалистов высших квалификаций, уже не говоря о рыночном ликбезе для огромного числа трудящихся на заводах и фабриках.

Крестьяне идут на очередные выборы председателя.

" Был председатель Платон -середняк -работяга. До рассвета в сельсовет приходил, всех работать заставлял, любо дорого. А потом глядь своим родным потакает, кулакам потакает..."

Опять проблема власти и кормежки при ней осталась по-прежнему актуальной. Хотя уже в этих фразах видно, что труд от зари до зари постепенно теряет свою значимость. И зажиточный крестьянин середняк предстает как отрицательный элемент, особенно, если он заставляет всех работать.

Создание настоящего гражданского общества очень важный момент в становлении рыночных отношений. И если некоторые считают что кто-то сверху будет за них думать, то поэтому вопросу прямо на странице 18 мы узнаем знакомые слова из выступления учительницы Павлика на собрании по случаю выборов нового председателя.

"-Мы дошли, товарищи, до того, что на глазах у всего нашего селения бывший председатель брал взятки, пьянствовал. Кто в этом виноват? Мы все виноваты. Перестройку мы должны начинать с самой головки. Прежде всего мы должны выбрать хорошего председателя".

Фактически в данном случае устами учительницы начинается пропаганда процесса демократизации советского общества. Учительница одновременно ставит вопрос об ответственности личности и в тоже время о роли руководителя.

Далее мы видим по каким критериям выбирается председатель.

" Трофим нам самый подходящий. Во -первых, он бедняк, во-вторых, целиком на стороне советской власти, в -третьих мы его знаем!".

Правда оппоненты вторят от печки, что он пьяница. Но этот национальный российский недостаток не принимается в расчет.

Таким образом в детской книге формируется понятие того кто должен руководить в этой стране. Это отсутствие каких-либо богатств, преданность советской власти и естественно знакомства.

И в результате такого подхода начинается процесс деградации советского руководства в целом, который реально проявился сейчас поскольку всплыли факторы реального поражения России в рыночной конкурентной борьбе.

В книге формируется образ руководителя очень противоречивый. Бедняк -председатель начинает с подношениями местных кулаков спиваться. Далее не занимаясь наращиванием производства, созданием колхоза решает приступит к несколько оригинальному бизнесу, начинает продавать справки кулакам, брать взятки. Это нечто похожее творится и сейчас. Когда некоторые доморощенные бизнесмены начинают действовать не в производственном секторе, а начинают бизнес делать в конторах типа "Рога и копыта".

Хотя нужно учитывать одну немаловажную особенность, особенно для молодых людей, которые стремятся влиться в ряды национального бизнеса. Так, например в США "сходят с дистанции" в первые пять лет после своего основания менее 30% всех вновь созданных фирм, работающих в области высоких технологий (для сравнения в розничной торговле за аналогичный период разоряется 90% всех вновь созданных магазинов).

В событиях с выборами нового Председателя - отца Павлика мы видим первые зачатки сращивания Власти с преступными элементами и создание организованного преступного сообщества. Фактически это формирование первых зачатков мафиозных структур. Отец Павлика Морозова самый настоящий мафиози в Герасимовке. Он продает кулакам справки, о том что они бедняки.

" Бедняку везде дорога. Кулак за такой документ не только деньги - полжизни отдаст".

Таким образом мы видим, что фактически сама Советская власть дала возможность делать деньги из ничего и сама провоцировала таких неустойчивых в правовом понимании своих же управленцев на нарушения. Кроме того идеализировала образ бедняка.

В это время Павлик под влиянием учительницы пытается создавать то самое светлое будущее, которое он видит и чувствует интуитивно. Он хочет и ждет перемен. Он пытливый и старательный.

Он создает пионерскую организацию. Тут нужно реально представлять глухую деревню и особенно внутренний мир самого Павлика, который также пытается вырваться из того самого дремучего мира, в котором он родился и вырос. Мы видим его страхи и сомнения.

Фактически мы можем предполагать, что Павлик мечтает о чем угодно, он может сейчас стать великим человеком. Он еще конечно же не понимает того, что может быть в перспективе. Но он уже герой, так как нужно обладать поистине настоящей смелостью, которая имеется у этого мальчика, который не боится, что по поверию сельских жителей пионеров может укусить собака или что нечистый дух поселится в животе и что про учительницу говорят, что она богу не молится, святых праздников не признает и нечистая.

В книгах известных бизнесменов часто указывается о том, что успешность дела определяется самим ее разработчиком и его очень часто большинство не понимает. И особенно часто большинство не видит создания нового дела.

Форд создавал свой автомобиль, когда в США уже успешно действовало множество автомобильных компаний. Он разошелся с компаньоном, который предполагал, что рынок производства и продаж автомобилей находится среди богатых людей. Но интуитивно Форд чувствовал, что гигантский необъятный сектор рынка находится в другой пространстве и угадав создал свой народный автомобиль, перейдя из класса "бедняков" в одного из самых богатых людей (капиталистов) в современной цивилизации. При этом не обучаясь ни в вузах, не имея богатого наследства.

Фактически с позиций коммунистической идеологии "пролетарий" Форд предал интересы своего класса и перебежал в буржуинство.

В случае с Павликом нужно скорее всего рассматривать способность к реальному восприятию нестандартных ситуаций и мнению меньшинства. Особенно, если большинство жителей в деревне считает, что учительница нечистая, что с ней опасно водиться. Нужно обладать мужеством, чтобы входить с ней в контакт. Кроме того мы видим, что ценность образования также как и сейчас не особенно то хорошо воспринимается в той же Герасимовке. И таким образом мы можем констатировать аналогию, что фактически - Герасимовка - это Россия.

Учительница Павлика, являясь пропагандистом нового образа жизни, говорит:

"Настанет время, ребята, вы будете и жизнь строить и править страной. И надо, чтобы вы уже теперь в школе, стали настоящими борцами за свое прекрасное будущее.."

Фактические эти слова жизнеутверждающие и в российской рыночной экономике.

По этому поводу идеологи американской демократии говорят:

"Считать учителей - в рамках всей нашей системы образования с начальных классов и до университета -жрецами демократии поэтому не будет преувеличением. Особой задачей учителей является воспитание тех навыков непредубежденности и критического подхода, которые уже одни способствуют становлению ответственных граждан, существование которых в свою очередь,

делает также возможным формирование информированного и эффективного общественного мнения. Феликс Франкфуртер, судья Верховного суда США, 1952 г."

При проведении различных мероприятий по демократизации общества, а в этом как мы видим активное участие принимает сама учительница. Мы узнаем, что по американским программам существует целая система направлений, которая формирует сознание гражданина своей страны. Эти американские программы называются "Дети голосуют", "Достижения молодежи." и т.п.

Важно, чтобы дети в демократическом обществе с самого раннего возраста ощущали, что на их долю выпала важная роль, которую они должны играть в своем коллективе. Они граждане демократического общества и поэтому их участие в управлении гражданского общества есть и право и обязанность.

Поэтому такой подход согласуется с действиями как учительницы так и самого Павлика.

Сразу видна борьба среди поколений. Одни идут в пионеры, другие их сверстники противники нового и виден накал как и в жизни взрослого общества. Та же самая ситуация возникает в студенческих группах. Исследования среди студенческих групп показывают, что их сознание в процентном соотношении отражает реальность взрослого конфликтующего мира.

Но Павлик со своими соратниками борется за свое будущее.

Далее мы видим, как набрасывает на него отец, за то что Павлик вступил в пионеры. Мы видим конфликт отцов и детей и одновременно с этим политическую конфронтационность. Конечно при создании мифа коммунистические идеологи пошли по более упрощенной модели противостояния. Например, они могли показать, что отец Павлика был белогвардейцем. Конечно было бы лучше показать настоящего классового врага. Но в этом случае если бы отец Павлика был бы белогвардейцем и идеологическим противником, который бы с ним непременно вступил бы в политическую дискуссию, то неизвестно чья бы взяла в это семейной идеологической войне отцов и детей. Естественно возможно бы Павел бы не стал бы закладывать отца, как человек благородных кровей. Но с другой стороны мы видим примитивизм политического противостояния, который упрощается до самого низменного, потому что характеризует общее интеллектуальное состояние нации в тот период.

Нужно также учитывать, что к тому времени борьба с дворянством и непримиримой интеллигенцией, не воспринявшей коммунистические идеалы фактически заканчивалась. Так, например, большое количество дееспособных дворян погибли в окопах первой мировой и в гражданскую войну. Остатки были достреляны чрезвычайками при ленинских акциях красного террора. И стала возникать задача становления нового типа руководителей из того человеческого капитала, который остался.

И коммунисты реально и верно подходят к решению задачи идеологического воспитания большого количества политически малограмотных советских граждан. Поэтому, чтобы обелить и оправдать Павлика, сделать его имя и подвиг бессмертным и пригодным для любого случая, как человека светлого будущего ему была уготована судьба быть сыном не какого- то маститого классового врага - белогвардейца генерала или дворянина, а роль сына мафиозного пьяницы - забулдыги, который то не то что бы мог сделать какое-то крутое антисоветское громкое дело, а деньги зарабатывает буквально на говне -печатает справки для проезжих кулаков. При этом деньги не пускает в оборот, а тратит на гулянки и пьянки.

То есть мы видим деградацию той самой советской власти и ее управления, которая фактически и произошла на самом деле естественно в более радужных тонах. Но от этого ее смысл не изменился.

Неумение делать дело - вот главный момент в определении отца как врага народа - так квалифицирует преступление сам Павлик.

"И Паша понял: он для отца совсем чужой".

И так устами Павлика говорит и партия. Сам процесс становления советских руководителей отражается в этом примере, когда в результате выборов, по разнарядке партии приходят во власть бедняки и другие, возможно честные люди.

Но любая власть имеет склонность к развращению, а абсолютная власть развращает абсолютно. Лорд Эштон, британский историк.

И естественно, что в таком случае ожидает Павлика, который собирается стать новым человеком, чистым от всей этой грязи. Если бы он был сыном дворянина и в нем бы текла благородная кровь, она бы возможно подсказала бы ему выход. Но он человек того самого бедняцкого класса, который хочет стать новым, более чистым. И он воспринимает это очищение пройдя через собственное страдание. В данном случае говоря упрощенным языком психоанализа мы должны констатировать, что в результате сложного трансперсонального переживания у Павлика формируется окончательное решение об отделении от отца и формирования нового типа отношений с обществом. Это подобно выходу ребенка из родового канала, отделению от матери. Физическое отделение от матери завершается и ребенок начинает свое существование в качестве анатомически независимого существа. Павлик переживает новое рождение. Он должен выйти из биологического понимания и отречения от биологического отца, который его фактически по своей малограмотности и невежественности существенно подставил, подвел и практически испортил будущую карьеру. Кроме того Павлику как честному человеку было омерзительно двуличие отца-председателя, одновременно ненавидящего коммунистов. При этом также показан парадокс. Отец- бедняк и в тоже время ненавидит коммунистов, преследует Павлика за его вступление в пионеры.

И это мы наблюдаем не только в случае с Павликом. Очень часто родители судятся со своим детьми по поводу родительских прав, по разделу имущества, часто сын или дочь из-за конфликта разрывают с родителями и уходят к своим любимым и т.п.

И как результат всего этого мы видим, что порой престарелые родители остаются без финансовой и иной поддержки со стороны детей, побираются по улицам. Все это результат тех процессов, которые сказываются на всей системе воспитания. Какой нормальный сын или дочь позволят своим престарелым родителям ходить по улицам и выпрашивать грошики на хлеб. Мы видим одинокие кучки пенсионеров, которые требуют или ждут от властей своей честно заработанной пенсии. Но почему они одни? Где их настоящие защитники - дети и внуки? Слабая активность общества и безнаказанность властей приводит к тому, что также в перспективе будут стоять и страдать потом и эти дети и внуки. Таким образом общество и ходит по замкнутому кругу.

Далее мы видим как отец изголяется над Павликом. Виден отец-садист, который практически теряет свои чувственные отцовские свойства. В любом демократическом правовом обществе он бы был немедленно лишен родительских прав. В то же время это очень важный момент для формирования вдаль смотрящих перспектив для исключения "синдрома Павлика Морозова". Необходимо отметить, что в США действия Павлика Морозова был бы нормальным явлением. Если отец издевается над ребенком, то тут же вмешивается полиция и другие службы по защите семьи и детей. Для этого только нужно ребенку обратиться за помощью к своей учительнице. Кроме того тут в США существуют суровые законы, касающиеся малолетних детей. Вы не можете оставить ребенка в возрасте до 12 лет одного дома, не можете его опустить гулять по улицам. Если вы нарушаете, то соседи могут позвонить и сообщить в полицию.

И мы видим на примере Павлика. Что делает его родной отец для того чтобы Павлик стал настоящим человеком. Да практически ничего и даже еще хуже. Мало того он физически издевается над ним, портит его анкету, записываясь в мафиози и таким образом в любом случае Павлик как и такой же сын или дочь нового русского не может идти дальше по своей блестящей карьерной лестнице, так как подмоченная репутация отца существенно влияет на дальнейшие действия. Кроме того возрастающее влияние четвертой власти (средств массовой информации) еще более ужесточают эти действия. Таким образом действия Павлика нужно соизмерять с возрастанием роли средств массовой информации.

Кроме того нужно также учитывать нестандартность принятия новых решений. Всего нового в России всегда боялись. И это проявляется в том, как принимают отряд Павлика в деревне.

Становление любого политического или общественного деятеля определяется также и его корнями, происхождением, родословной. Представим себе чтобы было, если бы в американских газетах перед выборами губернатора всплыло бы что родной отец одного из претендентов горький пьяница и взяточник!!!

Проблема формирования нового сознания Павлика задача более сложная и чувствительная и вместе с тем актуальная сейчас даже более, чем тогда в первые годы Советской власти.

И Павел идет фактически на подвиг когда он решается расстаться с отцом. Но это отторжение не соответствует тому, которое может быть применено к тем процессам отречения когда начинается массовая борьба с врагами народа. Павел отрекается сам. И в этом его отречении существенное отличие. Он отрекается до ареста, до вынесения приговора.

Особое место занимают Павла думы о родине.
Он мало думал о жизни, как успел узнать ее за свои одиннадцать лет. Глухая сторона -деревня Герасимовка. Мужчины пьют водку, ругаются, бьют жен, детей. Женщины замучены нуждой и работой и тоже ругаются.

Недаром мать Павла говорит:

-Наше дело такое-терпеть.

-А зачем терпеть, мама?

-Не нами, сынок, положено. С испокон веков ведется,- отец всему голова: что захочет, то и делает. Вот, говорят, прежде отцы детей убивали насмерть, и то им ничего за это не было.

Но Павел сам решает, что ему делать. Трудная жизнь, нет он не будет жить такой жизнью. Он будет пионером, комсомольцем, коммунистом, он будет строить новую жизнь, о которой в школе говорит Зоя Александровна, а на собраниях - приезжие коммунисты. Вот и в книгах и в газетах говорят про эту новую другую жизнь. Человек человеку должен помогать. Человек о человеке должен заботиться. Надо победить злого врага, который мешает строить жизнь по-новому. Он тоже будет бороться. Он победит....

Таким образом мы видим, что Павлика ориентирует и идеологически подготавливает новая власть. Но при этом она действует за кадром. Власть только направляет, но не защищает. Наезжает периодически районный партийный босс, что то коммунистическое говорит и после этого сторонники новой коммунистической эпохи остаются без всякой поддержки. Тоже самое возникает и сейчас, когда дают возможность создавать дело, но в тоже самое время практической помощи от государства не ощущается, особенно для создания бизнеса в мире высоких технологий.

В настоящее время мы видим более чем парадоксальную картину. Если новое поколение того периода под воздействием партии коммунистов формировало свои взгляды на свое светлое будущее, то сейчас фактически никто толком не представляет как образуется рыночное общество.

Это также отражено в тех опросах среди студентов, которые показывают, что практически большинство российских студентов не знает ничего об американской демократии. А про российскую говорят, что ее как таковой нет.

Таким образом получается что по своему интеллектуальному уровню Павлик М. находится намного выше, чем многие его сверстники из новой России.

Проблема Павлика М. это проблема формирования гражданского рыночного сознания у подрастающего поколения. Нужно формировать его в раннем возрасте и обучать детей уметь работать в командах. Нужно учитывать, что предпринимательские структуры это в первую очередь очень сплоченные по духу и действию команды.

При этом школьные общественные организации, создаваемые самими учениками должны вырабатывать свое собственное мнение, гражданскую независимую позицию, даже отличную от доктрин взрослых и, в том числе своих учителей. Поэтому даже восстановление тех же пионеров не несет в себе ничего предрассудительного, если предполагать пионеров как солдат пионерских рот. Да и в ленинских пионерах практически ничего плохого нет. Нужно учитывать, что пионерские организации даже самого репрессивного времени формировали в советском гражданине патриотичность. В результате упадка общественной активности среди молодежи в вузы приходит огромная масса малоактивных студентов, которые продолжают рассматривать профессорско-преподавательский состав ВУЗов как школьных учителей. Кроме того в результате катастрофического положения в материальном обеспечении научно-исследовательских и учебных работ в ВУЗах происходит более опасный процесс превращения преподавателей в учителей. В рыночной экономике в связи с развитием конкуренции среди ВУЗов наиболее престижными являются те, где ведется большая научно-исследовательская работа, связывающая науку, производство и общество, вовлекающая будущих специалистов в исследования.

Особый важный момент в воспитании юных граждан демократического общества приобретает “смычка” российской молодежи с передовыми слоями сверстников из Западной Европы и

США. Многое из “чуждого” Запада с успехом можно использовать для воспитания молодежи.

Отец Павлика фактически ушел из семьи. Это обычно очень сильно сказывается на формировании психики подростка. Особенно это обостряется в деревне, где все у всех на виду. При этом мы видим, что и мать выбивается из сил, а отец гуляет, пьет, но на семью не тратит ни копейки.

В данной процедуре выявления момента "стукачества" мы вынуждены констатировать, что реально это отражено более благороднее, чем могут представить иные аналитики. Павел честно сказал отцу, что он рассказал все уполномоченному.

При этом поднимается проблема:" Яйца курицу учат". Последние времена, сын восстал на отца ! На суде Павел открыто и честно рассказывает об всем. Сам по себе этот момент в новой трактовке формирования рыночного сознания имеет очень важное значение. Все дело связано с тем, что рыночное демократическое общество должно формировать совершенно новую личность, которая должна иметь в себе гражданское мужество, противостоять правонарушениям и иметь возможность проводить профилактику.

Кроме того сама процедура судебного расследования в демократическом обществе очень сложна. Вы должны дать клятву не лжесвидетельствовать, говорить правду и только правду и больше ничего, подвергаться перекрестному допросу адвокатов с двух сторон. Павлик действовал в рамках демократического расследования. Не мог же он лжесвидетельствовать.

К сожалению, это свойство отсутствует у множества наших соотечественников, не потому, что они такие уж плохие люди, а потому, что огромная масса советских людей должна была решать иные задачи. Существует все таки огромная разность и ответственность задач, стоявших перед советскими людьми, которых опекало советское государство, сращенное с партией и новыми людьми свободного рыночного общества. При этом свободы рыночные существенно отличаются от свобод социалистических.

Нужно учиться самоуправлению личности. "Пригодность к "самоуправлению" в обществе не является врожденной. Это результат привычки и длительной подготовки". Томас Джефферсон президент и автор "декларации независимости".

Судебное разбирательство в истории с Павликом М. может стать классической юридической задачей в формировании правового рыночного сознания российских граждан. Вообще в книге о Павлике власть размыта. Нет четкого ее формулирования. Виден сплошной разбой и бесправие. Кулаки выглядят зверями. Наезжает из области партийный босс, который как барин "приехал барин и рассудил". И все надежды на него. Возможно таким путем Правящая партия вводит в массы укрепленное понятие того, что сменивший барина коммунист должен брать на себя эти функции управления. Что кстати говоря и происходит сейчас по-прежнему. Главный районный коммунист дает упрощенное руководство к действию: “то бы ни был враг, с ним надо бороться- тут ничего не поделаешь".

И таким образом мы видим фактическое превращение сознания советских людей в сознание логического автомата. В цифровой технике есть два сигнала высокий и низкий уровень. Логическая единица и логический ноль. И это мы видим сплошь и рядом в нашей жизни и истории. Красное и белое. Но в то время исполнительные механизмы созданных логических автоматов решали все просто: враг-нажим курка. Но этот подход характерен не только для коммунистов, и их в этом нельзя винить, так как в средневековье также определялась связь с ведьмами. Если женщина тонет значит не ведьма, если не тонет, значит ведьма и надо ее сжечь. Очень хороший метод и самое главное простой. Но жизнь человеческого общества особенно такого, которое стремится создавать конкурентоспособную продукцию должно отличаться таким же разнообразием и не только продукции, но идей и взаимоотношений.

Неустойчивая психика паренька оказывается под воздействием целого ряда сложных факторов, с которыми ему очень трудно справиться. Скорее всего мы должны в настоящее время сами мучения Павлика перенести в российские души. Потому, что мы видим сейчас не взаимоотношения отца и Павлика, взаимоотношения старшего поколения и ныне живущих и получивших в свое наследство всю страну и все, что в ней находится с ее сознанием, материальными и духовными ценностями и что с этим всем богатством делать.

..Паша, опустив голову медленно переходил площадь. Будто нес он на спине большую тяжесть"

Фактически Павлик и сейчас несет за россиян всю эту большую тяжесть. Конечно надо прислушаться к мнению молодежи, так как нельзя считать что все было очень плохо.

Таким образом получается, что вся полнота власти в селе Герасимовка обрушивается на худенькие плечики Павлика, который только один представляет все политическое руководство по становлению нового строя.

Юридически Павлика нельзя рассматривать как стукача и сексота поскольку он выступает как свидетель.

На суде Павел честно рассказывает и как пионер дает показания. Мы видим отношение к формированию правового пространства в деревне.

Деревня (Россия) сразу раскалывается на несколько групп, одни "за", другие "против" этого поступка.

И после этого случая его так и зовут в деревне "Пашка-коммунист", отцепродавец. В данном случае мы должны рассмотреть соотношение малого и большого и как становится большое дело. Мы видим стадию становления пионерской организации. Видим как трудно создается новое дело. Пионеров убивают, бьют, колотят. Но однако же из истории пионерской организации мы знаем, что в конечном итоге она выросла в огромнейшую молодежную организацию, которая охватывала всю страну. Естественно любое дело создается и умирает вместе с существующей идеологией. И это можно отнести к созданию различных финансово-промышленных империй.

Они чахнут вместе со своим создателями. Пример этого компания Форда, которая погибала вместе со своим создателем и только внук Форд- 2 вдохнул в нее новые силы.

И в настоящее время опросы среди студентов также показывают, что многие выражают сожаление по поводу отсутствия каких-либо общественных организаций, которые бы способствовали единению. Есть конечно дискотеки, есть профсоюз, различные собрания, но все это конечно же не совсем удовлетворяет многих молодых людей. Тем более, что нет возможности для создания таких организаций. Создаваемая рыночная система регистрации, формирование костяка и т.п. канцелярские затраты и все это отпугивает многих от создания такого дела.

Хотя нужно учитывать особенности, например, обучения демократии через обучение бизнесу.

Так, например, в разгар Великой депрессии в США общественная школа "Скоки скул" поддержала целый ряд своих учащихся, объединенных общим названием "экономические предприятия" . Учащиеся с помощью учителей создавали различные виды бизнеса. Тут была и биологическая секция изучения пчел с пасекой. Они разводили пчел и продавали мед. Был открыт банк и кредитный союз, в котором учащиеся могли открывать счета и получать займы, страховая компания, которая страховала детей на случай рисков, как, например, разбитая посуда в школьном буфете. Эта деятельность охватила и оживила преподавание многих предметов.

Школьники - менеджеры сами оформляли финансовые сделки при незначительной помощи руководителей факультативов.

А в это время у нас.... В одном из кинофильмов "Ералаш" был показан российский доморощенный школьник-бизнесмен, который на хлебе делал бизнес. И этот юмористический негативный фрагмент не укрепляет новые рыночные отношения.

Но были местами аналогичные действия здравомыслящих советских руководителей и учителей, которые позволили получить наивысшие достижения в мировом масштабе.

Можно привести отрывок из книги Калашникова М.Т. (создателя автомата АК-47.В мире известны две единицы стрелкового оружия, получившие мировое признание - это американская скорострельная винтовка М-16 и советский АК-47.)

"... воспитание было основано прежде всего на привитии ученикам уважения к нелегкой работе на матушке -земле, на непременной помощи старшим и их заботам, на постоянном уходе за домашними животными. Учительница Зинаида Ивановна была инициатором соревнования на лучшую постановку дела по откорму телят. Каждый из нас любовно ухаживал за молодняком.

Это было чем-то схоже с современным семейным подрядом, только среди школьников. Помню, сколько гордости испытал, когда мои старания по выхаживанию бычка по кличке Красавец высоко оценили учительница и одна из лучших учениц нашего класса, к которой я в ту пору питал симпатию!!!!!"

Далее мы видим какому испытанию подвергается Павлик. Возникает отчуждение со стороны тех кто не принимает новые формы власти и отношения.

Мы также видим аналогию и в сегодняшнего времени, когда новые формы многим не нравятся.

В тоже время мы узнаем, что и Павлику трудно и нужно хозяйство держать и учиться. "Хозяйство-хозяйством, а школа - школой".

Тоже самое и сейчас. Увлечение бизнесом это хорошо. Но в тоже самое время необходимо учитывать, что знания пригодятся особенно потому, что сбор информации в раннем возрасте способствует дальнейшему становлению высококвалифицированной личности. Очень часто бизнесмены, которые не учились в университете испытывают дискомфорт. Есть даже такой синдром, используемый в психоанализе: Незавершенность проекта. Поскольку любое дело на которое ты пошел надо доводить до конца. Некоторые студенты уходят с младших курсов поскольку раскрутили бизнес и потом у них могут возникать проблемы чисто психологического характера. Эдисон, Форд, Джобс испытывали дискомфорт от того, что не получили американского университетского образования.

Далее мы видим, что в противоборстве с отцом Павлик выступает как бесстрашный борец с мафией. Он выходит победителем. Он командир не пионерского отряда, а командир спецотряда "Антимафия".

Далее мы видим роль Павлика Морозова в другом его направлении - это активная роль в сборе налогов. Нужно представлять, что хлебозаготовки можно в упрощенном виде представить как некую форму налогов. Собственно говоря нынешние налоговые мероприятия ничем по существу не отличаются от той же продразверстки, при которой национальные производители трещат по швам. Сейчас когда задача сбора налогов приобретает немаловажное значение для создания сильного государства рыночной экономики Павлик встает во весь свой исполинский рост как государственный и общественный деятель.

" -Почему же вы задумались? Есть ведь у вас хлеб. И каждому дано задание по силам. Вот мне с матерью трудно живется, потому, что у меня пять едоков, а работников двое. И то завтра же я сдам свою норму - два центнера.- говорит Павлик

-Ну ты известно, ты коммунист - крикнул злой голос из угла.

-Правдой не задразнишь - с вызовом повернулся туда Паша - а вы хотите обмануть государство? Это вам не удастся".

По нынешней трактовке получается, что если ты рассчитался по налогам ты и есть настоящий коммунист!!!!!

Таким образом мы видим Павлика как агитатора, как сторонника сильного правового государства. Он понимает государственную важность мероприятия - где сбор налогов это важнейшее дело. И это понимает он - одиннадцатилетний подросток.

Речь Павлика оказывает влияние и идет успешный сбор налогов. Но он заметил, что злых взглядов стало больше.

Павлик агитатор современной российской рыночной экономики. Сторонник и делатель сильного правового государства.

Но Павлик не только агитирует за создание правового государства, он берет на себя функции командира отряда налоговой полиции, выслеживая тех кто утаивает налоги (зерно). Ранее этот факт, да и сейчас он также основной массой наших советских честных соотечественников осуждает и это мы видим по тому как идет сбор налогов в настоящее время. Во многих рыночных подлинно демократических странах стукачество по налогам имеет место и общество это нормально воспринимает. Налоги обеспечивают движение капиталов, товаров и услуг в бюджетных сферах: армии, полиции, здравоохранении, образовании, социальном обеспечении и т.п. Но даже понимаемая важность сбора налогов не входит реально в сознание советских граждан. И эту же жизненную ситуацию мы видим и сейчас. Как идет утаивание налогов, как не сдаются декларации т.п. эксцессы. Но и само государство не собирается вводить оптимальные налоги, подходить реально к конкретным национальным товаропроизводителям. Поэтому действия Павлика как офицера налоговой полиции должны быть также актуальны как и тогда. Фактически бюст Павлика Морозова может стоять перед каждым районным отделением федеральной налоговой полиции. Так как со всей уверенностью можно констатировать, что Павлик - это первый офицер российской налоговой полиции, погибший на своем посту.

Да и сам пионерский галстук нужно рассматривать в свете известного стихотворения:

Как наденешь галстук береги его
Он ведь с красным знаменем цвета одного.

В новой рыночной трактовке это стихотворение звучит примерно так

Как полюбишь бизнес береги его
Он ведь с красным знаменем цвета одного

И это мы видим по тому как льется на улицах кровь всех кто участвует в становлении российской рыночной экономики: предпринимателей, государственных служащих и простых людей.

В целом книга про Павлика актуальна и сейчас своими противостояниями и может быть переиздана в своем первоначальном варианте для более глубокого размышления.

Особые взаимоотношения производителей и бедняков и их высказывания через десятилетия сверкают злободневностью.

"..коммунисты созданы на нашу погибель , - мрачно сказал Кулуканов (кулак)."

Мы видим его правоту и предсказания, так как они (кулаки в скором времени все погибнут и исчезнут).

Но видим и его вдаль смотрящее видение, так как в конце концов Коммунистическая Россия потерпела сокрушительное поражение в рыночной борьбе особенно в мире высоких технологий.

Если бы в России были созданы пентиумовские процессоры, или такие же телефоны сотовой связи, или такие же кухни и иная бытовая техника, то естественно споров бы не было. Но этого то нет. Есть танки, ракеты, стрелковое оружие, но этим то не обуешь, не оденешь, ни накормишь. Играть в войны хорошо в детстве, стрелять из деревянного автомата, или поливать противников из водяного пистолета, заряженного чернилами, или кидать хлебные бомбы с чернилами на головы прохожих. Это все очень увлекательно и интересно. То тут нужно всем задуматься о понятии реального светлого будущего и как оно становится. И на этом пути Павлик сделал очень много нужного и полезного.

Павлик погибает и в это тоже есть яркий пример идеализации героя. Это характерно для России. Любое страдание оно всегда очаровывает. Оно заставляет страдать душу особенно чистую и несет в себе сложные истоки для творческого подъема.

В повести про Павлика затрагивается правовая проблема. Если при суде над отцом Павлика даже не слышен голос защитника(адвоката), то в суде над убийцами Павлика уже мы слышим голос защитника.

"На суде был и адвокат. Он должен был защищать Кулуканова. Высокий в огромных очках, с большими усами, он вышел перед судом с пачкой каких-то бумаг. Все думали, что он произнесет защитительную речь, но адвокат не нашел ни слова для защиты.

-Я вынужден отказаться от защиты подсудимого Кулуканова, - просто сказал он и удалился".

В этом мы также видим одновременно торжество ленинских идей и парадокс советской правовой системы, роль адвокатуры в защите подозреваемых.

На самом деле идет процесс идеализации этого страшного преступления. Таким образом создается его значимость, что даже адвокат не может найти оправдания. Представим себе что в таком плане воспитывается несколько пластов поколений советских людей, где с такого возраста формируется отношение к суду, действиям адвокатуры, т.е. основным атрибутам создания правового государства.

Следовательно история Павлика Морозова затрагивает своим уже посмертным подвигом и страшной кончиной и основы создания правового пространства России. В средствах массовой информации того времени. Эту книжку можно отнести к этой категории. Идет, как положительный пример, поощряемый самим коммунистическим государством, акт отречения адвоката от своей основной обязанности. И при лишении права на защиту, подозреваемые в смерти Павлика Морозова осуждаются советским судом.

Судебные разбирательства в истории с Павликом М. Могут служить предметом для специальных исследований и расследований в области переходного формирования советского права в российское рыночное.

История и судьба Павлика Морозова и его миф актуальны в становлении государства нового типа и мы видим снова величие и бессмертие этого маленького государственного человека.

Счастливое детство автора этой работы проистекало в Финляндии с 1953 по 1957 год. Там он окончил начальную школу. Его принимали в пионеры в пионерской организации при посольстве СССР в Финляндии. Отец автора работал в торговом представительстве. Автору постоянно твердили о том, что они, (советские люди) находятся в капиталистическом окружении. Образ страны Советов (Родины) идеализировался и всячески восхвалялся. Многие дети жалели, что они не живут в Советском Союзе, а вынуждены жить в капиталистической стране. Автор, проезжая на школьном автобусе видел массовые выступления иностранных трудящихся и стычки с полицией за свои права. Таким образом шпиономания и страх перед миром капитала уже проникал в детские души. Кроме того постоянно напоминалось родителями о том, чтобы никакие конфеты и иные сладости и вообще ничего не брать из рук незнакомых людей, особенно говорящих на русском языке. Очень запомнилось посещение Хельсинской конфетной фабрики. Перед этим было очень жесткое инструктирование, о том, что вы советские дети, пионеры. Ничего не брать. Даже если будут уговаривать и предлагать. Нельзя, чтобы был виден советский пионер с протянутой рукой. Могут фотографировать. И вот мы представляем, как советские дети идут по конфетной фабрике, видят горы леденцов, огромные ванны полные вкусного шоколада и иных других сладостей. Горы вообще неизвестных разноцветных конфетных изделий и продуктов. Приветливые работники - финны, мужчины и женщины наперебой предлагают взять и съесть все что угодно из огромных гор леденцов, неупакованных шоколадных конфет. Но однако же из нескольких десятков советских детей никто так и не взял ни одной конфетки, ни одного леденца. Так как в каждом из них было выращено чувство гордости и достоинства за свою Советскую страну. Чего не скажешь про нынешнее время. Что творилось в этих маленьких душах и о чем интересно подумали сами финские рабочие, видя такую неестественную напряженность в советских людях? Но это советское терпение было вознаграждено, так как по окончании экскурсии руководство фабрики выделило для каждого советского ребенка по большому мешку с конфетами.

Этому можно было бы сейчас посмеяться, но развитие демократии и свободы личности определяется не глобально и не в статистических единицах как указывается в средствах массовой информации, что 70 "за" 10 "против" и еще 20 воздержалось. Исследуется свобода и мировоззрение каждой личности. При этом личность и ее свобода ставится выше всего.

"**Единственный титул в нашей демократической системе, который выше титула президента - это титул гражданина -Джимми Картер, президент США.**

Свобода - это привилегия, которую имеет человек для того, чтобы повседневно защищать себя... Рабиндранад Тагор.

Великий Ньютон однажды сказал, что он видел свои открытия потому так далеко, что стоял на плечах титанов.

Поэтому сейчас нужно рассматривать не саму историю Павлика Морозова, и мифы о таких же идеализированных советских людях, а весь тот слой советской нации, которые были созданы и воспитаны в этом ореоле и как это все повлияло на самые тяжелые времена в истории Родины. Несомненно героический образ Павлика Морозова, стоящего практически перед каждой школой и пионерским лагерем идеологически подготавливал нацию к суровым испытаниям.

И это выявилось именно 22 июня 1941 года, когда советские люди встали на защиту Родины.

Именно этот слой советских людей воспитанный на этих идеалах устоял при такой жесткой атаке сильных по идеологии и технологиям конкурентов, к которым можно отнести фашистские армии.

Чтобы сейчас не говорили про них всех из того советского периода важно одно, что Советская империя устояла. При полнейшем первоначально разгроме она оказалась способна к реорганизации, восстановлению и самое главное вышла еще и самой сильной державой.

Красная армия явила миру неслыханную мощь, обеспеченную всем строем социалистического общества.

Поколению автора повезло. Он и его сверстники видели реальных победителей, которые были еще в добром здравии и уме.

Появляются люди, которые рассуждая о проблемах рыночной экономики тут же говорят: “Надо же мы такую войну выиграли. А экономику наладить не можем?"

Тут же мы вспоминаем большие газетные и журнальные вырезки, огромные плакаты, на которых большие надписи: “Мы победили. Победил советский народ".

Нужно внести существенные поправки в реальное право собственности на победу. Осознание реального права собственности сейчас один из важнейших моментов в формировании рыночного сознания.

Отец автора бежал в атаку как и сотни тысяч таких же бойцов сталинских штрафных батальонов под ураганным огнем фашистских орудий. Он ощутил и видел реальность боя, которая определяется не тем, что мы видим в кино и слушаем по радио. Он видел реальностью настоящего боя, когда человек входит в очень сложное душевное состояние. Когда бежишь в атаку и орешь, а в твои подштанники полны собственного кровавого поноса и ты в свои двадцать лет ощущаешь реальность приближения смерти. И видишь ее страшное истинное лицо, когда на твоих глазах друга снарядом разрывает пополам и он, находясь на развилке между жизнью и смертью с вывалившимися из нижней части тела кишками, в луже собственной крови, просит его пристрелить, а комиссар с наганом грозит тут же расстрелять за шаг назад согласно приказу "Ни шагу назад".

И получив по черепушке осколком фашистского снаряда, ты не будешь вынесен как герой из этого кровавого месива, а очнувшись, сам доковыляешь до ближайшей перевязочной и, получив для успокоения стакан мутного низкокачественного самогона, будешь ждать очереди на перевязку.

И в этом надо задуматься всем в новых рыночных трактовках и терминологии.

Таким образом в современной трактовке жизнь и деятельность Павлика Морозова можно квалифицировать как:

- председателя и первого пионера (солдата пионерской роты) в глухом таежном селе Герасимовка,
- командира отряда по борьбе с местной мафией,
- агитатора советской экономики,
- командира отряда местной налоговой полиции,
- самое главное честного сельского труженика, который одновременно учился и работал, обеспечивая свою семью.

Закончить можно цитатой из книги:

Он наше знамя, наша гордость. Он никогда не умрет, он всегда будет с нами.

Паше было только тринадцать лет, когда он погиб, но он уже был настоящий борец, полный мужества и смелости, с крепкой волей.

15. ДМИТРИЙ ДОНСКОЙ
НА КУЛИКОВСКОМ ПОЛЕ

На слабый в идеологическом плане российский рынок хлынуло большое количество разнообразной литературы, которая по своему положительно и отрицательно влияет на становление социально-политической обстановки в обществе.

В целом можно отметить, что такая информационная атака со стороны Запада имеет больше положительного, чем отрицательного. Это связано с тем, что начинают бродить и шевелиться мозги нации, которые были вынуждены за эти долгие годы, становления нового общества идти непоколебимым курсом.

В настоящее время Россия, вышедшая из Советского периода развития, вступив в мировую рыночную экономику, напоминает по своему состоянию начало ордынского нашествия.

. . . .Русские полки не выдержали удара ордынской конницы, который, вероятно, наносился с разных сторон.. .

В данном случае предлагается показать тот активный творческий дееспособный мощный механизм, который был некогда заложен в душе российского человека. Этот механизм и позволял ему преодолевать любые трудности, впитывая энергию от своих исторических личностей и тех горьких поражений и славных побед.

Теперь же это должно помогать ему активно действовать на создаваемом российском рынке, работая над качеством продукции, услуг и развивать цивилизованную конкуренцию.

Высшая доблесть и героизм исторического российского человека просматривается именно в "прямом бою" с завоевателями. К этому моменту можно отнести сказание о подвиге Евпатия Коловрата, рязанского богатыря. 1700 "удальцов" Евпатия Коловрата напали на войско Батыя именно "в поле".

Долго бился Батый, чтобы расправиться в Евпатием.

". . . и едва сумели так убить крепкорукого и дерзкого сердцем и львояростного Евпатия. И принести его мертвого к царю Батыю. Батый же, увидев его, удивился с князьями своими храбрости и его мужеству. И повелел тело его отдать оставшейся дружине его, которая в том бою была пленена. И повелел их отпустить и ничем не вредить. . .

Князья ордынские сказали Батыю.: "Мы со многими царями во многих землях, на многих бранях бывали, а таких удальцов и резвецов не видали, и отцы наши не рассказывали нам. Сии люди крылаты и не имеют смерти, так крепко и мужественно бьются, один с тысячей, а два с тьмой. Ни один из них не может уйти живым с поля боя . .

. . . 16 декабря полчища хана Батыя начали осаду Рязани. Пять дней **ордынские тысячи**, сменяя друг друга, **непрерывно штурмовали** деревянные **стены Рязани** . Город подвергся страшному разорению, почти все горожане погибли.

Упорное сопротивление оказала Москва, тогда еще рядовой городок, на окраине Великого княжества.

. . .Но **москвичи не сдались** несмотря на подавляющее превосходство сил противника. Ордынцам пришлось штурмовать Москву.

Широко известна героическая оборона Козельска.

Осада Козельска затянулась. **Жители**, вооруженные короткими мечами, **отчаянно дрались**, делали ночные вылазки. Сорок девять дней стояли ордынцы под Козельском и **не могли ничего поделать с мужественными защитниками** города. Ни уговоры, ни обещания, ни угрозы не могли поколебать твердости жителей. Наконец под ударами стенобитных машин стены Козельска были проломаны. **Горожане пошли в ножи. Они дрались с бешенством отчаяния.** Четыре тысячи ордынцев пали в один день. **Рядом с ними полегли защитники Козельска. Батый приказал вырезать всех без жалости, не оставив ни жен, ни младенцев.**

После ордынского нашествия было сожжено свыше ста русских городов, но ни один из них не сдался.

Попытки освободиться от власти ордынского хана начались вскоре после нашествия Батыя. Сохранили свои военные силы многие русские города, не подвергшиеся разгрому.

Великий князь Дмитрий Иванович решил не просто отразить вторжение, но и нанести врагу решительное поражение. Только победа " в поле" могла заставить друзей и врагов Москвы забыть о позорном поражении на р. Пьяне в прошлом году.

Русские полки под командованием самого великого князя форсировали реку Оку и пошли по Рязанской земле навстречу Бегичу. Раньше, чем ордынцы они успели подойти к р. Боже и приготовиться к бою....

Атака русского войска была стремительной и неудержимой. В "лицо" неприятеля ударил "большой полк" под предводительством великого князя, а два других полка зашли с флангов. Вражеская конница в беспорядке откатывалась. . . .

Преследование разбитого врага продолжалось до темноты. . . . Ордынцы потерпели полное поражение . . .

Карательный поход Мамая , был задуман как акция отмщения. Но он понимал, что Русь уже не та, что раньше и стал готовиться к большому походу.

Готовился к походу и великий князь Дмитрий Иванович, укрепляя единство страны, собирая общерусское войско.

Военные историки считают, что княжение Дмитрия Ивановича - это время значительных перемен в организации, тактике и вооружении русского войска.

При Дмитрии Ивановиче значительно увеличилось постоянное ядро русского войска -"двор". Увеличилось количество военных слуг великого князя, к ним присоединились отряды "служилых князей".

. . .значительно возросла роль пехоты, в сражении с ордынской конницей. О глубокий и сомкнутый пехотный строй разбивались атаки ордынцев.

Единство общерусского войска обеспечивалось также общностью политических целей : несмотря на классовые противоречия, неизбежные в феодальном обществе. Антиордынскими настроениями были охвачены все слои населения от владетельного князя до простолюдина. Войне с Мамаем великий князь Дмитрий Иванович сумел придать общенародный характер.

Можно вышесказанное выразить в нынешнем времени в следующей редакции:

Единство русского бизнеса было обеспечено всенародной поддержкой. Страстным желанием стать гражданами поистине Великой Высокотехнологической державы были охвачены все слои населения от кремлевских чиновников и олигархов до инженеров и рабочих, от коммунистов до демократов.

Значительные изменения произошли и в тактике русского войска. Оно делилось на полки, что облегчало управление во время боя, позволяло маневрировать силами, применять разнообразные построения, сосредотачивать на решающих направлениях ударные группировки.

Полками командовали лучшие, наиболее опытные воеводы, которые назначались великим князем: **если даже во главе полка оставался удельный князь, то в помощь ему назначались великокняжеские воеводы.**

Характерной особенностью русского военного искусства было управление боем. Это управление осуществлялось подъемом и опусканием стягов, сигналами труб, заранее спланированными действиями отдельных полков в различных боевых ситуациях.

Военные историки единодушно указывают также на значительное повышение индивидуальной боевой выучки русских воинов.

Русский воин времен Дмитрия Донского - это боец-универсал, одинаково хорошо владевший всеми видами наступательного и оборонительного оружия. Стирается грань между лучниками и копейщиками, в результате чего исчезают отдельные отряды лучников.

Улучшается и вооружение, основным ударным оружием становится единообразие, **с узколистным наконечником, длинные копья "таранного" действия.** Кроме них, применяются **легкие и короткие копья-сулицы,** которые можно использовать как метательное оружие и как оружие в ближнем бою. На вооружении "пещев" были также **массивные тяжелые рогатины с наконечниками лавролистной формы, боевые топоры, секиры-чеканы, боевые палицы.** Новым явилось и применение в русской коннице **сабель. Длинные, тонкие, резко загнутые к концу клинки** оказались очень удобными в схватках в легковооруженными ордынскими всадниками. Обычным оружием дальнего боя были в русском войске **луки.** Значительно улучшилось и защитное вооружение русских воинов. Головы защищали плавно вытянутые и заостренные кверху **шлемы - "шишаки",** с металлическими "наушнями" и **кольчужкой сеткой -"бармицей"**, которая прикрывала шею. Появилась **"дощатая защита", чешуйчатая", "пластинчатая" или "наборная броня"**, в которой кольчуга комбинировалась с железными пластинами на груди, плечах. Такая броня была прочнее и надежнее в бою и сохраняла главные достоинства русского боевого доспеха - легкость и гибкость.

Длинные миндалевидные щиты, характерные для древнерусского войска, стали почти повсеместно заменяться **маленькими круглыми щитами,** которые прикрывали в основном лицо, плечи и грудь. Легкие и прочные щиты, предназначенные не только для защиты, но и для активного отражения ударов, были удобны в бою. Появились и

небольшие треугольные, сердцевидные и прямоугольные щиты, тоже удобные для рукопашного боя.

В целом русское войско было по вооружению лучше, чем ордынская конница (особенно по защитному вооружению). Безвестные русские умельцы, ремесленники-оружейники, снарядили своих защитников надежным, удобным оружием.

Великий князь Дмитрий Иванович разработал также систему прикрытия опасной границы. Эта система включала "сторожа крепкие", "заставы", гонцовскую службу, быстрое выдвижение к "берегу" (оборонительному рубежу).

Поход Мамая считается крупнейшим военным предприятием, которое знала Восточная Европа в X1V столетии. Мамай выступил со всеми своими князьями, многим ордами. Кроме того были наняты сильные отряды наемников, которые восполняли недостаток в ордынском войске пехоты.

Одновременно Мамай договорился о совместных действиях против Руси с Литвой и Рязанью.

Трудно назвать какое-либо событие отечественной истории, о котором бы написано больше , чем о Куликовской битве 1380 г. Мамаеву побоищу уделено множество научно-популярной литературы.

В анализе необходимо для развития предпринимательской стратегии и особенно энергетических аспектов выделить, все то, что поможет выживаемости российского предпринимателя.

Поэтому необходимо рассматривать Куликовскую битву и поведение противников не с точки зрения освободительной войны, а с точки зрения битвы двух конкурентов, которые должны заявить о своей победе. Таким образом завоевать рыночное пространство.

Уже в ранее изложенном видно, что все начинается с основательной подготовки. Подготовка идет как с технической стороны, так и формирования человеческого капитала. Все имеющиеся классовые и политические разногласия в российском обществе уже становятся менее значимыми перед самой битвой. Видна русская непокорность и тяга к своим национальным традициям и свободе. **Классовая борьба и ненависть уходят из душ и русские объединяются для национально-освободительного движения.**

. . . .переправившись, великий князь **приказал разрушить позади войска мосты** : он хотел сражаться до конца. С военной точки зрения - это было рискованным, но очень выгодным маневром. Широкая и полноводная река прикрывала теперь русское войско с тыла от возможного удара литовского войска, которое находилось всего в одном переходе от места сражения.

Прикрыв тыл своего войска рекой, Дмитрий Иванович применил новаторский для своего времени тактический маневр.

Военные историки считают, что признанию положительного значения реки в тылу войска западноевропейская теоретическая мысль пришла только спустя четыре столетия, в период "тридцатилетней войны" 1618-1648 гг.

В классических учебниках по бизнесу очень часто упоминается фраза "сжечь за собой мосты".

. . .построение полков, было закончено вечером 7 сентября, до наступления темноты, . . .

Русский строй был сомкнутым и глубоким, способным выдержать сильные лобовые атаки ордынской конницы. Великий князь Дмитрий выделил частный резерв, который стоял несколько позади и слева от главных сил, и сильный общий резерв - " засадной полк". Неожиданным для Мамая было выделение "сторожевого полка", как особой тактической единицы. "Сторожевой полк" не только выполнял функции боевого охранения : его задачи были шире. Выдвижение перед главными силами "сторожевого полка" держало на почтительном расстоянии от основного строя конных ордынских лучников. Они не могли, как всегда делали раньше, еще до битвы обстрелом нанести потери русским полкам, внести замешательство в их ряды. Из рук Мамая было выбито грозное оружие - " "наезды" лучников, тысячи стрел, которые могли обрушиться на русских "пешцев".

Всего в русском строе было пять линий. Впереди "сторожевой полк", за ним передовой полк. Он должен был принять на себя первый удар ордынской конницы, задержать и ослабить ее. Только после этого в сражение вступали главные силы русского войска, плотно перекрывавшие все пространство между устьями Нижнего Дубяка и Смолки - большой полк, полки правой и левой руки. Позади главных сил был оставлен сильный отряд, выполнявший роль частного резерва. По-видимому великий князь допускал прорыв ордынцами своего левого фланга и оставлял силы, чтобы подкрепить главные силы. И наконец, за левым флангом русского войска в Зеленой Дубраве, прятался общий резерв - отборный засадный полк. Если Мамай прорвется по левому флангу, он должен был бы неминуемо подставить свой фланг и тыл под удар засадного полка.

Основной тактической идеей построения русских полков на Куликовском поле было вынудить ордынцев к невыгодной для них фронтальной атаке, сдержать натиск Мамая и неожиданным ударом засадного полка решить исход сражения. Победа ковалась Дмитрием Ивановичем еще до начала сражения.

Шести полковое построение, которое было новинкой для того времени , обеспечивало более маневренное управление войсками во время сражения.

Не покидая своих мест в боевом строю, русские воины ждали рассвета.
И оно пришло, утро Куликовской битвы.

" Настал 8 день месяца сентября. . . На рассвете в пятницу, на восходе солнца, была мгла, как дым. И начали знамена простираться.. .ратные трубы трубить. Уже русские кони оживились от трубного зова, каждый воин под своим знаменем. Радостно видеть стройные полки..... . .

Когда же настал седьмой час утра. . . начали с обеих сторон трубы трубить страшно. . . и сливались голоса трубные в единый голос, слышать страшно. Полки по обеих сторон еще друг друга не видят, потому что утро мглистое, как дым, но земля грозно стонет. . .Обширное поле Куликово перегибается, реки выступили из своих берегов, потому что никогда не было столько людей на том месте". Так описывает автор " Сказания о Мамаевом побоище" канун знаменитой битвы.

Великий князь Дмитрий Иванович в последний раз объехал полки, воодушевляя воинов.
"Ныне же, братья,- призывал он, - устремимся на битву, от мала до велика, победными венцами увенчаемся!"

Затем переоделся в доспехи простого дружинника и поехал в первые ряды войска, чтобы собственноручно биться с ордынцами!!!!!

Туман постепенно редел. Вперед, в низину между истоками Нижнего Дубняка и Смолки , первым спустился "сторожевой полк". Он столкнулся с ордынским авангардом. Воеводы "сторожевого полка" выполнили поставленную перед ними задачу. Ордынские конные лучники, которые, как всегда, кинулись вперед, чтобы засыпать русский строй ливнем стрел, были встречены в поле ратниками" сторожевого полка" и отбиты. Не случайно в летописях отсутствовали даже упоминания о лучниках и о потерях, которые бы могли нанести русскому войску. Начало битвы было выиграно Дмитрием Донским. Его противнику оставалось только искать победу в "Прямом бою", во фронтальной атаке.

" В шестом часу дня (примерно 11 часов утра)-началось сближение главных сил. Русские полки, сохраняя общий строй, поднялись на возвышенность. На противоположном краю низины появились массы ордынской конницы, черные ряды генуэзской пехоты. Солнце стояло уже высоко, туман рассеялся, и противники впервые увидели друг друга.

"И страшно было видеть две силы великие, съезжавшиеся на скорую смерть". По словам современника "русская сила в светлых доспехах, как река льющаяся, как море колеблющееся, и солнце светло сияло на ней, лучи испуская".

Сам Мамай " с тремя князьями своими большими взошел на высокое место, на холм, и тут стал, хотя видеть человеческое кровопролитие".

Ордынцы наступали в обычном для них боевом порядке: сильный центр, состоявший из пехоты и конницы: "крылья" отборной конницы, которые должны были нанести решающие удары: общий резерв, спрятанный до времени позади Красного холма. Но Мамай увидел свои ошибки и стал перестраивать построение полков на ходу, так как у него было мало места для маневра.

" И встретились полки, пошли навстречу , и гудела земля, горы и холмы тряслись от множества воинов бесчисленных".

Столкновению предшествовал еще один героический эпизод- поединок богатырей.

Наиболее удачное описание поединка и начала битвы изложено в следующем.

Это важнейший момент начало Куликовской битвы. Когда войска вплотную подошли, так как чувствовалось. что наступает для многих из них последний смертный час. Но каждый из них понимал, что обратной дороги нет. Только вперед!

В полдень впереди, на вершине холмов, русские увидели несметную силу Золотой Орды.

Первой, растянувшись версты на три, шла черная генуэзская пехота: фряги, смельчаки Европы, ученики адриатических командиров, двинулись , уверенные в себе.

Вооруженные короткими мечами, выдвинув вперед тесно сомкнутые черные щиты, фряги шли сплошным грозовым валом, подпирая положенные на их плечи длинные копья второго ряда. Синие перья развевались на их шишаках. Края пехоты держались на конных ордынских тысячах.

Сзади, сдерживая коней, молчали под лохматыми черными шапками безжалостные косороги, а через гребни холмов переходили и надвигались густые , черные, молчаливые новые орды.

Русские трубы смолкли, русские красные щиты поднялись. Молча враги продолжали сближаться.

Едва не касаясь копья о копье, остановились: не было дано знака к началу битвы - сперва следовало рассмотреть врага, обменяться первыми ударами.

Генуэзские ряды разомкнулись, и из косожской конницы на резвом вороном жеребце вырвался печенег Челубей и , обернувшись к русским, понесся вдоль смолкших ордынских рядов.

Так велик был его рост, что, стоило ему вытянуть ноги, и конь мог проскочить между его ног. Стоило размахнуть ему руки, и левой рукой он коснулся бы русских щитов, а правой - ордынских.

- Ау ну! Кто смел? Смерды, лапти, солома!

Русские воины понимали, что нужен такой боец, который бы смог свалить этого противника в поединке - в том честь всего русского войска.

И, раздвигая передовую цепь, Пересвет выскакал в узкую щель меж воинствами.

Оба развернули своих коней и рванулись друг на друга.

Копье Пересвета с размаху ударило в Челубеев живот, и тут же копье Челубея пробило грудь Пересвета.

Кони присели от удара.

Мгновение спустя, распустив гриву, Челубеев жеребец поскакал прочь, волоча застрявшего в стремени мертвого всадника.

Пересвет удержался в седле. Его конь заржал, обернувшись к своим, и примчал всадника: обняв конскую шею, мертвый инок вернулся к своему полку!!!!

Под великокняжеским знаменем взревела, как бык, боевая труба. И тысячи глоток взревели, выкрикнув первый вопль битвы, и щиты ударились о щиты, и копья затрещали о копья, и яростный гул брани, ржанья, лязга и топота колыхнул небо над головами и землю под ногами бойцов.

Огромные рати сошлись в яростной сече. Всеми силами ордынцы обрушились на передовой полк , и "была брань крепкая и сеча злая".

Почти весь полк погиб "как сено посечено", но и наступательный порыв ордынцев был ослаблен.

В дело вступил большой полк, защищавший центр русского строя. **Началась упорная сеча, которая непрерывно продолжалась четыре часа, "с шестого часа до девятого"**

Летописец повествовал: "Сошлись обе силы великие вместе надолго, и покрыли полки поле на десять верст от множества воинов, и была сеча ожесточенная и великая и бой упорный, сотрясение весьма великое: от начала мира не бывало у великих князей русских, как у этого великого князя Всея Руси. Когда бились они с шестого часу до девятого, пролилась как дождевая туча кровь - сыновей русских и поганых : пало бесчисленное множество трупов мертвых. . .

Смешались и перемешались, каждый ведь своего противника стремился победить".

Летописцу вторит автор "Сказания о Мамаевом побоище", добавляя красочные детали: "Крепко сражались, жестоко друг друга уничтожали, не только от оружия, но и от великой тесноты под конскими копытами умирали, потому что нельзя было вместиться на том поле Куликовом: то место между Доном и Непрядвою было тесно. Выступили из полков кровавые зори, а в них сверкали сильные молнии от блистания мечей. И был треск великий и шум от ломающихся копий и от ударов мечей, так что нельзя было в тот горький час обозреть это грозное побоище. . ..Уже многих убили, многие русские богатыри погибли, как деревья приклонились, точно трава от солнца усыхает и под копытами постилается. . . ."

Большой полк выстоял, несмотря на большие потери, снова и снова смыкая строй, " и вновь укреплялся стяг".

Не удалось ордынцам прорвать и полк правой руки. Тогда Мамай перенес главный удар на левый фланг русского войска. Замысел его состоял в том, чтобы сосредоточить там превосходящие силы (за счет введения в бой своего общего резерва) , обойти русский большой полк, прижать его к Непрядве и уничтожить. Надо сказать, что частично выполнить этот план Мамаю удалось: фронт полка левой руки был прорван ордынцами, их силы начали обтекать большой полк, рвались к переправам. Но они не подозревали о засадном полке, спрятанном великим князем Дмитрием в Зеленой Дубраве, и это погубило Мамая.

Нужно отдать должное выдержке и воинскому мастерству предводителей "засадного полка". Ордынцы уже теснили с фланга большой полк, русские воины погибали в неравной сече. Но воевода Дмитрий Боброк-Волынский медлил. Еще нужно было выжидать. Преждевременный удар "засадного полка" не переломил бы ход битвы. Мамай мог повернуть свои резервы против "засадного полка" и остановить его. С другой стороны, запоздалое вмешательство засадного полка обрекало на гибель воинов большого полка, с трудом отбивавших фронтальные и фланговые атаки ордынцев.

Драматизм момента хорошо передает автор " Сказания о Мамаевом побоище": "Видя такой урон.. князь Владимир Андреевич не мог терпеть и сказал Дмитрию Волынцу :" Какая польза в стоянии нашем, какой будет у нас успех, кому будем пособлять? Уже наши князья, бояре, все русские сыны жестоко погибают, как трава клонится!" И сказал Дмитрий Волынец :"Беда князь велика, но еще не пришел наш час" . . . Сыны же русские в полку его горько плакали, видя своих друзей, побиваемых погаными, непрестанно стремились они в бой . . .. Волынец же запрещал им, говоря: "Подождите немного. . .будет наше время" ... .Пришел восьмой час , и южный ветер потянул позади нас. . .И закричал Волынец громким голосом :" Князь Владимир. время приспело!". . .

Выехали из дубравы зеленой, точно соколы приученные оторвались от золотых колодок, ударили на великие стада журавлиные. . . И побежал Мамай сам девятый, как серый волк.. .Многие же сыны русские гнались вслед Мамаю, но не догнали его: уж кони их утомились, а сами они сильно устали. Руки русских сынов уже устали, не могли убивать.. . а мечи их и сабли притупились".

Автор "Сказания" верно описывает перелом, внесенный в ход битвы неожиданным ударом засадного полка. Ордынцы , не ожидавшие удара в тыл, пришли в замешательство. Ударная группировка их конницы была разрезана надвое. Передовые ордынские тысячи, оказавшиеся позади боевого порядка русских полков, побежали дальше к р.Непрядве, где многие из них погибли - берега реки были крутыми, высокими. Остальная конница побежала обратно , к Красному холму.

Почти одновременно с ударом засадного полка перешли в наступление конные и пешие воины полка правой руки и большого полка. В этом проявилось воинское мастерство воевод, которые правильно оценили обстановку и приняли единственно правильное решение: поддержать атаку засадного полка активностью остальных полков. После этого отступление ордынцев приняло характер беспорядочного бегства.

Мамай ничем не мог помочь гибнущей коннице, он уже раньше ввел в прорыв на русском левом фланге все свои резервы. Бегство самого Мамая еще больше усиливало панику. Русские всадники "погнались за ними, избивая и рубя без милости.. .И гнали их до реки Мечи, и там бесчисленное множество бежавших погибло. Княжеские же полки гнали их, избивая, до стана их и захватили много богатства и все имущество их".

Преследование было всеобщим. Так, в засадном полку " ни один человек не остался под знаменем", все гнались за убегавшим врагом. Русская конница преследовала ордынцев почти 50 километров : главные силы ордынского войска были уничтожены.

Вечером воины стали возвращаться на поле битвы, где уже были подняты полковые стяги. "Уже и день кончился, солнце заходило, затрубили во всех полках русских в трубы",- повествует автор "Сказания".-- Грозно и жалостно смотреть на кровопролитие русских сынов: человеческие трупы, точно великие стога, наворочены, конь не может быстро через них перескочить, в крови по колено бродят, а реки три дня текли кровью" . Начали считать потери, и они оказались огромными.

Всего в сражении погибло 12 князей и 483 боярина, что по подсчетам историков , составило примерно 60% "командного состава". Историки полагают, что погибла примерно половина русского войска, таким кровопролитным было это великое сражение. Однако ордынцев погибло еще больше, особенно во время бегства. Огромные потери Мамая вполне объяснимы. В "прямом" рукопашном бою ордынцы, имевшие слабое защитное вооружение, должны были потерять много воинов.

Победа на поле Куликовом сразу изменила стратегическую обстановку. Великий князь Литовский Ягайло сразу отступил. Князь Олег Рязанский поспешно " отъехал к литовскому рубежу", опасаясь возможного гнева Дмитрия Ивановича. Победа была полной. Погибших русских воинов похоронили на Куликовском поле.

Куликовская битва явилась триумфом великого князя Дмитрия Ивановича, которого в народе в память победы на Дону стал называть Донским.

Дмитрий Донской не только разработал блестящий стратегический план войны с Мамаем и сумел последовательно провести его в жизнь и показал во время " Мамаева побоища" большое личное мужество и самопожертвование. Как простой ратник, он сражался с мечом в руках на самых опасных местах, сначала в " сторожевом полку", затем в самом центре русского строя. По словам летописца, Дмитрий Донской " бился. . став на первом ступе, и много ударяли по голове его, и по плечам его" , однако крепкие доспехи спасли жизнь великого князя. "Все доспехи его избиты и пробиты, но на теле его не было ни одной раны. А бился он . . . лицом к лицу, став впереди в первой схватке, сперва справа от него дружину его били, самого его обступили вокруг, как обильная вода по обе стороны, много ударов ударялось по голове его и по плечам и по животу, но от всех ударов бог защитил его в день битвы. И таким образом среди многих воинов он сохранен был невредимым" .

Сохранили летописи и рассказы очевидцев об участии Дмитрия в битве. Одни видели, как он "шел пешим с побоища, тяжело раненый". И на него наезжали три всадника-ордынца, другие дополняли, что Дмитрия Донского " с коня сбили" , но " он же сел на другого коня". Князь Владимир Андреевич после битвы стал расспрашивать очевидцев. "И сказал ему первый самовидец, Юрка- сапожник:

"Я видел его, государя, на третьем часу , сражался он железной палицей". Второй самовидец, Васюк Сухоборец , сказал: "Я видел его в четвертом часу, бился он крепко". Третий сказал Сенька Быков : "Я его видел в пятом часу, бился он крепко". Четвертый же сказал Гридя Хрулец : "Я его видел в шестом часу, бился он крепко. . .".некто же именем Степан Новосельцев, тот сказал: "Я видел его в седьмом часу, крепко сражавшимся перед самым твоим выездом из Дубравы, шел он пеший с побоища, тяжелораненый".

Этот огромный историко-энергетический заряд видим перенесенным в другие важнейшие времена, когда над Россией нависала опасность. Так можем привести в качестве примера Бородинскую битву , когда русские полки под командованием М.И. Кутузова в прямом бою показали свою выдержку и героизм. Часто великий полководец мысленно обращался за духовной поддержкой к своему великому предку.

В грозную осень 1941 г. не случайно имя Дмитрия Донского было названо коммунистическими идеологами среди имен величайших русских полководцев, подвиги которых вдохновляли советских воинов на священную войну за независимость.

Память о Дмитрии Донском и его русском войске навечно сохранится в народе и этот подвиг будет многократно служить героическим примером в решении многих трудных задач.

Рассматривая саму битву и непосредственно роль руководителя, мы выискиваем аналогии, которые могли бы быть успешно использованы для реализации в историко-патриотической деятельности российских предпринимателей.

Конечно на первом этапе это будет пока выражаться только в отдельных наскоках и локальных стычках при работе над качеством и развитием конкуренции в тех средах, где еще имеются возможности, средства и самое главное желание как работников, так и руководителей.

Практическим подтверждением политической неуверенности российского бизнеса можно назвать бегство национального капитала за границу. С чего бы то было нужно утекать капиталу за границу? Но если для национального бизнеса не созданы устойчивые формы существования и развития, то естественно он будет уходить. И никакие силы его не удержат. Возникает обычная способность для самосохранения.

Поэтому необходимо определить ту сформировавшуюся духовную и энергетическую силу, которая позволила прийти на Куликовское поле тысячам русских и дать тот победоносный бой. Что способствовало этой битве и победе?.

Естественно никакие эффективные системы обороны и оружия не могут быть победоносными сами по себе. Все это создается первоначально только в человеческом мозгу. А далее реализуется как совокупность всепобеждающей идеи и активного действия.

И каким бы талантливым не был полководец, но если у него немощные воины, нет активности и способности к действию, отсутствует чувство патриотизма, понимания реальной опасности, нет тяги к свободе, нет тяги к способности переносить трудности и побеждать, отсутствует профессионализм, то провал обеспечен.

Такой же подход существует и в предпринимательской среде, каким бы ни был руководитель, но если у него не ладится с подчиненными, то как бы он ни старался, то все пойдет прахом. Поэтому первоначально нужно создать ту связывающую духовную нить, которая позволит всем составляющим в предпринимательской среде действовать.

В российской истории существуют исторические деятели, которые создают такие фундаментальные направления, позволяющие потомкам использовать наработки для методологического подхода при решении различных по своей направленности задач.

К таким наработкам можно отнести труды Сергия Радонежского и его правила, которые повлияли на выживаемость российской нации и государства.

Занявшись методами исторического подобия, мы можем подтвердить, что нашествие ордынцев на Русь было одним из тех народных бедствий, которые приносят не только материальное, но и духовное разорение, надолго повергая народ в мертвенное оцепенение. Люди беспомощно опускали руки, умы теряли всякую бодрость и упругость и безнадежно отдавались своему прискорбному положению, не находя и не ища никакого выхода. Что еще хуже, ужасом отцов, переживших бурю, заражались дети, родившиеся после нее. Мать пугала непокойного ребенка лихим ордынцем. Услышав это злое слово, взрослые растерянно бросались бежать, сами не зная куда. Внешняя случайная беда грозила превратится во внутренний хронический недуг: панический ужас одного поколения мог развиться в народную робость, в черту национального характера, и в истории человечества могла бы прибавится лишняя темная страница, повествующая о том, что нападение азиатского монгола повело к падению великого европейского народа.

Мы можем отметить, что отличительным признаком Великого народа служит его способность подниматься на ноги после падения.

Как бы ни было тяжело его унижение, но пробьет урочный час, он соберет свои растерянные нравственные силы и воплотит их в одном великом человеке или в нескольких великих людях, которые и выведут его на покинутую им временно прямую историческую дорогу.

Отличительная особенность сегодняшней стратегии выживаемости мировой рыночной системы заключается в том, что выживаемость определяется свойствами не только одного или нескольких выдающихся людей, но и огромного большинства компетентных специалистов. Кроме того наряду с их компетентностью и профессионализмом требуется большое количество специалистов иного рода, способных найти ценность и рациональность использования каждой творческой личности в сложном рыночном механизме. При этом все это должно активно действовать не за счет каких-то приказов и распоряжений сверху, а от требований современной жизни и понимания того, что действительно необходимо для удовлетворения потребностей цивилизованного общества.

Это мы можем рассмотреть на выживаемости практически любого бизнеса в США. Например чисто производственного. Это гармонично действующее предприятие, охваченное единой идеей выживаемости в условиях конкуренции. При этом от постоянных атак конкурентов, битвы за клиента формируется чисто бойцовский характер, непрерывно требуются новые знания.

Например Маккей сравнивает себя и своих коллег с гладиаторами, непрерывно ведущими бой не на жизнь, а на смерть -- разве что оружием иным, чем во времена Спартака.

Современная теория конкуренции учит, что например, репутация фирмы -- одно из конкурентных преимуществ высшего порядка, поскольку его труднее всего превзойти вашим соперникам.

Возникает новое свойство, умение общаться. Так в частности, анализируя учебные программы для бакалавров в американских технических университетах, мы видим. что предлагаются такие учебные программы, как "Техника и общество", "Социальная психология", "Общение в небольших группах".

Необходимо рассматривать работу бизнесов в области высоких технологий, как небольшие эффективно действующие группы. Эти фирмы - пираньи, активно выискивают заказчиков и состоят как правило из небольшого числа людей. Это в большей части высококвалифицированные специалисты -- универсалы по подобию бойцов войска Дмитрия Донского.

Почему мы обращаем внимание на эти процессы, которые не относятся к основным наболевшим проблемам, пока еще не хватает питания, малая зарплата.

Все оказывается гораздо сложнее. Возникает более масштабная задача -- подтверждения величия нации и Великой державы и как следствие этого в перспективе полагается иметь зарплату, соответствующую таким же ценностям..

Новое поколение выросшее в настоящее время уже постепенно, как и при нашествии орды постепенно отвыкает от негативных явлений коммунистического режима и это дает возможность для реализации множества различных идей.

Мировая конкурентная борьба требует гибкости и практически мгновенной перестройки.

Теперь же возникает новая более масштабная задача - разработки новой стратегии защиты национального качества и развития конкуренции.

Чтобы сбросить любое иго и построить прочное независимое государство нужно самому народу встать в уровень высоких задач, приподнять и укрепить свои нравственные силы, приниженные порабощением и унынием.

Основные методологические подходы были разработаны и успешно использованы на практике Сергием Радонежским и его сподвижниками.

В данном случае мы можем указать, что методика требовала ежедневной терпеливой работы с каждым учеником, над отдельными особенностями каждого брата, приспособляя их к целям всего братства. При этом ученики преподобного Сергия не обезличивались, личные свойства не стирались, каждый оставался сам собой, и становясь на свое место, входил в состав сложного и стройного целого, как в мозаической иконе различные по величине и цвету камешки укладываются под рукой мастера в гармоническое выразительное изображение. Наблюдение и любовь к людям дали умение тихо и кротко настраивать душу человека и извлекать из нее, как из хорошего инструмента, лучшие ее чувства, ...

Так воспиталось дружное братство, производившее, по современным свидетельствам, глубокое назидательное впечатление на мирян.

Эта система общественных взглядов проповедуется в зарубежной рыночной экономики. Так, в частности, японцы сравнивают свои компании со стеной, построенной из камней. Умение руководителя состоит в том, чтобы правильно выложить ровную стенку, так как камни разные. А.Морита."Сделано в Японии". Аналогия очевидна. В тоже время японцы сравнивают в этом случае американские компании как стенку, выложенную из ровных и одинаковых по размеру кирпичей.

Но на самом деле нужно понимать, что только гармония всех составляющих общества позволит дать намного больше положительного, чем просто решение таких простых задач под единым ранее общеизвестным лозунгом : "Каждый должен делать свое дело".

Уже в этой фразе заложено множественное противоречие между всеми составляющими цивилизованного рыночного общества. Рассмотрим, например, этот лозунг с позиций рабочего- токаря. Он пришел на работу наточил кучу деталей. Затем ушел с работы. Его не интересует, что будет дальше с его деталями. Ему важно одно, что он должен получать зарплату. Потом ему важно, чтобы была бы гарантия того, что и завтра будет и работа и зарплата. Так хочется большинству, честно работающих трудящихся. Многие готовы много работать. Но такой подход уже не годится для современного бизнеса. В этом случае уже рабочий должен понимать, что от его труда зависит судьба бизнеса. Если он будет плохо работать. то детали плохого качества будут создавать готовую продукцию низкого качества. Естественно это отразится на его же кармане. Кроме того, при понимании важности своей работы рабочий мог бы внести предложения по более удобным приемам работы, по экономии материалов, по сокращению времени обработки и т.п. Таким образом сам рабочий включается в основные направления рыночной экономики - работу над качеством и повышением конкурентных показателей своей продукции. Нельзя же полагать, что владелец будет думать над каждой деталью, производимой на предприятии. Но снижение расхода сырья. трудозатрат - это в компетенции рабочих. Этот комплекс задач выходит за рамки понятий "только своего дела".

Более сложнее дело обстоит с обязанностями предпринимателя. Если ранее государство брало все задачи с трудоустройством на себя, то мы видим во что все это вылилось. При уравниловке и честном казалось бы отношении к труду, образовались мощные коллективы с такой низкоэффективной работой, что все это в один момент развалилось.

Предпринимателю нужно думать о том, как реализовать труд рабочего и как ему заплатить. При этом также нужно думать о том. чтобы найти работу на следующий момент. Так как не всегда будет одна и та же постоянная работа.

Поэтому судьба и работа предпринимателя приобретают несколько специфический оттенок особенно в производственном процессе.

В частности в книгах по бизнесу указывается, что отличие руководителя частного предприятия состоит в том, что над ним нет руководителей. Если мы берем госпредприятие, входящее в состав главка, ведомства, треста и т.п. мы знаем, что ведется некоторая подстраховка. Вышестоящее начальство может наказать, помочь. поддержать. В данном случае рассчитывать ни на кого не приходиться, так как все решения надо принимать самому без внешней поддержки. Нужно учитывать, что специфика работы российских предпринимателей несколько отличается от работы зарубежных, которые успешно действуют на мировых рынках в условиях высокой стабильности работы над качеством и развитием конкурентной среды. В советизированной новой России эти процессы еще не приобрели свой актуальности. Поэтому многие надеются на старую, внушенную им систему производственных отношений и такой же работы. Многие производственные крупномасштабные коллективы полагают, что неизвестно откуда возьмутся инвестиции, что будут приданы команды для решения задач по наращиванию производства, поможет правительство поддержать отечественного производителя. Наши исследования по проблемам национального приборостроения показывают, что крупные национальные приборостроительные предприятия, ранее работавшие на оборонные отрасли в настоящее время не особенно стараются захватывать пустотелые белые пятна в мировой конкурентной приборостроительной среде.

Кроме того многие пользователи электронной техникой и разработчики не понимают сути конкуренции услуг и ее политического характера, который позволяет отличить высокоразвитую Великую державу от просто Большой державы. Все связано с тем, что наряду с промышленным шпионажем как в открытом виде по существующим разработкам ведутся исследования и анализ работы научных коллективов и высшей школы. Эти работы проходят по интеллектуальным рынкам и таким образом анализ таких направлений показывает значимость разных факторов. Если в национальном производстве не развивается электронизация, не ведутся работы по технологическому контролю, то о таких работах как качество или конкуренция говорить просто не приходится. Если их нет, то следовательно никакой рыночной экономики в природе национального производства не существует.

Это в настоящее время и происходит на самом деле. Исследования показывают, что только индивидуальная работа с клиентами дает возможность внушить эти два очень важных положения и их связь с электронизацией народного хозяйства.

Эти аспекты требовали пересмотра мировоззрения бывшего советского человека. При этом нельзя считать, что сам идеал и реальный советский человек это плохие или нехорошие люди. Они просто были готовы для решения иных задач. Как часто бывает когда создается определенная система взглядов, толкаются идеи, которые просты для понимания и таким путем создается огромная масса честных людей. Они должны выполнять определенную задачу данного государства.

Многие могут требовать расправы и введения жесткой системы, удовлетворяющей требования государства или большой части общества. Но в данном случае нужно подходить как и при приготовлении теста. Нужна закваска для активного брожения. Это живительное брожение дает возможность хлебам подняться и дает то, что необходимо для поддержания жизни.

Но основная цель состоит в том, чтобы найти основной стержень. В этом смысле идеологическое и нравственное философское направление духовных просветителей того времени дали, то , что народ, привыкший дрожать при одном имени ордынца, собрался наконец с духом, встал на поработителей и не только нашел в себе мужество встать. Но и пошел искать ордынские полчища в открытой степи и там повалился на врагов несокрушимой стеной, похоронив их под своими многотысячными костями. Как могло это случиться? Откуда взялись? Как воспитались люди, отважившиеся на такое дело, о котором боялись и подумать их деды? Глаз исторического знания уже не в состоянии разглядеть хода этой подготовки великих борцов 1380 года :знаем только, что преподобный Сергий благословил на этот подвиг Главного Вождя Русского ополчения, сказав: "Иди на безбожников смело, без колебаний, и победишь".

Сейчас возникает проблема повышения чувства нравственной бодрости, духовной крепости, которое в первую очередь требуется определенной части российских предпринимателей.

Так как они в первую очередь испытывают тот первый удар "ордынской конница" и должны отстоять как можно больше и выстоять.

На самом деле идет частичное разрушение производственного войска для отражения атаки конкурента. Кроме того многие даже и не собираются заниматься этими вопросами. Интересны следующие высказывания:

- вообще не собираемся изучать конкурента, так как наше дело только работать и производить продукцию,
- клиенты сами к нам придут, вот только много малых предприятий развелось и они отбивают заказчиков,

- нам как то неудобно выискивать у конкурентов слабые места, как будто копаемся в "грязном белье".

Таким образом оказывается, что многие руководители не представляют специфики конкурентной борьбы, полагая, что все это сейчас может измениться.

Но самое интересное было в том, что при исследовании сознания бывшего советского человека было выявлено, что многие не решались принимать решения до выборов. Так как полагали, что только выборы определят главную линию.

Сравнивая ситуацию с США можно отметить, что на открытие и развитие бизнесов выборы не играют никакой роли.

Таким образом существующая духовная неустойчивость в сознании бывшего советского человека влияет на развитие работы над качеством и развитием конкуренции.

Все это также имеет свои подобия по развитию многомерного сознания, которое характерно для зарубежной предпринимательской среды.

Если рассматривать Куликовскую битву с точки зрения энергетики и перехода этой мощности на производственные отношения, то мы видим, что для победы необходимы максимально возможные не только деловые качества, но также и активность и вооружение. Тоже самое характерно и для сегодняшнего момента развития конкуренции. Для победы над конкурентами естественно необходимо иметь вооружение более высокого качества, уметь и обладать навыками и самое главное возможность бесстрашного выхода в "поле". Если рассматривать сегодняшнюю ситуации для определенной части россиян, то мы видим, что ограничение импорта и введение таможенных барьеров ведет к потере конкуренции и снижению качественных характеристик национальной продукции. Вводит в заблуждение товаропроизводителей и потребителей. Показывают, что имеется определенный испуг и неуверенность у части промышленников, которые надеются таким образом иметь призрачную победу в конкурентной борьбе. Но это также призрачно, как наличие ракетно-ядерного щита, который конечно же сделал немало полезного для независимости нашей Родины, но в тоже время при смене стратегии мировой конкурентной борьбы ввел многих из нас в заблуждение - внушив нашу непобедимость. Хотя уже сейчас видно наше всеобщее поражение.

Но уже сейчас мы видим, что в начале Куликовской битвы для решения задач подлинной независимости были отброшены классовые противоречия.

То же самое имеет место и в литературе по бизнесу, которая обязательно рассматривает такие аналогии, которые позволяют более лучше понять нравственные корни развития демократии и свободомыслия, даже в случаях, казалось бы опасных для государства и общества .

Кроме того нужно опасаться различных ошибочных представлений о том или ином обществе и надеются на то, что если существует определенная свобода, то можно представить, что и система от этого является менее надежной, чем иная более жесткая. Это можно отнести к тому мнению, если Советский Союз и победил во Второй Мировой войне вооруженный коммунистической идеологией, то для выхода из кризиса могут быть применены жесткие меры такого же характера в масштабах государства. Такого же ошибочного взгляда придерживаются и многие демократически настроенные граждане, которые полагают, что сейчас нужен именно такой-то твердый человек. Но если общество в основной своей массе все еще остается советизированным и малоинформированным об устоях демократии, то эффективность реформ весьма низка.

Сейчас в настоящее время возникает одна общая задача - это согласие в обществе и возможность для всеобщей работы на благо общества независимо от своих политических взглядов.

Существует ошибочное мнение о том, что для решения таких задач нужны сильные личности или тираны. Об этом можно представить исследования в американских книгах по бизнесу.

Если рассматривать такую аналогичную ситуацию по Советскому периоду и началу Великой Отечественной войны, то мы видим, что Гитлер также полагал, что Советский Глиняный Колосс развалится под танковыми и воздушными ударами его непобедимой армии. Но даже в таких, казалось бы железных объятиях сталинского режима, народы СССР сплотились и начали широкомасштабную войну против захватчиков. В этой случае управляющие смогли правильно сформулировать политические задачи довести до массового сознания исполнителей и вытянуть страну из тяжелейшего положения. Хотя надо признаться, что потери были огромные

Поэтому новый класс управляющих должен формулировать новые политические задачи как для своего предприятия так и общества. Создавать конкуренцию в области развития политического сознания граждан, опираясь на работников своего предприятия. Так сказать начиная с малого.

В завершении политзанятий в предпринимательских структурах необходимо отметить, что для более эффективного использования самой идеи Куликовской битвы было бы целесообразно для проведения занятий изготовить копии такого же оружия, которое использовались русскими в битве. Само производство и продажу таких видов оружия можно рассматривать как историко-патриотический вид продукции и услуг, который материализует новое направление в бизнесе как связь с общественностью и кроме того повышает репутацию фирмы, и создает неценовую конкуренцию, как элемент привлекательности и различия.

Потрубить в боевые трубы той же конструкции, мысленно представить само поле и осознать, то как смог ли бы предприниматели шесть часов кряду стоять плечом к плечу с русскими воинами и непрерывно биться в врагами Родины. Несколько раз издать боевой вопль начала битвы.

Фразу "укреплять стяг" повторить 50 раз, крепко всем взявшись за руки.

Продумать стратегию защиты от конкурентов и работы над качеством в свете разработки и рекомендаций Дмитрия Донского.

Каждый сотрудник фирмы должен представить свои варианты улучшения работы.

16. ХИТРАЯ СЕВЕРНАЯ ЛИСА - КУТУЗОВ М.И.

То, что Наполеон является великим человеком - этот факт не вызывает ни у кого сомнений.

В западной цивилизации Наполеон часто используется как идеальный пример для подражания. Многие предприниматели делали себя основываясь на биографии таких великих людей.

Сейчас в настоящее время в России идет интенсивный процесс копирования того богатого опыта, которым изобилует современное зарубежное рыночное общество. Такой процесс необходим и важен, хотя множество честных и патриотически настроенных россиян не приемлет зарубежного копирования и относится к этому крайне негативно. Такое отношение определенной части россиян существенно подрывает развитие реформ и пагубно сказывается на формировании рыночного сознания. Нужно изучать богатый зарубежный опыт и сравнивать его особенности и возможности для адаптации в национальных условиях.

Вступление России в свободный мировой рынок показало, что у нее есть свои исторические уникальные особенности. Поэтому определенные зарубежные наработки, которыми пользуются иностранные бизнесмены к сожалению, не могут подойти для формирования внутреннего мира российских предпринимателей. Даже более того они опасны своими негативными моментами.

Если российский предприниматель желает добиться успеха, то при изучении зарубежных советов нужно подходить очень избирательно и осторожно. При формировании воображаемого кабинета тайных советников нужно выбирать таких, которые в славном историческом прошлом были действительно победителями. В них отсутствуют изъяны, которые были бы опасны при внедрении в мистический мир героя.

У многих зарубежных предпринимателей в качестве невидимых советников находится Наполеон. Каждый вечер перед отходом ко сну зарубежный бизнесмен закрывал глаза и представлял свою девятку великих людей, которые сидели за столом. В числе их находился и Наполеон.

В этой мистической беседе зарубежный бизнесмен просил :

- Наполеон, я охвачен жаждой соперничества, и именно от тебя я хочу знать, как удавалось тебе вдохновлять людей, вызывать в них сильный и целеустремленный порыв к действию, как удавалось тебе заряжать и заражать верой, помогавшей превращать в победу и преодолевать препятствия.

Отношение к Наполеону в России противоречивое. Это нанесло ущерб в целом в сознании нации. Наполеон - это сильная личность в мировой цивилизации, которая до сих пор пользуется не только своим авторитетом, но и так же и используется в качестве источника вдохновения для многих зарубежных бизнесменов.

В исторической деятельности Наполеона есть незначительный изъян, который затрудняет использование его в качестве тайного советника для формирования сознания победителей российской рыночной экономики. Именно в России Наполеон потерпел одно из своих самых страшных и горьких поражений. Именно его столкновение с русскими военачальниками и именно с фельдмаршалом Кутузовым стало началом заката его блистательной карьеры. Этот момент при мистических медитациях при формировании образа с Наполеона может существенно исказить черты российского бизнесмена. Воспринимая его успешный взлет и победы, россияне поневоле будет замыкать себя на том, что поражение он потерпел именно в России. Этот факт будет служить мешающим и одновременно конкурентным историко-патриотическим отличием при формировании кабинета национальных тайных советников.

Первоначальной целью является при мистическом контактировании с тайными советниками единственное желание - с помощью самовнушения так повлиять на подсознание, чтобы выработать желаемые черты характера.

Многие могут сказать: "Зачем это?"

В данном случае нужно представлять, что Наполеон был простым офицером с Корсики. А стал в конечном итоге Императором Франции.

Какие силы способствовали его становлению? Как он действовал? Эти моменты интересуют западных бизнесменов для формирования своего сознания победителя.

Россиянам целесообразно искать мистическое общение с Михаилом Илларионовичем Кутузовым. Это облегчает задачи формирования сознания российского предпринимателя, у которого в подсознании находится богатый исторический мир непробужденного национально-патриотического чувства. Эти действия должны способствовать не только его становлению, но так же оказать существенное воздействие на общество, которое окружает данного предпринимателя.

Поэтому жизнь и творчество Кутузова М.И. надо рассматривать намного шире и масштабнее, чем просто фельдмаршала, победителя Наполеона и военного. Из истории личностей, наверное, М.И. Кутузов является наиболее гибкой личностью. В нем сконцентрирован хитрый ум, военная доблесть и самое главное осторожность в общении с сильными мира сего. В то же время он обладал огромной силой обаяния, которое распространялось на всех, кто с ним работал. При этом так же нужно учитывать его как идеального семьянина, многодетного отца. Согласимся с тем, что этого для одного человека, очень много и кажется даже неправдоподобным.

Обычно великие люди часто бывают обделены семьями или отсутствием детей. Но в данном случае мы видим парадоксальную картину, как многодетный отец становится одним из выдающихся людей. Силой своего ума он ввергает в катастрофу самую сильную армию того времени. Он ставит своеобразный эксперимент в понятия победы. Поход Наполеона на Россию является уникальным по своей сути. Непобедимая французская армия проходит с боями через всю центральную часть России, овладевает Москвой - древней столицей русских и считает, что эта страна завоевана. В этом на данном этапе скрыта сегодняшняя аналогия. Можно так же сказать, что на российском рынке появились иностранные товары высокого качества. Они практически почти погубили всю национальную промышленность. Это привело к депрессии множество россиян. Многие стали полагать, что практически ничего уже нельзя противопоставить для противодействия, как конкурентоспособную продукцию. Особенно это касается таких отраслей как электронная, приборостроительная и иные отрасли высокотехнологического направления. Кроме того даже в среде научных работников и специалистов проявляются пораженческие настроения и так же появляются мнения о рациональности использования национальных разработок.

Так некоторые считают: “Зачем заниматься разработкой новых приборов и электронных систем, когда они в огромном изобилии имеются на внутреннем рынке. Лучше производить то, что отсутствует".

Но в таком случае возникает проблема, касающаяся формирования духа конкуренции. Если предполагать, что раз есть такие иностранные радиоэлементы, то их не нужно разрабатывать и изготавливать, а лучше выпускать такие которых нет. Но тут так же получается парадокс, связанный с тем, что многие не понимают духа новых стратегий. Стоит только появиться товару на рынке, и он найдет свою нишу для эффективного использования, как тут же появятся конкуренты, которые разработают и усовершенствуют этот вид продукции. А для того чтобы создавать новые разработки нужно учиться конкурировать в совершенно новых направлениях таких как научные. Поэтому, если отказываться от текущей конкуренции, то в таком случае не создается базис для творческой работы в научно-исследовательских направлениях. Поэтому, так рассуждая, мы попадаем в замкнутый круг нашего упрощенного понимания в развитии конкуренции в высокотехнологических направлениях.

Поэтому русские должны мысленно переместимся в то время и так же представим взятую наполеоновскими войсками Москву. Ну и что из этого.

"С потерей Москвы не погибла Россия". Кутузов М.И. Судя по битвам в верхах видно, что Правительственной Москве мало дел до становления национальной экономики. Она занята дележом власти и кромсанием куцего госбюджета. Поэтому целесообразно эти слова воспринимать в буквальном смысле. В данном случае целесообразно представить каждому россиянину как будто на правительственную Москву упала огромная водородная бомба избирательного действия, примерно такая которую разработал первый российский демократ Д. Сахаров. Она поражает только чиновников. Остается только трудовая Москва с ее культурными центрами, заводами и фабриками. В этом случае действительно свои надежды нужно связывать со своими возможностями и силами.

Средства демократической массовой информации опять же укрепляют образ мыслей характерный для командно-административного сознания, непрерывно показывая правительственные и депутатские и иные склоки среди чиновников. Хотя мало показано работы различный компаний (трудовых будней капитализма), которые действительно укрепляют материально-техническую базу рыночной экономики. А то что депутаты там говорят о каких-то законах или указах, то общеизвестно, что закон что дышло, куда повернул туда и вышло. Возможно в перспективе когда-то законы и заработают. Но это будет только в том случае, когда будет опять определена значимость и приоритетность честного труда и заработанного трудового рубля. А популяризация депутатов, начальников еще более усложняет реформирование сознания и встраивания его в рыночную экономику.

Переиначивая эти слова можно так же сказать, что с приходом иностранных технологий и продукции, нового образа мыслей и жизни не погибла Россия. Она должна воспрянуть с духом и подключиться к мировой рыночной системе во всем ее многообразии.

Кутузов часто подвергался нападкам со стороны завистников. Недруги чернили его

Мы видим, что по исторически сложившейся традиции всегда против творческих и одаренных людей в России совершались нападки, которые негативно сказывались на интересах самой страны. Так, например, тучность Кутузова превращалась в дряхлость, его осмотрительность в лень, а ум хитрость.

Поэтому люди нестандартного мышления должны были тратить энергию на свое становление, проходя через жернова сопротивления и предубеждений российского общества. Но эта ситуация характерна не только для россиян, но и других народов. Только в высокоцивилизованных рыночных странах научились внимательно относиться к таким личностям. В целом это способствовало становлению таких стран. Нужно только научиться смотреть на ситуации как бы из другого мира. Совершить трезвый анализ и взгляд со стороны. В мировой истории этому есть множество примеров.

При вторжении наполеоновских армий российские войска терпели поражение и отступали. Из числа генералов нельзя было найти такого, который бы мог сочетать в себе способности для решения задачи управления. Царила неразбериха. В это время армия Наполеона пересекла границу России и первые русские армии уже вели ожесточенные кровопролитные бои. Император Александр, узнав об этом однако не отменил бал в Зимнем Дворце.

В этом видна также аналогия. В это время многие трудящиеся испытывают тяжелейшее положение из-за невыплаты зарплат, из-за падения производства снижения уровня жизни. В то же время несоизмеримо возрастает благосостояние новых богатых. При этом огромные деньги зарабатываются на операциях, не связанных с развитием производства. Кроме того в средствах массовой информации, особенно по телевидению, заостряется чрезмерное внимание спасительной роли государственной власти. Большой объем новостей посвящен взаимоотношениям с властью, сменой правительства и обсуждениям. Таким образом в массовое сознание бывших советских трудящихся независимые и демократические средства массовой информации вносят дезорганизацию, усиливая значимость государства. Хотя в рыночной экономике ставка при развитии демократии должна делаться на независимую свободную личность.

Приступая к своей миссии Спасителя Отечества Кутузов М.И. не знал численности своей армии, не знал Наполеона. Но понимал, что она собрана со всей Европы. Что мы кстати констатируем и сейчас. Так как территории России после разрушения Железного занавеса оказалась наводнена обилием иностранных товаров, продукции и услуг со всего мира. Это имеет свои положительные и отрицательные стороны. В целом, мы бывшие советские люди, видя обилие иностранных товаров радуемся. Мы вспоминаем старое доброе советское время. Мы тесными (сплоченными) рядами стояли во многолюдных очередях у черного входа или получали на заводах и фабриках разные импортные изделия по распределениям. Мы считали, что нам повезло получить нейлоновую рубашку или плащ. Многим казалось, что это хорошо. Но когда в изобилии наводнился национальный рынок, а национальные производства сразу перестали пользоваться государственными дотациями и кроме того сама продукция перестала иметь спрос то все остановилось. И что в таком случае надо делать? Наглядный пример проявляется среди опросов студентов младших курсов. Они на вопрос: “Что делать?", предлагают для восстановления позиций высокотехнологических направлений создавать совместные предприятия с иностранными партнерами, брать кредиты и т.п. В этом есть некоторое сходство с государственными думами и действиями. В этом кроется наивность, рыночная беспечность и малограмотность.

Надо полагать, что пока русские с успехом покупают иностранные изделия, то вкладывают средства в становление и укрепление конкурентных позиций иностранных предприятий. В то же время идет, созданный русскими процесс кастрации и импотенции для национальных производств и научных работников. Денежки из русских карманов перетекают в карманы иностранных трудящихся. Конечно интернационализм и оказание помощи это хорошие вещи. Но до каких пор? На эти деньги ведутся новейшие разработки и национальный рынок наводняется новыми изделиями.

И все ли время русские были такими? Или все же в предках была вера и способность для отражения атак.

Вера была! Именно в Кутузова М.И. у простого народа была почти мистическая. Нужно представлять сознание людей того времени, которые видели перед собой человека, имеющего один глаз. А в другой два раза попадала пуля. Это уникальное явление, конечно же в определенной мере повлияло на его власть над людьми. При этом не такую слепую и беспощадную, а разумную, которой наделяется высший разум. Естественно император понимал, что Кутузов М.И. стоит намного выше его и старался все время ставить подножки со своими "верными слуга". Также нужно понимать внутренний мир Кутузова. Хоть и было много недругов, но он считал, что защита Отечества превыше всего.

Народ боролся по-своему. Уходил в леса, болота. На каждом шагу подстерегал непрошенных гостей с топорами, вилами, косами. Как ни тяжела была крестьянская подневольная жизнь, но иноземное рабство, которое нес Наполеон, было хуже. На защиту родины поднимался весь народ.

Сейчас в России наблюдается парадоксальная картина. Нет крепостного права, нет жесткого коммунистического режима, а иностранное вторжение с каждым часом усиливается. При этом его интенсивность в товарно-промышленном исполнении надо рассматривать примерно также как вторжение наполеоновских армий. Конечно можно радоваться применению высококачественных товаров, продукции, ездить на первоклассной машине или смотреть на заморском видике телефильмы. Но за счет чего все это появляется? Какие это товары и продукцию представляет на мировой рынок Россия? При это останавливаются национальные производства, увольняются и ходят без работы огромные толпы специалистов и рабочих. Из России в качестве товарной продукции идут в основном энергоносители и сырье.

Первоначально надо осознать, что символическими топорами и вилами работают доморощенные российские предприниматели, которые пытаются конкурировать с иноземцами. Император-Президент, и народ ждут прихода рыночного Кутузова. М.И., который вдохнет веру в победу. Но нужно представлять в данном случае и тот человеческий капитал, который существовал в то время. Никто не смотрел в карман ни Императора, ни Кутузова. и не спрашивал сколько ему положили зарплаты.

Аналогия просматривается даже в отношении государственных чиновников. В то время чиновники радовались отступлению. Можно было все свалить на французов и показать уничтоженные тысячи пудов продовольствия, пустые амбары. а денежки распределить по своим карманам. И Кутузов понимал, что "Войну надо начинать с брюха".

Следовательно каждый предприниматель должен полагать, что его работники должны быть сыты, обуты и одеты. А потом уже можно от них требовать выполнения различных производственных задач.

Изучать становление и жизнь Кутузова необходимо еще и потому, что он видел в жизни множество подвохов и каверз. Поэтому он составлял свои штабы из преданных ему людей.

Кроме того Кутузов будучи верующим всегда соблюдал различные религиозные мероприятия для укрепления веры и духа в своих воинах. Опять же стоя на Бородинском поле он подумал:" Как на Куликовском поле".

Позднее Наполеон напишет: "Из всех моих сражений самое ужасное то, которое я дал под Москвой. Французы в нем показали себя достойными одержать победу, а русские стяжали право быть непобедимыми".

Коленкур сказал:" Русских мало убить, их надо еще повалить".

Собственно говоря аналогия сдачи Москвы можно понимать, как допуск на внутренние рынки зарубежных товаров, продукции и услуг. Без этого процесса россияне не будет в состоянии создать мощное рыночное государство. Существование в закрытом информационном пространстве грозило бы еще большими бедами в деградации нации перед быстрорастущими высокотехнологическими мощностями рыночного Запада и Востока. В результате этого две мощные жестко конкурирующие между собой за мировое господство системы могут просто напросто раздавить Россию, если она остановится в своем творческом развитии и не восстановит былой конкурентоспособный дух.

Но до того как стать Спасителем Отечества русские должны изучить истоки движения Кутузова к этому пьедесталу.

Как формировался его внутренний мир? Какие факторы способствовали его взлету, вере. Таким образом это позволит русским понять его более лучше, чтобы впитать его дух в свое сознание. Нужно представлять, что в реальности сейчас нужны тысячи таких как Кутузов, которые бы были в состоянии возглавить и развивать национальные бизнесы во всем их многообразии. И пример Кутузова более всего подходит. Так как он занимался не только разработкой различных военных операций, но был также искусным дипломатом и кроме того сам начинал с простых офицеров. В российской армии было множество талантливых и храбрых офицеров, но Кутузовым стал только один.

Первые закалки Кутузов начал проходить в качестве офицера в войнах,. которые вела Россия с турками. При этом видно из истории, что русские солдаты мало знакомы с зарубежным миром. Например, при захвате трофеев пытались есть розовое масло. Нашли мешок кофе и полагали, что это турецкий горох. Его ели и варили, а он не разваривался. Примерно такая же ситуация царит и сейчас. Так как множество товаров, поступивших с Запада или которые русские производители скопировали и стали производить и продавать даже по более низким ценам трудно вписываются в национальную экономику. Это связано с тем, что не сформировано понимание их применения. Особенно это касается применения электронной, компьютерной и иной высокотехнологической техники и технологий. Некоторые специалисты и работники полагают, что достаточно и того что у них есть. А совершенствовать технологические процессы, автоматизировать их не имеет смысла. Один русский искусствовед, выступая по телевидению объяснил проблему восприятия современного искусства россиянами, когда из запасников КГБ достали картины и возвратили в национальные музеи. Художник рос вместе со своим зрителем. В России же картина русского художника была продана за две бутылки пива, на аукционе в США за 62 тысячи долларов. Можно сказать, что национальный бизнес должен расти вместе с народом. Сперва это работа в небольшом гараже, а затем ..... Примерно как у Стива Джобса.

В одной из боев турецкая пуля сразила храброго командира московцев. Кутузов упал. Пуля угодила между глазом и виском. Прошла через всю голову.

После боя у Шумлы прошло три года. Подполковник Кутузов чудом остался жив. Не только вся русская армия, вся Европа изумлялась и никогда не поверила бы в это, если бы не увидела Кутузова. Уже в эти годы Кутузов становится знаменитостью. Его награждает императрица. Отправляет лечиться за границу. Он там встречается со знаменитостями. Таким образом формируется его мировая известность и имя.

Закалка Кутузова проходила в реальных военных действиях. При осаде Очакова он сам испытывал трудности. Находившийся при Потемкине австрийский генерал принц де Линь, отправляя письмо императору Иосифу, написал: "Принц Ангальт сменил генерала Кутузова, того самого, у которого в прошлую войну голова была насквозь прострелена пулею позади глаз и который, по беспримерному счастию не лишился зрения. Вчера этот генерал получил другую, подобную той, рану в голову же, пониже глаз и умрет сегодня или завтра".

Кутузов снова удивил всей врачей: рядовых, полковых и главного лекаря потемкинской армии, известного парижского хирурга Массо, удивил весь мир - он выздоравливал от ужасной, смертельной раны.

Массо, убедившись наконец в том, что этот невероятно живучий русский генерал не умрет, донес императрице Екатерине:
"Должно полагать, что судьба назначает генерала Кутузова к чему-то необычайному, ибо он остался жив после двух ран, смертельных по всем правилам науки медицинской". Как мы видим предсказание врача пророчески сбылось.

Кутузов привык быть в бою всегда впереди. Большое влияние оказал на становление Кутузова его служба с Суворовым. Особенно это проявилось при штурме Измаила. "Кутузов находился на левом крыле, но был моею правой рукой. Суворов".

Здесь проявилась способность перед началом штурма тщательно подготовиться и проводились занятия по штурму, приемам и навыкам участия в ночном бою.

Опять же мы видим отношения большинства к меньшинству. Кутузов видел как Суворов утром принимал холодный душ, делал гимнастику. Большинство генералов и офицеров осуждали Суворова и считали чудачеством. Но Кутузов помнил, что в бабушкином псковском имении дворовые парни выбегали зимой из бани и катались по снегу. Народ не видел в этом ничего странного и смешного.

Назначение Кутузова комендантом Измаила после взятия способствовало становлению его как хозяйственника. Надо было выполнить множество различных заданий, которые он сам разрабатывал. Учесть пороховые склады, провиантские и иные склады турок, поставить к ним часовых. Спешно заботиться о тысячах раненных своих и неприятельских, о пленных, об уцелевших жителях Измаила-женщинах и детях. Собрать трофеи. Не допустить послабления дисциплины. Предпринять срочные меры чтобы уберечься от эпидемии. Улицы и площади Измаила были забиты трупами.

После этого он был назначен чрезвычайным послом в Турцию. К тому времени у многодетного отца Кутузова было пять дочерей : Прасковья, Аня , Лиза, Катя и Даша.

"Дипломатическая карьера сколь ни плутовата, но, ей-богу, не так мудрена, как военная, ежели ее делать как надобно". Так говорил Кутузов.

Кутузов помнил обыкновение турок презрительно относиться к всем немагометанам, помнил их всегдашнее стремление унизить " франка".

От мелочно-щепетильных турок можно было ожидать любого подвоха.

Во время ожидания обмена послов Кутузов учится у переводчика нравам и обычаям турок. Он учится пить кофе, есть баранину. Хотя и не любит этого.

Кутузов помнил инструкцию, которую дала Екатерина Вторая: ".. не должно Вас соглашаться ни на какое снисхождение, от которого могло бы уменьшено быть достоинство и уважение, подобающее величию нашей империи и званию, на Вас возложенному...".

Кутузов в тоже время вникает в тонкости дипломатической разведки, в кухню которая разворачивается с участием европейских стран в русско-турецких отношениях. Все это требует невероятного напряжения и смекалки, чтобы защитить интересы России.

Даже мелочи Кутузов принимал во внимание.

По установленному этикету великий визирь должен был передать от султана русскому послу в подарок соболью шубу. Дорогая шуба и оседланный конь считались самыми почетными наградами султана. Турки настаивали, чтобы Кутузов одел эту шубу стоя, но Михаил Илларионович отвечал, что в таком случае пусть одновременно с ним встанет с места и сам великий визирь. Юсуф-паша не соглашался. Это было похоже на детскую размолвку в игре, но Кутузов понимал, что если он проявит даже в такой мелочи уступчивость, то турки сочтут это за слабость и постепенно начнут оспаривать пункты самого “вечного" мира. Таким образом Кутузов как бы дает наставление, что вся сила в мелочах.

Сила мелочей в том, что их много. Из рекомендаций по ведению американского бизнеса.

Кроме того нужно учитывать, что незначительные моменты в становлении любого дела могут стать значимыми, если во время обратить на это внимание. Он твердо стоял на своем. Кутузов не уступал несмотря на аргументы, которые выставляли турки. Наконец султан велел все оставить на усмотрение русского посла. Во время встречи с великим визирем Кутузов поступил так, что вполне удовлетворило честолюбие турок. Он, сидя, надел в рукава шубу, а потом поднялся, чтобы оправить ее длинные полы. Он как будто бы не вставал, но в то же время встал..

Прием оказанный Селимом 11 русскому послу произвел большое волнение среди европейских дипломатов Стамбула. Но вскоре после этого произошло событие, совершенно неслыханное в летописях константинопольских посольств. Кутузову прибыл от султанши - матери Михр -и -Шах помощник дворецкого с переводчиком. Султанша велела справиться о здоровье полномочного посла и прислала ему подарки. В это время у Кутузова родилась мысль завязать добрые отношения с женами султана, которые оказывали определенное влияние на султана. Надо подружиться с их черномазым евнухом. Тут мы видим нетрадиционность, гибкость ума Кутузова. Так сказать конкурентоспособные действия. Надо отметить, что в городе находится множество иностранных посольств и активность проявляют все. Но оригинальность в этом проявляет русский посол. Он решается, переступив все законы, прийти на встречу в женами, когда они будут гулять в саду. За это по турецким законам грозит смерть.

"Но нам сойдет. Не станет же Селим ссориться из-за таких пустяков. Он умен. И он побоиться России."

Тут мы видим важнейший момент в деятельности Кутузова. Он умеет рисковать. При этом он сам проявляет творческую инициативу, направленную на укрепление интересов России. Для этой встречи он готовит множество различных дорогих подарков из золотых колец с драгоценными камнями и браслетов и сережек. и ценный подарок начальнику девушек.

"..Кутузов въехал в султанский сад. Евнухи бросились к нему".

Но все обошлось. Кутузов встретился с султанскими женами и одарил всех подарками. Переводчики пересказали женам все возвышенные слова, которые тут же высказал Кутузов. И на этом процесс закончился, но это послужило очень важным моментом в установлении контакта с теми кто существенно влиял на султана и высшее руководство. Так, в частности, Кутузов наладил отношения с начальником черных евнухов. Одалички (жены султана) прислали самый ценный подарок Кутузову: большой букет роз и гранат. "Это символ-сообщение"" Мое сердце горит по тебе". А розы: "Веселись мой возлюбленный". Очень часто в учебниках по преуспевающему зарубежному бизнесу указывается, что необходимо учитывать и женский фактор. Для этого использовать подарки (бизнес-сувениры) для жен и детей конкурентов или клиентов, чтобы укрепить свои лидирующие позиции. Как видим Кутузов этот способ презентаций применял еще задолго до рыночной экономики. При Советской власти торговым представителям СССР и их семьям иностранные партнеры часто дарили дорогие подарки для укрепления взаимопонимания.

Свое задание Кутузов выполнил и после этого был назначен главным директором сухопутного кадетского корпуса. Кадетский корпус готовил офицеров для всей русской армии.

В это же время происходит смена царствования и на престол вступает Павел. Надо отметить, что в данном случае возникает опять конфликтность между сторонниками различных иностранных новшеств и чисто русским националистическим подходом. Это отражается и на армии. Но в данном случае можно говорить о некоторых парадоксах. Например, Павел ввел новую команду "марш" вместо привычного "ступай". Сейчас в армии звучит команда "Шагом марш". Процесс реформ на прусский лад шел командно-административными методами. В том числе и среди гражданского населения. Но общество сопротивлялось. Это привело к конфликту, в том числе, и с основным слоем который поддерживал устои государства.

Новое царствование назвали громогласно возрождением, а с глазу на глаз -"царством насилия и ужаса".

Хотя Кутузов и был в ладах с новым императором, но и это не спасло его. Его не уволили со службы и не предоставили никакой службы. Он оказался в тяжелом материальном положении. Позади было столько лет прекрасной боевой и дипломатической деятельности на пользу отечеству, тяжелые раны, а впереди -необеспеченная старость. Пять дочерей - невест, жена, привыкшая жить не заботясь о завтрашнем дне. Нужно понять внутренний мир и переживания этого сильного человека.

Тут нужно отметить и его семейное состояние. Временно отлученный от службы он вынужден работать в своем имении, а его жена, оставшаяся в Петербурге требует постоянно денег на свою роскошную жизнь.

Но ситуация меняется опять с возобновлением боевых действий с турками и французами. И тут же Кутузов призывается на службу как заслуженный генерал. Но и тут возникают трения. Кутузова ставят под командование объединенных войск из европейских стран. В инструкции указывалось, что Кутузов поступает под главную команду императора римского. Это его также изрядно досаждало, так как в свое время Суворову были даны инструкции вести войну "как знаешь". Но тут надо учитывать, что за плечами Суворова были такие битвы, как Рымник, как

Фокшаны, как Измаил. А за плечами Кутузова был боевой опыт и мистическое влияние, связанное с ранением в один и тот же глаз и чудодейственное спасение.

В истории известно, что положение гениальных личностей парадоксально своими историческими случаями. К этому можно отнести и историю восхождения Наполеона. В свое время русские представители набирали в Европе опытных офицеров для ведения боевых действий и среди прочих был по повествованию Наполеон. Но с ним не столковались но цене. При наборе в русскую армию, которая считалась в то время престижной, при поступлении давался чин ниже, чем он имелся у служивых. И этот момент послужил поводом для того, что бы Наполеон отказался от службы в российской армии. Но когда он выходил от вербовщика, то сказал свою знаменитую фразу: "Вы обо мне еще услышите" . И он оказался прав.

В этом примере есть повод для того чтобы показать, что в то время престиж служить в русской армии был намного выше, чем сейчас. И над этим надо задуматься всем россиянам и не только военным, но и мирным гражданам.

Во многих странах богатый опыт отставников широко используется в национальном бизнесе. Автор на одном из банкетов сидел рядом с известным американским бизнесменом членом ассоциации Принца Уэльского. Этот респектабельный бизнесмен, под русские закуски и выпивки разгорячившись, вспоминал как в свое время служил в ВМС США и на противолодочном корабле охотился за советскими подводными лодками.

Такие беседы нужно проводить, охватывая как можно большее число подобных специалистов, и не жалеть на это ни времени, не средств. В одной из таких бесед выяснилось, например, что для более лучшего изучения действий зарубежных конкурентов могут быть даже использованы, разработанные во времена Холодной войны, инструкции по предполагаемому допросу советских военнопленных!

Иностранные походы русских войск можно рассматривать также как некий этап становления демократии и кроме того повод для обучения порядку и формированию культуры в жизни всех слоев общества. Это видно при походе армии Кутузова по Европе. Здесь за Дунаем многое показалось русскому солдату необычным. :бритые подбородки жителей, черепичные крыши их домов, дороги обсаженные фруктовыми деревьями, которых никто не ломает. Поражала повсеместная чистота и порядок: нигде не увидишь ни грязной лужи среди двора, ни окна , заткнутого тряпьем или подушкой.

Пришелся по вкусу русскому солдату немецкий завтрак- кофе. Хозяйка наливала каждому солдату по кружке. Но русские привыкли есть не в одиночку, а артелью. Поэтому они сливали все в один котелок и просили, чтобы хозяюшка, наливая, не жалела бы кофейной гущи. В этот извар солдаты крошили ситник, прибавляли лучку и сольцы и перекрестившись, хлебали кофе ложками, как свою привычную тюрю.

-А скусная эта кава - хвалили солдаты.

- Вроде нашего сбитня.

Очень удивительно русским было, что в немецких лавчонках не было чая. Он продавался в аптеках как лекарство.

В один прекрасный день прояснилось, что вся семидесятитысячная армия австрийского эрцгерцога с артиллерией и обозами сдалась под Ульмом Бонапарту.

Ульмская катастрофа сделала положение русской армии очень опасным: Наполеон располагал втрое большими силами. В этом мы видим примерно такую же аналогию, что и с Суворовым.

Но Кутузов и здесь предстает благородным и говорит своим сподвижникам:

- Наш долг защитить несчастные остатки разметанной австрийской армии.

Кутузов все время действует в условиях постоянно меняющейся ситуации. Он идет на перемирие с Мюратом, чтобы сохранить свою армию. Это дает ему возможность оторваться от французских армий. Иначе бы его ждал бой с тяжелыми потерями.

Наполеон при общении с посланниками русского Императора часто высказывает полезные советы и мысли, которые сейчас могут служить руководящими. Например, России надо следовать иной политике и думать о собственных интересах.

В этом случае опыт собственнических интересов США может служить частичным примером для русских бизнесов. Хотя с другой стороны некоторые американские бизнесмены переводят производство в другие страны и в результате этого многие соотечественники лишаются работы.

Льстивые слуги стали уговаривать Александра выступить и разгромить Наполеона.

Предусмотрительный, опытный и осторожный Кутузов просил отделить австрийские войска от русских, говоря, что австрийцы подавлены неудачным началом действий их войск и только внесут неуверенность и беспорядок в русские ряды. Он советовал отходить к Карпатам.

Но его никто не послушался и все решили, что судьба Наполеона предрешена. Александр жаждал собственных лавр победителя.

Император затеял сражение против желания Кутузова: но в случае неудачи, свалит всю вину как всегда на него. В результате оказалось, что армия потерпела сокрушительное поражение, в котором полностью показали себя некомпетентными австрийский и русский императоры.

Хотя Кутузов и старался исправить ошибки. Он старался спасти от окончательного уничтожения расстроенные полки и сам при этом был ранен в левую бровь.

Александр не любил Кутузова и после этого случая окончательно возненавидел его. Всю вину за Аустерлицкое поражение свалили на ни в чем не повинного Главнокомандующего.

После этого Кутузова назначили генерал-губернатором в Киев. И в этом есть несомненно историческая аналогия, отношения к национальным героям. Маршал Жуков после своих блистательных побед был назначен командующим киевским военным округом.

Ситуация в мире непрерывно менялась. И теперь турки, которые были ранее союзниками и совместно с русскими били под командованием адмирала Ушакова французские войска на Ионических островах, безо всякого повода объявили ей войну

Кутузова назначили командующим Дунайской армией. Он попадал в невыгодное положение. Задачи как военные, так и дипломатические были труднейшие. У Кутузова было вдвое меньше сил, сложная политическая обстановка.

Кутузов разрабатывал свою стратегию исходя из текущих местных условий, так как полагал что против турок не должно действовать как против европейских войск.

В памяти часто вспоминалась подготовка Суворова к Штурму Измаила. В это время Кутузову было уже шестьдесят шесть лет.

Кутузов пишет письмо только что назначенному новому командующему турецкой армией Ахмед-паше, с которым был лично знаком. В этом письме он поздравляет его с назначением

.".Несчастные обстоятельства, разделяющие обе наши империи, ни в коей мере не повлияли на нашу старинную дружбу. Она не находится в противоречии с тем усердием и той верностью, которые мы оба должны испытывать к нашим августейшим монархам".

Это очень превосходный пример контактирования с конкурентами. Очень часто в книгах по бизнесу пишется о том, что целесообразно конкурента даже поддерживать. Японские предприниматели по этому поводу говорят: “Не разбивай чужую чашку с рисом". Известны случаи когда конкурирующие компании поддерживали друг друга, так как в случае гибели одной из них, оставшаяся подпадала под законы о монопольной деятельности и должна была платить огромные налоги. Кроме того контактирование с конкурентом позволяет получше изучить и познать новые перспективные направления.

Эндрю Гроув из компании “Интел” сказал: “Самое главное в развитии нашей компании то, что она ни одного момента не существовала без конкурентов”

Уровень производительности труда достигает самых высоких отметок в условиях конкуренции и самых низких – при ее отсутствии. Протекционизм (лозунг поддержки национального производителя) не сделает американскую (российскую) экономику более эффективной. Мы должны не закрываться от конкурентов, а учиться у них, исправлять наши ошибки и развивать сильные стороны.

Без конкуренции даже самая богатая страна может очень быстро прийти в упадок, не успев почувствовать признаки приближающейся угрозы.

И эта угроза уже видна. Она ощущается особенно в области развития наукоемких технологий. Падает объем таких работ. Сокращается число частных компаний. Увеличивается число безработных молодых выпускников из престижных университетов. А те кто работает, то их работа мало связана с полученной специальностью. К таким можно отнести электронщиков, химиков и т.п. За образование платит государство. Таким образом опять видны прямые убытки. А вузы выпускают в больших объемах невостребованных промышленностью специалистов. Но и сами эти специалисты не в состоянии создавать свои виды бизнеса по полученным знаниям. Они стремятся к получению большей выгоды при минимальных трудозатратах. Обладая энергией, они в основном устраиваются на сырьевых рынках или в коммерческом бизнесе. Что не украшает ни их самих, ни их престижные институты. Но при любом раскладе они указывают на то, что оканчивали престижный институт. Хотя могут сидеть за прилавком престижной зарубежной компании в виде торгового агента. Эта картина видна из окна преподавательской выпускающей кафедры. Даже родители часто жалуются на то, что их ребенок не может устроиться на работу из-за сокращения большого числа таких производств. Один успешно работающих бизнесмен, кстати говоря, ничего не окончивший как-то сказал, что не надо столько выпускать специалистов. А сократить выпуск. Но рассматривая аналогию в международной конкурентной борьбе видно невооруженным глазом, что большое число наукоемких видов бизнеса за рубежом, приносящих этим странам огромные прибыли, и создающие для них небывалый престиж Великой державы, у нас вообще неразвиты. Ранее эти вопросы курировало государство и партия. Куда они все пойдут потом, если не будет подъема в экономике.

Необходимо отметить, что большое количество высококвалифицированных, специалистов, подверженных советским доктринам, настолько ослеплены классовой ненавистью и пропитаны антиамериканизмом, что предпочитают не изучать литературу по бизнесу. Даже говорят, что нам не надо смотреть за бугор, мы и сами с усами. В случае чего шапками закидаем.

В качестве подтверждения этого автор принес своим коллегам стопку литературы из американского образовательного центра по бизнесу, демократии, становлению высшей школы в демократическом обществе. Но почти все коллеги обозвали его антисоветчиком. Затем они сказали, что эту антисоветскую литературу они читать не будут. А когда возвратятся на путь социализма, то они ему это припомнят. Таким образом мы попадаем в некоторый информационный тупик. На дворе уже рыночная экономика. На российских улицах и рынках слышна пальба из кольтов заезжих заокеанских ковбоев, звон тевтонских мечей и глухие удары самурайских мечей и крики" банзай". Рубль не твердеет и не свободно конвертируется. Большинство русских все еще считают вступление России в рыночный мир, чем то вроде выступления на сельском базаре. В этом случае можно сказать, что если бы рубль был бы равен доллару, или зарплата российского ученого соответствовала пособию американского безработного, то тогда можно было бы о себе высокого мнения. Но если этого нет, то нужно впитывать все это как бы не было тяжело с национальных позиций, не забывая о том, что тот кто владеет информацией тот владеет миром. И нет ничего почетнее, чем роль информационной разведки. Так что поневоле патриотам-предпринимателям придётся выполнить новый рыночный "Подвиг разведчика".

В книге Маккея показана картотека и опросник для учета конкурента состоящий из нескольких десятков вопросов.

"В войне, как и дипломатических переговорах со всякою державой, а с Турцией особенно, не должно забывать двух главных союзников - терпение и время" Так говорил Кутузов. Эти слова могут и сейчас служить наставлением для российских предпринимателей.

"Он (Кутузов) даже не сделал первого шага послать представителя для переговоров так как полагал, что это противник может счесть за слабость.и оказался прав. Визирь прислал письмо с просьбой прислать уполномоченного для переговоров.

Кутузов потирал руки от удовольствия, враг сам предлагает мириться. Хотя положение турок во всех отношениях предпочтительнее".

Это мы можем переиначить и на рыночные условия. Очень часто положение многих компаний кажется устойчивым и они вроде бы находятся в очень выгодном положении. В данном случае надо научиться реально и напряженно думать о том, что предпринять для укрепления своих позиций в чисто психологическом плане. Даже, если на самом деле положение может быть и плачевным.

Так и в данном случае помощники Кутузова допустили ошибку и послали представителя с письмом, в котором в сопроводительной указали, что он назначен для ведения мирных переговоров. Таким образом в этой простой фразе был раскрыт замысел и оказалось, что Кутузов первым предлагает начать мирные переговоры. А ошибку допустил многоопытный старый дипломат. В результате этого визирь стал оттягивать назначение уполномоченного для переговоров.

Таким же образом получается, что, не учитывая особенности текущих событий, можно попасть в тяжелое положение. Это бывает часто в бизнесе. Многие опытные бизнесмены совершают ошибки, не учитывая изменения ситуации. Яркий пример история с Фордом, которому его сотрудники говорили о смене стратегии после блистательного и головокружительного взлета его автомобильной компании. Но он не прислушался и компания в перспективе попала в очень тяжелое положение.

Уполномоченный от турок прибыл и тут же Кутузов стал использовать человеческий фактор, выискивая слабые стороны.

При этом он не забывал присылать гостинцы Ахмед-шаху. И тот его также в ответ подчевал лимонами и сушеными фруктами. А время шло и Кутузов готовился к схватке с врагом в поле. Он особое внимание уделял именно снабжению.

Таким же образом можно провести аналогию. Россия вступила в мировой рыночный механизм в виде армии и оказалось, что фактически нет никакого обеспечения.

В настоящее время развилось множество престижных компаний и таким образом стали появляться новые люди. При этом оказалось, что у многих стала формироваться некоторая презрительность к простым людям, которые не в состоянии зарабатывать. И это тоже вносит настороженность, не только с точки зрения развития новых элементов классовой борьбы, но также отражается и на бизнесе. Часто источником информации могут служить простые беседы, разговоры, кон тактирование с незнакомыми людьми.

И это было также у Кутузова. Кутузов с детства был живым и общительным. Поэтому надо обращать особое внимание на развитие живости и общительности с детства у молодых людей. Так как видно, что большое количество российских молодых людей выглядят отмороженными (нерешительными, безынициативными). Учившиеся за рубежом российские студенты также подтверждают это. Имеет место некоторая скованность, по отношению к другим студентам-иностранцам, хотя российские более всесторонне развиты. В американских учебниках по бизнесу рекомендуют молодым людям продавать газеты, или иные распространенные предметы, чтобы с раннего детства обрести практические навыки общения. Эдисон начинал свою трудовую деятельность с продажи газет. Традиционно у части русских американское общество считается обществом индивидуалистов. Но когда приходишь на тусовки или различные общественные мероприятия, то такое мнение развеивается. Правда за закуски и дринки все платят индивидуально. Если я вас пригласил в ресторан, то это не означает, что я буду платить за вас. Правда если босс приглашает в ресторан, то платит босс. Это такие общие правила общения.

Проведя большую часть жизни в армии, он, однако не стал "рубакой", знающим только саблю да штык. Он любил встречаться с людьми, посидеть и поговорить не только у солдатского костра, но и в гостиной в кругу молодых, хорошеньких женщин, за легкой непринужденной беседой. Надо научиться держаться свободно и быть коммуникабельным - вот основные требования в бизнесе.

Такое явление вносит элементы демократии в общественные отношения и стирает грани в общении людей, имеющих разные счета. Высокомерие в свое время погубило дворянскую Россию. Несговорчивость и обоюдная ненависть красных и белых нанесла существенный урон России в целом. Новое нарождающееся элитное общество должно об этом помнить. Хотя и был расцвет России в 1913 году, однако же и усадьбы жглись и загорались то, не сами по себе. Массовые расстрелы белых офицеров происходили в результате оправданных и обоснованных идеей всепобеждающего учения. В настоящее время надо об этом помнить. Хотя многие наивно считают, что старые коммунистические идеи поддерживают одни старики, но нужно учитывать, что и сил то особых на нажатие курка автомата и не требуется, чтобы продырявить брюхо классового врага. Важно получить вполне обоснованное право (идеологическую индульгенцию) совершать эти действия. И при ухудшении политической и общественной и экономической ситуации в стране опять может всплыть революционное право.

Кутузов был очень гибок. Он очаровывал дам своей внимательностью. Он редкий собеседник, потому что много знал, хорошо и интересно говорил и при нужде мог терпеливо слушать.

Разведка у Кутузова была поставлена прекрасно. Он своевременно знал о том, что делается в Турции и вообще и в армии его противника.

Кутузов решил разбить турок в поле. Но для этого надо было заставить великого визиря выйти из своего укрепленного района. Для этого он срыл несколько крепостей и оставил одну для приманки.

"И наконец турки стали наступать.

...На русское каре стремительно катилась бушующая волна спагов. От топота сотен тысяч копыт тяжело стонала земля.

Глядя на этот грозный вал, невольно думалось, что нет силы, которая смогла бы остановить его. Опытные бывалые солдаты хорошо знали, страшен первый удар. Выдержать его было самое главное, потом натиск ослабевал.

Дружным артиллерийским и ружейным огнем атака была отбита по всей линии. Бешенная волна всадников откатилась назад.

И эту аналогию мы видим уже в настоящее время. Во-первых нет дружного российского артиллерийского залпа высококачественной продукции и услуг национальных предприятий. Они должны были бы достойно ответить на залп зарубежных компаний, которые заполонили страну своими товарами.

"В сражении наступал явный перелом. И Кутузов отдал приказ всем каре идти вперед. С распущенными знаменами и с барабанным боем и музыкой двинулись на орты турецких янычар и бесчисленные толпы спагов русские каре.

Это был не стремительный вихрь кавалерийского удара, а неотвратимое грозное движение сомкнутых, ощетинившихся штыками масс пехоты. Турки бежали, кидая все".

Как мы видим в атаке присутствует такая составляющая, наряду с оружием, как знамена и боевая музыка. Поэтому и в бизнесе многие не учитывают, что для атаки нужно использовать и эти факторы наряду с деньгами и товаром. Они способствуют решению многих задач и воздействуют на внутренний мир клиента и производителя.

"При явной победе подчиненные Кутузова советовали идти и наступать на турок. Но предусмотрительный ученик Суворова полагал, что лучше переждать".

В данной битве проявляется вдаль смотрящая тактика Кутузова. Он решается и сдает крепость на правом берегу. И таким образом как бы получается для многих как русских, так и турок, что Кутузов проявил слабость и войска отступили. Приказ об уничтожении Рущукской крепости ошеломил армию и вызвал разноречивые кривотолки. Он брал на себя большую ответственность. Мы тут видим самое главное свойство руководителя даже находящегося на таком посту и кроме того в таком возрасте. Это умение генерировать и воспринимать нестандартность ситуации и самое главное уметь рисковать. Хотя конечно же недруги могли воспользоваться и доложить Императору все в неприглядном для Кутузова свете. Но Кутузов руководствовался не сиюминутной ситуацией, а вдаль смотрящей перспективой, направленной на укрепление России.

После сдачи Рущака ситуация исказилась. В Константинополе ликовали. На приеме во Франции Наполеон русскому представителю ехидно высказался по поводу Рущака. После этого турки проявили активность и заняли левый берег Дуная и стали окапываться. Русские солдаты и офицеры недоумевали и почти перестали понимать своего командующего. Но все шло так как хотел Кутузов.

"В армии все были готовы наступать на разгром врага. Но Кутузов приказал рыть редуты и окапываться наравне с турками. Турки укреплялись. Кутузов им не мешал. Русские генералы хотели открыть огонь, из пушек, но Кутузов запретил. Приказание командующего ошеломило всех.: "Не мешать туркам".

Ландерон сказал лучше поменьше таланта, да побольше энергии.
Что мы и наблюдаем сейчас. Так как к образованию и образованным людям отношение так практически и не изменилось. И в результате этого возрастает влияние физического труда над умственным. Поэтому то Россия и терпит сокрушительное поражение в области высоких технологий.

"Все убеждали Кутузова наступать. Всем казалось, что будет явный успех. Обвиняли в трусости.

Кутузов же дождался таки своего. Он задумал оригинальный план разгрома турецкой армии и никому об этом не говорил. План заключался в следующем: когда большая часть турецкой армии окажется на левом берегу, перебросить небольшой корпус своих войск на правый и захватить с тылу турецкий лагерь у Рущака. Тогда турки на русском берегу окажутся в мешке. Турки уже перевезли большую часть своего войска на русскую сторону и ослабили свои силы у Рущака.

Русские войска внезапно напали на противоположный берег и захватили его. Было захвачено много трофеев. В результате этого турецкая армия оказалась в ловушке.

Но Кутузов понимал одно важное турецкое правило: если великий визирь окружен неприятелем, он не имеет права договариваться о мире. "Неужели мой дружок не догадается бежать из лагеря - думал Кутузов о великом визире".

Действительно узнав о том, что великий визирь бежал из окруженного лагеря все офицеры и генералы были возмущены. Им казалось, что пленив визиря, они таким образом выиграли бы сражение. Но они мыслили мелко. Кутузов же мыслил масштабно. Он думал не о сиюминутной славе, так как помнил это турецкое правило. Генералы же о нем не знали. Таким образом такой казалось бы пустячок мог нанести большой урон стратегическим интересам России.

Очень часто в бизнесе оказывается, что незаметное развитие конкурента приводит к крушению различных ранее сильных компаний.

Положение турецкой армии оказавшейся в мешке, становилось день ото дня ужаснее. Русская артиллерия била по турецкому лагерю. К этому прибавились неизбежные спутники осады: холод и голод. Турки ели коренья, но не сдавались. Трава вокруг была выщипана. Турецкими войсками командовал гордый и мужественный Чапан -паша. Он был из знатной фамилии и султан уважал его.

В это время Кутузов и начал переговоры о мире и уступках.
В этом уникальность действий Кутузова. Он не берет в плен турецкую армию, а сам старается сохранить ее. Отпускает для осажденного лагеря провизию. В этом мы видим с одной стороны парадокс, когда

нападающие снабжают провизией противника и таким же образом нестандартность мышления великого полководца.

Таким же образом мы видим аналогию и сейчас. С одной стороны зарубежные конкуренты разрушают наш внутренний рынок национального производства, но с другой стороны они через различные благотворительные и общественные организации предоставляют в определенном объеме свои изделия и продукты.

Лагерь турецкий погибал, несмотря на припасы, которые давал Кутузов. Оказалось, что турецкие начальники все это прибирали в свои руки и простым турецким солдатам ничего не оставалось. Поэтому и продавали хлеб по дорогой цене. Смертность росла среди неимущих солдат. Лагерь мог погибнуть и договариваться было бы не о чем. Поэтому Кутузов придумал небывалый в военной истории выход. Предложил принять турецкую армию на "сохранение". На первый взгляд это казалось нелепостью: вместо того, чтобы просто взять турецкую армию в плен и отослать ее вглубь России русский командующий больше турок беспокоился о ее существовании. Но этот кажущийся несообразным ход был в сущности остроумнейшим единственно правильным выходом. Русские взяли остатки турецкой армии на сохранение. Зная гордость турок и их командира, который скорее всего умрет, чем сдастся в плен, Кутузов подчеркивал, что турки пойдут не в плен, а в гости. Их разместят в деревнях под охраной русских солдат. Тяжелобольным обеспечат лечение. Оружие будет находиться под совместной охраной русских и турецких солдат. Таким образом получалась неопределенность. С одной стороны армия была безоружной, но с другой стороны она сохраняла видимость армии и не была пленена. И таким образом сохранялось лицо осажденной армии так как русские не признавали ее захвата.

Опять же мы видим отношение руководства. За эту победу Кутузов получает графский титул. Вся Дунайская армия была возмущена. Но Кутузов понимал, что у него такая же судьба, как и у Суворова, который за свою победу за Рымник получил графский титул, который император раздавал своим лизоблюдам просто так.

Поэтому он был переведен с поста командующего. Хотя и заключил с турками мирный договор.

Бородино.

Война 1812 года пробудила народ русский к жизни и составляет важный период в его политическом существовании. Все распоряжения и усилия правительства были бы недостаточны, чтобы изгнать вторгшихся в Россию галлов и с ними двунадесять языщех, если бы народ по-прежнему остался в оцепенении. Так писал И. Якушкин.

Немного поразмыслив, мы приходим к выводу, что имеем сейчас некоторую аналогию. Но только в другом представлении. На

территории России сейчас действует множество иностранных компаний, прилавки магазинов забиты высококачественными дорогостоящими иностранными товарами и в первую очередь относящимися в высокотехнологическим таким как электронная техника, лекарства, автомобили, бытовая техника и т.п. Казалось бы все хорошо. Стали появляться богатые люди, которые ходят по таким магазинам и имеют возможность приобретать все это. Но что-то в то же самое время гнетет множество людей. Мы видим, что практически большая масса людей находится в некотором оцепенении.
И представим себе пробуждение, к которому могут призвать некоторые политические силы.

Поэтому данное выражение и его историческую аналогию для патриотических предпринимателей нужно рассматривать с другой стороны. Надо отметить, что действующий в настоящее время национальный бизнес фактически и составляет то сопротивление, которое позволяет сохранить работоспособное население специалистов, расширять рабочие места и таким образом частично стабилизировать общеполитическую обстановку в стране. Особое значение приобретает опыт частных высокотехнологических компаний, которые родились на внутреннем рынке России.

Что нужно понимать под словом "изгнать вторгшихся галлов и с ними двунадесять языцех" с точки зрения рыночной трактовки.

Под этим можно понимать только то, что будет развито такое конкурентное производство и продукция такового высокого качества и такие же услуги, что это приведет к тому, что иностранные компании будут вынуждены отступить и потерпеть поражение в конкурентной борьбе. Но к сожалению, об этом могут мечтать во многих странах мира и Россия не является исключением. Так как проблемой защиты национального производства озабочены многие. Кроме того бизнес интернационализируется. Эта интернационализация заключается во множестве факторов, к которым можно отнести, например, производство определенных деталей в разных странах, а сборку готовой продукции в одной стране. Например электронное оборудование. Микросхемы делают в разных странах, а сборка идет в одной стране, продажа в других.

Таким образом возникает сложная сеть, в которой конечно же трудно уловить чисто национальное производство. Может ли само понятие национально-патриотическое влиять на эффективность производств, сбыта и продажи. Нужно констатировать, что сами США заполонены товарами и продуктами из разных стран. Взять наиболее популярное для россиян место, так это магазины по продаже алкоголя. Не нужно учить географию. Достаточно пройтись по периметру любого американского магазина и все мировые производители различных алкогольных напитков у вас в голове. Большое место в этих магазинах занимают водки из России.

Естественно фактор патриотизма нужно также учитывать и в бизнесе. Если работник считает себя патриотом своего предприятия, то он должен конечно же это доказать на реальном деле путем своей высококачественной работы, подачей различных деловых предложений. Но в настоящее время, заразившись жаждой условного обогащения и предполагая, что за каждый шаг должны платить, многие работники частных компаний таким образом отрицают понятия патриотизма для своего предприятия. Это в целом переходит на разрушение общенационального понятия патриотизм. Есть такой рыночный лозунг. Не думай о том сколько это стоит (услуга , товар), а думай о том сколько за это дадут.

С одной стороны хорошо, так как в советское время понятие патриотизма формировалось одновременно с понятием советского национализма с его одномерным управлением со стороны партии. В результате этого, ослепленному своим суперменством советскому человеку казалось, что он впереди планеты всей. И это нанесло непоправимый удар по сознанию освободившейся личности.

Но что еще более страшно проявилось, так это возникло очень сложное противоречивое понятие современного российского патриотизма. Кроме того оказалось, что патриотизм стал еще более одномерным. Часть граждан стала сплачиваться в различные национально-патриотические фронты. Возникший монополизм в таком важном рыночном сегменте, как патриотизм стал создаваться в результате того, что противоборствующие политические течения не стали этому явлению уделять должного внимания. Монополизация патриотизма привела к ослаблению демократических устоев.

Поэтому целесообразно обратиться к опыту Кутузова М.И., который знал как ему поступать в этих случаях.

Вторжение иностранной армии на территорию России показало с одной стороны дух простых россиян и с другой стороны нерешительность руководящего состава. Император Александр 1 уделял приемам и балам много времени, чего не следовало бы делать накануне войны с таким грозным противником. Глядя на него и офицерство вело себя по пословице: Игуменья за чарку, сестры – за ковшики. Офицеры волочились за барышнями и играли в карты.

Мышление о приближении войны (мирового рынка) было такое же и у народа в упрошенном представлении.

Кутузов М.И. остановился в одном трактире и увидел на стене портрет Наполеона. Он был изображен в виде молодого генерала с длинными, как у женщины, волосами.

Жена хозяина почтовой станции сказала, что это и есть царица французская, которая идет на нас войной. Станционный смотритель сказал что это Бонапартий – антихрист. Портрет висит для того, чтобы ежели Бонапартий как-то под чужим именем или с фальшивой подорожной явится, то его голубчика вора признаем, схватим и к городничему.

Такой же упрощенный подход в ощущении приближения национальной угрозы присутствовал в России практически во всех времена. Также примерно рассуждали русские люди при приближении войск Чингизхана. Советские люди были поражены тем, что такая маленькая страна как Германия осмелилась напасть на такую большую страну как Советский Союз. Теперь также рассуждают некоторые, что кровожадные капиталисты впутали Россию в мировой рынок и теперь от этого страдает весь честный народ.

Император Александра 1 только изредка занимался армией. Его не интересовало хорошо ли стреляют солдаты, умеют ли колоть штыком и окапываться, достаточно ли в магазинах хлеба и фуража, хватает ли сапог и снарядов.

Аналогия сейчас видна, так как мало уделяется внимании социальной справедливости, созданию различных видов высокотехнологического бизнеса.

Предвидя неизбежную войну с Наполеоном многие русские генералы представляли императору Александру 1 планы ведения будущей войны. Мы тут также видим . Что патриотически ничего не изменилось. Также десятки специалистов представляют свои программы выхода из кризиса и каждый мнит себя спасителем России.

Опять же присутствует огромное количество авторитетных для императора иностранных специалистов.

В отступлении винили предателей генералов. Хотя все были полны решимости драться. Также происходит и сейчас многие бьют себя в грудь или льют обильные слезы по загубленной родине и клеймят врагов губящих великую родину.

Но и здесь сказывались негативные моменты, не воспринимались иностранные фамилии. Несмотря на то, что в руководстве армии было множество талантливых генералов, которые были также авторитетны, храбры и честны, но не могли стать любимцами. Так как страдали недостатками. А нужен был полководец, который бы мог зажечь и увлечь за собой в немыслимую атаку, невероятный штурм. Таким образом мы подходим к осознанию того, что и сейчас нужно стремиться руководителям частных компаний вырабатывать такой свой подход, чтобы он мог увлечь работников на новое масштабное дело и при этом оно было бы немыслимо и невероятно по своей идее.

Но к сожалению этого нет и в этом смысле поучителен ответ русского солдата на вопрос Барклая: “Хороша ли каша?"
- Хороша ваше высокопревосходительство, да кормить то нас не за что: не защищаем родную землю?"

Нельзя считать, что Наполеон просто так пошел в России. Он тщательно готовился к походу. Он подготавливал свою армию и разузнавал все о русской жизни. Он изучал топографию будущего театра военных действий и внимательно читал книги по истории России, изучал войны Ивана Грозного и Петра Великого. Он знал качество русских пушек лучше Аракчеева и характеристики русских генералов, лучше Императора Александра. Но все эти сведения были ни что так как никто из его разведчиков не предупредили о твердости русских. Он практически учел все интриги иноземцев в свите Александра, ошибки Карла 12 в войне с Петром, климат России, но так и не подумал о русском человеке. И в этом мы также видим аналогию. Россия вступила в рыночную экономику и ценность российского человека упала. Кто виноват в этом. Конечно можно винить правительство и прочих начальников, но сами то россияне должны сами воспрянуть и создавать свое национальное достоинство и понимание изменившей ситуации.

Русская армия отходила и ее настигали первые эшелоны французской. Французские войска налетали как неистовый шквал. Но русские, построившись в каре, отбивали атаки. В один день французы сорок раз атаковали войска пехоту Неверовского и сорок раз не имели успеха. И только ночь прекратила безумные атаки французов.
В это время шли бурные дискуссии о том кому стать командующим, так как споры в высшем руководстве вели к еще большему трагическому положению русской армии. Поэтому был назначен Кутузов. Хотя император и выразил неудовольствие, но перечить не стал и утвердил Кутузова командующим всеми силами России. Ранее Кутузов сам полагал, что с потерей Москвы погибнет вся Россия. Но постепенно у него стало складываться другое мнение. Придётся отступать. Надо хоть собрать все, что можно. Резервов нет, ружей, патронов в обрез, хлеба в обрез.

Таким образом мы опять видим аналоги. И то же самое возникнет и сейчас. Конечно надо осмотреться и проанализировав собрать все что из истории советского и российского периода может быть представлено на мировом рынке.
В первую очередь это конечно же дух.

Дух войска есть множитель на массу, дающий произведение силы. Лев Толстой. Война и мир.

Поэтому и мало российской силы, которая могла бы противопоставить наступление иностранных товаров, продукции и услуг.

Бородино. Генеральное сражение русских перед Москвой.

Настроение русских перед Бородино было бодрое. Все были полны решимости драться.

Перед началом боя Наполеон и Кутузов объехали свои войска.

Кутузов говорил: вы защищаете родную землю...Послужите верой и правдой...каждый полк будет употреблен в дело...Вас будут сменять как часовых...отечество надеется на нас...

Слева послышалось пение - это духовенство шло с иконой по линии фронта.

"Как на Куликовском поле" - подумал Кутузов.

От беспрестанного слитного гула сотен орудий дрожала земля.

Смешались в кучу кони, люди

и залпы тысячи орудий слились в протяжный бой.

Так в советское время изучали славный период царской эпохи. В этом конечно же надо благодарить мудрость Коммунистической партии, которая выборочно использовала из российской истории ее славные страницы для формирования советского патриотизма.

Кутузов правильно понимал, что все решают доблесть и мужество солдат и офицеров стойко отражающих превосходящего сильного врага.

Французские атаки следовали одна за другой. Они обрушивались на русских, как огромные морские волны и точно волны об утесистый берег разбивались о мужественную защиту Багратионовых полков, стоящих насмерть.

Наполеон потеснил левое крыло русских, но не разбил армию Кутузова: русские стояли так же твердо, как и раньше.

Нападение французов на русский центр сорвалось.

Надо поднять дух войска, сказать: завтра пойдем вперед! Чтобы не подумали, что француз берет верх.

Кутузов подозвал адъютанта :

-Поезжай голубчик по всей линии фронта и поздравь всех с отражением неприятеля. Предупреди: завтра мы атакуем французов.

Кутузов использовал прием Суворова. Тот назначил его во время штурма Измаила комендантом крепости. В ней еще шел кровопролитный бой и генерал Кутузов был в первых рядах атакующих, хотя до овладения неприступной крепостью было еще далеко. Сам Кутузов просил подкрепления.

Наполеон не смог ни разбить, не обратить в бегство русскую армию. Она стояла на новой позиции за оврагами такая же решительная и непоколебимая, как и десять часов тому назад.

Мы должны представить, что это бы за кровопролитный бой. В нем погибло много русских солдат и офицеров, но они были полны решимости драться. Отвагу проявляли все и в том числе, те самые дворяне, которых в годы советской власти возвели в классовых врагов. В течении десяти часов армия Наполеона беспрерывно атаковала позиции русских. Солдаты действовали так, как призывал их в своем воззвании, прочитанном перед боем, император. Они сражались с такой же яростью как при Аустерлице и Фридланде, но день проходил, а успеха не было.

Наполеон бросил на русские редуты тысячи ядер и гранат, слал на них в атаку одну дивизию за другой.

Но ни артиллерии, ни пехоте не удавалось сломить русских.

"Тяжелые латники Европы прорвут своей несокрушимой мощью линию войск Кутузова. Разрежут ее пополам. Драгуны и уланы довершат удар, а гусары и остальные дорубят бегущего разбитого врага" - подумал он.

Если в то время разрезать пополам не удалось русские войска, то в настоящее время это удалось путем создания классовых надстроек. Разделения на капиталистов и коммунистов. Таким образом в целом, разрезанная на две части Россия пытается успешно конкурировать с зарубежными конкурентами. Стойкость русских солдат привела к том, что в стане врага воцарилось уныние после боя. В результате не победа, а побоище. И будущее полное мрачных предчувствий.

Народ сам вступил на тропу войны, не ожидая приказов. В этом отличительная особенность, по отношению ко множеству бывших советских людей, привыкших ждать приказа партии и правительства. Во всех деревнях зарывали в землю зерно, а скот держали в лесу. Незваных гостей ждали каждую минуту.

Нельзя сказать, что зарубежные компании, внедряющиеся в национальную рыночную систему являются незваными гостями. Они стремятся внедрять свои технологии и таким образом развивают определенные направления народного хозяйства.

Конечно Кутузов более других представлял важность сохранения армии для решения более стратегических задач уже при решении вопросов европейской безопасности и обуздания Наполеона. Если бы российская армия была бы ослаблена войной с Наполеоном, то тогда бы она не могла решать задачи в Европе и таким образом оказывать свое влияние как Великая держава. В этом мы видим мудрость полководца, который думает на много лет вперед.

. . . . **.Офицеру и солдату воспрещается говорить то, что может устрашить товарищей. Из наставления пехотным офицерам в день сражения.**

Таким образом в душе бойцов формируется уверенность в победе. Таким образом мы находим связь с советами зарубежных опытных бизнесменов. Мыслите категориями победы. Если будете мыслить категориями поражения, то поражение вас и настигнет.

. . .**Из всех моих сражений самое ужасное то, которое я дал под Москвой. Французы в нем показали себя достойными одержать победу, а русские стяжали право быть непобедимыми.** Вот что писал Наполеон о бое на Бородино.

Конница усеяла трупами людей и лошадей бородинские поля, но не смогла добиться победы.

-Ну что же русские? –запальчиво спросил у маршала Наполеон.

-Стоят. Ваше величество- ответил маршал.

-Так что же русские -спросим мы сейчас сами себя?

Стоим ли мы или лежим?

Коленкур сказал ему: Русских мало убить, их еще надо повалить.

Наполеон тогда хвастливо заметил: Я их повалю.

-**Русские стоят? Им еще мало? Так дайте те же им еще огня** – в бешенстве в бессильной злобе крикнул Наполеон.

Два часа била, не умолкая французская артиллерия. Но русские не поколебались, не дрогнули и не бежали.

Очень часто многие специалисты и при этом храбрые и очень квалифицированные в своем деле не могут охватить полностью всю стратегическую обстановку и тем более связать воедино всю полученную информацию, принять требуемое волевое решение. И при этом зачастую такое решение может идти в полнейший разрез с мнением большинства.

Для этого целесообразно изучать развитие конкуренции между США и Японией. Но и здесь мы видим аналогии. Американцы в основном хорошо представляют ее силу и конкурентоспособность. Однако немногие американцы (русские) хорошо осведомлены об основных характеристиках японской экономики.

Это выявляется среди исследований как на рабочих местах, так и в среде студенчества. Поэтому недостаточность образованности с точки зрения экономической географии политэкономии и других предметов, привязанная к рыночной ситуации притупляет российскую бдительность. У большого числа россиян присутствует понятие, что японцы являются копировщиками, скупщиками патентов, а американцы вообще торгаши и только печатают свои бумажные доллары и производят махинации на своих биржах. И вообще США – это паразитирующая страна. И это также притупляет рыночную бдительность.

Хотя россиянам нужно брать пример с американского бизнеса, как первоосновы развития рынка.

На первом этапе для россиян целесообразно вспомнить стихотворение про Фома Неверующего

В одном переулке
Стояли дома
В одном из домов
Жил упрямый Фома.
Ни дома ни в школе в том числе и высшей)
Нигде. Никому –
Не Верил
Упрямый Фома
Ничему.

Здесь в данном гениальном произведении с рыночной точки зрения проглядывается философская мысль о упорстве, с которым сознание бывших советских людей сопротивляется нашествию информации о мировом рыночном механизме. Для основной массы трудящихся вхождение в мировой рынок представляет упрощенную форму некоего базара.

Такая трактовка с двух сторон мифических баррикад не ведет к консолидации и тем более становлению цивилизованного национального рынка.

Упрямство видно с обеих сторон и стороны тех кто гребет и не может распределить и умиротворить общество. Поскольку не могут реально представить от чего рождаются компьютеры, сникерсы, пылесосы, холодильники и самое главное как же все таки действуют рыночные механизмы.

Неправда не верит Фома
-это ложь
И прямо по лужам
идет без калош
Фоме говорят
-наступила зима
в трусах на прогулку выходит Фома.

Но в результате мы видим плачевный итог всего этого упрямства хотя это пока еще сон. Ему снится сон.

Как будто шагает по Африке он.
Ребята Фоме
У реки говорят:
Купаться нельзя
Аллигаторов тьма.

Это кстати говоря об этом часто предупреждали многие зарубежные и отечественные экономисты об особенностях сложности вхождения Советского Союза в мировую рыночную систему. Можно считать, что

практически каждая частная компания на зарубежном рынке - это аллигатор.
Неправда
Друзьям отвечает Фома.

Трусы и рубашка
Лежат на песке
Упрямец плывет
По опасной реке.
Это Россия вошла в мировую рыночную систему. Практически в голом виде. Не имея знаний и тем более капиталов.
В этом случае нужно отметить, что на рынке и в общественном сознании часто присутствует мнение, что на рынке нужно уметь рисковать. В одной зарубежной инструкции писалось, что если вы взяли ссуду в банке и вам плохо спится по ночам, то лучше ссуду возвратить и бизнесом не заниматься.
Но с другой стороны с другой инструкции напишут о том, что это ошибочное мнение так как многие предприниматели и не собираются рисковать своим капиталом. Нужно стремится создать свое дело со множеством подстраховочных и отходных путей. Что бы таким образом исключить возможность для попадания в тяжелое положение.
Естественно роль государства в этом случае приобретает важное значение. Все таки нужно понимать, что у частного предприятия, имеющего поддержку госаппарата, имеется больше возможностей для выживания на рынке, чем чисто государственного неповоротливого для принятия гибких решений.
Близка
Аллигатора хищная пасть.
Приближение конкурента.
-Спасайся несчастный
Ты можешь пропасть

Но слышен
Ребятам
знакомый ответ
-Прошу не учить
мне одиннадцать лет
В этом смысле необходимо учесть важность образования.
На рынке нужно самому себе находить возможности и самое главное доказывать свою социальную значимость По это поводу один известный кинорежиссёр сказал, выступая на телевидении, что нам (русским) это не нужно. Хотя ранее всем русским надо было свою значимость доказывать партии. Для этого брались повышенные

социалистические обязательства. В характеристиках писалось о преданности идее партии.   Авторитет честного труда постоянно подтверждался всеми средствами массовой информации. Аллигаторы подплыли.

Уже крокодил
У Фомы за спиной
Уже крокодил
Поперхнулся Фомой
Из пасти у зверя
Торчит голова
До берега
Ветер доносит слова
-Непра..
Я не ве...-
Аллигатор вздохнул
И сытый
В зеленую воду нырнул.

Фома удивлен
Фома возмущен
-неправда товарищи
Это не сон!

Насчет товарищей то тут верно подмечено. Поэтому господа предприниматели должны обрести чувствительность к приближению конкурента и к рассмотрению любой ситуации со множества сторон

Говоря о внедрении зарубежных компаний некоторые могут также полагать, что это идет во вред. Но в целом, рассматривая действия множества зарубежных компаний, и их присутствие на внутреннем рынке России способствует становлению национальной экономики и процессу успешного обучения.

Такие компании представляют собой некие оазисы, лучики света в темном доморощенном царстве рыночной экономики. В качестве примера можно рассказать о такой компании. Австрийская компания находилась на территории огромного прядильно-ниточного комбината. Это было полностью развалившееся предприятие. Проходя через проходную мы идем по полупустующим полуразвалившимся цехам. Видно, что комбинат уже практически умер. И как фрагмент кинофильма: "Окно в Париж",   мы подходим к двери. Уже вид самой двери настораживает. Среди других грязных, с облупившейся краской непонятного цвета в полумраке тусклых лампочек, эта дверь выглядит респектабельно. Она сделана из импортных материалов и врезана в эту стену. Мы открываем эту дверь и входим в совершенно иной мир. Мир ослепительного света и кафеля. С потолков льется ровный яркий свет. Мы идем уже не по грязному полу, не по растрескавшемуся кафелю, а идем по мягкому полу, который вокруг и кругом. И т.д. Эта маленькая компания, имеющая в своем составе примерно с десяток сотрудников арендует помещение у этого огромного комбината. Этот неухоженный комбинат практически вышел из бизнеса. Поэтому новые хозяева, смирившись с тем, что не потянули в бизнесе, вынуждены отступить и сдавать свои помещения в аренду для таких маленьких компаний. Так произошло со множеством приватизированных компаний. Новые хозяева получив власть, средства производства, рабочую силу не потянули на рынке. И пришлось увольнять рабочих, а помещения продавать или сдавать в аренду.

Хотя подсматривая за океан можно констатировать, что в США компании особенно производственные умирают долго. Для поддержки компании, попавшей в тяжелое положение приезжают разные чиновники, банки дают ссуду и возможно, что в конечном итоге компания оживет.

Кутузов берет на себя большую ответственность, сдавая древнюю столицу русских врагу. Он не мог рассчитывать на благоприятное расположение к себе. Хотя тогда конфронтационность присутствовала в российском обществе. Но армия была вынуждена согласиться с этим явлением.

Кстати Браклай также высказал неплохую фразу : Наши войска храбро бьются на месте, но не умеют маневрировать на поле боя!

В этой оценке также заложено огромное значение. Действительно множество абсолютно честных и работоспособных трудящихся не могут жить без работы и могли бы работать работать и работать. Но если рабочий готов делать изделия сотнями, то и руководитель советского производства мог бы изделия поставить на поток и выпускать сотнями, тысячами или миллионами согласно постановления Госплана.

Но рынок то и опасен тем, что компания работает в неопределенности. Умение маневрировать на рынке ведет к формированию особого склада ума. Умения сосредоточить собственную энергию и ум на решение задач по постоянно меняющейся стратегии. Умения и выработке нового маневра для ликвидации различных проблем, стоящих перед производством и сбытом продукции. Подобные проблемы аналогичны ситуации на поле боя.

В тоже время видно, что опять же русская армия несмотря на свое бесстрашие и храбрость и подвиги офицеров все таким плохо вооружена.

Тоже самое сейчас можно сказать и о практически большинстве отечественных компаний и предприятий. Особенно частных, которые полностью лишены поддержки со стороны государства.
В этом смысле злободневны слова девяностолетнего с замшелыми зелеными бровями деда, который говорит опираясь на клюку:
- Ваше сиятельство, ежели не хватило войска, зачем же не кликнули народ? Разве мало нас на Руси? Все бы пошли....
- Горит Москва! Прискорбно жалко, но ведь горела же она не раз: татары ее жгли и поляки, а все стоит! Гори Москва – но живи Россия.
В этом философском афоризме мы можем сделать вывод. Что пока Москва горит в своих политических и управленческих распрях. Пока идет непрерывный дележ власти и функций и каждый норовит взять себе что-то то в этом направлении идет фактически процесс разрушения демократических основ и развития свободного предпринимательства. Кроме того, практически ничего не умеющие реально производить, государственные чиновники внушают большее опасение с точки зрения государственной безопасности. Конкуренты могут собирать информацию о некомпетентном с рыночной и демократической точек зрения руководстве такой огромной страны. Они могут разрабатывать более эффективные стратегии, чтобы превратить эту некогда Великую ядерную державу в огромный сырьевой придаток для решения глобальных задач по обеспечению высокоразвитого рыночного общества.
Но в этом есть свои плюсы и минусы. С одной стороны огромная часть бывших советских сограждан уповает на величие нефтегазовой трубы и эшелонов из древесного кругляка и пожертвований от международных благотворительных фондов и усыпляется. Таким образом в России идет процесс деградирующего информационного отставания в непрерывно меняющейся рыночной стратегии.

В России нет консолидирующего подхода для решения различных задач и в результате этого упрощенная форма конкуренции сводится к снайперским выстрелам киллеров, подрывам и поджогам. Это все происходит на виду у основной массы россиян. Поэтому определенная часть россиян упрощенно воспринимают рынок, как чисто разбойничий с использованием физических расправ над конкурентами. Все это также может отпугивать дееспособных и работоспособных граждан от принятий волевых решений и активных действий для организации или расширения объемов собственного бизнеса.

Они полагают, что в такой ситуации много денег не заработаешь да и хлопот не оберешься.

Сдача Москвы имеет чисто символический смысл аналогии разрушения командно-административного сознания и слепой веры в мудрых вождей, министров и т.п. руководителей, вставших у руля управления в силу определенных обстоятельств порой не зависящих от их таланта и способности руководить. Ранее в советское время множество советских людей связывало свои чаяния и надежды только с Москвой, с ее министерствами и ведомствами. Миллионы ходоков со всех концов необъятной советской Родины ехало и решало всякие задачи для своих предприятий и организаций.

Москва была как спрут, который опутывал всю страну своими щупальцами и тянул все что можно на горку. Яркий пример так это наличие продовольственных электричек, в которых граждане близлежащих городов приезжали в Москву и скупали все продукты. Такой централизованный подход и существующая казалось бы вертикаль власти показала свою несостоятельность при вхождении в мировой рыночный механизм.

При советской власти при изучении кибернетических систем в учебниках показывали как компьютер используется на заводах. Рисовался огромный завод и в центре стоял огромный управляющий компьютер. От него шли провода по станкам и цехам и складам. Яркий пример централизованной системы управления.

Более гибкая система управления создается с использование сети локальных компьютеров, которые оптимально управляют процессом каждой производственной единицы.

Поэтому такой процесс нужно представлять в двух пространствах. Одно в реальном согласии с тем, что действительно нужно сильное правовое государство с центральной сильной властью. Но с другой стороны каждый гражданин может мысленно говорить, ну и тьфу на тебя, так как я и так силен сам по себе. И мне ничего от тебя кроме величия не нужно, так как я имею собственное дело или успешно работаю в частной компании, которая не зависит ни от тебя, ни от твоих чиновников. Имею собственность. И от тебя сильное государство требуется только одно - следить за тем, чтобы был порядок в стране. Поэтому я исправно плачу тебе за это. Таким образом мы приходим к мысли о том, что сильное государство само по себе сильным не может быть. Оно обретает силу через каждого гражданина.

В тарутинский период создания сильной армии мы видим Кутузова М.И., который как учитель готовит армию к решающему бою. Идет процесс обучения. Таким образом видно, что вхождение дееспособной и отточившей свое мастерство в Европе французской армии показало недееспособность русских. Поэтому фельдмаршал понял, что одной храбрости и патриотизма маловато для освобождения. Нужно действовать более осмотрительнее.

Из советской истории общеизвестен сталинский приказ: «Ни шагу назад». Но если сослаться на книгу о Кутузове, то эта фраза в первые была высказана им при выборе тарутинского лагеря. И в этом видна и

дальновидность Сталина, который эту же фразу и ее историко-патриотический смысл выбрал для вытягивания энергии решимости при битве с фашистами.
Слова Кутузова- «Ни шагу назад»- в тот же день стали известны всем. Теперь же все восхищались дальновидностью, осмотрительностью Кутузова.

Некоторые отрицавшие и поносившие его стали приписывать эти наработки в свой счет. В общем к победителям всегда пристраиваются для дележа славы, как и денег. Но вот создавать и тем более рисковать не многие набиваются при создании собственного дела.
Даже в этот тяжелый для российской армии период все равно на Кутузова наседали интриганы и враги, даже в главной квартире . Они не гнушались ничем, ни сплетнями, ни ложью, ни гнусной клеветой. Так что полагать, что все нехорошее идет из советского периода глубоко ошибочное мнение. Мы видим, что должен вынести великий полководец ради спасения отечества.
Примечательно, что к ставке Главнокомандующего был прикомандирован представитель Англии сэр Роберт Вильсон с большим полномочиями от Александра 1. Он усилил группу недругов. Тут мы опять видим вражескую зарубежную руку. Вильсон хотел чтобы русская армия изничтожила Наполеона и его армию. Старался загребать жар чужими руками. Но в этом его особо винить нельзя и представлять его этаким плохим человеком. Он был патриотом своей родины (Англии) и старался из всех сил, чтобы его английские солдаты поменьше пролили своей крови и побольше чужой (русской). Поэтому глубоко ошибочно полагать, почему это английский дипломат будет заботиться о благополучии русской армии и становлении России как великой державы. Повоевав с армией Наполеона Россия истечет большой кровью. С подорванными силами России легче согласится на второстепенную роль в мировом сообществе.

Хитростям и уловкам Кутузова нужно поучиться многим предпринимателям. Достаточно привести в качестве примера прием французского посланника Лористона. Для его посещений в лагере солдаты развели множество костров, везде звучала музыка и пели песни. В разговоре с ним Кутузов выяснил некоторые интересные для него данные. В Леташевке Кутузов развернул большую работу -– наконец он получил возможность переорганизовать, подготовить армию к контрнаступлению, так как считал необходимым.
Кутузов не думал столь легкомысленно как некоторые, полагавшие что с Наполеоном можно легко покончить. Пусть враг (конкурент) и ранен, но еще достаточно крепок.
Кутузов использовал все возможные варианты для победы над врагом, отходя от некоторых традиций и используя любую возможность.

Народ поднялся, в нем есть сила.
Еще в разговоре с Лористоном поднимался вопрос о том, чтобы прекратили русские использовать партизанские отряды и вооружать крестьян. Недаром и Лористон так распинался о “варварской войне”. Перед партизанской войной весь полководческий талант Наполеона становился бессильным. И чтобы руководить партизанами, надо немедля отправить небольшие военные отряды. (Организовывать с помощью государственного аппарата высокоэффективные малые предприятия).

Фельдмаршал Кутузов мудро оценил все значение и мощь народного гнева. Александр 1 и русское дворянство боялись народа и не хотели давать ему в руки оружие. В этом случае мы также имеем исторические аналоги. Подобно тому же и в советское время руководство страны и партия не давали возможности народу самому использовать по своему усмотрению средства производства. Слежка и подавление предпринимательского инакомыслия было буквально на каждом шагу. Хотя умеющих делать свое дело было много. Но желающих рисковать были единицы. Из этих единиц практически всех по всякому карали и преследовали. Остальные видя такое отношение предпочитали никуда не влезать, сидеть и помалкивать. В результате этого были подорваны творческие силы и была подавлена инициатива даже в желании.

Поэтому теперь необходимо буквально по крупице выискивать всяческие возможности для взращивания этих чувств, имевших место в российской душе.
В США зачастую богатые бизнесмены помогают творческим людям в создании собственного бизнеса. Естественно, не забывая о своей доле.

В этом случае роль центральной власти прослеживается также как и в войне 1912 года. Партизанская война, которую от Витебска вели своими силами по своему разумению народы России, приняла в Тарутине более широкие и совершенные формы. Фактически первые спецотряды диверсантов и были созданы Кутузовым.
Кутузов не только помогал организовывать партизанские отряды и руководил ими. Но и заботился об их вооружении. Он взял под контроль выступления партизан, тесно связав их с действиями армии. Кстати так было и во время Великой отечественной войны.
Кутузов разослал по всем направлениям летучие военные партии под командой молодых энергичных офицеров. Эти партии были костяком, на который опирались и вокруг которого росли отряды народных мстителей.

В частности Наполеон также использовал всевозможные способы поднятий духа в армии, находясь в Москве.

Император приказал каждый вечер зажигать по две свечи около его окна, чтобы солдаты говорили: Смотрите, император не спит, он заботится, думает о нас! Он всегда за работой.
Примерно также нам в детстве рассказывали о свете в окне кремлевской башни, где сидел круглосуточно Великий вождь и думал о всенародном благе.
Для того чтобы поднять дух войск Наполеон заплатил жалованье армии русскими медными деньгами, которые однако никто из солдат не хотел брать, и сфабрикованными по приказу Наполеона фальшивыми русскими ассигнациями. Таким образом Наполеон на территории России еще вдобавок сформировался как фальшивомонетчик.
Через маршалов Наполеон велел распускать разные слухи, чтобы немного успокоить возбужденных солдат. Таким образом император формировал свой Паблик Рилейшинз
То говорили о походе в Индию, то утверждали, что маршал Макдональд взял приступом Ригу и сжег Петербург, а русский император Александр 1 умер от огорчения. И все бодрились. Будто из Вильны идут новые дивизии маршала Виктора с зимней одеждой, хлебом.
Здесь есть даже некая историческая аналогия с компаний великого Фюрера Адольфа Гитлера, который также распускал слухи о чудо оружии, когда его стали колотить советские люди. Немецкий народ верил, что там где - то в закромах родины есть нечто. Чудо оружие.
И такая же ситуация царит примерно в умах многих россиян, которые также верят, что у правительства в закромах есть еще резервы и возможности. И вот вскоре и наступит то самое рыночное светлое будущее.

Наполеон брал для подражания образ Петра Великого.
-Все человеческие слабости, колебания, сомнения должны исчезнуть в герое. Это должна быть величавая статуя, глядя на которую не видишь слабостей.- так мыслил Наполеон в Кремле.
-Я не отвергаю даже иностранных героев....
- Я прихожу в изумление, когда думаю, что в этом дворце -показал он рукой-двадцатилетний Петр, почти без образования и без советников, захватил власть. Какой пример нравственной силы!
-Что касается особенностей его гения (Петра Великого), то они никем не были поняты. Не заметили, что он приобрел то, чего не хватает рожденным на престоле: славу нового человека, дошедшего до трона со всеми испытаниями, соединенными с этой славой. Он добровольно сделался артиллерийским лейтенантом, чем был и я.

Душевно Наполеон метался в Москве.
Русские не шли на заключение мира. Надо было уходить из Москвы. Русские не хотели прощать Наполеону сожжённых сел и городов. Не

хотели забывать о всех насилиях, надругательствах и грабежах "великой армии"
Ему (Наполеону) так тяжело было сознаться в том, что он не смог уничтожить русскую армию и покорить русский народ, что он тешил себя разными слухами.

В данном случае интересны уловки, которые делал Наполеон. Как сохранить привычный облик победителя? Посредством какой уловки представить всему миру свою неудачу успехом? С помощью какого искусного приема уйти из Москвы с торжеством?
Оставался один выход - бюллетень.
И Наполеон прибег к нему.
Он без всякого смущения нахально написал в последнем бюллетене, данном в Москве:
" Великая армия, разбив русских, идет в Вильно! "
Это очень интересный для анализа рыночных ситуаций момент, широко используемый в различных стратегиях, характерных для собственных паблисити компаний и проектов ПР.

Фельдмаршал сказал капитану Сеславину перед отправкой для ведения малой войны:
- Партизан должен быть решителен, быстр и неутомим.
Этот лозунг как нельзя подходит для предпринимателей, занятых в сфере малого и среднего бизнеса.

В заключении первой части занятий по этой тематике в качестве материальных моментов целесообразно просмотреть кинофильмы о Кутузове. Посетить его саркофаг в Казанском соборе. Возложить цветы к его памятнику. Кроме того целесообразно хозяевам престижных магазинов установить мундиры с муляжами регалий Кутузова для усиления мистических медитаций. Также сделать повязки для слушателей и, повязав глаз, мысленно представить себя на месте одноглазого Кутузова.

Целесообразно руководителям предприятий вести занятия, облачившись в мундир Кутузова. Возможны различные сочетания, так как он одевался в парадный мундир и также в простые полевые одежды. Разработать компьютерные игры по тематике Кутузовских сражений.

17. ДЕРЕВЯННЫЙ РУБЛЬ И ЕГО ЛЕСНЫЕ БРАТЬЯ И СЕСТРЫ НА РЫНКЕ (РИНГЕ)

В процессе рыночных реформ на стадии шоковой терапии и резкого падения курса рубля возникло его второе унизительное название - деревянный. В настоящее время древесина является одним из существенных элементов для поддержки национального бизнеса. Это связано с тем, что оживление национальных производств происходит в деревообработке, строительстве, мебельной промышленности. В эти направления стекаются значительные рабочие силы из разваливающихся отраслей промышленности.

Поэтому материализация деревянного рубля несет в себе определенные символы национального возрождения, веры в устойчивость рубля, формирование рыночного сознания, патриотизма и консолидации крайне конфронтационного российского общества.

Исследуя общественно-политическую обстановку в стране, расклад политических сил в структурах выборной власти, мы приходим к выводу о том, что для создания корпоративного духа нации в ее решающем штурме мировых рынков нужно строить не рыночное чисто капиталистическое общество по аналогии с западным, а комбинированное (многополярное) капитал-коммунистическое, с промежуточными стадиями.

Особое значение приобретает умение работать с деньгами. Кроме того усиливается роль безналичных расчетов. Насыщенность современных обществ новыми электронными средствами обмена информацией и капиталами приведет в перспективе к полному уничтожению наличных средств платежей.

Для создания нового капитал-коммунистического общества необходимо ввести его капитализационную составляющую. Но в процессе исследований выявилось, что наиболее слабое звено составляет сам процесс капитализации сознания. Это оказалось связано с чрезмерным влиянием процесса советизации сознания.

Рассматривая такую аналогию относительно денег, используемых в других странах, мы можем предложить новое направление в Паблик Рилейшнз и рекламе различных компаний.

Рассмотрим это направление на примере применения российского деревянного рубля в процессах формирования национальной рыночной экономики.

Деревянный рубль - это национальная икона российских рыночных реформ привязанная к крупномасштабной акции и программе общенационального покаяния и консолидации с лозунгом: "Прости нас рубль". Эта акция частично разрушает командно-административное сознание и позволяет перераспределить часть вины за неудачные реформы с руководителей на всех россиян. Материализация деревянного рубля снимает унизительный ярлык с российских денег, выпускаемых Центробанком России.

Это создание мистического ритуала отмирания наличных денег и расчетов с ними перед всеобщей мировой глобализацией электронных расчетов и платежей, введением кредитных карточек. При этом впервые процесс ритуала начался в России с деревянного рубля. Привязка к одеревенению дает биоэнергетическую связь всей мировой банковской системы, т.к. лес растет почти на всей планете. Корневая система, распространяющаяся по всей планете связывает все банки в мировую финансовую систему.

Это привязка к историческому лозунгу : "Лес - наше богатство".

Годовые кольца на древесине указывают на основной лозунг рыночной экономики: "Время - деньги".

Это новая форма оригинальной рекламы. С одной стороны знак рубля, а с другой стороны фирменный знак компании, по ободу можно указывать телефоны, адреса и т.п. С таким рублями можно организовывать игровые ситуации с покупателями и клиентами. Возможно сращивание рубля по мичуринскому методу с другими валютами. Например, с долларом. Получается рубледоллар (рублебакс) по аналогии с наркодолларом или нефтедолларом. В этом случае валютные свойства от доллара переходят к рублю и он твердеет, а деревянные свойства рубля переходят к доллару и он постепенно деревенеет. Такой подход целесообразен для рекламных акций совместных предприятий. Подключение иностранных компаний к такой акции позволяет создать духовную поддержку российским реформам.

Это формирование в атеистическом сознании россиян идеалистической составляющей и понятия гармонического взаимодействия между идеализмом и материализмом, что характерно для развития идей в свободном демократическом обществе. Иконизация деревянного рубля с акцией христианского покаяния усиливает религиозную составляющую в атеистическом сознании российского человека. Нужно учитывать что в странах рыночной экономики преобладают религиозные мировоззрения. Атеистическое сознание россиян усложняет процессы перехода к рынку. Следовательно формирование в российском сознании новых мистических идолов, привязанных к рыночной идеологии позволит интенсифицировать реформы. Самое главное - это создание идолов путем сложного напряженного почти божественного созерцания и признания любви к своему кумиру. И как следствие этого и прошения у него прощения за все грехи, которые привели к такому трагическому положению национальную денежную единицу.

"Господь даровал врачевство покаяния, которое может уничтожить и изгладить все грехи наши, только если мы знаем, в чем состоит это врачевство и как им нужно пользоваться. Во-первых, оно состоит из осознания своих грехов и исповедания их . . . .

Свт. Иоанн Златоуст.

Эта акция должна быть связана с тем, что в период строительства коммунистического общества роль денег постепенно отмирала. В этих действиях усматривалась величественная задача создания бескорыстного советского человека, работающего за совесть. Даже был создан специально первый день коммунистического завтра - субботник. В этот день вся страна работала бескорыстно во имя светлого будущего. Отгороженная Железным занавесом огромная часть трудолюбивого советского общества честно работала и верила. Но в это время за границей деньги служили мерилом и инструментом для достижения гегемонистских рыночных целей каждого государства, каждой компании и каждой личности.

Если мы будем рассматривать роль денег в рыночном пространстве, то должны знать как на это смотрят самые “закоренелые” капиталисты. В качестве примера можно привести выдержки из книги Наполеона Хилла “Думай и богатей“:

“Когда Вы начинаете богатеть, Вы неизбежно замечаете, что этому предшествует определенное состояние Вашего сознания, решительность, намерения и небольшое вложение тяжелого труда. Следовательно, необходимо научиться погружать сознание в состояние, притягивающее богатство.

До того, как мы накопим неисчислимые богатства, надо магнетизировать сознание желанием богатства, начать мыслить категориями денег, пока жажда денег не приведет к созданию конкретных планов по их приобретению. Мечты сбываются, когда желание становится действием. Не надежда! Не стремление! Но жгучее желание , подавившее все остальное.”

Как показывают исследования у части россиян нет такого жгучего желания. Некоторые участники таких исследований обвиняли автора в пресмыкании перед миром капитала и его лидером – США. Там, по их твердому мнению, все подчинено власти их всеобщего кумира-вечнозеленого Доллара, который как национальное знамя ведет эту страну к рыночным победам. “А вот у нас должно быть не так. Мы более духовно обогащенные” – говорили эти несомненно честные и работящие люди.

Но возвращаясь в существующему практическому мировому опыту мы узнаем, что есть такое направление в бизнесе с лозунгом: “Обратно к истокам”. И опять оказывается что новое это хорошо забытое старое. Народная мудрость доносит до нас заповеди, которые нужно блюсти:” Работа черна, да денежка бела. Шевелись, чтобы денежки велись. Трудовая копейка впрок идет. Деньги не рожь, и зимой родятся. Без работы нудно, а без денег трудно. За свой грош везде хорош. Денег нет, так всякая цена дорога. Деньги идут к деньгам. Копейка рубль бережет. Свой грош, строй, что хошь. Денежки есть-калачики ешь, а денежек нет, поколачивай в плешь. Время любит срок, а деньги-прок. Трудно деньги нажить, а с деньгами и дурак может жить. В голове ветер (революций) ходит, а в кармане пустота бродит. Денежки труд любят. Где много воды, там больше будет, где много денег, там прибудет. Живется, у кого денежка ведется. Деньги –гости, то нет, то горсти. Деньги-не голова, дело наживное. Лишняя денежка-карману не тяга. С достатком и смелость приходит. В сберкассе вклад-при нужде –клад. Сберкнижка лучше кубышки: и себе выгоды и государству доход. Деньги расход любят, расход деньги пожирает, а человек и то и другое уважает. Денежка без ног, а весь свет обойдет. Затем деньги и круглы, чтоб веселей катились. У денег глаз нет, за что отдают-не видят. Деньги как вода: плывут неизвестно куда. На дворе мороз, а в кармане денежки тают. Деньги - как скворцы: сегодня прилетели, покружились, а завтра улетели. Не горюй о деньгах: не они нас нажили, а мы их”.

Без счета и денег нет.

Больше денег-больше хлопот.

Брат братом, сват сватом, а денежки не родня.

Денег нажить не много труда, а худо наживешь-и слава –худа.

Денежки вперед, лучше: горе не берет.

Денежка не солжет, а в беде да в нужде выручит.

Денежки есть, так и калачики ешь, а денежек нет, так и поколачивай в плешь.

Денежки, как воробушки: в людях побывают и к нам прилетят.

Денежки круглы: день и ночь катятся.

Деньга кругла, да поката-уйдет.

Деньгам нет заговенья: каждый день расход.

Деньги ваши-будут наши.

Деньги – голуби: прилетят и опять улетят.

Деньги - дело наживное.

Деньги милы только до могилы не возьмешь.

Деньги не в деньгах, а в делах.

Деньги не грибы, можно и зимой найти.

Деньги счет любят.

Дружба дружбой, а денежкам счет.

За свой грош везде хорош.
Зачем тебе деньги, ты сам золото.
И наша денежка не щербата.
Кто до денег охоч, тот не спит и ночь.
Медные деньги громче золотых бренчат.
На улице холодно, а деньги в кармане тают.
Не было ни гроша, да вдруг алтын.
Не важно, что бумажно, лишь бы денежно.
Плакали мои денежки.
Считай деньги в своем кармане.
Считанная сотня полна.
У денег и без денег.

Продажа.
Заветного не продают.
Не купля учит-продажа.
Продавцу воля, покупателю-другая.
Продажа куплей стоит.
Что не продается, на то и цены нет.
Что привезешь, то и продашь.

В этой народной мудрости мы видим некоторое очеловечивание денег. Вводится понятие души денег.

Идея очеловечивания неодушевленных предметов не нова. Этим явлениям уделяется много внимания в специальной литературе. Это имело место и в советский период. Достаточно привести пример из книги С. Михалкова. Им написан рассказ: “Похождение рубля”. В этом детском рассказе облагораживается советский рубль. Показан его путь от производства до выдачи в виде зарплаты. Имеют место контакты Рубля с Долларом. Я - Рубль. Я настоящий трудовой рубль....

В рассказе показаны элементы идеологической конкуренции. Рубль в виде зарплаты попадает к трудовому человеку и тратится на цветы. Доллар, при встрече с Рублем признается, что совершенно случайно попал в Москву и задерживаться в ней не собирается. (Как видим в настоящее время он задержался и по всей видимости надолго). Он любит шататься по свету. (Захват мировых рынков). Доллар тратится на жалованье американским летчикам за бомбежку школы, моста и нескольких домов. (Наверное наш гениальный, все заранее предвидящий, писатель намекал на бомбежки Кореи, Вьетнама и Косово). Или попадает в руки черного, которого тут же убивают во время облавы. Тот даже не успел его истратить. В общем это ужасная история для Доллара, имеющего буроватое пятнышком засохшей крови возле

портрета пожилого человека с умным и добрым лицом. Для Рубля показан светлый путь в счастливое будущее. Рубль в это время жалеет и бедного негра и президента Вашингтона, изображенного на Долларе. В конечном итоге на Рубль покупают деревянную матрешку!!!
Однако, как мы видим в реальности Доллар не пожалел Рубля и не намеревается в связи с существующими рыночными методами и средствами развития международной конкуренции. Да и зачем это ему?

Действительно нужно россиянам задуматься, над проблемой: "Почему все таки деньги не прибывают в российские карманы как вода в весенний паводок? А если и прибывают, то уходят как вода в песок. Почему не бегут доллары из карманов американцев и к ним примкнувших наших новых русских?
Переход к рынку показал неумение работать с рублем как самого государства, так и огромной части населения. Есть ли в этом результат советского образа жизни и его последствий? Даже доморощенные российские бизнесмены - хозяева наспех сколоченных финансов-промышленных империй стараются часть капитала перевести за границу и внутри страны не стремятся повысить эффективность их использования, так как пропала уверенность в завтрашнем дне. Часть из них пристроившись к наиболее прибыльным направлениям в бизнесе только и делают что мочат друг друга, применяя физические методы конкуренции. Таким образом, как и в первые годы советской власти фактически идет физическое уничтожение наиболее дееспособной части нации самими собой. Как и партия ранее истекала кровью, так и сейчас молодые полные сил и энергии бизнесмены падают от метких снайперских выстрелов, обагряя своей кровью родную землю и оставляя своих жен - вдовами и детей - сиротами. Огромная часть преуспевающих бизнесменов, присосавшись к государственной кормушке с сырьевым или устойчивым товарным производством в виде продаж конкурентоспособных изделий ВПК и иных в видов также не способствуют повышению имиджа отечественного предпринимательства. Даже более того ухудшают его значимость. Пропажа уверенности в завтрашнем дне это важный аргумент в идеологическом споре. На чем может быть сейчас сформирована новая уверенность в завтрашнем дне? На поддержке национального бизнеса или его гонении.

При советской власти писались критические сочинения о демидовском приказчике, который объелся блинов с деньгами и помер. В настоящее же время явно ощущается, что не хватает таких приказчиков, которые могли бы так сжиться с кровными российскими рублями. Человеческий фактор - очень важный момент в этом становлении.

Это повышение авторитета продукции из ценных природных материалов и развитие конкуренции с производителями продукции из искусственных материалов и заменителей.

Это элементы учебного процесса в развитии конкуренции в битве с монополистами.

Разработку и изготовление деревянного рубля необходимо рассматривать в упрощенном виде как некую детскую игру в деньги. Можно представить Центробанк как аналогию монополиста, который выпускает деньги, как товар, но неэффективно их использует.

Это развитие новых форм патриотической работы и формирования корпоративного духа в странах и компаниях. Это создается путем определения номинальной стоимости деревянного рубля намного выше иностранных валют. Таким образом вводится в массовое сознание россиян политическая программа решения задач по свободной конвертируемости рубля и повышению его цены на мировых рынках и консолидации общества. Например, обменный курс для доллара - это 30 рублей, для деревянного рубля, сделанного из лучших сортов российского дуба обменный курс 5 долларов или выше.

Это производство и продажи деревянных денег как сувениры, талисманы, амулеты или памятные и юбилейные рубли в различных вариантах.

Деревянные рубли в больших размерах с обрамлением из благородных металлов можно устанавливать в национальных банках как элементы банковского интерьера, а также в ювелирных магазинах и иных коммерческих и предпринимательских структурах, в кабинетах главных бухгалтеров, в бухгалтериях, у кассиров, около сейфов, и т.п.

Ранее и до настоящего времени широко практикуется вывешивание в кабинетах и производственных помещениях портретов вождей, руководителей партии и правительства. Они как бы находятся рядом с трудящимися и ведут их к вершинам светлого будущего. Примерно так: "Двое в комнате, я и Ленин, фотографией на белой стене". И вот они, мудрые вожди и правители, вели нас многие десятилетия куда то вперед или загоняли железной рукой к счастью.. Миллионы честных советских людей им беззаветно верили и напряженно работали. В настоящее время в связи с вхождением в мировую рыночную систему роль главенствующего лидера принижается, так как он не в состоянии реально управлять сложной постоянно меняющейся рыночной ситуацией в жесткой конкурентной борьбе. Это относится не только к высшему руководству страны и регионов, но и к среде руководителей предприятий и фирм.

Многие работники, видя явный успех своей компании на рынке, будут приветствовать и восхвалять своего руководителя. В результате этого может так произойти, что в какой-то момент времени элементы культа личности будут развиваться в этом руководителе. Он может допустить серьезные ошибки в стратегическом направлении работы компании и таким образом нанести ей вред..

Поэтому целесообразно каждому выбирать своего кумира, который бы и вел к вершинам собственного благополучия. Им может быть образ деревянного рубля.

Ранее при Советской власти мы учили стихи следующего содержания, которые внушали значимость вождей:

Двое в комнате я и Ленин
Фотографией на белой стене

В новой рыночной демократической редакции это выражение может звучать примерно так:

Двое в комнате, я и рубль,
Дубовым образом на белой стене.

Уместно отметить, что при Советской власти для оформления различных Красных уголков и наглядной агитации использовали выполненные на дереве такие символы как Серп и Молот, трудовые ордена и т.п. в больших размерах. Таким образом коммунистические идеологи обозначали важность и значимость в первую очередь физического несомненно честного труда. Это также усиливало роль пролетариата в развитии общества. А насчет денег, то это потом, в светлом будущем. Используя комбинированные методы в процессах консолидации такой деревянный рубль дополняет и усиливает процесс интенсификации рыночных реформ, увязывая значимость труда и естественно оплаты. Сравнивая то вроде застойное консервативное сознание с современным можно высказать мысль, что в то время деревянный Серп и Молот с орденами и медалями воспринимался согласно приказа партии более осмысленнее, чем сейчас тот же Серп и Молот и примкнувший к ним деревянный Рубль. Но создавая консолидирующую платформу, можно сказать что деревянный Рубль дополняет и конкретизирует старый, предложенный коммунистическими идеологами способ наглядной агитации. Таким образом создается конкурентное рыночное отличие на мировом рынке национальных символов.

Это производство детских считалок для школ с логотипами банков и компаний, вместо примитивных палочек. Выполненные из разных ценных древесных пород, эти кусочки дерева с денежными знаками будут в наглядном виде показывать молодым людям ценность национальных богатств и масштабность Великой Лесной Державы.

Необходимо развивать техническую и конструктивную конкуренцию в изготовлении и применениях деревянного рубля. Например, создавать его с пропиткой душистыми веществами. Деньги не пахнут, но с конкурентных позиций российский деревянный рубль должен благоухать и распространять свой аромат на окружающее общество.

Пропитка запахами вкусных продуктов и коньячными, винными и водочными запахами так же будет способствовать возбуждению любви. Можно создавать говорящий, поющий, плачущий, страдающий, движущийся, так как рубли должны стать живыми деньгами.

В дубе, например, терпкий вкус желудя, заключенного в жесткую оболочку, говорит что это дерево испытало громадный натиск со стороны сопротивления, стремящегося совершенно уничтожить его. Достаточно вспомнить какие мощные порывы ветра и бурь выдерживают многие годы деревья. В лесу выживают сильнейшие. Слабые падают и превращаются в валежник. Из древесины делают ценные медицинские лекарственные препараты. Например, полоскают ротовую полость настойкой коры дуба при кровоточении десен, или улучшают качество спиртовых и водочных настоек путем выдерживания в дубовых бочках. Даже в отечественных анекдотах роль дуба играет важное психологическое значение. Например, один герой говорит другому: “Ну и дуб же ты Петька!". Тот соглашается с ним и гордо отвечает: “Верно. Крепок я!"

Следовательно и российский рубль должен стать дубовым и таким же крепким.

На внутренний российский рынок наряду с огромным количеством зарубежной высококачественной продукции первой необходимости появились и такие, которые ранее отсутствовали. Это различные талисманы и амулеты с различной мистической и религиозной платформой. Таким образом сформировался новый сегмент рынка с его формами конкуренции товаров и услуг.

В данном случае деревянный рубль и является новым элементом с национальной спецификой. Нужно учитывать, что из советской истории русские выносят только один талисман – это Серп и Молот. Он также нужен в российской рыночной экономике. Каждый предприниматель согласится с тем, что накопление богатств сопряжено со значительными затратами энергии и соответственно тяжелого труда в ходе непрерывной и беспощадной битвы с конкурентами. Это позволит спастись не только компании, но и обрести реальную независимость Родине.

Предлагая деревянный рубль как новую форму оберега нужно знать, что предки пришли к выводу, что они могут охранять, оберегать нас от недружелюбных (конкурирующих) сил. Особенно опасны такие воздействия со стороны недоброжелательно настроенных к нам людей. Мощной и грубой энергии красного уровня вокруг нас предостаточно. Часто нападение на нас по красному спектру - лишь– попытка проникновения через низкий уровень энергетики на более высокие ее уровни. Нас просто отвлекают, отвлекают наше внимание на урегулирование создавшейся дисгармонии, заставляя ослабить контроль на уровнях более высоких. Пока вы занимаетесь борьбой с атакующими на красном уровне, более тонкие проникновения на высокие уровни остаются незамеченными.

Что на самом деле и происходит с национальной денежной единицей. Именно нечуткое отношение к ней и приводит к таким плачевным результатам. Не надежда на новых всесильных и могущественных вождей должна служить основой для сплочения общества, а вера в свой рубль. Надо развивать тонкость рыночного чутья и почувствовать его боль и страдания. Чтобы избежать нежелательных последствий такой атаки, следует пользоваться соответствующими оберегами постоянно.

Обереги изготавливаются только по доброй воле и от чистой души. Вообще существует такой закон: по-настоящему сильный оберег нельзя купить. Он должен «найтись» среди вещей, которые передавались по наследству. Это бывает не так уж часто. Но любую традицию кто-то должен начать. И эту традицию начинают создавать российские предприниматели.

Можно также рассматривать деревянный рубль как второе, тайное имя из параллельного теневого мира. Возможно более тщательные трактовки этого могут послужить более глубокой научной работой для теологов и мистиков.

Энергетика человека – вещь чрезвычайно сложная.

Составной частью этого мира являются элементали –духи стихий природы, духи цветов, трав, деревьев и минералов. Элементали, с которыми мы чаще всего общаемся, -духи деревьев. У славян дерево всегда было знаком Жизни. Деревья издревле считались существами высшего порядка, воплощением мудрости. Поэтому возможно, что неосознанно в перспективе и с надеждой на возрождение российской экономики и всплыло название российского рубля как деревянный. Возможно, что это и есть указующий перст Божий для нас. Корни дерева находятся в земле, крона же его связана с солнцем, поэтому оно многое знает и молчаливо. Возможно, что неосознанно народная молва и назвала рубль деревянным как бы, символизируя связь своей мечты об обогащении с реальным существованием на земле. Людей и деревья всегда связывали родственные и дружеские узы. Раненый, ослабевший воин, чтобы обрести вновь силы, шел к дубу. Женщина, чтобы быть счастливой в семье и родить здорового ребенка, шла к липе. Девушка, чтобы жизнь ее сложилась удачно, шла к березе. Партизаны в битве за независимость Родины скрывались в лесах, где находили сильную поддержку в ее густых и грозных для врага чащах. Даже великий Ленин в первый коммунистический день нес бревно. Часто руководители государств сажают деревья во время торжественных встреч.

С древнейших времен человека сопровождают символы, с их помощью он пытался и пытается сделать видимыми и узнаваемыми свои идеи. Вспоминая свое детство, многие припомнят как играли в магазин, и использовали бумажные деньги, нарисованные карандашом на бумаге или вырезанные из картонки.

Однако функции и значения символов часто разрастаются до чего-то большего и перестают быть только художественно выполненными указателями. В течение тысячелетий они позволяли скульпторам, художникам и ремесленникам (предпринимателям) передавать глубочайшие мысли о человеческой жизни и природе. Многие символы наделены не одним, а множеством значений, так как содержат идеи, несущие различную смысловую нагрузку. Символ имеет гораздо большую возможность обратной связи, он несет значения иногда противоречащие друг другу. Многие символы вобрали в себя как древнейшие, так и более новые представления людей о космосе, своем месте в нем, о своих поступках, о том, чем они должны гордиться и что уважать. Многие символы приняты на вооружение психологией, так как отражают глубины человеческого сознания и подсознания.

Простые идеи, выраженные символом, несущим эмоциональную окраску, приобретают новую силу, расширяют свой смысл от частного случая к обобщению: сердце , вырезанное на дереве, есть символ, а не знак. Часто многие люди хранят свои деньги вблизи сердца: женщины на груди, мужчины во внутреннем кармане пиджака на груди. В процессе обмена идеями между людьми образы, символы предшествовали слову. Они использовались для магических целей – отвести зло, умолить или умиротворить богов, так и для управления обществом – его сплочения, внушения чувства преданности, послушания, агрессии, любви и страха. Общепринятая система жизненных символов позволяет людям чувствовать гармонию друг с другом, обществом и космосом, побуждает к коллективным действиям. Люди до сих пор сражаются и умирают под эмблемами, штандартами и знаменами, имеющими символическое значение. Символ денежного знака на флаге может быть таким.

В истории развития символик имело место потеря интереса к ним, связанная с развитием рационального мышления, науки.

Но развитие международной конкуренции в таких направлениях бизнеса как Паблисити, Паблик Рилейшнз, реклама, расширение объемов продаж, связывающих интенсивность процесса, и проталкивание на рынках новых видов продукции с использованием различных ритуалов, привело к созданию новых символов и популяризации этого направления.

Символы зачастую – просто изображения, имитирующие форму того существа или предмета, с которым они связаны. Их значения временами неожиданны. Но чаще очевидны, так как основаны на некоем качестве.

Представляя деревянный рубль как символ можно предложить его использование для экологических мероприятий экономического характера. Каждый кусочек древесины с денежным знаком показывает, что нужно научиться ценить т рационально использовать даже такие маленькие кусочки, которые также должны в сознании каждого россиянина представлять реальную ценность. Нужно учитывать, что все в рыночной экономике начинается с малого. А кто неверен в мало, то тому не будет и большого. Копейка рубль бережет. Но если мы сжигаем ежесуточно тоннами древесные отходы, коптим небо, то как мы можем стать жителями процветающей и экологически чистой страны.

Необходимо наладить изготовление деревянного рубля из различных древесных пород, которыми богата Россия, также дает возможность усилить символику в этом направлении.

Береза – символ духовного восхождения человека по жизни, а также космической энергии. Березе приписывается способ призывать добрых духов и изгонять злых.

Дуб - мощь, выносливость, долголетие, благородство. Кедр – символы могущества и бессмертия. Липа - дерево дружбы и сотрудничества. Сосна – символизирует бессмертие и долголетие. У некоторых народов сосна – эмблема храбрости, решимости и удачи. Ясень – символизирует плодородие, единство противоположностей, непобедимость и непрерывность жизни. В греческой мифологии ясень воплощает силу.

Например, свадебные юбилеи принято отмечать дарением супругам соответствующих подарков. Через пять лет -деревянная . Дарят подарки из дерева.

Деревянный рубль необходимо рассматривать как неотъемлемую часть природы. Природа также может одарить нас переживаниями, выходящими за рамки интеллектуального познания и помогающими нам осознать жизнь в более широком контексте. Люди, живущие в тесной связи с миром природы, ощущают себя неотъемлемой частью огромной жизненной паутины. И в этом мы даже видим электронную аналогию такой связи - как Интернет.

Многие обряды инициации американский индейцев предписывают отправлять юношей одних в дикий лес, где они могут почувствовать властную силу природы. Юноши должны найти в лесу личного духа-проводника, например, какую-нибудь птицу, животное или дерево, которые помогут им наладить контакт с миром природы.

Контакт с силами природы и тайной постоянно напоминает человеку о его незначительности и о малой глубине знаний.

Самое главное, что дано человеку - это ощущение тайны. Поэтому это чувство нужно взращивать всяческими способами.

Особый смысл приобретают числа.

Мы почитаем всех - нулями
А единицами - себя
А.С. Пушкин "Евгений Онегин"

На рубле стоит единица. За каждым отдельным числом стоит своя философия. С древнейших времен число 1 символизировало Бога, первопричину всего сущего-ведь всякое число является лишь повторением единицы. Характерными чертами единицы считались сила, энергичность, воля, инициатива, склонность к нововведениям, стремление к лидерству, желание славы и могущества, индивидуализм, эгоцентризм.

Число 1 в этом символизме соответствует Солнцу. Оно является началом, с помощью которого строятся остальные девять чисел. Основой всех числе является единица, основой всей жизни является единица. Это число представляет все, что является творческим, индивидуальным и положительным.

Графически единице может соответствовать знак Солнца - круг с точкой в центре.

Солнце - в большинстве культур - основной символ созидательной энергии. Солнце часто воспринималось как само верховное божество, либо как воплощение его всепроникающей власти. Значит знак единицы на рубле сопоставимый с символом солнца - это знак всепроникающей власти. Действительно, деньги имеют возможность всепроникновения в рыночной экономике. К сожалению, в период существования Советской власти роль денег была сведена к минимуму. Старшее поколение может припомнить как приходилось многим ходокам и гонцам с заводов и институтов стоять у проходных заводов, выбивая вне лимитов различные изделия и материалы. Да и сама процедура продаж из-под прилавка и с черного хода, по знакомству также укрепляла безверие в силу рубля. Так оно и произошло. Постепенно с годами власть рубля отторглась от сознания советского человека.

Как источник тепла, солнце представляет жизненную силу, страсть, храбрость и вечную молодость. Как источник света, оно символизирует знания, интеллект, аллегорическая фигура Правды в западном искусстве часто изображается с солнцем в руках.

Следовательно все это привязывается с деньгам. Например, квартира расположенная на солнечной стороне может стоить дороже, чем такая же квартира, в которую никогда не придет солнечный зайчик.

Важным моментом является создание национальных талисманов на прибыль.

Почти все знают, что найти монетку, лежащую орлом вверх,-к счастью. Денежным талисманом считается выщербленная монетка, которую всегда нужно носить в кошельке -для прибыли.

Деревянный рубль и его лесные братья и сестры – доллар, фунт стерлинг, марка и т.п. могут быть использованы для создания различных рекламных акций. Например, организовать спортивные состязания.

Изготовить для этого длинный деревянный рубль, как эстафетную палочку и устраивать гонки за "длинным" рублем. В советское время эта акция преследовалась и осуждалась. Устроить конкурс на лучший проект по разработке "левого" деревянного рубля.

Деревянный рубль можно использовать как новую форму цивилизованной акции протеста. Ранее во взаимоотношениях между народом и властью были такие формы как, например, выстрел из пушки Лжедмитрия, пугачёвский бунт и рассеивание мятежников с помощью картечи, восстание декабристов и сибирские рудники с хранящими терпение, штурм Зимнего и Гулаги в различных Сибирских регионах. Рассматривая формы протеста в цивилизованном обществе мы видим, что там также имеет место оригинальность и соответственно конкуренция. Она позволяет более сильнее выразить и обозначить проблему. Например, есть герои, которые закидывают известных деятелей тортами. Но в общем-то они взяли (скопировали, передрали) на вооружение известный российский метод бомбистов-террористов (народовольцев). Только вместо лимонки стали использовать торты. Возможно, что таким образом дается тонкий намек, что в другой раз при случае в эту коробку с тортом подложат гранату.

Когда-то во Франции молодежь, доведенная родным правительством до отчаянного положения сделала формой протеста бритву. Они ее сделали в виде нашейного брелока. Таким образом давали понять обществу и правительству, что жизнь сделали такой что хоть зарежься. Гезы (нидерландские дворяне) обобранные испанскими императором, одели нищенские одежды. Даже советская молодежь одно время носила в кармане телефонные трубки. Когда они шалили на улицах, то многие взрослые кричали: “Я сейчас позвоню твоим родителям”. Те в ответ вынимали свои трубки из карманов и говорили в ответ “Позвоните”.

Члены Международной молодежной партии швыряли деньги с балкона Нью-Йоркской фондовой биржи в зал, где шли торги. И таких примеров можно привести великое множество.

В суетном царстве относительных истин шутники являются "чемпионами мира по безумной мудрости".

Отличительная черта и глупых и великих дураков - наивность. Наивность глупого дурака делает его несуразным и бесхитростным, поскольку он стремится жить так, как все. Социалистический способ существования оказался наиболее пригоден для таких взаимоотношений, так как моральный кодекс строителя коммунизма фактически и привел сознание советского человека к такому мышлению. В результате чего страну сами ее граждане стали называть страной Дураков и многие даже получали от этого удовольствие. Великий же дурак и не думает приспосабливаться; по своей наивности он живет согласно собственным законам. Глупый дурак вскоре расстается со своими деньгами, великий дурак может ими даже поделиться. Глупый дурак вечно попадает впросак, в то время как великий везде чувствует себя как дома.

В этом смысле можно было бы на первом этапе как учебном рыночном всеобуче трансформации из страны Глупых Дураков в страну Великих Дураков делиться деревянными рублями.

Процесс одеревенения рубля закончится в своем первозданном представлении только тогда, когда примерно сравняются зарплаты российских трудящихся с американскими. Но до этого еще очень далеко. Поэтому компании могут изготавливать такие рубли и распространяя их в случае очередного витка инфляции как бы показывать: "Вот смотрите и мы помогаем родному правительству, насыщая рынок деревянными рублями из самых ценных древесных пород! А то у них там в Кремле с этим добром большие проблемы. Надо помочь!"

Естественно с привлечением средств массовой информации это может показать такие компании в более информативном плане. А лишний раз при случае показать имя своей компании пойдет ей на пользу, не говоря уже об общественной значимости этого явления. Общественные организации могут организовать отправку огромных посылок таких деревянных рублей в Госбанк, как крупномасштабную акцию национального протеста в цивилизованной форме, заказывая их изготовление у деревообрабатывающих компаний из отходов.

Уместно отметить говоря о конкуренции на мировом уровне. Так, в частности, одной из форм протеста в США при проведении форума Всемирной торговой организации была акция вываливания огромной кучи навоза перед главным входом. Наверное был глубокий смысл, что в США много говна и его не жаль для такой акции. Можно было бы перед Центробанком или Минфином вывалить такой же самосвал деревянных рублей при очередном удорожании жизни. Хотя при советской власти были такие акции. Так в Краснодарском крае в одном небольшом городке поздним вечером перед райкомом партии остановился самосвал и вывалил перед входом огромную кучу гнилых яблок. Таким образом селяне протестовали по поводу таких бестолковых форм хозяйствования в стране, что колхозники не могли реализовывать свои продукты.

Более сложные процессы могут происходить при использовании деревянного рубля в формировании рыночного сознания в области ценообразовании. Так в частности например, выставленный в магазине пластмассовый муляж какашки английского производства стоит 14 рублей. Можно спросить в таком случае. Так сколько же стоит российский деревянный рубль, сделанный из настоящего дуба?

Многие могут сказать что ничего. Но тогда как рассматривать положение России в свете развития информационных и пропагандистских войн. Выходит цена английской гавехи больше, чем цена деревянного рубля.

В Интернете есть сайт, который называется :"Деревянный рубль". На нем находятся статьи, в которых россияне приводится выражение: деревянный рубль. Напилить деревянных рублей, продаем за родные деревянные и т.п. Есть оптимистические выражения типа, больше не будет деревянных и т.п.

Беспечные россияне легкомысленно выставили свой деревянный рубль в противовес с его "лесными братьями и сестрами", которые прошли хорошую закалку во многолетней междоусобной конкурентной борьбе. Поэтому назревает необходимость создания новых лозунгов. Например: "Все на защиту рубля", "Клянемся защищать тебя наш кровный рубль"," Народ и рубль- едины", "Рублю - да, доллару - нет", "От частичной долларизации страны к всеобщей рублезации", "Народ и рубль - близнецы-братья". Возможно целесообразно создать День Защиты Российского Рубля и организовать всероссийское общество любителей рубля. §

ЗАОЧНАЯ ПАТРИОТИЧЕСКАЯ ШКОЛА РОССИЙСКИХ ПРЕДПРИНИМАТЕЛЕЙ

КЛЯТВА

НА ВЕРНОСТЬ РОССИЙСКОМУ ДЕРЕВЯННОМУ РУБЛЮ

Я, гражданин Такой Сякой торжественно клянусь что буду предпринимать активные действия по укреплению экономической и политической мощи российского рубля. Для этого буду всемерно приумножать и беречь частную, общественную и государственную собственность, поддерживать различные политические, общественные и благотворительные движения, направленные на укрепление стабильности и конвертируемости рубля.

Буду работать на повышением качества своей учебы и этого требовать от своих товарищей. Активно изучать передовую технику, компьютерные технологии, электронику и автоматику. Содействовать развитию национального бизнеса. Поддерживать молодежные движения и оказывать содействие во втягивании молодежи в работу на верность рублю.

Вести работы по облагораживанию образа российского рубля. Всячески поддерживать и развивать конкуренцию и для этого обогащать свою память знанием всех богатств, которые выработало человечество. Впитывать в свое сознание для создания свойств победителя славное боевое историческое прошлое из героических подвигов советского и русского народа. Изучать и перенимать богатый опыт героев Капиталистического и Коммунистического труда. Представлять, что для рубля наступает Великая Отечественная война за экономическую независимость. Буду продолжателем дела своих отцов - героических защитников Отечества, принявших на себя конкурентный удар высокого качества.

Буду стремиться стать настоящим бойцом рыночной экономики, физически сильным, закаленным, ловким, бесстрашным и смелым, находчивым, предприимчивым, обладающим смекалкой, хваткой, активно действующим в любой критической ситуации, преодолевающим любые препятствия и трудности.

Буду стремиться обладать особым складом ума, развивать его силу при нестандартном мышлении и свойством делать деньги даже из ничего. Регулярно выплачивать налоги.

Активно участвовать в процессе свободной конвертации российского рубля.

Если я нарушу эту Клятву, то пусть меня лишат работы, настигнет нищета. Я буду стоять на улице с протянутой рукой и просить подаяния.

Клятва дана в присутствии Председателя Деревянного Центробанка
Лешего.

История с деревянным рублем является еще поучительной и с точки зрения формирования хватки в развитии конкурентоспособного сознания. Рублю , как национальной денежной единице было дано неуважительное прозвище. Мазохизм некоторых идеологов рыночной экономики привел к тому, что в средствах массовой информации стали часто говорить об этом. Но видать деградация политиков, потеря у них политического чутья и хватки довела до того, что никто из них не воспользовался
таким превосходным аргументом для укрепления своих лидирующих позиций в аргументации своего патриотизма. Такая же ситуация сложилась в отношении и самого государственного банка, который согласился с такой позицией по отношению к своей продукции. Для этого целесообразно представить действия частной компании, о продукции которой пренебрежительно высказываются клиенты и конкуренты. Какие она будет предпринимать меры для защиты своих интересов, своего паблисити на рынке?

Материализация деревянного рубля и его эффективное использование создает превосходный обучающий пример массового распространения связи события и развития новых видов товарного производства и услуг. Это приводит к деловой активности и занятости, дает возможности заработать.

В идее очеловечивания рубля нужно почувствовать как он обращается к россиянам, словами А.С. Пушкина:” Я вас любил! Любовь еще быть может в душе моей угасла не совсем. Я вас любил так искренне, так нежно, что дай вам бог любимой быть другим". Естественно, нужно понимать, что на мировом рынке действует один закон:" Своя рубашка (деньга) ближе к телу" .

Сейчас отечественный период становления демократии и рынка можно назвать детскими, учебным. Мы все как бы учимся в школе, или как при вражеском нашествии конкурентов стали скрываться для спасения в лесу. В учебе часто в качестве учебных пособий используют деревянные модели. Поэтому деревянный рубль символизирует собой значимость учебы, умения работать с деньгами, пуская пока деревянными. Или как при игре в войну используют деревянные ружья и мечи.

Необходимо отметить, что в США в период Великой депрессии некоторые банки использовали для расчетов деревянные доллары. В результате этого в настоящее время в США существуют компании, которые печатают деревянные доллары как сувенирные. Имеется ассоциация коллекционеров деревянных монет. Автор является членом этой ассоциации опубликовал несколько статей о рациональном использовании деревянных монет. Таким образом использование деревянного рубля позволяет вести равноправную конкуренцию с деревянным долларом.

Вышеизложенная практическая работа целесообразна в любой стране, где лес является национальным богатством. В России спонтанно родилось уникальное новое направление в бизнесе, связанное с материализацией понятия деревянного рубля. Создание и развитие любых видов бизнеса для современных российских условий нужно рассматривать как учебный процесс, детскую игру в кубики. Поэтому деревянный рубль, взаимодействуя и конкурируя со своими лесными братьями и сестрами, облагораживает идеи рыночной экономики. Это способствует биологическому сращиванию экономики России с мировой рыночной системой.

18. КРЕЙСЕР "ВАРЯГ" И ЭЛЕКТРОНИЗАЦИЯ РОССИИ

Атака крейсера " ВАРЯГ" - как пример российской конкуренции высокого качества

ВАРЯГ - русский крейсер прославившийся во время русско-японской войны.1904-1905 гг. Построен в Филадельфии (США). К началу русско-японской войны 1904-1905 гг вместе с канонерской лодкой "Кореец" находился в нейтральном корейском порту Чемульпо, где был блокирован японской эскадрой контр-адмирала Уриу, который угрожал атаковать русские корабли на рейде, если те не покинут его до 12 час.27 мин. 9 февраля 1904 г. Командир "Варяга" капитан 1 ранга В.Ф. Руднев решил с боем прорваться в Порт-Артур. В героическом бою с японской эскадрой (1 тяжелый крейсер и 5 легких крейсеров, 8 миноносцев) у острова Йодолми "Варяг" повредил 2 крейсера и потопил один миноносец, но и сам получил тяжелые повреждения, потерял 112 человека убитыми и ранеными. Чтобы не допустить захвата кораблей экипажи взорвали "Кореец", затопили "Варяг" и через нейтральные порты вернулись в Россию.
(Большая Советская энциклопедия)

Практика современного бизнеса в качестве эталона приводит пример взаимоотношений среди японских предпринимателей. В книгах по бизнесу утверждается - что японцы - это настоящие бойцы рыночной экономики, практически не знающие поражений.

Русские должны, находясь на территории, расположенной на двух континентах - Европейском и Азиатском изучать не только современную практику, но также и анализировать положение тех давних лет. В классических учебниках посвященных развитию силы ума, контактированию с высшим Мировым Разумом рекомендуется сосредотачиваться на различных исторических путешествиях. Особенность перехода России к рыночной экономике заключается в том, что она просуществовала в двух эпохах капиталистической и коммунистической. Эта особенность имеет как положительные так и отрицательные стороны. Но уже видно, что рекомендации специалистов по психоанализу американских и иных школ для развития силы ума для русских не подходят в полной мере. Исследования показывают, что они должны базироваться на национально - исторических традициях. Это мы видим по примерах Южной Кореи, Германии, Японии, США. Следовательно русский бизнес должен делать пространственно - временные мысленные перемещения в такие пространства, где бы имели возможность для подпитывания, той национально- патриотической энергии, которая позволила россиянам получить в собственность такую Великую страну, как Россия. Это русским необходимо для того, чтобы понять специфические особенности событий начала века. Тех событий, когда еще не было так сильно влияние известного всепобеждающего учения, надежд на светлое будущее, не было много из того, что было внушено средствами гигантской массовой пропаганды.

Но была Россия и были простые русские люди, которые должны были проявить свой высокий боевой дух перед всем миром. И это проявилось в одном известном случае, который так укоренился в наше сознание, что его уже нельзя называть просто случаем. Это живая частица нашей русской души, которая даже сейчас в такое трудное время может служить примером и напоминанием для всех кто пытается снова раздуть пожар и конфронтацию при существующем положении нашей национальной промышленности и духовного состояния народа.

Это связующее звено называется просто - крейсер " ВАРЯГ ".

Русский бизнес должен сосредоточить свою энергетическую мощь и переместиться в то реальное время и очутиться на палубе крейсера "Варяг".

. . . .Мы находимся в офицерской каюте. Идет собрание офицеров кораблей " Варяг" и "Кореец".

. . .сегодня нами получен ультиматум японского адмирала Уриу о том,- говорит Руднев - что между Россией и Японией начались неприязненные действия. Нам предложено до полудня покинуть Чемульпо. Мы можем принять бой и здесь, но в таком случае пострадают мирные корабли. Меня предупредили, что военные иностранные суда уйдут из Чемульпо, чтобы он не подвергался опасности. Мой протест о том, что таким образом грубо нарушается нейтралитет Кореи, в порту которой мы находимся поддержан капитаном первого ранга Бейли для вида. Он дал мне понять, что ссориться с японцами его правительство не намерено. О предложении сдать корабли, я упоминаю только для того, чтобы вы точно знали содержание ультиматума. Считаю, что предложение о сдаче обсуждаться не будет. По флотской традиции - прошу вас изложить свое мнение. Начините вы, Губонин.

Руднев был спокоен и собран. Очевидно он уже принял решение.

- Думаю. что мы должны принять бой. Но не на рейде. За своих комендоров я спокоен, стреляют точно, но японцы могут в суматохе и по городу ударить.
Остальные поддержали Губонина. Руднев встал :
- Приказываю! Корабли примут бой с любым по численности противником. Чтобы у неприятеля ни на минуту не возникло сомнения в нашей решимости драться, поставить к флагу храбрейшего из матросов. Передайте ему мой строжайший приказ -под огонь не вылезать, внимательно следить за флагом. Если собьют - немедленно поднять новый! Корабельному ревизору мичману Черниловскому в случае угрозы захвата корабля - взорвать крейсер! Остальные свои обязанности знаете! Канонерской лодке "Кореец" поддержать крейсер огнем. Старший офицер, постройте команду!

Через десять минут команда крейсера замерла на шканцах. Всеволод Федорович обошел строй.
- Матросы! Японцы начали против России войну! Нам они предложили сдачу! Надеются получить наш "Варяг" в подарок, чтобы потом из его же пушек расстреливать русские корабли в Порт-Артуре или Владивостоке. Офицеры корабля приняли решение дать неприятелю бой! Мы идем на прорыв и вступим в бой с эскадрой, как бы она сильна не была. Мы не сдадим кораблей и будем сражаться до последней возможности, до последней капли крови. Исполняйте ваши обязанности точно, спокойно не торопясь, особенно комендоры. Помните - каждый снаряд должен нанести вред неприятелю!
- Разойдись! По местам стоять, корабль к бою и походу готовить! - приказал старший офицер.
. . . . японцы уже знают, что мы идем на прорыв. Прошу вас господа в самой отчаянной ситуации сохранять спокойствие. Бой будет жестоким. Против нас - четырнадцать кораблей!
Запись в вахтенном журнале
Вторник, 27 января 1904 года 11 ч 10 м.
"Крейсер снят с якоря и направлен мимо английского и итальянского крейсеров к выходу с рейда, имея лодку "Кореец" в кильватере на расстоянии одного кабельтова. На английском и итальянском крейсерах команда и караулы наверху провожали криками "ура"! На итальянском крейсере играли наш гимн!
(Из вахтенного журнала)

Вторник 27 января 11 ч.25 м.
Пробили боевую тревогу. Японская эскадра в числе шести крейсеров и восьми миноносцев была расположена в строю пеленга от острова Йодолми к северному проезду, прикрывая оба выхода в море. Миноносцы держались за крейсерами.. . .

(Из вахтенного журнала.)
Медитируем на японский флагман.
. . . Я вызвал вас - сказал Уриу - чтобы вы помогли мне в процедуре принятия капитуляции русского крейсера. Все формальности должны быть соблюдены строжайшим образом. Мы покажем всему миру, что неуклонно чтим законы почетной сдачи в плен. С первого дня войны эти русские поймут, что имеют дело с людьми воспитанными, знающими что такое честь офицера. А ведь вы - знаток дипломатических тонкостей, не так ли ?
Наита с улыбкой поклонился.
- Как вы думаете ,- продолжал адмирал,- когда же можно ожидать спуска флага ? После пристрелочных выстрелов или чуть позже ?
- Европейцы вообще умеют проигрывать. . .- замялся Наита, но эти русские. . .Руднев - храбрый офицер !
- Тем более, сдача корабля не должна быть унизительной для него ! Впрочем спустить флаг перед столь мощной эскадрой - и благоразумно, и почетно.
- А если крейсер не сдадут ?
- Тогда мы увидим прекрасный спектакль. Русские как - то мне показывали травлю медведя, который был прикован цепью. Собаки разорвали его в полчаса! Здесь тоже есть цепь для русского медведя - узкий фарватер. . .
- Может быть, вы вспомните заодно, сколько собак осталось лежать с переломанным позвоночником ?- холодно поинтересовался адмирал - Я тоже охотился на медведя. . . .
Адмирал поднял к глазам бинокль.
- Молите бога, господин капитан, чтобы русские сдались,- пробормотал он, - иначе мы утопим их корабли в десять минут . . . .
- Вы еще не знаете - заметил Уриу - в случае захвата крейсера, командовать им будете вы! Только взгляните : красавец ! И кочегары у них просто великолепные: над трубами ни дымка!
Такой корабль в открытом море обнаружишь только тогда, когда он приставит орудия прямо к твоему виску. Весьма опасен, весьма! Ну что ж ! Начнем травлю медведя.!. . . . .
. . . . Наита и без бинокля увидел, что на стеньге "Варяга" поднимается боевой флаг.
- Огонь открыть всем кораблям эскадры, - Казалось , адмирал потерял всякий интерес к бою. Он даже отошел в глубину рубки к штурманскому столику. - Через пять минут из них будет решето. . .Сумасшедшие!
. . . .
Стройное, стремительно тело корабля легко вспарывало форштевнем волну. "Варяг" чуть дрожал на ходу, сдерживая еще нерастраченную мощь своих стальных мускулов.

Минувшая ночь преобразила не только корабль. Еще несколько дней назад штурмана буквально приводил в отчаяние своей непонятливостью флегматичный и медлительный сигнальщик Гаврила Миронов, раздражала показная угодливость писаря Оськина, злила замкнутость подшкипера Шкетника. Сегодня в штурманской рубке, где все эти люди находились по боевому расписанию, Беренс вдруг обнаружил, что они ловки и подтянуты, спокойны и сноровисто делают свою работу.
Эту перемену в команде лейтенант заметил еще утром, когда Руднев объявил перед строем о решении принять бой.. . . .

. . . . . Мощная оптика приблизила серые борта броненосных крейсеров японской эскадры, жерла орудий, направленных в сторону "Варяга". Носовая башня "Асамы", идущего головным, блеснула багровой вспышкой - выстрел.
. . .Японская эскадра открыла огонь по "Варягу" из всех орудий. . . .
Русский крейсер шел вперед, не отвечая на вражескую канонаду. Разрывы ложились все ближе. На корабль обрушивались потоки поднятой взрывами воды. Брезентовые обвесы, спасательные вельботы, обшивку палубы рвали и секли осколки снарядов. . . . .
Орудия "Варяга" наведены на "Асаму".
Залп!
. . . .
страшный удар потряс "Варяг"
Попадание в мостик

Пушки "Варяга", кроме нескольких, утопленных в сталь бортов, стояли открыто. Все флоты мира уже несколько лет назад спешно укрыли их за щитами. Новые же корабли строились только с орудийными башнями.
Однако в России у новшества нашлись противники. Великий князь Алексей считал это выдумкой глупой и вредной.- как весело бывало на учебных стрельбах и на парадах видеть заученные движения :заряжай! прицел! пли! (скрытые броней комендоры, казалось уходили из-под власти офицеров)
С носового мостика, где находился первый дальномерный пост мичману графу Нироду был отлично виден и рейд и фарватер, по которому шел "Варяг". Вот из-за небольшого островка Йодолми показался остров Ричи. Около него в строю - шесть крейсеров японской эскадры. Они тотчас дали ход, построились в три кильватерные колонны. Первая пара крейсеров во главе с крейсером "Асамой"- самым сильным по вооружению и бронированию в эскадре - двинулась малым ходом наперерез "Варягу". Вторая пара, которую возглавлял крейсер "Нанива" под флагом адмирала, быстро шла пересекая фарватер, чтобы в случае

прорыва "Варяга" ударить по нему перекрестным огнем. Третья пара держалась мористее. За ней маячили силуэты восьми миноносцев.. . . . .
- Ого! Тройной заслон! -протянул граф Нирод - не прорваться! Ну ничего! На этаком пятачке драться удобнее! У нас четырнадцать целей - у них только две . . . .
Страха, растерянности или тревоги мичман не испытывал . . . .

Вторник,27 января 1904 года.11 ч.47 м.
"Одним из снарядов японцев, попавших в крейсер, разрушено правое крыло переднего мостика, произведен пожар в штурманской рубке . . причем убит младший штурман, определяющий расстояние, мичман граф Алексей Нирод и убиты или ранены все дальномерщики станции №1.
После этого выстрела снаряды начали попадать в крейсер чаще, причем недолетавшие снаряды разрывались при ударе об воду и осыпали осколками и разрушали надстройки и шлюпки.
Последующими выстрелами было подбито шестидюймовое орудие № 3, причем вся прислуга орудия и подача убиты или ранены, одновременно тяжело ранен плутонговый командир мичман Губонин, продолжавший командовать плутонгом. . . .
Непрерывно следовавшими снарядами произведен пожар на шканцах, который был потушен. . . горели патроны с бездымным порохом, палуба и вельбот №1. . . От снаряда, разорвавшегося на палубе, подбиты шестидюймовые орудия №8 и № 9 и 75-мм орудие № 21, 47-мм орудия №27 и №28. Другими снарядами снесен боевой грот-марс, уничтожена дальномерная станция №2, подбиты орудия № 31 и № 32 . . . ."
(из вахтенного журнала)
Ожесточение боя нарастало. Вот над носовым мостиком "Асамы" взвились клубы дыма-попадание. Загорелась в нескольких местах палуба вражеского корабля. Крейсер "Асама" покатился влево, застопорил ход. Вперед вырвался крейсер "Такачихо", комендоры "Варяга" перенесли огонь на него.
Расстояние между эскадрой неприятеля и "Варягом" сокращалось.. . . .
. . . . .Беренс видел фигурки людей на палубах японских кораблей.. . . .
....,Наводите по миноносцу! Прицел двадцать! Пли!
С шестого залпа снаряд тяжелой стапятидесятидвухмиллиметровой пушки взорвался прямо под мостиков неприятельского миноносца. Японский корабль, не сбавляя хода, ушел под воду. Вот над "Такачихо" поднялся огненный столб. Крейсер замедлил ход.
Корабли уже настолько сблизились, что в бой вступили расчеты самых малых калибров.. . . .

. . .Вражеский огонь стал реже, но значительнее точнее. Русский крейсер был как на ладони - почти без хода, весь в дыму от множества пожаров. Пушки "Варяга" отвечали все реже. . . .

Еще в начале боя Руднев понял, что прорваться в открытое море будет очень сложно. Узкий фарватер не позволял крейсеру маневрировать, а скорость была явно недостаточна. Корабли противника расположились так, чтобы в любую минуту боя "Варяг" находился под обстрелом трех - четырех крейсеров.

И все-таки Всеволод Федорович решился. План его был прост: обрушить весь огневой удар на "Асаму" - лишить неприятеля его главной ударной силы. Затем ударить по "Наниве", где находился Уриу.

Бой длился уже полчаса. Под ураганным огнем противника “Варяг" шел вперед. Руднев вел крейсер на сближение. Ударить минами и артиллерией на предельно близком расстоянии! Потопить хотя бы один крейсер. Внести растерянность в ряды неприятеля.

Вот уже командир отдал приказ готовить к бою минные аппараты.. . .Но в эту минуту рядом с боевой рубкой разорвался вражеский снаряд. . .

Вторник ,27 января 1904 года.12 ч.05 м.

"Пройдя траверз острова Йодолми, была перебита на крейсере труба, в которой проходили рулевые приводы, одновременно с этим осколками другого снаряда, разорвавшегося у фок-мачты и залетевшими в броневую рубку через проход, были: контужен в голову командир крейсера, убиты наповал, стоявшие около него по обеим сторонам штаб-горнист и барабанщик, тяжело ранен в спину, стоявший на штурвале рулевой старшина Снигирев и легко ранен в руку ординарец командира Чибисов. . . ."

(Из вахтенного журнала)

От досады Наита вышел на правое крыло мостика. Победа уходила из рук! Японские корабли с самого начала боя затеяли сложный хоровод - тремя кильватерными колоннами, постоянно меняя курс и скорость, они совершали сложный маневр, чтобы русский крейсер и канонерка постоянно находились под огнем трех - четырех кораблей - и заигрались. Через три минуты их эскадра окажется в таком положении, что крейсеры "Асама" и " Чиода" закроют от огня остальных кораблей "Варяг". . .Тот свернет к острову Ричи, даст "самый полный" и ворвавшись в строй миноносцев размечет их огнем своих пушек. Наита хорошо видел, как, почти не отвлекаясь от артиллерийского боя с крейсерами, "Варяг" несколькими выстрелами одного орудия потопил миноносец.

Итак, половина миноносцев будет утоплена, другая деморализована. А русский крейсер тем временем уйдет.. . .Вот уже положил руль направо!

А комендоры "Асамы" и "Чиоды" , которые почти весь бой держатся к русским ближе всех, уже с трудом выдерживали губительный огонь "Варяга" , стреляли все хуже и хуже. . .

Наита стиснул зубы. В створе между передовыми японскими крейсерами он увидел, как "Варяг", положил руль вправо, стал уходить вдоль берега острова Йодолми!

Но вдруг крейсер окутался паром. Попадание в машину или в котельное отделение.

Наита перевел дух. Это победа! Теперь русские не уйдут.. . .

"Варяг" несло на прибрежные камни. Обе машины работали "полный назад". . . .

. . . ."Кореец" вел беглый огонь. Маленький боевой корабль отвлекал японскую эскадру на себя.

Беляев, командир канонерской лодки, приказал держать пары на пределе и готовить единственный минный аппарат. "Кореец"был готов пойти в атаку на передовой крейсер "Асаму". Канонерская лодка не приспособлена для нанесения таких ударов. . . .

. . . . .но команда и офицеры "Корейца" готовы были пожертвовать собой, если положение "Варяга"станет критическим.

Наита ликовал! Теперь "Варягу", лишённому хода, останется только выброситься на камни . . Потом, после ремонта, через месяц - другой капитан второго ранга Наита вступит в командование превосходным кораблем!

. . . Сейчас эскадра тремя парами крейсеров зажмет русских в клещи. . . .

.. . снаряд разорвался у стены боевой рубки. Крупный осколок бронебойного снаряда ударил Наиту в левый бок. Другой перебил фалы сигнальных флагов.

На крыле мостика флагманского корабля японской эскадры корчился, пачкая кровью настил , несостоявшийся командир крейсера. Его руки судорожно мяли упавшие на него сигнальные флаги, которые еще минуту назад на стеньге означали приказ адмирала потопить русские корабли. . .

. . .Огонь "Варяга "усилился. Но положение русского крейсера было отчаянным : затоплено машинное отделение, руль не действовал, многие орудия подбиты.

Вторник , 27 января 1904 года.12 ч.16 м.

". . .Серьезные повреждения заставили выйти из сферы огня на более продолжительное время, почему и пошли полным ходом на рейд, продолжая отстреливаться левым бортом и кормовыми орудиями.

В продолжение боя одним из выстрелов шестидюймового орудия № 12 был разрушен кормовой мостик крейсера "Асама" и произведен на нем пожар, причем "Асама" временно прекратила огонь. Кормовая башня ее, по-видимому , была повреждена, так как до конца боя больше не действовала"

(Из вахтенного журнала)
"Варяг", наклоняясь, медленно входил в гавань Чемульпо.
Над "Толботом", а затем и другими иностранными кораблями взвились дымки выстрелов - корабли салютовали "Варягу".
Русский крейсер не отвечал. Отдав оба якоря , он замер на прежнем месте стоянки. Стал на якорь и "Кореец".
Подошли шлюпки с французского, итальянского и английского кораблей, чтобы забрать раненных. Руднев отправился к "Толботу"
Когда он вошел в кают-компанию, капитан первого ранга Бейли встал. Отдавая дань уважения мужеству русских моряков, поднялись остальные.
- Я принял решение взорвать крейсер и канонерскую лодку. У нас разбита половина орудий, потеряно управление, много убитых и раненых. . . . .

Команды иностранных кораблей были построены. Русские моряки не стыдились слез. Мощный взрыв тысячи пудов пороха разметал корпус "Корейца"

Вторник , 27 января 1904 года .6 ч.10 м. пополудни.
"Варяг "скрылся в холодных водах залива.

Прошло несколько лет.
У министерства иностранных дел Российской империи остановилась карета японского посла. Он прибыл сюда, чтобы вручить высокую воинскую награду своей страны бывшему командиру крейсера "Варяг". Руднев жил в деревне Савино Тульской губернии.

Посол сказал, что флот Японии был восхищен героизмом русских моряков, что этот орден - признание высочайшего воинского мастерства командира русского крейсера.

Потом он попросил несколько минут для беседы неофициальной. Руднев согласился.
- Скажите - осторожно начал посол - Вы не испытываете горечи, обиды на свою страну? Ведь ваша отставка - почетное изгнание. Так поступают обычно с теми военачальниками, кто бездарно и трусливо вел себя в боях. О вас этого не скажешь.
- Нет господин посол. Обиды, как вы говорите на свою страну у меня нет. История в свое время все рассудит правильно.
- Меня поражает у вас, русских ссылка на историю. Стоит ли думать о поколениях, которые придут после нас. У них будут свои заботы. Обратятся ли они к нашему примеру?
-Конечно . . . .

Пройдет время и в 1954 году Советское правительство наградит и признает заслуги моряков крейсера "Варяг" и наградит за личное мужество и отвагу в бою с японской эскадрой при Чемульпо пятнадцать моряков медалью "За отвагу".

В математике как известно существует теорема подобия. Такой же подход существует и в истории и в жизни, и кроме того сами японцы русским дают ответ на вопрос, обратимся ли они, нынешнее поколение к подвигу крейсера "Варяг".

И отвечая словами Руднева скажем: "Конечно!"

Если рассматривать положение национальной электроники на российском рынке, то мы видим полнейший ее разгром. Поэтому возникает задача более сложная, чем сейчас пытаются русским представить отечественные политики, которые надеются решать все старыми командными методами. Возникает задача выживаемости и становления мира российской точной технологии, которая могла бы также конкурировать на мировых рынках, как и японские или южнокорейские электронные компании.

И в этом смысле по историческому подобию, русские могут вопросить сами себя :"А найдется ли среди нас тот самый Руднев, который выйдет в океан (мировую конкурентную борьбу электронных компаний) и даст бой своим конкурентам. С таким же упорством и верой в победу, как это сделала команда крейсера Варяг. Из истории подвига мы знаем, что он был достойно оценен противником.

Совершенно ясно, что как таковую конечную запланированную задачу крейсер "Варяг" конечно же не выполнил. Он не пробился. Кроме того потерял больше сотни людей убитыми.

Но этот его подвиг, смелая атака совершенная на глазах всего мирового сообщества внушила небывалое уважение к России. Это отметили все участники этого события.

И это все было перенесено в современность и советского периода. Гибкая система Советской власти позволила коммунистам собирать из славного российского прошлого все то, что могло бы пригодиться для поднятия боевого духа нации.

В современном состоянии русские могут атаку крейсера "Варяг" интерпретировать как попытку или фантастический план воссоздания электронной мощи России полагая, что перед русскими электронными фирмами стоит такая мощная электронная эскадра высокотехнологических компаний.

Как можно сейчас потерять независимость? Можно, даже при наличии мощной армии, неприкосновенности территории и быть

плененными в своей же собственной стране. Да очень просто! Как говорит один из политических лидеров :
" Посмотрите вокруг! Да все же не русское!"

Хотя множество защитников национальной независимости возможно действует из чистых побуждений. Любой процесс имеет свои отрицательные побочные явления. Одно он лечит, другое калечит, как лекарство. В свое время расстреливая дворян и предпринимателей большевики совершенно искренне верили, что это позволит создать новое общество. К чему это привело мы уже знаем.

В этом случае уместно брать исторический пример взаимоотношений японцев и их союзников американцев. Последние сбросили в свое время на два японских города атомные бомбы и вели кровопролитные битвы во время второй мировой войны. Однако, как мы видим в дальнейшем, это не стало предметом особых разногласий и не взывало к чувствам личной мести. Сейчас японские компании занимают территории в США, строя свои заводы и компании. Американские инженеры нанимаются к ним на работу.

Нужно представлять, что реальный специалист работает в особом труднодоступном для понимания нормального человека режиме. Например, Есиро Накамацу - японец. Имеет 2360 запатентованных открытий и изобретений. Вдвое больше, чем у великого Эдисона. Спит четыре часа в сутки, есть полезную для мозговой деятельности пищу, пьет только пиво и созданное им самим по особому рецепту вино, занимается "здоровым" спортом, но бег трусцой считает вредным для мозга, поясницы и коленей. Ведет активный созидательный образ жизни. Он изобретает каждый день новое.

Начал изобретать в пятилетнем возрасте. Сочинил новую модификацию стабилизатора для авиамодели. Изобрел домашний обогреватель, уникальный насос для бытовых нужд. Во время учебы в Токийском институте придумал принцип треугольного крыла для истребителей, заимствованный вскоре без спроса автора американскими компаниями, производящими вооружения. Это научило его все последующие фирменные изобретения проводить через патентное бюро. Именно эта предусмотрительность сделал его богатым человеком. Сегодня его состояние исчисляется примерно двумя миллиардами долларов и это дает ему свободу в творчестве.

Мировую славу Накамацу принесло изобретение на заре компьютерной эры флоппи-диска -компактного хранителя файлов, программ и памяти компьютера. У доктора несколько десятков патентов в компьютерной сфере, но флоппи-диск вне всякой конкуренции по значимости для цивилизации. С этим изобретением миллионы людей имеют дело каждый день. Компьютерную дискету ему удалось создать благодаря ...Бетховену. Пятая симфония великого немца - любимое музыкальное произведение Накамацу и ему хотелось слушать его без помех в звучании, без иголок проигрывателя и без хрупких громоздких пластинок. На флоппи-диск „ правда Бетховен не попал, хотя человечество было облагодетельствовано находкой Накамацу. Но изобретатель потом вернулся к истокам и довел дело до конца, придумав лазерный диск. Его изобретения многосторонни, он изобрел часы, специальное кресло для творческой работы, веломобиль, на презервативах, изобрел особую пищу для мозговой деятельности.

По убеждению Накамацу созидательному творчеству умного человека доступны и подвластны не только материальные сферы, но и области нематериальные.

Он сам для себя определил десять областей творческого поиска - пять видимых и пять невидимых. К первым относятся энергетика, компьютерная техника, проблемы долгожительства, сельское хозяйство, экология. Ко вторым - сфера индивидуальных отношений, смех, счастье, образование, политика и экономика. К этой схеме Накамацу относится очень серьезно, параллельно работая над улучшением жизни в каждой обозначенной "графе".

Процесс улучшения жизни, по Накамацу, происходит в результате внедрения новых находок, открытий и изобретений.
В нематериальной, невидимой сфере задачи изобретателя тоже сугубо прагматичны - формула смеха, о которой уже шла речь, формула счастья(при ощущении счастья и довольства возрастает производительность труда).

Самым серьезным делом Накамацу считает проблему образования. Он убежден, что мир воспитывает детей в большинстве своем неправильно, зарывая в итоге те таланты, которыми наделен по природе каждый человек. Основной по важности образовательный период, по Накамацу, остается за бортом - этот возраст от рождения до 7 лет. "Счастливое беззаботное детство" в общепринятом понимании на самом деле разбалтывает ребенка, и потом ему уже никогда не собраться. Да и в более зрелом возрасте система образования далеко не совершенна. Накамуцу считает, что до 20-летнего возраста человек должен в основном запоминать, развивать в первую очередь память, которая потом будет кормить его всю жизнь. Этой информационной "загрузке" нельзя мешать побочными задачами. Но главным приоритетом должна стать созидательная свобода - не исполнение сиюминутных прихотей и желаний, а всяческое "потакание" и помощи творчеству.

Чтобы творить, человек должен быть свободен и спокоен. Это он показывает на своем примере. Чтобы отвлечься и успокоиться доктор запирается в особой "статической" комнате, где нет ничего искусственного в обстановке: белые стены, дерево, камни, вода в маленьком бассейне, небо за окном. Ни металла, ни бетона, ни ярких красок. Тишина и покой. Но это только прелюдия, подготовка к творческой медитации, которая наступает совсем в другом месте- в динамической комнате. Здесь темно, черно-белые обои на стенах, кожаная мебель, металлические стеллажи, на которых особое аудиооборудование. Музыка, сначала джаз и другие инструментальные произведения, но потом непременно Бетховен, Пятая симфония. Однако медитация еще не есть творчество, главное же- "прозрение" - приход идеи - происходит под водой. Доктор убежден, что именно эта подводная среда дает толчок всему - давление воды стимулирует кровообращение, активизирует работу мозга. Он сам под водой может находиться на одном дыхании четыре-пять минут. Именно в эти минуты откровение и посещает его.

В книгах по бизнесу указывается, что первоначально выход на реальные идеи образуется в результате контактирования с Мировым Разумом. Известные изобретатели и ученые выходят на разработки, слушая музыку величайших композиторов и исполнителей. Эти божественные звуки позволяют возбудить в них особые чувствительные струны, которые и выводят мысли на нужное направление.

28 июля - День Российского Предпринимателя. 28 июля 1942 г. народный комиссар обороны СССР издал приказ №227, основным девизом которого был лозунг: »Ни шагу назад». Издан в условиях резкого обострения стратегической обстановки на советско-германском фронте в результате неудачных боев советских войск (рыночных реформ) … Противник (конкурент) стремительно продвигался… Советские войска отступали с тяжелыми боями …. Это отрицательно повлияло на боеспособность советских войск. Приказ охарактеризовал опасность сложившейся обстановки и требовал от войск усилить сопротивление врагу (конкуренту) и остановить его продвижение. От командного и полит состава (предпринимателей и руководства компаний) требовалось перестроить парт-политич. работу. Мобилизовать все силы и средства на отпор врагу (конкуренту). Приказ сыграл большую роль в повышении стойкости советских войск и в создании перелома в ходе боевых операций. Сознание нависшей над Родиной смертельной опасности придало советским войскам новые силы и укрепило их боевую стойкость (конкурентоспособность) . Главный призыв приказа :»Ни шагу назад» стал девизом каждой воинской части, каждого бойца, командира (каждого предпринимателя, работника и компании). (Великая Отечественная (высокотехнологическая) война 1941-1945-1999 гг.

Защитим от конкурента каждую пядь нашей доли рынка. Каждая российская компания - это Сталинградский Дом Павлова.

На ошибках надо учиться. При этом в настоящей ситуации русские могут констатировать, что увеличение числа иностранных компаний, конкурирующих между собой на внутреннем рынке России имеет множество положительных моментов. Во-первых, русские проходят процесс обучения цивилизованной рыночной экономике. Реально сведены к минимуму затраты на промышленный шпионаж, практически по всей сфере жизнедеятельности конкурентных иностранных компаний. Это начинается с поставки высококлассной эффективной техники и оканчивается конкуренцией в области услуг. Этого было довольно трудно достигнуть при Советской власти. Значительно облегчена процедура общения с иностранными гражданами. В советской истории было много печальных страниц такого общения. Но надо знать из истории, что такие примеры в истории других государств были еще более круче. Сама Япония много лет была закрыта для иностранцев. И только открытость и возможность для более тесного контактирования позволили создать мощную высокотехнологическую индустрию, развить конкурентоспособное производство.

Таким образом мы видим, что Россия становится полем битвы мощнейших электронных компаний разных стран. При этом удельный вес русских компаний мало ощутим.

Конечно некоторые оппоненты могут сказать, что пускай они нам сюда привозят и мы будем пользоваться. Конечно на первом этапе можно согласиться. Но в этом случае, если так рассуждать, то Россия всегда будем позади. Надо понимать, что то что имеется передового от Западного рынка на внутреннем рынке России - это результаты массового производства конкурентоспособных компаний. На самом же деле в закрытых лабораториях конкурентов ведется большая работа над новыми системами и технологиями.

Но в этом же таится и другая опасность, так как некоторые оппоненты полагают, что одни привозят эту технику, а мы будем производить другую. Но как показывает наша многострадальная предпринимательская деятельность, как советского так и российского периода в основном мы хорошо отличаемся на рынках продаж сырья. Например поставка пиловочника стоит в среднем 30 долларов за кубометр. Компьютер стоит порядка 600 долларов. Значит для приобретения компьютера нам нужно продать двадцать кубометров пиловочника. Наш вождь когда-то мечтал получить сто тысяч единиц социалистической продукции. Так и мы, как бы беря пример, мечтаем получить сто тысяч компьютеров. Тогда для реализации этого мечтания нужно продать 2 миллиона кубометров нашего русского леса ! .

Надо представлять, что в нашем положении ничего удивительного и уникального нет. Все это уже было в других странах. Американцы обнаружили, что без конкуренции даже самые перспективные изобретения не доходят до рынка и не становятся товарами. Японцы буквально разгромили американские компании, выпускающие бытовую электронику, когда первыми выбросили на рынок изделия, основанные на американской технологии видеозаписи. В настоящее время биотехнология, компьютеры и сверхпроводимость становятся новым полем битвы за новые рынки.

При этом зачастую возникает конкуренция не только в производстве таких товаров, но также и конкуренция в сфере услуг, так как использование таких изделий повышает качественные характеристики в обслуживающих структурах практически любой фирмы. Например наличие компьютера, факса, радиотелефона показывает, что данная фирма занимается совершенствованием своей конкурентной стратегии в сфере услуг. Естественно, она выглядит более респектабельнее, чем другие, у которых все это отсутствует. Это должно быть разъяснено на рабочих местах, так как исследования показывают, что в некоторых фирмах рабочие и другие члены акционерных обществ не понимают и иногда ворчат по поводу таких дорогостоящих приобретений.

В нашем случае подвиг крейсера " Варяг" для россиян звучит, как героическое сказание о том, как россияне бросали вызов японцам и победили. При этом японцы их зауважали.

В современной интерпретации "Варяг" - это русский высокотехнологический бизнес. Сплоченная команда, напряжена перед боем. Все на постах замерли. Дисциплина очень высокая. Впереди в тумане конкуренты, рэкет, государство душит своих же.

Первоначально необходимо восстановление творческого высокого качества победоносного духа россиян, который существовал в те исторические времена. Без такого сложного душевного восстанавливающего действия подъема не будет. Собственно говоря эта идея не нова и постоянно проскальзывает в книгах анализирующих подъем высокоразвитых стран. Только уважение к своей истории и воспитание на глобальных идеях позволяет подняться с колен.

В комплексе глобального рассмотрения задачи и ее решения крейсер "Варяг" и сейчас представляет не только исторический, но и ценный практический интерес для российских предпринимателей. Это умение настоящих россиян бросить вызов конкуренту, каким бы он сильным не был. И в этом плане пример и великий подвиг команды крейсера "Варяг" бессмертен. Хотя он и был сделан на американских судоверфях. Важно то, что он был вооружен российским непобедимым духом.

Собственно говоря стали же героями: летчики, летавшие на американских военных самолетах, поставляемых по ленд-лизу из США, или те же советские партизаны вооруженные шмайсерами.

Говоря о такой аналогии можно констатировать, что в США поступает много радиоэлектронных компонентов, изготовляемых в разных странах Сингапур, Тайвань, Малайзия Таиланд и др. А разработки и изготовление высокотехнологического оборудования производятся в США.

Надо стремиться воссоздать в себе такой же заразительный энтузиазм, который существует в конкуренте. Подавить конкурента, при этом обыграв в творческом, а не разрушающем поединке.

Поэтому мы обратимся опять к тому историческому моменту, когда крейсер "Варяг" пошел в атаку. Русские не собирались и не нуждались в какой-либо форе. Они были действительно настоящие русские, способные принять этот беспощадный бой иностранных конкурентов.

Из другого источника мы можем найти повторение в дополнении.

Взрыв энтузиазма был поразительный, отрадно было видеть проявление такой горячей любви к своему отечеству и выражение готовности сражаться до последней капли крови.

В 11 часов 20 минут утра крейсер снялся с якоря и, имея в кильватере лодку "Кореец", пошел к выходу с рейда. Причем музыка при проходе мимо военных судов играла национальные гимны. На иностранных судах были команды во фронт с офицерами и вызваны караулы, отдававшие честь при проходе "Варяга", итальянцы сыграли русский гимн.

Впоследствии иностранцы говорили о величии этой минуты: по их словам, они переживали трудный момент, провожая людей, идущих на верную смерть. По мнению иностранцев, принять вызов на бой с эскадрой во много раз сильнейшей - это подвиг, на который не всякий решится, и "Варяг" был ими обречен на гибель при всех комбинациях, особенно же при совместном действии с лодкой "Кореец", малый ход коей стеснял "Варяг", а пушки старой системы не достигали цели.. . . .

Нужно ставить возвышенные цели. Если цель не имеет своей величественной возвышенности, то какими бы словами она не прикрывалась, она будет обречена на провал.

Таким образом лучшие идеи нужно трансформировать в новые идеи более приземленного характера. Реально же видится более глобальная задача для творческих людей в России - это создание конкуренции идей, направлений, высказывания своих мнений, которые позволят не только дать социальную и политическую направленность, но будут также способствовать движению товаров и услуг. Нужно понимать, что многие бизнесмены, которые начинают чего-то продавать совершенно не понимают важности роли идеологии и ее влияния на расширения продаж. Так, например, признание революционных праздников для всего российского сообщества ведет к расширению продаж продуктов питания, подарков.

Например в русских районах США широко отмечается день 8 марта. Реклама в русскоязычных газетах извещает об этом. Мужчины дарят женщинам подарки.

Так расширение продаж копировальной и иной множительной техники связано с развитием творческих сил.

Внутренняя конкуренция среди бизнесменов выражается не только в том, кто сколько заработал и как живет. Но это проявляется в еще более сложной деятельности, о которой у нас еще малоизвестно. Это общественная, патриотическая и благотворительная деятельность. Мировая практика высокообразованного бизнеса показывает, что предприниматели финансируют различную деятельность социологических или политических институтов, сами участвуют в таких работах. Русские бизнесмены пытаются доказать по-своему значимость своих действий. Одни бесстрашно строят в нищей, озлобленной стране свои добротные дома или приобретают дорогие вещи и машины. Другие предприниматели берут на себя задачи более важного, стабилизирующего характера. Они организуют различные политические и общественные движения. На настоящем этапе - это более важный значимый момент, чем резкое обогащение. Сама фраза о том, что такая-то газета для тех кто хочет быть богатым, несет в себе социальную опасность для русского несформировавшегося рыночного сознания.

Нужно полагать, что американцев погубило их самоуспокоение. Как и в случае с атакой на Пирл-Харбор. Тот электронный Пирл-Харбор, который сейчас учинен японцами в США показывает, что России нельзя дремать.

Нужно частично упокоиться и полагать, что не только русские проворонили такие технологии, но и американцы в свое время совершили множество ошибок. Но умение состоит не только в том, как совершать и сколько ошибок, а умение состоит в том, чтобы во время переучиться и скорректировать ошибки. Как курс корабля. Можно часто отклоняться и делать непрерывно поправки и в целом курс будет выдержан. Можно не корректировать курс. Тогда, медленно возникающий дрейф, приведет к существенному отклонению. Кстати говоря в электронике существует такой термин " длительный дрейф электронных компонентов", например в операционном усилителе. Для его компенсации существует множество технических способов способствующих корректировки таких дрейфов. В советское время вся техническая Америка была в шоке от запуска советского спутника. Маленький советский бибикающий спутник поверг американцев в тяжелое состояние. Это был сильный удар советского конкурента. Но были срочно скорректированы учебные программы. Спутник высветил нехватку специалистов. Но и в других технических историях американцы также совершали существенные промахи. Американцы создали транзистор, но были поражены гигантоманией. Все в Великой Америке большое. Япония - маленькая страна, маленький приемник. И оказались победителями. То же самое произошло и с видеомагнитофоном и другими полезными техническими новшествами. Но самую парадоксальную ошибку политического характера совершили американцы со своим национальным идеологом качества. Японцы поняли, что марка "Сделано в Японии" означает для покупателей всего мира низкое качество. Они поняли, что если хотят быть полноправными партнерами на мировом рынке, им надо улучшить качество своих товаров.

Надо отметить, что японцы во время русско-японской войны действоали гибко. Многие высшие офицеры японской разведки работали слугами у русских офицеров для того, чтобы получить нужную для родины информацию. ч

Союз японских ученых и инженеров начал национальную программу повышения качества. В качестве первых шагов японцы пригласили американца доктора Эдварда Деминга, прочитать курс лекций по проблемам повышения качества. Деминг долгие годы пытался убедить американские фирмы уделять качеству больше внимания, однако его идеи воспринимались без интереса.

На сегодняшний момент, русский бизнес должен, сомкнув ряды патриотические настроенных предпринимателей, пользователей и разработчиков электронных систем, влиться в ряды команды крейсера "Варяг" и опять выйти с ними в океан.

Вторник ,. . . . . . .20 . . . . . года 11 часов 10 м.

"Крейсер снят с якоря и направлен мимо иностранных крейсеров к выходу с рейда, имея лодку "Кореец" в кильватере на расстоянии одного кабельтова. На иностранных крейсерах команды и караулы не провожают. Никому нет дела до нашего крейсера.

Вторник ,. . . . . . .20. . . . . года 11 часов 25 м.

"Пробили боевую тревогу.. . . . .эскадра в числе крейсеров "Сони"," Панасоник", "Интел", "Сименс", "Филипс", "Самсунг",. . . были расположены в строю пеленга от . . . . . . прикрывая все выходы. Остальные крейсера и миноносцы держались далее и были видны в тумане. На стеньге каждого корабля поднят боевой флаг"

(Из вахтенного журнала)

В конце политзанятий, слушатели встают и, взявшись крепко за руки, поют хором с воодушевлением песню:

Наверх вы, товарищи! Все по местам!
Последний парад наступает.
Врагу не сдается наш гордый "Варяг",
Пощады никто не желает!

Все вымпелы вьются и цепи гремят,
Наверх якоря поднимают.
Готовые к бою! Орудия в ряд
На солнце зловеще сверкают

Свистит и гремит, и грохочет кругом,
Гром пушек, шипенье снарядов.
И стал наш бесстрашный и гордый "Варяг"
Подобен кромешному аду.

В предсмертных мученьях трепещут тела. .
Гром пушек, шипенье снарядов. . .
И судно охвачено морем огня.
Настала минута прощанья.

Прощайте, товарищи! С богом, ура!
Кипящее море под нами!
Не думали, братцы, мы с вами вчера,
Что нынче умрем под волнами.

Не скажет ни камень, ни крест, где легли
Во славу мы русского флага.
Лишь волны морские прославят в веках
Геройскую гибель "Варяга".

19. ЛЕНИН В.И. И НА РЫНКЕ ЖИВЕЕ ВСЕХ ЖИВЫХ

Идеология цивилизованного рынка изобилует большим количеством различных преданий, сказаний и былин, которые идеализируют моральный облик предпринимателя. Крупные бизнесмены, которые вошли в историю современной цивилизации на закате своей жизни и славы, накопив огромные состояния, позволяют себе такую роскошь, как искренне поделиться своими знаниями и опытом с последующими поколениями предпринимателей и молодежью. Они также стараются, по возможности, отмыть с себя негативные моменты своей приключенческой истории и облагородить свой жизненный путь.

В цивилизованном рыночном мире интерес к причинам обогащения очень огромен. Основная часть зарубежных трудящихся охвачена любопытством и изучением опыта обогащения, чем завистью и желанием справедливого перераспределения богатств, характерных для советской и нынешней российской действительности. Около таких бизнесменов вращается огромное количество экспертов, журналистов и писателей. Они анализируют их работу и так же создают определенные, часто положительные, отличительные образы предпринимателей. В настоящее время в России появилось множество интересных по данной тематике книг. Однако нужно констатировать, что интереса к ним огромное число россиян не проявляет. Многие из них полагают, что эта "так называемая антисоветская" литература направлена на разрушение российского государства. Хотя тут же необходимо в настоящее время идти чисто ленинским путем и стараться изучить все повадки современных рыночных капиталистов, чтобы в полной мере реализовать на практике исполнение Закона о Конкуренции. Если не изучать такую литературу, то тогда многие россияне будут из-за слабых познаний в этой части менее конкурентноспособными. Это естественно отразиться на формировании их рыночного сознания. Действительно нас всех в общем то будет интересовать то как все такие люди зарабатывают деньги. В первую очередь будет интересовать такое явление как можно заработать огромные состояния, практически не имея богатых родственников, вырытого в огороде горшочка с бриллиантами, случайно найденного клада, деда-разбойника с большой дороги или дяди с длинной волосатой рукой. При этом не только создать, но и охватить собственную созданную финансово-промышленную империю своей безраздельной властью и абсолютному подчинению своих работников своей воле.

Для обобщения передового опыта можно обратить внимание на такие интересные моменты, которые описываются в наиболее популярных изданиях по бизнесу.

Одним из важнейших факторов, влияющих на становление успешных дел является настойчивость, целеустремленность и конкретное достижение поставленной цели.

Большое количество идей, задумок часто не реализуется от того, что их создатели не способны практически подходить к этому. Нет деловой хватки.

Это явление в характере человеческой личности само по себе рождает в сознании сложные формы духовной энергии. Процесс познания этого явления будет длиться до бесконечности. Потому, что настойчивость, связана с интуицией, со сложным напряженным состоянием души человека, который, находясь в рамках своих возможностей, смело идет к цели, которая видна только ему одному.

Эти вопросы возникают, когда мы начинаем изучать мир современного рынка, частично отрешаясь от тех доктрин, которые мы изучали в марксистском капитализме.

Мир капитала нами хорошо усвоился, когда мы, входя в первый класс советской школы с упоением пели:

Сквозь грозы сияло нам солнце свободы
И Ленин Великий нам путь озарил
нас вырастил Сталин -на верность народу,
на труд и на подвиги нас вдохновил.

Величие и благородство веет с одной стороны от этих строк и хочется временами плакать от умиления и морозящие мурашки бегут по спине и слезы наворачиваются на глазах, вспоминая свое счастливое детство. Но с другой стороны возникают вопросы, касающиеся конкретики этих несомненно прекрасных цитат.

Когда говорили детям о Ленине то часто в наиболее распространенной детской книжке было сказано так: «Вася спрашивает отца. Кто это?
-Это наш любимый, родной наш вождь.
Был я молод. Плохо жилось тогда нам, рабочим. Работа была тяжелая. Работали мы с утра до поздней ночи, а жили впроголодь. Много нас на заводе работало. Хозяин завода был Данилов. Он не работал.(Уже в детские головы в раннем возрасте внушается глубокая мысль о том, что хозяин частной компании не работает. То есть таким образом внушается мысль о малой значимости умственного труда). Спины не гнул, а жил он ох как богато! Откуда все было у него? Мы на него работали. Он нам за работу платил мало-прямо сказать, грабил нас. На нашем труде наживался. У него завод был, деньги, машины, а у нас ничего, кроме наших рабочих рук не было.

Вот и приходилось к нему на работу идти. Не только на заводе Данилова так было. Так было и на всех заводах и фабриках.

В деревне крестьянам тоже плохо жилось. У них земли было мало, а у помещиков-много. Крестьяне на помещиков работали. Помещики жили богато, а крестьяне бедно. Помещики и капиталисты были заодно. Заодно с ними был и самый главный, самый богатый помещик - царь. Он над всеми хозяином был. Такие порядки заводил, которые были хороши для капиталистов и помещиков. А рабочим от этих порядков было очень трудно жить.

Владимир Ильич Ленин был другом, товарищем рабочих. Он хотел все порядки изменить. Хотел, чтобы все кто работает стали жить хорошо. Ленин боролся за рабочее дело.

Ленин стал собирать тех, кто стоял за рабочих. Все больше их становилось. Все крепче становилась рабочая партия, партия коммунистов. Партия видела, что без борьбы ничего не добьешься. Стали это понимать и рабочие всех стран.

Рабочие любили Ленина, а помещики и капиталисты его ненавидели. Царская полиция его арестовывала, сажала в тюрьму, ссылала в далекую Сибирь, хотела его навек в тюрьму засадить. Ленин уехал за границу и издалека писал рабочим, что им надо делать. А потом опять приехал и руководил всей борьбой...

...потом 7 ноября 1917 года прогнали и помещиков и капиталистов. Отняли у них землю, а потом заводы, фабрики и стали заводить свои порядки. Не царь, не помещики и капиталисты, а сами рабочие и крестьяне стали обсуждать и решать свои дела в Советах.

Новое это было для них дело. Ленин и его партия вели рабочих по этому трудному пути и помогали им налаживать жизнь по-новому. Много пришлось работать Ленину. Много у него было забот. Здоровье его стало плохо, и в 1924 году Владимир Ильич умер.

Очень горевали мы, когда Ленин умер, но то, что он говорил мы никогда не забудем. Мы стараемся все делать так как он советовал. Работу, жизнь по-новому налаживаем".

Если рассматривать современное отношение к вождю мирового пролетариата, то можно констатировать, что такие детские книжечки ввели в сознание бывших советских граждан устойчивое вполне осознанное понятие, почти непоколебимого ветрами и бурями времени, авторитета вождя. Если говорит о русских доморощенных демократах, то и у них в определенных областях бессознательного существует неосознанная форма аналогичного восприятия.

Общеизвестно, что самые устойчивые явления закрепляются в детском возрасте. Естественно такие агитационные детские книжки и сказались на повышении авторитета, не только вождя, но и всего комплекса проблем связанных с вождизмом.

Образ вождя часто олицетворяется с образом отца, учителя. Кроме того на протяжении многих десятилетий, благодаря неустанной работе пропагандистских органов партии этот образ усиливался и переходил в сознание последующих поколений. Поэтому несмотря на многократные попытки свободной демократической прессы и журналистов попытаться подорвать авторитет Ленина - это мало удается.

Автор монографии умом понимает, что этот человек, лежащий в Мавзолее, повинен в развязывании гражданской войны, незаконном захвате власти, уничтожении элитных слоев русского общества, но сердцем чувствует доброго дедушку Ленина.

Поэтому целесообразно не тратить времени на эти тщетные попытки, а стараться этот образ вписать в создаваемый мир российской рыночной экономики. Надо научиться создавать исторические и мифологические образы в российской рыночной экономике.

Действительно даже анализируя эту детскую книжечку мы можем найти парадоксы того времени и понять их значимость для сегодняшнего момента. Так, в частности, Ленина преследовали в России и он уехал за границу.

Кстати говоря, отъезд большого числа интеллигенции, и людей, которые были бы полезны для России имеет место и сейчас. Условно можно сказать, что и их сейчас также преследуют. Следовательно особых изменений по отношению к талантливым людям не произошло. Поэтому во многих негативных процессах, происходящих в российском обществе коммунистов винить особо нельзя.

Куда же это он уехал? В самое логово капитализма. Сидя там, он писал рабочим: “Что делать?” Поэтому можно констатировать, что там он набирался ума-разума, изучая богатый цивилизованный опыт. Таким путем он как бы подсказывает и новым русским, что нужно изучать. При этом мы констатируем, что коммунисты яростно критиковали капиталистов. Развивали свою теорию классовой непримиримой борьбы. Но в тоже время они были вынуждены искать убежища и повышения своей квалификации именно в том самом капиталистическом обществе, против которого они и их последователи так сильно боролись всю свою сознательную жизнь.

Это кстати говоря относится не только к Ленину. Также поступил в свое время Герцен, который вещал из-за кордона. Даже Хрущев после поездки в США пытался засадить всю страну кукурузой. Это характерно для множества процессов соцдействительности. Когда из цивилизованной рыночной системы вырываются куски, которые видятся вождям наиболее приемлемыми и эффективными для реализации на данный момент для соцдействительности.

Значит и русский бизнес можем констатировать, что нужно в данном моменте идти опять же ленинским путем. Изучать западный образ и писать самому себе и своим рабочим: "Что делать?"

Нужно полагать, что наряду с этими важными философскими вопросами, приобретают большое значение чисто технические задачи. В конце концов потребителей-граждан наряду с демократическими свободами интересуют реальные конкретные изделия, товары и услуги. При этом материальная значимость, для многих является более существенной составляющей, чем ее нематериальная надстройка. Поэтому иногда в погоне за этой материализацией многие не связывают ценность демократических свобод с развитием товарного производства и его изобилия. Но в состоянии полнейших свобод и развития в сознании желаний к обогащению и преобразованию мира возникает конкуренция, которая распространяется и на товарное производство, на ускорение сбыта продукции, работы над качеством, на создание новых разработок.

Поэтому анализируя наиболее популярную литературу по современному бизнесу, мы видим, что нередко наряду с изучением истории становления бизнесменов часто даются уроки по становлению и исследованию деятельности пророков, философов, людей творящих чудеса, легендарных религиозных деятелей. Главными факторами их исторических достижений были настойчивость, концентрация усилий, определенность целей и высокоразвитое чувство интуиции.

В качестве примера для поучения предлагается анализ истории Магомета. Анализ его жизни сравнивают с современной жизнью преуспевающих людей, в которой промышленность и финансы определяют все. Но как ни странно их всех объединяет общее – это настойчивость.

Магомет был пророком, но никогда не творил чудеса. Он не был мистиком, не создавал никакого официального учения. До сорока лет не приступал к своей миссии. Когда Магомет объявил, что он - Посланник Господа, пророчествующий об истинной вере, он был жестоко осмеян и публично объявлен сумасшедшим. Дети показывали на него пальцем, а женщины бросали в него грязь и камни. Он был изгнан из своего родного города, Мекки, а его последователи отрешены от всего земного и выгнаны в пустыню вслед за ним. За первые десять лет пророческой деятельности Магомет не получил ничего, кроме насмешек и издевательств, нищеты и страданий. Но прошло еще десять лет и он стал правителем всей Аравии, руководя ею из Мекки, главой мировой религии.

В жизненной истории Магомета есть множество интересных моментов. Он очень много путешествовал так как был начальником каравана. В современных книгах преуспевающих бизнесменов указывается, что нужно больше контактировать и собирать информацию. Только это позволит найти наиболее успешные направления в бизнесе. Следующим важным моментом является нахождение таких могущественных слов, которые позволят вам управлять людьми и подчинять их своим желаниям.

В промышленном бизнесе наряду с совершенствованием и организацией массового производства продукции возникает задача по созданию новых видов, которые бы находили успешный сбыт. Это наиболее важнейшая задача для современного цивилизованного общества. Наиболее популярная поговорка бизнесменов гласит: "Если я буду знать, что продать, я стану миллионером" . Это связано с тем, что возникает желание обогащения у многих, но не многие видят наиболее благоприятный путь.

По этому поводу есть еще поговорка: Не думай сколько это стоит, а думай сколько за это дадут.

Часто видя успешность развития одного вида продукции, товаропроизводители начинают его копировать и таким образом насыщают этот сегмент . В этой области гаснет деловая активность. Возникает задача нахождения новых направлений. Часто это связано с различными общественно-политическими события. Только Президент США Клинтон занялся любовью со стажеркой, то тут же стали изготавливаются куклы, сниматься кинофильмы на эту тему. И общество это воспринимает в товарно-денежном исчислении, как само собой разумеющееся.

В настоящее время в постсоветской экономике возникает задача наращивания, хотя бы того успешно разработанного на Западе, промышленного производства. Но в тоже время нужно стремиться развивать в себе множество уникальных отличительных, от зарубежных, с чисто национальной окраской, идей.

И к таким явлениям можно отнести идеи Вождя Мирового пролетариата, создателя советского государства -Ленина Владимира Ильича.

Связывая историю Магомета и других великих людей
современности мы видим, что в их судьбах есть много схожего.

Часто в книгах по бизнесу описываемые счастливые случаи начинаются примерно таким словами:" Жил был простой человек…… Он много лет страдал и не находил для себя возможностей реализовать свои замыслы… неудачи преследовали его .. Он страдал множеством недостатков. Но вот однажды … Впоследствии оказывается, что это описание судьбы одной из выдающихся личностей в истории мировой цивилизации.

Жил был помощник присяжного поверенного. Он был прост как правда. Его глаза были такие добрые. Он картавил и волновался, когда говорил. Восприняв боль и страдания трудового народа, он решил его освободить от неимоверного гнета капиталистов. Имея благородную душу, идя по жизни своим путем, он предполагал, что освободив их от тяжелой работы и несправедливого распределения богатств, он облегчит страдания многим трудящимся на планете. Первоначально многие не понимали его благородства и еще много лет российское общество, втягивающееся в мировую капиталистическую систему сопротивлялось этому натиску. Но в конце концов уверовав в благородность намеченного стала прислушиваться к речам Великого Вождя и признали в нем своего лидера. В результате этого рабочие были освобождены от непосильной работ и исключены из мировой конкурентной капиталистической системы. Недовольные таким подходом россияне были расстреляны и посажены в исправительные лагеря для перевоспитания. Всю свою сознательную жизнь Вождь-помощник присяжного поверенного проявлял невероятную активность. Не имея стартового капитала, только на одной благородной идее с использованием своего паблисисти создал Великую Советскую Империю, в которой был практически полновластным хозяином. Этот человек в конце концов умирает. Работники хоронят своего Хозяина в Мавзолее. После этого долгие годы стройные ряды его работников и верных последователей его великого учения приходят поклониться перед его саркофагом. Клянутся продолжать его дело по полнейшему освобождению рабочего класса от работы и созданию коммунистического общества, в котором деньги как нажива исключаются полностью и все работают по совести. Дело Хозяина живет и побеждает. Дело Хозяина всесильно-потому что оно верно. Вот лозунги связи времен.

Нужно констатировать, что ленинский практический опыт и его последствия обогатили теорию и практику мировой рыночной системы во всем ее многообразии. Особенно они изменили взаимоотношения между работодателями (современными капиталистами) и работниками в более гибкую терпимую сторону.

Быль о Ленине - как предпринимателе является идеалом взаимоотношений в бизнесе. В настоящее время даже о самом удачливом бизнесмене вряд ли могут сказать хорошее так даже его верные помощники и последователи. О русских доморощенных бизнесменах, также лестного не услышишь.

Анализируя масштабность дела Ленина, мы находим их микроаналогии и в действиях руководителей иностранных компаниях. Например, у Форда был свой Железный Феликс –начальник заводской охраны, который с помощью нанятых уголовников расправлялся с профсоюзными активистами. Были и замполиты – священники, которые ходили по квартирам рабочих и следили за их морально-политическим обликом, культурным уровнем. Нерадивых наставляли на хозяйский путь. Нарушителей наказывали.

Поэтому все, что связано с именем и деятельностью Великого коммунистического вождя может вписываться в духовные ценности создаваемого современного российского патриотизма. Любой процесс необходимо научиться рассматривать со множества разных и порой противоречивых сторон и стараться найти в них консолидирующие истоки.

Вкратце рассмотрим некоторые из них. В Советский период множество исторических явлений было специально в угоду интересам коммунистического режима адаптировано и основательно распропагандировано для укрепления Советской власти. Поэтому можно сказать, что существовало два восприятия. Первое – это чисто историческое, которое создавало точную картину событий. Второе – мифологическое, которое необходимо для укрепления власти, снижения накала общественных и политический противоречий, идеализации героев советской эпохи, создания образов положительных героев для воспитания патриотизма и морального облика строителя коммунизма. Все это в целом является мифами Советской империи, который могут быть применены в создаваемой российской рыночной экономике. Подобно таким же благородным историям считаются мифы древней Греции о Геракле или страшные истории о лохнесском чудовище. Такая адаптация необходима для поиска консолидирующего компромисса в обществе и представления самой истории, которая уникальна для развития туристического бизнес, проведения различных мероприятий касающихся специальных ритуалов, способствующих разработкам новых товаров, услуг и движения капиталов. Так, в качестве примера, можно привести прибыли, получаемые при использовании в зарубежном бизнесе истории с гибелью парохода «Титаник». Если рассматривать этот процесс упрощенно и исторически, то это очень трагическая история о гибели крупного парохода, столкнувшегося с айсбергом. Это история о страшной гибели очень большого числа ни в чем не повинных людей. Но если рассматривать эту историю с точки зрения бизнеса, то немногие исторические явления могут похвалиться прибылями, полученными от создания кинофильмов и других побочных процессов, связанных с именем «Титаника».

Естественно по такой же аналогии мы можем научиться предлагать свои исторические ценности на мировых рынках. Нужно полагать, что только россияне должны представлять свои исторические ценности. Иначе международная конкуренция в этом направлении создаст совершенно иные образы, которые косвенно отразятся на имидже России в целом.

При восприятии мирового наследия вождя и его встраивания в национальный рыночный механизм имеет место важный процесс реформирования крайне непримиримого национального сознания и отношения к действиям вождя как со стороны демократов так и коммунистов. Эта непримиримость отрицательно сказывается на общественно-политической обстановке, частности в законодательной сфере, и отражается на экономике.

Нужно приучаться мыслить гибко и двойственно в реальном и мифологическом аспектах. В математике есть понятие многомерного пространства и при этом не только в линейной, но и в нелинейной форме с изменением во времени. Примерно такой же подход нужно делать и в отношении вождя. Важную работу в свое время в период гласности провели демократические средства массовой информации, тележурналисты, которые разоблачили преступные действия вождей и режима. Общество достаточно подробно информировано и для предупреждения этих ошибок созданы специальные законодательные акты. Это реальный фактор. Но рассматривая мифологическую трактовку рыночной стратегии нужно идеализировать образ вождя. Такие же примерно операции совершают и в других странах. Например, история с Наполеоном. Он же загубил множество своих соотечественников. Историческая истина для вождей состоит в том, что убив одного человека становишься убийцей, а отправив миллионы на эшафот, становишься великим человеком. И вождь эту закономерность реально подтверждает. Изучение других ленинских закономерностей и методов конкурентной борьбы с оппонентами и соперниками так же показательно и нравоучительно для бизнеса. Часто в битве с конкурентами некоторые бизнесмены идут ленинским путем физически устраняя конкурента, как, например, он делал с дворянами или капиталистами. Этот упрощенный подход, как мы видим, привел к деградации систему управления сперва государственной власти и перешел на низовые уровни, в том числе и на экономику. Такая же ситуация складывается и в бизнесе. Отказ от интеллектуализации конкурентной борьбы и упрощениям (физические подходы) в перспективе приведут к печальным последствиям и также в падению имиджа отечественного бизнеса. Так как на мировом рынке в это время оттачивается именно мозг для более изощренных методов конкуренции, которые действуют намного более эффективнее, чем гранатомет. В странах, которые принимают такую стратегию также воспринимают и конкурентов, которые показывают себя как сильные личности. Достаточно привести пример с академиком Д. Сахаровым. В первой части своей жизни он целеустремленно под руководством Коммунистической партии с соратниками создавал водородную бомбу для решения задач битвы с мировым капиталом. Во второй части своей жизни он становится демократом. Представим на миг, если бы одна из его разработок выскочила из ракетной шахты и обрушилась на противника номер один. Можно утвердительно сказать, что до нового Нюрнберга никто бы не дожил. Некому. Но однако же Америка называет в его честь одну из своих улиц. В России же в это время часть сограждан, кстати говоря гордящихся российским ВПК, клеймит национального героя. И в этом мы видим торжество непримиримых ленинских идей. Поэтому элементы большевизации и ленинское учение могут быть использованы для корректировки поведения и действий национального бизнеса.

20. С БРЕВНОМ ВОЖДЯ НА ТАРАН МИРОВЫХ РЫНКОВ

В свете развития российского бизнеса создатель коммунистического государства, Вождь Мирового пролетариата Владимир Ильич Ленин может быть представлен как яркий пример становления личности, которая начинает свое движение с низов. При этом не имея стартового капитала, на одной идее он создает одну из величайших Империй, которую можно рассматривать как суперделовое предприятие. В настоящее время этот период одним вспоминается как старые добрые времена, другие его яростно критикуют. Но в целом необходимо и тем и другим отдать должное активности бывшего присяжного поверенного, который сумел стать Вождем Мирового пролетариата и его дело до сих пор живет и побеждает.

Одним из существенных элементов в существовании Советской империи был бескорыстный труд во имя светлого коммунистического будущего. Его первыми ростками были коммунистические субботники. Это были праздники труда. В эти дни, обычно по субботам, люди выходили и бесплатно работали. В истории Советской империи известен пример участия Ленина на субботнике, где он зафиксирован на фотографии, несущим бревно с группой рабочих. Это бревно с вождем стало предметом для множества публикаций и обсуждений. После разрушения Советской империи этот метод стал подвергаться критике. Кроме того начались негативные процессы, подобные радости освобожденных рабов, которые увидели возможность безнаказанно пинать останки Великого вождя. Начались очернительные компании.

Но российские предприниматели должны в общем - то овладевать Ленинским учением во всем его многообразии, Особенно таким его моментам как захватывать власть, как руководить народными массами и в конечном итоге как подниматься будучи никому не нужным инженером или рабочим или помощником присяжного поверенного.

Поэтому целесообразно попытаться мистически соединиться с духом Великого вождя с применением различных действий.

Например, попробовать с бревном. Но в данном случае нужно рассматривать действия вождя и рабочих с бревном, как аналогию бизнеса. Например, это группа рабочих и их хозяин. При этом хозяин настолько идеальный, у которого рабочие не просят денег, а напряженно и творчески работают на великое светлое будущее, которое он им красочно обрисовал. При этом он это сделал с таким мастерством и искусством, что в это они стали безоглядно верить. Кроме того, он создал такую гибкую стратегию продолжения своей политики, что на ее основе после его смерти еще не одна тысяча руководителей во всем мире будет эффективно на практике использовать эту методологию. Она не устареет до сегодняшнего дня. Если мы будем вспоминать разные старые кинофильмы, то знаем, что те кто шел за Мальчишами-Кибальчишами погибали, а те кто лез в буржуинство, то трескали печенье с бочкой варенья.

Народ верил коммунистам и шел за ними. Но при разрушении советского сознания возникли детские видения того, что стоит только войти в буржуинство, то тут же сразу настанет сладкая жизнь и бочка с вареньем и печенье обеспечено в изобилии. Таким образом созданный коммунистами детский миф о мире капитала существенно повлиял на сегодняшнее становление российских рыночных реформ. Особенно он вселил во множество россиян веру в быструю и их успешную реализацию. При этом и сами идеологи коммунизма постоянно твердили со страниц своих листовок, прессу и телевидение о том, что кто с ними идет то только будет бороться и погибать за светлое будущее. Мы смело в бой пойдем за власть Советов и как один умрем в борьбе за это. Эта суровая правда была ими действительно подтверждена и кроме того они пугали народ буржуйским игом и прибавочной стоимостью, которую забирали ненасытные буржуи, объевшиеся рябчиков. Честный советский народ, испугавшись, всего этого неправдоподобного буржуйского изобилия, пошел за коммунистами. В конечном итоге коммунисты оказались честны и правы. Так как постоянно продукты были в ограниченном количестве и по талонам. И в этом смысле конечно же мечта любого предпринимателя состоит в том, чтобы создать такой же процесс общения с народными массами при одновременном буржуйском изобилии товарной продукции, без существенных финансовых затрат, перенесенных с витрин и прилавков супермаркетов в российские дома.

В том, что российский бизнес стал обращать внимание на ленинское учение не является, чем то приоритетным. Все дело в том, что впервые на это учение стали проявлять свою заинтересованность американские специалисты, работающие в области психологии бизнесменов. Достаточно привести выдержки из одной рабочей инструкции по выживаемости американской компании: "Успех не несомненен. Несомненно то, что мы никогда не сдадимся. В.И. Ленин." Таким образом мы видим, что конкуренты используют изречения наших пророков для выживаемости своих компаний. Мы так же можем воспользоваться таким же лозунгом, который актуален и необходим сейчас.

Необходимо отметить, что в современной рыночной экономике присутствуют в той или иной мере элементы коммунистического строительства. Это связано с тем, что современные рыночные компании работают и действуют в жесткой конкуренции. Если компания попадает в очень тяжелое почти катастрофическое положение, то все работники в ней работают практически бесплатно с надеждой на светлое будущее. Такая же ситуация возникает, при создании новой компании. Имеются только рабочие руки и идея, которая смутно просматривается в головах работников. Инвестиционных денег нет, спонсоров также не видно и остается надеяться, на то, что лежит никому не нужное на мусорной свалке или выгребается из дырявых карманов. В истории имеется множество примеров создания успешно действующих компаний только на этой основе. Примеры этого начинаются с того, что:

-шьются первые штаны из джинсового палаточного брезента для золотоискателей,

-создается в провинциальной аптеке, впоследствии всемирно известный прохладительный напиток,

-печет бабушка для внука пирожки и впоследствии оказывается создателем крупнейшей компании по производству булочек,

-альпинист, огорченный отсутствием хороших шипованных альпинистских ботинок, засучив рукава делает сам шипы и создает преуспевающую компанию по производству и продажам альпинистского оборудования,

-слесарь, сидя над раковиной в квартире, испытывает автомобильный двигатель. Его единственный работник - жена, которая вручную подает бензин в двигатель. Этот слесарь и есть будущий автомобильный король Америки.

-сержант после ранения, огорченный поражениями в Великой Отечественной войне, вместо того, чтобы долечиваться, старается создает свой первый автомат. Для этого он привлекает к работе таких же патриотически настроенных соотечественников. Это служит базой для создания впоследствии самого известного и надежного в мире автомата.

В первый день Великой Отечественной войны Советский Союз потерял практически всю авиацию, но через два года превосходство в воздухе было за русскими.

Анализ последних двух случаев специально приведен для размышления об особенностях связи идеологии и развития производства. Есть ли тут влияние вождя?

Где тут инвестиции? Всеми этим людьми двигало только желание стать победителями и испытать себя в реальном деле. А уже потом чувствуя в них победителей, присоединялись и другие.

Если рассматривать историю становление Ленина как вождя, то мы видим сперва небольшую группу единомышленников, которые создают кружок по освобождению рабочего класса. Потом видим как в Госдуме уже сидит группка большевиков, и далее мы видим как они (большевики) создают огромную империю, несмотря на упорство множества своих сограждан.

Если мы будем рассматривать историю становления практически каждого выдающегося бизнесмена, то видим, что и они испытывают такие же неимоверные трудности. Так как внешняя среда сопротивляется любому новшеству, негативно относится к любой нестандартно мыслящей личности, таланту или представленной идее. Никто так просто денег не дает. Общество не может воспринять революционные идеи в каком бы виде они не были. Будь это философская мысль о преобразовании общества или техническая идея или самый новый современный прибор или продукт. Все это требует особых затрат на усвоение идеологии такого продукта. На это внедрение тратит свою собственную энергию сам разработчик. Блага не сыпятся в виде манны небесной.

Для этого рассматривая Бревно, мы видим что вождь несет самую тяжелую часть.

То есть руководитель - хозяин и должен взять на себя основную тяжесть в своем бизнесе.

Под Бревном можно понимать весь груз забот и проблем, которые несут в себе любые действия в бизнесе.

При этом видим, что вождь идет сзади. Он идет как кормчий у рулевого места.

При этом, имея тяжелый конец на своих плечах, он может вести народную массу в нужном для него направлении. Как кормчий он может сзади контролировать работу всех своих работников.

Но в данном случае мы видим и некоторые негативные моменты, которые можно, проанализировав, исключить.

В данном случае Бревно имеет строго прямолинейную форму и не обладает гибкостью и способностью к адаптации. Можем же мы предполагать, что при такой системе управления ошибка руководителя может привести к выбору неправильного пути. Представим змею, ползущую между узких расщелин. Если бы она не изгибалась смогла ли бы она преодолевать такие препятствия - разработки и продажи новой продукции.

Этот момент необходимо исправить. Нужно учитывать современные стратегии выживаемости бизнеса и основное - это гибкость в работе компании. И таким образом мы приходим к мысли, что Бревно должно быть гибким. Значит для совершения ритуала перенесения Бревна Вождя надо сделать бревно гибким. Этого можно достигнуть, распилив его на несколько частей и соединить переходниками с гибкими многопроводными шлангами. Можно воспользоваться переходниками от различных электротехнических приборов. Для того, чтобы биоэнергетическая сила циркулировала по всей длине. Далее необходимо учесть, что Бревно должно перемещаться с хозяином и соратниками в определенном направлении. То есть должна быть конечная цель и Вождь ее нам указывает. Это символ Власти - Смольный. Зачем спрашивается для предпринимателей нужен Смольный. Мы должны полагать что основные неувязки в выживаемости предпринимателей связаны со взаимоотношениями с Властью, которая должна не только поддерживать национальный бизнес, но и корректировать взаимоотношения с обществом.

Поэтому сам процесс переноса Бревна Вождя надо рассматривать как некую акцию, демонстрацию сплоченности предпринимателей, акцию протеста, показа своей сложной работы. Значит от места, на котором Вождь созрел для принятия решения и пошел в Смольный на захват власти, мы намечаем путь движения единомышленников с Бревном, чтобы пропитаться духом Вождя. Многие могут сказать: “Зачем это?" Сейчас возникает задача становления таких сильных духом и своей уникальной предпринимательской идеей новых российских Вождей, подобных, например, Форду, но из настоящих россиян. К сожалению пока что таких практически нет. Поэтому надо постараться войти в образ Духа Вождя с целью возможного преобразования полученной энергии для становления своих финансово- промышленных империй национального масштаба. И в этом смысле надо так же учитывать, что проблема семнадцатого года и заключалась в том, что вождь то был только один. Но если бы их было множество, то тогда бы возникшая равноправная и равносильная конкуренция среди вождей дала бы совершенно иные результаты. Та же ситуация возникает и сейчас так как очень сильно влияет командно-административное сознание, которое по-прежнему верит в силу Вождя. Хотя в рыночной экономике ставка должна делаться на личность, на выживаемость малого бизнеса, который в перспективе и позволят создавать на своей прочной основе в ходе жесткой конкуренции новые финансово-промышленные империи.

Значит мистическое единение с Духом Вождя позволяет русскому бизнесу мыслить такими же масштабными замыслами, как и он в свое время. Таким образом появляется возможность в формировании сознания новых вождей, которые и должны вести Россию в светлое будущее. Но каждый по своему намеченному им конкретному пути, а не все за одним. Но все должны помнить, что конечная цель одна. Это укрепление величия и экономической мощи российской державы.

Тут же мы, споря сами с собой, можем также предполагать, что группа с вождем стремится сама создавать в своей основе новых вождей. Каждый из работников стремится стать таким же вождем. Это связано с тем, что по мере развития любой компании в ней находятся люди, которые получили некоторый практический опыт в тесном общении с хозяином –вождем. Они также, конкурируя с ним, хотят стать таким же властителями и собственности и чьих-то умов. Любая компания в своей конкурентной борьбе должна использовать чисто воинский принцип: "Самая лучшая защита – это нападение". Естественно любое нападение - это захват новых сегментов рынка и как следствие неустанное расширение сферы своего бизнеса. Это приводит к увеличению занятости, созданию филиалов компаний. Естественно хозяин в качестве руководителей ставит своих людей, с которыми начинал это дело и испытал их на самом трудном - на верности и выживаемости.

Значит, мы делаем привязку к Бревну, которым они все повязаны и не могут его отпустить. Мы приходим к выводу, что Бревно должно быть и разборным. Оно может состоять из отдельных частей, каждая из которых представляет собой частицу, которую нес именно вождь. И каждый при разделении Бревна как бы мысленно становится сам для себя вождем, несущим свой тяжелый груз в свое светлое будущее. Но часто в бизнесе необходимы установление тесных корпоративных и производственных связей, укрепление веры единомышленников. Следовательно на определенном участке пути Бревно может быть разъединено. В этом случае все стремятся идти своим путем. Но на каком-то участке целесообразно опять соединиться для решения глобальной задачи. В этом может реализовываться ленинская идея об объединении и размежевании. При этом связь осуществляется с помощью бесконтактных систем связи, например, с радиотелефонами, через космические спутники связи и т.п.

Бревно - это орудие для действия в жесткой конкурентной борьбе при рассмотрении рынков как зон боевых действий. Если рассматривать идеологические истоки развития международной конкуренции, то сформулированные Лениным идеи классовой борьбы несут в себе такие начала. Иное дело время требует перемены в стратегии и тактики. То нужно предполагать, что Бревно в славной российской истории часто служило тараном при штурме крепостей. В современной практике часто спецназ использует Бревно как средство для пробивания дверей, при освобождении заложников. Поэтому мы даже можем предполагать, что идея с Бревном показывает, что Ленин идет с рабочими на штурм мира капитала. Они идут с Бревном-тараном, которое должно в конечном итоге поразить мир капитала.

Кроме того сплоченные верой в коммунистические идеи и зловредность мира капитала они несли именно Бревно-таран, чтобы поразить логово империалистов. Это было впоследствии достигнуто его верными учениками с помощью ракетно-ядерного щита. Поэтому возникает задача перенесения этой мистической силы веры для каждого предпринимателя, создания таких же духовных ценностей в своей финансово-промышленной империи, чтобы и работники так же работали и верили в то, что компания устоит под ударами конкурентов.

Бревно – это патриотический символ возрождения. Необходимо отметить, что оживление национальной экономики в настоящее время возникает в таких отраслях, как мебельная, деревообрабатывающая промышленности, строительство. Таким образом можно также предполагать, что эта группа с Вождем идет на закладку здания, на закладку новой коммунистической трибуны или эшафота, на котором будет казнен очередной капиталист, который измывался над трудовым народом. Бревно является первым закладным для строительства здания светлого будущего.

Кроме того это же Бревно можно рассматривать и как закладку будущего Мавзолея. Необходимо учитывать, что первый Мавзолей был деревянный.

Сейчас уже трудно выявить, почему вождь на первом коммунистическом дне предстал именно с Бревном. Вполне возможно предположить следующее. В истории становления Вождя было два самых важных дня в его жизни. Как ни странно, именно эти два дня имеют неразрывную связь с Санкт-Петербургской лесотехнической академией.

Первый день - это тот самый роковой день, когда он решился. Он понял, что промедление смерти подобно. Он пошел в Смольный брать власть в свои руки и раздувать пожар Мировой революции.

Второй день – это сбывающая мечта о создании коммунизма. Она выразилась в проведении первом коммунистическом субботнике, как предвестника светлого будущего. В этот день реализовывалась самая главная политическая задача, которой он посвятил всю свою сознательную жизнь. И как в первом, так и во втором случае есть одно немаловажное обстоятельство, которое связывает эти два важных для судеб человечества дня.

Это русский лес. Он возможно вспоминал об этом и тогда находясь на квартире на Сердобольской. Наверняка из окон квартиры или выходя из нее, он видел через дорогу парк Лесотехнической академии с его дубравами, которые как бы символизировали лесные богатства России. Когда он выходил 7 ноября из квартиры, наверняка взглянул налево и направо, чтобы убедиться в том, что нет шпиков Временного правительства. Возможно ему вспомнились слова из школьной программы: "Я из лесу вышел, был сильный мороз". Гибнущая Россия находилась в стадии трупного окоченения и он хотел пламенем революции ее слегка подогреть. Бревно можно рассматривать, как суперлучину для поджига или суперполено для растопки костра Мировой революции. Возможно он в детстве, как и любой мальчишка зачитывался приключенческими романами о Робин Гуде - благородном разбойнике из Шервурдского леса, который отбирал деньги и богатства у богатых и священников, которые дурили и обдирали простой народ. Поэтому Ленина в этом случае можно представить как Супер Робин Гуда в мировом масштабе. И его Шервурдский лес –это был весь Земной шар. Но начало мифологического пути Российского Супер Робин Гуда было положено в Парке Санкт-Петербургской лесотехнической академии.

Кроме того общеизвестно, что часто большевики скрывались от ищеек царской охранки в лесах и там собирались на маевки. Они обсуждали в густых дубравах в полной безопасности как бы отобрать от буржуев богатства и справедливо их распределить. Лес укрывал их, как и разбойников Робин Гуда. Они могли вместо стульев и столов использовать и бревна, поваленные деревья. Кроме того известно, что сам Ленин часто любил писать свои тезисы именно на пне. Следовательно дерево играет существенную роль в становлении российской революции. Такое соединение с деревом давало им самим некую энергетическую поддержку. В период преследований большевики часто листовки и оружие прятали в дуплах деревьев, или зарывали в опавшую листву и хворост. Следовательно и Ленин мог гулять по парку лесотехнической академии и, вдыхая чистый тогда лесной воздух, думать о своем бревне. Естественно это его и навело на мысль о том, что самым лучшим материалом, олицетворяющим именно коммунистический труд - будет бревно. Именно оно, а не мертвый и холодный кирпич или строительный камень. В работе с Бревном наиболее ярко проявляется значимость именно коллективного труда. Так как Бревно, как строительный материал является более национальным элементом. Что кстати говоря стало актуально и сейчас. Нужно учесть, что по-прежнему сама идея Бревна, а то даже можно назвать бревнизмом является животрепещущей. Так как Россия, к сожалению, на сегодняшний день на мировых рынках отличается продажами сырьевых ресурсов таких как бревна, нефть и газ.

Поэтому хищническое отношение к своей природе приводит к тому, что ухудшается экологическая обстановка, гибнет российский лес и следовательно уменьшается средний диаметр выпиливаемых бревен.

Поэтому таким образом как бы вождь дает последующим поколениям знать, что надо ценить бревно и труд. Раз сам вождь так бережно его несет значит и потомкам, необходимо бережнее относиться к национальным природным богатствам.

Бревно может служить для строительства баррикад.

Часто в трудную минуту русские мужики, находясь в соответствующей кондиции, чтобы не упасть, сплачиваются около дерева или столба, стоящего в вертикальном положении. В данном случае великий вождь идет намного дальше. Он показывает всей нации, что можно удерживаться и сплачиваться около горизонтально расположенного бревна(столба). При этом на каждого равномерно распределяется нагрузка физических и общественных забот. Только в этом случае можно создать то самое светлое коммунистическое будущее.

Возможно, что это Бревно строители нового несли для строительства забора или крепости, чтобы отгородить мир социализма от проникновения капиталистической заразы и ее тлетворных идей.

Очень часто в России людей, особенно демократов, любили ставить у Позорного столба. Следовательно, тут можно так же понимать двояко. Или этот столб уносят с площади, как символ царских методов казни или это бревно вносят на площадь, чтобы наказывать противников и врагов социализма, ставя у Позорного столба.

Бревно Вождя является неким мистическим ритуальным символом объединения, для несения государственных и общественных забот всем миром. Один человек при таком состоянии дел каким бы он мудрым не был ничего не в состоянии сделать.

Мы часто видим как маленькие дети идут цепочкой и держатся за веревочку. Можно и Бревно рассматривать как некую веревочку, за которую держатся дети, внуки и правнуки великого вождя, который по-прежнему ведет их всех к великой светлой цели. Но уже в новой рыночной интерпретации оно будет для каждого по-разному.

Предполагая рыночную стихию подобной бушующему океану, котором могут быть и кораблекрушения как личностей и компаний-кораблей, можно высказать мысль, что бревно или деревянная мачта часто служат единственным спасительным средством. Поэтому предполагая, что вождь и его рабочие идут бороться с конкурентами в мировой системе, то и это бревно они могли взять на всякий пожарный случай при крушения и таким образом спастись при крушении российского корабля. Можно было бы повесить на бревно пару спасательных кругов с надписью “Аврора”. И также надеть спасательные жилеты на работников и вождя.

Необходимо учесть, что Бревно – это древесина и означает богатство. Обычно люди концентрируются около настоящего богатства. При этом конвертируемом. Из бревен делают деньги. В том числе и деревянные.

По свидетельству специалистов из Ботанического сада Лесотехнической академии были обнаружены интересные закономерности. Оказывается, что наибольшей выживаемостью деревьев с дореволюционной историей обладают те посадки, которые находятся со стороны Сердобольской улицы. Можно высказать вполне правомерное предположение о том, что на их выживаемость оказало влияние всепобеждающее ленинское учение. Поэтому те деревья, которые там растут являются историческими и очень ценными. Они непосредственно видели как Великий вождь выходил на Мировую революцию. Но не только деревья могут стать такой ценностью. Также можно использовать для рыночной экономики и желуди, которые падают с этих дубов, которые видели Ленина. И их можно также предлагать в качестве сувениров с надписью: "Это желуди с тех дубов, которые видели в 1917 году Ленина, выходившего на Мировую революцию". Также ценными является и листья с этих деревьев. Можно делать специальные патриотические гербарии.

Таким образом в шелесте листвы можно слышать революционную поступь великого вождя.

Группа единомышленников начинает двигаться от квартиры на Сердобольской и несет гибкое Бревно по всемирно-известной трассе. Но в данном случае нужно предполагать, что и другие предприниматели хотят так же контактировать с Духом Великого Вождя, так как в Ленинграде-Санкт-Петербурге каждый камень Ленина знает. Это ведет к тому, что по дороге к несущим Бревно подключается множество единомышленников. Ранее в начале Эпохи Гласности возникли зловредные почти лживые измышления о том, что есть множество людей, которые подтверждали, что они несли это Бревно, а не те пять человек. И в этом нет ничего удивительного. Мы должны предполагать, что обаяние, авторитет и огромная, практически не знающая границ, мистическая власть Вождя доводила его соратников и их потомков до такого состояния, что они начинали вполне искренне верить в то, что именно они все шли с ним в одном строю и несли это Бревно. Это можно с одной стороны отнести к эффекту массового психоза, фанатизма, но с другой стороны это говорит о том, что была вера, которая и помогала людям выжить и заставляла действовать.

Поэтому мы должны полагать что это символическое Бревно несли все двести пятьдесят миллионов советских людей. Они несли его в светлое коммунистическое будущее, в которое они верили, так как верили Вождю.

Внимательно вглядываясь в картины и фотографии, отражающие этот исторический момент первого коммунистического дня, мы вдруг, по истечении нескольких десятилетий, обнаруживаем некоторые парадоксы. На этой важнейшей акции, в которой должны быть представлены все основные политические и общественные силы нет ни женщин, ни трудового крестьянства. Возникает такое ощущение, что их в реальном коммунистическом будущем не будет из-за сплошной гегемонии омужланенного пролетариата. Если касаться прослойки интеллигенции, то можно условно констатировать, что часть прилично одетых трудящихся можно в первом приближении считать той самой частью. Даже Вождя в костюме можно также привязать к этому. Правда и тут возникнет проблема. Обычно в практике никто не работает на таких грязных работах в костюме-тройке. Хотя бы переодеваются в рабочий костюм или надевают рабочий халат. Но и тут можно найти оправдание, если считать, что это праздник трудящихся. Обычно в праздники прилично одетые люди пьют и гуляют, то на коммунистическом празднике только работают.

Незавершенность картины имеет место по отношению к советской женщине-матери. Их в различных возрастных группах можно было бы отразить на всем пространстве полотна. Девушки, в красных косынках и кожаных тужурках, подметающие площадь. Парочка влюбленных, целующаяся около мусорной кучки. Мать, сидящая в углу на вязанке дров и, кормящая грудью ребенка. Это отрицание наводит на мрачную мысль, что лидирующая роль женщины исключается или принижается в строительстве коммунизма. И таким образом возникает вполне обоснованная мысль о гомосексуальности коммунистического дня. Этот процесс можно интерпретировать и в то, что и в камерах революционеры сидели, разделившись по половому признаку. Поэтому возникает вполне закономерный вопрос. Как они могли снимать сексуальное напряжение? Не повлиял ли онанизм и гомосексуализм революционного периода на такое отношение к российской женщине в целом?

В данном случае возникает весьма странное явление - исключение женщин из общественной жизни. Хотя вполне возможно можно возразить оппонентам, что их не взяли на субботник, чтобы облегчить их условия. Вполне возможно, что они за картиной готовят для своих мужей праздничные обеды. Ухаживают за детьми. Может быть. Но все таки странно, что в такой важной, с точки зрения коммунистической идеологии, символической сцене отсутствуют работающие женщины.

Поэтому картину необходимо модифицировать и дополнить присутствием девушек.

Привязка бескорыстной чистой и светлой любви между полами только усилит значимость любви к бескорыстному коммунистическому труду.

Вполне возможно в эпоху плюрализма и внесения элементов терпимости в российское общество внести и гомосексуальные аспекты подтверждения этого. Например, педерастичная пара комиссаров с мужественными принципиальными лицами, которые целуются на фоне Красного знамени. И также можно внести и парочку прелестных лесбиянок, которые также стоя с красными косынками страстно целуются с другой стороны Красного знамени.

В целом такое попустительское отношение привело к тому, что реально выявилась полнейшая неконкурентоспособность национальной промышленности в вопросах создания развитой индустрии для советских женщин. Нет колготок, нет нижнего и верхнего белья, нет прокладок, нет парфюмерии, косметики в достаточном изобилии и самое главное, чтобы все это смогли приобретать россиянки в достаточном и без ущерба для собственного кошелька, количестве.

Опасность усугубляется тем, что в средствах массовой информации часто в качестве заслуг нации преподносится высокая конкурентоспособность российского и советского оружия. Часто студенты этим похваляются на дискуссиях. Но если российские девушки и женщины -матери не обеспечены необходимыми предметами для своей жизнедеятельности и не видят перспектив в этом направлении, то на кой черт вся эта техника и мощь!

Все долгие годы у Советской власти всегда были проблемы, касающиеся обеспечения советского народа продовольствием. Вопросы продовольствия были самыми болезненными, так как касались вопросов собственности на землю. И таким образом, отрицающая роль крестьянства и их отсутствие на картине также привело к этому негативному явлению. Связь очевидна. Отрицание роли крестьянства в коммунистической стратегии и их отсутствие на первом коммунистическом дне и показало эту связь. Поэтому необходимо в картину ввести крестьян, которые бы могли на площади разбивать клумбу с цветами или сажать плодовые деревья, например, яблони. Они могли бы раздавать трудящимся хлеб, сало, яблоки, поить молоком. Это оживило бы картину и укрепило бы веру в разумность коммунистической идеи и реально подтвердило бы в светлом будущем смычку революционного пролетариата с беднейшими слоями сознательного крестьянства.

Также мы обнаруживаем, что на картине нет и детей. Возникает ощущение того, что в перспективе в коммунистическом обществе не будет детей и их не будут приучать к коммунистическому труду. Значит в современной интерпретации нужно ввести детей. Они бы с красно-синим галстуками проходили мимо трудящихся в здание, на котором было бы написано: “Школа”.

На картине показывают Ленина с рабочими, несущими Бревно на фоне полуразвалившейся церквушки. Строится атеистическое общество. Этот момент также нужно преобразовать и ввести начало крестного хода, который бы символизировал единение веры к руководителям, которая подкрепляется верой в его, богом предначертанный, путь. Ибо всякая власть от бога. А претерпевший все до конца, да спасется. Но где конец и когда наступит спасение?

Важнейшим моментом является взаимодействие и вера в силу паранормальных явления и психофизических воздействий между живой и неживой природой. Ленин, выходя из квартиры на Сердобольской, видел деревья, растущие в парке Лесотехнической академии через дорогу. Говоря о взаимодействии, мы можем констатировать и что и растущие деревья также видели Великого Вождя, который шел на мировую революцию. Про Ленинград говорят, что здесь каждый камень Ленина знает. Но в этом вопросе можно поспорить, так как знает не каждый камень, а только тот около которого Ленин проходил. Значит по такой же аналогии можно констатировать, что и деревья в частности дубы, растущие по Сердобольской знали и видели Ленина. И поэтому они представляют огромную историческую ценность. Из этих дубов можно было сделать деревянного Буратино, который бы помог найти россиянам и поле Чудес и ту самую заветную потаенную дверь в волшебный мир коммунистического завтра.

Использование древесины в качестве аналогии для становления бизнеса можно показать на примере годового отчета компании Самсунг за 1995 г. Хиноки (ценная порода) и сосна. Эссе о том, как в Самсунге понимают развитие. Самсунг - одна из крупнейших мировых компаний. " Взгляните на дерево хиноки - на его медленно созревающую редкую красоту, необыкновенную и долговечную. Это образец для разрастающегося, глобального Самсунга. Таким же образцом является и самая обычная сосна. …надо ждать целое столетие, чтобы хиноки достигло полного расцвета. Простая доска хиноки может стоить 30 долларов. Мы взяли хиноки за модель при планировании долгосрочного развития, имеющего большое значение. Это дерево учит нас заглядывать далеко вперед при оценке будущих рынков и цены нашей продукции на них.

Но с другой стороны, иногда мы не можем позволить себе долго ждать. Поэтому еще одной моделью нашего развития мы сделали сосну. Сосны не требуют больших капиталовложений или серьезного ухода после первых нескольких лет, и все же они имеют неоценимое достоинство: тот доход, который мы можем получить от сосен многократно в то время, пока медленно зреют хиноки.

Что касается развития Самсунга на дальнюю перспективу, то заглядывая за горизонт, мы будем сочетать лучшие методики планирования - долгосрочные и краткосрочные, хиноки и сосну. Мы развиваемся в разных направлениях, чтобы ответить на вызов мира".

По этому поводу можно повторить, что нет пророка в своем отечестве. В начале века Великий Вождь Краснокожих со своими соратниками несет уже спиленное бревно для строительства светлого будущего. К идее дерева для становления своего будущего через шестьдесят с лишним лет привязывается одна из сильнейших высокотехнологических компаний мира. Есть ли здесь связь? Есть ли здесь плагиат?

Часто великие люди могут совершать неосознанные действия интуитивно чувствуя и более глубже воспринимая ту или иную проблему. Но бывает, что на данном этапе они ее не могут достаточно доходчиво выразить для народных масс, стоящих по уровню развития намного ниже, чем вождь. И только потом через много десятилетий, осмысливая по крупицам величие и значимость всех действий вождя его исследователи находят в них нечто новое, которое позволяет еще более лучше понять и самое главное встроить эти явления для современной действительности.

Суеверное прикосновение к дереву происходит от предполагаемых волшебных сил, заключенных в нем. Кстати говоря, представим на миг, что мебель в вашем доме сделана из пластика или металлов. Будем ли мы испытывать дискомфорт от этого или нет?

В древних культах дерево является символом, в котором находится воплощение материнской заботы и жизненной силы.

Дерево - это высший природный символ динамического роста, сезонного умирания и регенерации. В различных культурах многие деревья считались священными и магическими. Почтительное отношение к волшебной силе деревьев основано на примитивных верованиях, что в них живут боги и духи. Символизм одушевленных деревьев сохранился в европейском фольклоре в образах человечка-дерева или зеленого человечка. В волшебных сказках деревья могут как защищать и исполнять желания, так и чинить препятствия и быть пугающими и даже демоническими созданиями.

По мере развития мифологии идея о могучем дереве, которое образует центральную ось потока божественной энергии, связывающего сверхъестественный и естественный миры, превратилась в символический образ древа Жизни или Космического Древа. Корни его погружены в воды загробного мира, и , проходя через землю, оно достигает небес. Этот символ встречается практически у всех народов. Древо Жизни часто становится метафорой для сотворения мира. В данном случае вождь и несет это Бревно для сотворения нового советского мира.

Это Бревно можно использовать в качестве учебного пособия для формирования духа настойчивости, веры в силу руководителя для студентов.

Но можно использовать не только бревно, но и другие элементы древесных насаждений, которые также можно увязывать с историческими аналогиями и верой в авторитетность и действенность высказываний руководителей. Президент в своем послании к Федеральному собранию указал на очень опасный момент сложившийся в российском обществе. Это падение рождаемости нации. В этом есть множество причин экономического и социально-политического характера. Этот фактор имеет множественную природу. Поэтому целесообразно использовать различные ритуалы для усиления значимости этого опасного явления и таким образом усилить восприимчивость общества к разрешению этой задачи.

В качестве биологической основы можно использовать обычные шишки. Сама шишка считалась фаллическим символом мужской плодовитости. Если рождаемость падает значит часть негативных причин заложена и в мужских членах общества. Здесь в данном случае необходимо использовать само понятие фаллоса. Как акт созидания, животворящей силы, источник жизни, солнечный активный символ повсеместно считавшийся также защитным и приносящим удачу. В древности многие установленные вертикально или заостренные предметы считались символами, несущими фаллическое значение. Талисманы в форме фаллоса используются как амулеты от бесплодия.

Поэтому эти акции можно проводить в день святого Валентина - праздник любви.

В этом случае деревья имеющие шишки и растущие со стороны Сердобольской улицы обладают уникальными свойствами. Она имеют шишки, которые заряжены всепобеждающим учением. Поэтому их можно использовать как талисманы, которые позволят повысить уровень рождаемости нации.

Говоря о породах, то можно отметить, что береза пригодна для девушек, так как символизирует весну и девичество, является эмблемой для молодых женщин.

Поэтому для современных российских студентов находящихся у квартиры Елизаровых на Сердобольской, расположенной у парка лесотехнической академии имеется два пути. Первый путь - идти с Бревном к Смольному на штурм властных органов и требовать….и надеяться на то, что из куцего бюджета будут выделены какие-то крохи, как нищенские подачки. Второй путь – это, развернувшись на 180 градусов, бежать к академии и, и таранить неприступные вершины познания с таким же упорством и силой, которую завещал и передал великий Ленин. Учиться х п = Учиться.

В эти ленинские дни нужно создать новый консолидирующий праздник. Это может быть праздник спонсоров и благодетелей для оказания благотворительной помощи всем голодным и бедным. Лозунг : "Новый русский делись пока не поздно…".

В США есть праздник, во время которого богатые и преуспевающие американцы помогают бедным людям.

Целесообразно выбрать российских вариант такого праздника за день до ленинского юбилея. Чтобы таким образом облагородить идею великого человека и преподать урок на будущее для многих россиян, в том числе и богатых.

Бревно Вождя нужно в техническом плане облагородить. Сделать его более респектабельным. Возможны различные варианты его изготовления. Можно делать различные геометрические размеры. Покрывать ценными породами. Обшивать дорогими тканями. Даже делать золоченное обрамление. Так же можно покрывать ценными породами деревьев или делать из ценных пород дерева.

Таким же образом можно такой же кусочек Бревна дарить своим компаньонам и коллегам из других городов и стран как уникальную историческую ценность способствующую выживаемости российских предпринимателей.

Приводя этот историко-патриотический пример, неосведомленному о рыночной экономике читателю покажется, что автор ведет себя некорректно. Но если обратиться к пока слаборазвитым в России рыночным направлениям как Паблисити и Паблик Рилейшнз, то обнаружим, что вышерассмотренное и есть их российская интерпретация.

В качестве примера было предложено студентам Санкт-Петербургской лесотехнической академии совершить патриотическую акцию с переносом бревна в день рождения В.И. Ленина. При этом для повышения значимости события была приглашена телевизионная группа с достаточно солидного российского телеканала НТВ.

Однако же эта акция показала, что все еще синдром советского страха присутствует среди студентов. Это может быть также связано с тем, что основная масса студентов, которые учатся в академии являются жителями других регионов России. Наибольшую активность проявили студенты-жители Санкт-Петербурга. На телесъемку пришло несколько десятков человек. Хотя было оповещено об этом несколько студенческих групп и планировалось, что будет присутствовать не менее ста человек.

Позднее выяснилось, что многие смотрели на съемки через кустарники в парке академии. Оказалось, что в студентах не взращено чувство престижности их показа по телевидению. Сказывается, опять же заторможенность, скованность, робость, нерешительность, нет самостоятельности. У многих из них практически полностью отсутствует такое желание. Это показывает, что специалисты не горят желанием работать над своим Паблисити. Не рвутся к объективам телекамер. Слабо развита личностная конкуренция.

Также эта акция показала разрывность связи средств массовой информации и времен. Представим себе, если бы такая акция была бы совершена с использованием силы и авторитета партии и ее проводники были бы проводниками рыночных идей, переработанных под социалистический лад. Тут же бы огромные толпы студентов под руководством преподавателей и руководителей академии таскали бы не одно маленькое бревнышко, а десятки бревен стараясь впитать дух вождя. Однако же на эту акцию не явился никто из руководителей академии, посчитав ее несерьезной. Хотя территория парка примыкает к той самой квартире, из которой Ленин вышел на Мировую революцию. Такая идеологическая деградация несет в себе опасения в то, что россияне уверовали только в чисто материальные фетиши рыночной экономики, а ее идеологическую нематериальную надстройку не понимают.

В классических учебниках по Паблик Рилейшнз указывается, что нужно искать историческую связь между вашей продукцией и знаменитыми людьми и событиями, которые пользовались этим. Общемировую известность приобрела фотография Ленина, несущего бревно. Эту акция можно воспринимать, как основы демократизации российского общества, когда руководитель вместе с рабочими участвует в строительстве светлого будущего. Естественно этот момент может быть использован студентами лесотехнической академии как практический пример в таком направлении как Паблик Рилейшнз с привлечением ведущего тележурналиста наиболее престижного телеканала. Таким образом несколько минут по самому популярному каналу телевидения на широкую телеаудиторию был показан интересный сюжет. Все это было показано абсолютно бесплатно. Такой телеролик в дальнейшем может служить приятным воспоминанием для самих студентов-будущих выпускников вуза. Может быть использован в приемной комиссии для привлечения внимания абитуриентов и также на различным выставках и конференциях для привлечения внимания широкой аудитории, с целью популяризации имени академии. Это делается путем привязки имени академии с историческими событиям, связанными с ее деятельностью.

21. ПОПОВ А.С. - УЗНИК РОССИЙСКОЙ СОВЕСТИ

В богатой истории России известно немало случаев, когда нечто знаменательное проходит малозамеченным в определенные периоды времени и только мощное эхо этих великих событий доносится до потомков соотечественников через столетия в виде ужасающих потрясений. При этом многие из них даже, очень квалифицированные не могут полностью осознать трагических последствий всего того, что преследует как злой рок великую нацию.

К одному из таких эпохальных событий можно отнести научный и творческий подвиг великого русского ученого Александра Степановича Попова.

7 мая 1895 года по новому стилю в Санкт-Петербурге на заседании русского физико-химического общества А.С. Поповым был продемонстрирован первый в истории человечества беспроволочный телеграф. Осуществить телеграфирование без проводов удалось благодаря изобретенному А.С. Поповым прибору, позволяющему принимать и регистрировать электромагнитные волны. Говоря современным языком, 7 мая 1895 года был продемонстрирован первый в мире радиоприемник, родоначальник всех современных радиоприемных устройств.

Гораздо менее известно, что этот первый приемник изготовленный самим Поповым А.С. , был установлен в мае 1895 г. в физическом кабинете Лесного Института (Санкт-Петербургской лесотехнической академии). И непрерывно там работал более десяти лет.

Что же принимал этот первый приемник? Эфир тогда был еще пуст. Пройдут десятилетия, прежде чем начнется борьба за место и время в эфире. А пока только атмосферные разряды нарушали его тишину. Именно эти разряды и стал регистрировать прибор, установленный в Лесном институте.

А.С. Попова интересовали возможные помехи для радиосвязи, а заведующего кафедрой физики и метеорологии профессора Д.А. Лачинова и его помощника профессора Г.А. Любославского - возможности регистрации гроз. А.С. Попов и Д.А. Лачинов были хорошо знакомы, а Г.А. Любославский даже учился вместе с А.С. Поповым в университете. Д.А. Лачинов и Г.А. Любославский сразу поняли , что прибор А.С. Попова открывает новую главу в метеорологии-регистрацию атмосферных разрядов. Понимая важность этой области Д.А. Лачинов уже в 1895/96 уч. году ввел "Разрядоотметчик Попова" в учебный курс метеорологии в Лесном институте и подробно описал его в своем учебнике "Основы метеорологии и климатологии" , вышедшем в июле 1895 г. в Петербурге в издательстве А.Ф. Девриева /1/.

Поскольку прибор А.С. Попова установленный в Лесном институте предназначался прежде всего для регистрации гроз, в дальнейшем он был назван "Грозоотметчик".

В отчетах по проведенным опытам А.С. Попов указывает что :"Помимо же грозовых разрядов, электрические колебания хотя и возникают иногда, но сравнительно редко, как показывают двухлетние наблюдения на Метеорологической Обсерватории Лесного института, производимые над прибором, подобным приемнику, а потому не могут мешать сигнализации.

Попов прожил короткую жизнь и скончался от кровоизлияния в мозг в самом расцвете умственных сил и таланта , всего 47 лет"

Таковы исторические факты. И сегодня по прошествии более ста лет хочется не только еще раз напомнить об этом, но и осмыслить их.

Обычно когда пишут об открытии А.С. Попова, то очень часто сразу начинают говорить о тех огромных свершениях, которые произошли благодаря этому гениальному открытию.

В Советское время под руководством и при прямой указке Правящей Коммунистической партии авторитет самого направления по электронизации народного хозяйства был поднят на небывалую высоту, был приоритетным и сами специальности были очень почетны и престижны.

При обсуждении вопросов, связанных с изобретением радио поклонники и специалисты сразу перескакивали на то что, русские были впереди в вопросах изобретения радио. Сам Попов А.С. как бы обезличивался и сливался с политическими интересами Российской державы и его изобретение как бы приписывалось всем русским. Каждый как бы брал частицу того, что и он участвовал в этом деле. Это примерно аналогично высказыванию одного коллеги.

Надо же мы такую войну выиграли, а эту какую - то рыночную экономику наладить не можем!!!!

Мы, дескать, русские, первыми изобрели и это сделал наш соотечественник!!!!!!

Таким образом несмотря на благие патриотические намерения властные структуры формировали в обществе ложное понятие интеллектуальной собственности в этом направлении. Что в конечном итоге перераспределилось и на сегодняшнюю конфронтационность. Сейчас возникает задача реального распределения доли собственности и формирования конкретных целей и задач, стоящих в этом направлении.

И кажется, что все уже переговорено об этом кроме одного.

Общенационального покаяния.

"Господь даровал врачевство покаяния, которое может уничтожить и изгладить все грехи наши, только если мы знаем, в чем состоит это врачевство и как им нужно пользоваться. Во-первых, оно состоит из осознания своих грехов и исповедания их. Во-вторых , из великого смиренномудрия. если ты будешь исповедовать грехи, как должно, то душа смириться, потому что совесть терзая ее, делает смиренной. СО смиренномудрием должно соединяться сокрушенное сердце. Сокрушенное сердце не возмущается, не оскорбляется, но всегда готово терпеть страдания, а само не восстает. После смиренномудрия нужны напряженные молитвы и обильные слезы днем и ночью. А после столь усиленных молитв нужно великое милосердие. Оно в особенности делает сильным врачевство покаяния".

Свт. Иоанн Златоуст.

В нашем конфронтационном обществе, не остывшем от накала политических и классовых битв, все время идет непрерывный поиск виновных и все ходят озабоченные тяжелой думой :"Что делать?". Некоторые "честные" политические деятели требуют всенародного покаяния от различных партий, народов или отдельных личностей и в этот метод можно использовать для решения и научно-технических задач.

Поэтому на практических занятиях по электронике в Лесотехнической академии при упоминании очень важного для самого института исторического момента в ходе дискуссии возникло предложение написать мистическое покаяние на тему:

"А.С. Попов в 1895 г. своим изобретением обеспечил России преимущество в области развития радиотехники. Почему Россия, находясь в примерно равных условиях с другими странами, не воспользовалась этим явным преимуществом? Кто виноват? Что делать?"

Кроме цели покаяния - это сочинение еще преследовало цель формирования нового взгляда -идеалистического, связанного с развитием воображения. Это очень важный момент в творческой деятельности будущего специалиста, собирающегося заниматься электроникой.

Кроме этого цель данной работы состояла еще и в том, чтобы заострить внимание на существующем падении престижа и депрессии, имеющей место среди специалистов, связанных с разработкой и использованием электронных систем.

Слабая эффективность использования электронных систем в российской рыночной экономике носит сложный характер. Огромное значение приобретает связь развития демократии, осознание величия нации и другие факторы, которые кажется на первый взгляд не имеют огромного значения.

Слабое развитие национальной электронной промышленности и ее использование ведет к усилению конкурентных позиций иностранных компаний и в тоже время к интенсивному истощению национальных природных богатств. Это в свою очередь отражается на многих других процессах в обществе, например, на экологической обстановке, на повышении имиджа другой российской продукции, в которой элементами повышающими ее конкурентоспособность должны быть отечественные электронные компоненты.

А это означает вот что: зло (падение престижа и использования российской электроники) распространяясь мало по малу , касается и прочих членов поэтому тебе нужно озаботиться, как подобает пекущемуся об общем бедствии. Не говори мне, что он согрешил один; посмотри на то, что этот грех есть некоторого рода яд , и (от одного члена) распространяется по всему остальному телу.

Когда мы исследуем процессы падения престижа и авторитета электронизации, по сравнению с Советским периодом, то наиболее удачное сравнение идет от исследования научных положений церковного покаяния.

Коню (российской электронике) особенно надобно удивляться тогда, как он может без узды идти ровно; если же он прямо идет потому, что удерживается вожжами и уздою, то в этом нет ничего удивительного: тогда эту стройность приписать должно не благородству животного, но силе узды (Правящей тогда Коммунистической партии и в связи с этим развитием глобальной конкуренции Сверхдержав за мировое господство).

Студенты написали свои покаяния. В этих покаяниях они клялись вывести страну на передовые позиции. Винили правительство. В качестве причин назывались революции, войны, негативное отношение к ученым и талантливым людям, классовая борьба, высокое самомнение. Русским вбивали всегда безумные идеи (которые практически были не выполнимы, что и произошло). Гордились тем, что у них в академии был испытан первый в мире радиоприемник. Они об этом рассказывали своим друзьям из других институтов.

. Люди в России были добрые и их всегда обворовывали и обманывали. Но в России ученые и их открытия никому не нужны. То в государстве нет денег, то война, то голод. Страну нужно поднимать, экономически, а техника (высокотехнологическая) подождет. В изобретение пока оно не изобретено нужно вкладывать деньги, а вдруг не получится, то чего ожидают, не проще ли за меньшую сумму купить иностранную более качественную и знаменитую технику. Многие ученые, если могли уезжали за границу, где им давали возможность работать. Во все времена в нашей стране не любили людей, которые выделялись умом, одеждой, дачей машиной....

. . . . . . уделяли больше внимания военному комплексу, все делалось по созданию новых установок, танков, военной техники. (Этот студент перепутал временной пояс, но от этого смысл его слов как ни странно не меняется) и уделялось меньше внимания радиотехнике......Я конечно горжусь тем, что радио было изобретено именно в нашей стране и именно русским ученым-профессором Поповым. Только обидно, что многие великие умы России эмигрировали за границу. В нашей стране долгое время не давали развиваться наукам, у ученых не было возможности возродить свои изобретения в жизнь. У правительства не было средств на помощь ученым и поэтому наши изобретатели вынуждены эмигрировать за границу. Там их принимали с "распростертыми руками". Создавали им все условия для развития электроники, техники. Наши бабушки и дедушки упустили свою возможность, свой шанс.

......Ученых защемили. .....Русские люди не восприняли всерьез это изобретение.

Радио было не всем понятно и приемлемо. Он был лишен всяческой поддержки и явно у него были противники, которые не хотели воспринимать все это всерьез, а может быть возобладали амбиции людей. Наука не получила должного распространения в широких массах.

.......Мне кажется что в то время в нашей стране не было условий для научной работы. Новые открытия не поддерживались экономически и морально. Все новое претило старым устоям, которые все еще наблюдались в России.

И вообще Россия по научной мысли всегда отставала от Европы.

У нас страна аграрная. Было много крестьян. Они находились под властью помещиков, которые всячески угнетали. Поэтому какие-то новые изобретения им были не интересны.

Так же я считаю главной причиной отсталость нашего образования, так как широкие массы населения не могли учиться. Да наверное и в кругу самого Попова были недоброжелатели, которые стремились опровергнуть начинания Попова.

.

....Во все времена в России было много умных выдающихся и талантливых людей. Но мы их не ценим.

Гораздо плачевнее в России дела обстоят с промышленной бытовой электроникой. В это время Япония и США ушли на почти недосягаемые позиции.

Но я верю, что в России есть люди способные возвысить Россию не только в военной технике, но и в промышленно-бытовой электронике.

. .....Я этим вопросом раньше не интересовалась и не задумывалась, так пока не стала изучать новые учебные дисциплины по это специальности. Мне поистине обидно, что наша страна сейчас в числе последних, хотя в этой области она занимала первое место.

...........В 1895 году Россия находилась в тяжелом положении. Страной правил Царь. В России царил разгул, высший свет развлекался на балах, приемах разъезжал за границей и я думаю науке уделялось очень мало внимания.

.....В настоящее время рынок России забит разработками соседних стран. Наши разработки имеют мизерную долю рынка. Казалось бы в 1895 году Россия по своему развитию поднялась на ступень в области электронных разработок, перспективы развития были огромные.

. . . . .Я очень горд за свою страну. Но мне жаль страну, так как у нас произошел такой упадок мысли.

Что все страны, даже самые "корявые" стали заваливать наш рынок своей недоброкачественной продукцией.

....Узнав, что более 100 лет тому назад в стенах моей родной Лесотехнической академии изобретатель первого в мире радио испытал свое изобретение, я испытал чувство гордости, что учусь в этом вузе . . . . . Я испытал стыд за то, что такая великая держава Россия не могла отстоять изобретение своего ученого – радио . . . .

Я хочу Вам принести извинения от своего имени, от имени своих однокурсников, от имени всех нас, от которых зависело развитие радиоэлектроники и не только ее, но и сопутствующих наук, от имени руководителей нашей бывшей Сверхдержавы, которые оказалась благодаря их услугам отброшенной в этой области далеко в прошлое не может обеспечить сегодня себя соответствующим уровнем престижа на мировой арене.

Я надеюсь, что Вы поверите в нас, в будущих строителей новой России, в то, что мы сумеем обеспечить ей преимущественное положение перед другими странами.

Хочу Вас заверить в том, что Ваше изобретение найдет таки благодатную почву у себя на Родине ......Покаяться не хочу, не могу себя упрекнуть в кризисе России.

.....Грехов за своей душой я не наблюдаю. То что Россия находится в кризисе это конечно не очень хорошо. Но мне на самом деле не очень волнительно

за будущее страны и за самого себя

В большой степени вина кризиса страны лежит на правительстве. Жизнь в стране напоминает игры в шахматы. Мы пешки, которыми управляют. Очень большое давление идет на личность.

.......Не было конкуренции, а было копирование западных аналогов.
.......То что мы имеем, безусловно заслуживаем. Ведь каждый имеет то, что заслужил. Мы сами допустили, что бы нами так манипулировали. Я не считаю, что виновата Америка или война или еще какая-нибудь чушь. Более того наша вина усугубляется тем, что мы живем во второй столице. Люди, которые живут в провинции практически не могут повлиять на ход событий в стране. Мы должны ежедневно устраивать акции протеста. Еще своей виной считаю абсолютное равнодушие к чужим проблемам, общая бездуховность в нашей стране достигла своего апогея.

Но главное, что никто из нас не хочет исправлять своих ошибок. Вернее многие хотят, но ничего не делают. Я считаю, что каждый должен и может ежедневно совершать по 2-3 подвига. Ну разве не подвиг взять домой бездомную собаку.

Может хоть эти добрые дела помогут вырвать страну из тупика. Правильнее было бы исправлять свои ошибки более экстремальными способами. Ведь грехов у нас очень много. Чем жёстче будут методы воздействия тем быстрее мы искупим свои грехи. Для того что бы люди могли за себя постоять надо сделать их максимально сильными. Получить образование пройти психологическую подготовку, наконец купить оружие - все это повысит роль человека в обществе.
Кроме того практически все винят правительство в возникшем отставании. Печальным обстоятельством является то, что практически никто из них не выразил пожелания самому пофантазировать в направлении создания своего дела.

Таким образом получается, что даже в умах молодежи сами идеи свободного высокотехнологического предпринимательства имеют очень малое значение. В основном в сознании студентов формируется значимость государственной власти и командно-административной системы. Молодежь, не получив ожидаемого, может не так воспринять существующую ситуацию и из них могут формироваться идейные противники рыночных реформ. Обычно часто аналитики говорят о том, что столько то десятков процентов проголосовало "за", столько то "против" и вроде бы все в порядке. Но в создаваемом демократическом обществе мнение меньшинства и отношение к нему является существенным фактором. Это также связано и с тем, как воспринимаются различные идеи и новые разработки от нестандартно мыслящих личностей.

Очень часто восприятие идей дает положительные отклики в бизнесе. Для этого необходимо вырабатывать особое чутье - интуицию, которая позволит в перспективе доминировать продукту или технологии на рынке.

Таким образом мы сталкиваемся с парадоксом исследований. Несмотря на целевую установку о содержании сочинения были выявлены побочные факторы, который волнуют студентов более, чем потеря приоритета в области электроники. Студенты являются отражением действительности и представляют определенную часть общественного мнения. Кроме того нужно учитывать что в перспективе это же будущие руководители, разработчики различных систем.

Советская армия вошла на территорию Германии и у многих немцев стал формироваться миф о том, что хотя советские солдаты и топчут родной Фатерланд, но это временно, так как где-то там в секретных лабораториях и заводах Великого Фюрера готовится страшное оружие возмездия и все вскоре переменится.

Как известно из истории этот миф был развеян простым способом - советские войска взяли штурмом Берлин.

Такая же исходная ситуация царит примерно в умах огромной части населения, у которых в сознании теплится надежда, что у правительства где-то в закромах имеются средства и возможности для создания рыночного изобилия, которое пока смотрит на большинство российских граждан с цветастых обложек рекламных средств массовой рыночной пропаганды. Но стоит только газу и нефти колебнуться в цене ....

Ставка несомненно должна быть сделана на создание новой нации, способной конкурировать в новых технологиях.

По вышеприведенным результатам исследований мы видим, что царскому правительству, что советскому все равно было до таких изобретений. И это вылилось в практически пока не осознаваемую большинством соотечественников национальную катастрофу.

Также на этот процесс окажет свое негативное действие и то, что такие же малограмотные в рыночном мышлении будущие специалисты будут занимать места руководителей, политических деятелей.

Во всех сочинениях ощущается сильное влияние командно-административной системы. Один студент указал, что виноват сам Попов А.С. не надо было ему изобретать это радио. И тогда бы не лезли в голову россиянам мысли о своем собственном величии. Они были бы успокоены тем, что являются гражданами большой слаборазвитой супердержавы. В этом также есть почва для размышлений.

Но кто это все создает? Неужели члены правительства могут разрабатывать какие-то электронные схемы, корпеть над чертежами, пытаться использовать их на производствах или интенсифицировать движение товаров и услуг.

Нужно слегка очнуться от этого и понять реально, что сигнал желания заниматься электронизацией народного хозяйства мало связан с желанием самого правительства и тем более Президента. Такие вопросы должны решаться в рабочем порядке и на местах.

Можно в качестве наглядного примера привести аналоги.. Человека пырнули ножом на улице. Он лежит, истекая кровью, и у него в голове возникает два решения. Первое- это ждать, когда кто- то может помочь или вызвать скорую помощь, и перевезти в больницу, или второе- это самому попытаться спастись хотя бы остановить кровотечение, начать еще какие нибудь мероприятия по своему личному спасению....

Да и сами политические лозунги это внушают. Стабильность – ложное понятие в наукоемком бизнесе, а впрочем как и любом другом. Если говорят о продукции, то рассуждают сразу тысячами, сотнями тысяч экземпляров. Если говорят о вложении капиталов то только миллионы и миллиарды. Если думают о перспективности, то считают, что если нет спроса то и не нужно делать. Но если будем брать аналогию насыщенности электронной техникой, например, американское предприятие, любое по производственному профилю и наше национальное, то видим полнейший провал. Если будем исследовать ситуацию на международных выставках, то видим сравнение не в нашу пользу по степени использования, потребления и разработок.

Конечно можно надеяться на мудрость правительства и Президента. Но нужно представлять что они далеки от реальных проблем так как мыслят масштабно в рамках всей страны. Пока до них дойдет та или иная информация, воспринята и принято решение с соответствующей материальной и финансовой поддержкой к этому времени сама отрасль и специалисты просто напросто погибнут.

Хотя у классических учебниках по бизнесу указывается, что все начинается с малого шажка.

Могут конечно указать, что в этом есть вина историческая. Но тут же мы развеиваем сомнения при этом указывая как говорят иностранцы о той среде, в которой развивался творческий талант А.С. Попов.

Свидетельствует англичанин Т.У. Аткинсон, который путешествовал по Алтаю и Уралу в 19 веке: "Простой русский рабочий по большей части отличается необыкновенной смышлёностью и ловкостью. Обыкновенный крестьянин, который прежде нигде не бывал и ничего не видел, кроме своей одинокой избы, нередко внезапно попадает на какой-нибудь машиностроительный завод. Приглядевшись недолго, как работает его сосед, новичок схватывает молоток или пилу и начинает ими работать так же свободно, как будто бы он владел ими всю свою жизнь".

Английский геолог Р.И. Мурчисон писал :"Если мне придётся указать на особенно выдающуюся черту в русском народном характере, то это будет твердая, не отступающая ни перед какими препятствиями воля, которая на нетерпеливое “вперёд" путешественника всегда весело отвечала всепобеждающим" можно".

Петру Первому во время путешествия по Англии показали бокс. В течение короткого времени Петр Первый выбрал самого крепкого своего солдата и приказал подготовиться в поединку. Русский солдат подковался и в первом же поединке нокаутировал опытного английского боксера.

Но могут сказать, что это –то было когда-то. Автор в свое время три года служил на Дважды Краснознаменном Северном флоте в радиотехнической мастерской и ремонтировал радиолокационные станции для навигации и наведения. Воинская часть была техническая и большинство специалистов имело базовое среднее или высшее радиотехническое образование. Но часть моряков вообще не имела профильного образования. Они были вынуждены обучаться в действии. Если они не были в состоянии участвовать в ремонте как подготовленные специалисты, то их в перспективе ожидали не особенно интеллектуальные работы, связанные с уборкой территорий, раскоплектацией устаревших станций и т.п. работами. Но самым тяжелым испытанием для них было то, что из сверстники в это время, проявив себя на ремонтах, могли ездить в различные командировки. Отлучаться из части и таким образом показывать себя специалистами. Командировки позволяли уйти от однообразия казарм и оттянуться. Автор, прослужив в три года в Заполярье, объездил множество ремонтных точек, начиная от норвежской границы до Беломорья. И теперь вспоминает службу в армии как некую форму туристической поездки сроком на три года. . Даже такие мрачные времена общения со старшиной команды, отработка несколько сотен нарядов вне очереди и несколько десятков суток отсидки на гауптвахте не бросили тени на счастливое военно-морское время. И этот стимулирующий фактор временной свободы был существенным. Личностная конкуренция заставляла многих, из таких притянутых по воле судьбы, неспециалистов в считанные месяцы справляться с ремонтом сложных радиолокационных станций. Но для того, чтобы достичь этого, они должны были сидеть сутками в радиорубках, метаться между трюмом где находился передатчик и командирской рубкой, где располагался пульт индикатора и управления, чтобы найти неисправность и устранить ее. Такая же ситуация имеет место среди толковых ремонтников автомобилей и бытовой радиотелевизионной техники. Многие из них не особенно сильны в теории. Но в практике они боги. Натаскавшись на множестве ремонтов, изрядно попотев при этом они как бы чувствуют душу сломанной техники. Она им подчиняется, видя настоящего врача. Поэтому в настоящее время российский наукоемкий бизнес требует именно таких людей, горящих желанием, даже одержимых, взраститвших в себе победителя для битвы на интеллектуальных фронтах рыночной экономики.

Поэтому необходимо упор в обучении делать на большую связь с практической деятельностью. Конечно и знание теории необходимо. Но в электронике лучше исходить из старой поговорки :"Бумага все стерпит". Лучше изрядно попотеть над электронной схемой и добиться ее реальной работоспособности.

Вышеуказанные эксперименты проводили несколько лет и в результате этого только единицы студентов смогли сами под легким нажимом преподавателя исполнить это задание. Таким образом получается несколько процентов из общего числа студентов, у которых слово не расходится с делом.

Возникает задача увеличения этого процента. Но это нужно делать согласовано с теми же отраслями промышленности, которые были бы заинтересованы в активном потреблении своей продукции.

Нужно учитывать, что имеется разница между потребителями пищевых продуктов и таких изделий как электронные компоненты. Нужно прививать интерес также как и биологическую потребность. Развитие интереса распространяется на такие направления как Паблик Рилейшнз и Паблисити для специалистов по электронике.

Это должна взять на себя школа, в том числе и высшая. Сами электронные компании это могут сделать путем создания сети кружков радиотехнического творчества, путем создания домашних радиолабораторий. Таким образом получается, что мы приходим опять к той систем, которая была при Советской власти. Кроме того целесообразно увеличение пропаганды через средства массовой информации, постановки интересных теле- и радиопередач, увлекательных кинофильмов, в которых бы был в наивыгодном свете представлен не только сам специалист по электронной технике, но и эта техника притягивала и манила своим привлекательным видом.

Тогда деньги будут идти в этом направлении. Но если этого не будут делать сами специалисты по электронике, то им придётся ждать прихода мудрого вождя, который все расставит по своим местам и придаст соответствующее ускорение.

Кроме того нужно в процессах интенсификации электронизации и автоматизации усматривать инерционность обратной связи между обществом и желаниями самого правительства и различных иностранных инвестиционных фондов, которые маловероятно настроены на развитие высоких технологий в России. Мы по иностранным выставкам видим какое изобилие средств контрольно-измерительной техники и автоматики создано за рубежом и все они охвачены одним желанием-скорейшим сбытом этой продукции.

Какие возможны в таком случае усилия по разработкам и использованию приборов? Вполне возможно действительно интенсивное копирование и усовершенствование зарубежной передовой техники и насыщение национального рынка. Однако в реальности встают проблемы соответствия качества физического и человеческого капиталов и их гармонии. Современные высокотехнологические разработки росли совместно с разработчиками и пользователям, как естественный продукт их развития и выживаемости. В советское время многие разработки просто выдергивались из стройной капиталистической системы и урывками внедрялись на производствах под контролем различных органов, заинтересованных в показателях реально подтверждающих конкуренцию двух систем. Но на локально уровне такая конкуренция не развивалась, а даже гасилась. Примером этому могут служить разработки различных приборов для технологического контроля, которые сразу же после копирования ставились на серийное производство и внедрялись на многих предприятиях. При этом финансирование научно-исследовательской и конструктивной разработки шло без жесткой конкуренции. Постановка на серийное производство конкурирующей продукции в целях экономии государственных средств не производилась. Пользователи получали однобокую информацию из централизованных источников информации о данной продукции и в их сознании не развивалась конструктивная конкуренция, которая бы способствовала повышению качества. Плачевный результат не замедлил сказаться при разрушении командно-административной системы.

В этом можно убедиться анализируя сегодняшнюю ситуацию с национальной электроникой и системами приборостроения и управления. Мы тут же убедимся, что она не будет эффективно использоваться, так как непосредственно на рабочих местах, она будет трудно восприниматься. В лучшем случае как очередная заморская причуда, которую скопировали и которая в настоящее время особенно то и не нужна, так как есть другие более важные задачи.

Таким образом выявляется, что возникает несоответствие между производством, наукоемкой технологической продукции и мышления тех кто должен ее создавать и использовать. В условном виде можно об них сказать, "стоящие по обе стороны баррикад". Следовательно, переломив это сознание в сторону значимости разработок можно эффективно реализовывать различные конкурентоспособные виды продукции.

Таким образом необходимо разрабатывать стратегию и тактику компромисса в конструктивной конкуренции в наукоемком бизнесе.

Ранее этими вопросами занимались идеологи правящей партии. В введении к любой технической и научной книге, в диссертациях и статьях обычно писалось: «На таком то съезде партии . . . ., генеральный секретарь сказал . . . ., в решениях партии и правительства претворить в жизнь . . . « Таким образом в ходе конкуренции Сверхдержав шло в упрощенном виде пропорциональное развитие приборной техники и иной электронной продукции.

Значит возникает необходимость в создании особой толкающей внешней силы, которая бы способствовала ускорению разработок и особенно их эффективному распространению и использованию на национальных производствах. Сами изделия не могут разрабатываться и тем более перемещаться в пространстве и размножаться. Следовательно, возникает задача совершенствования человеческого капитала в этом направлении.

Для этого надо создать некое подобие идеологической системы или стараться с использованием средств массовой информации вводить новые понятия национального поражения и самое главное воспитание осознанного чувства поражения и опасности от потери независимости в области национального приборостроения и систем автоматизации, что нужно реально делать для ликвидации создавшегося положения.

Понимание чувства опасности, поражения обычно сплачивает людей, создает резервы для выживаемости.

В ходе таких же исследований также выявились вопросы, которые связаны с такими важными понятиями как желание и решимость.

Общеизвестно, что свободная рыночная экономика предполагает свободу действия для всех товаропроизводителей. Но в этом вопросе оказывается, что многие специалисты, обладая огромными финансовыми и техническими возможностями в то же время не имеют решимости и желания вклиниваться в пустые пространства рыночной экономики, связанные с разработками таких средств контроля и автоматизации, которыми изобилует цивилизованное рыночное сообщество.

Поколение, получившее образование в советских вузах знало, что идеи Попова А.С. загубил реакционный царский режим и только советская власть дала развитие… В демократической России преподаватели вынуждены наряду с материальными аспектами искать новые пути осмысления этих задач. Через распахнутые ворота Железного занавеса на внутренние рынки России хлынул поток высококачественной электронной продукции, который смел национальные изделия, почти погубил отечественную промышленность и ввел в шок специалистов.

Поэтому «следствие» по делу о том, как российское общество загубило идеи Попова А.С. продолжается.

Некоторые могут конечно сказать, что вот Маркони за океаном . . . . .

Но если рассматривать на тот текущий момент ситуацию в высокотехнологическом плане в таких странах как Таиланд, Малайзия, Тайвань, Гонконг, Южная Корея и др. , то счет конечно же был в то время в пользу Попова А.С. Сейчас эти страны одни из крупнейших производителей электронных компонентов и техники.

Русские должны связывать идеи покаяния перед А.С. Поповым с формированием новых сегментов национального рынка в виде Паблик Рилейшнз .Например: организовать производство копий грозоотметчика. Его использование многогранно. Это проведение лабораторных и демонстрационных работ с патриотическим содержанием. Он может быть использован как высокотехнологическая икона, талисман в различных ритуальных мистических мероприятиях. ...

История с идеями Попова А.С. поучительна для нынешней рыночной экономики.

Дух русского ученого Попова А.С. предъявляет свой иск по возмещению морального ущерба всем нам, россиянам. Мы должны его оплатить по высокой цене.

...Что главное для нашей страны: быть Великой державой на бумаге или реально ею стать в области наукоемких технологий. Все зависит только от нас.

22. ФЛАГ КОНСОЛИДАЦИИ И ВАУЧЕР НА РЫНОЧНЫЙ ПАТРИОТИЗМ

Несмотря на увещевания и просьбы Президента и иных политиков о создании общества национального согласия мы должны констатировать, что процессы эти далеки от своего завершения.

В качестве одного из примеров можно привести отношение к таким символам как флаги двух эпох. Флаг советской эпохи - это красное знамя с серпом и молотом и флаг Новой России - это трехцветное знамя. По отношению к этим двум флагам мы видим трещину в обществе.

Коммунистические идеологи использовали Молот как созидательно-разрушительный символ мужской силы, связанный с властью солнца и грозы, властью правителей, богов войны и благодатных богов ремесел. В нем сочеталось:

Весь мир насилья мы разрушим.
И мы наш, мы новый мир построим.

Говоря об использовании ценностей советского периода для создаваемых символов национальной рыночной экономики русским надо согласиться, что и он может пригодиться не только как консолидирующий символ. А также как символ, отвечающий требованиям идеологии предпринимателей. В римской мифологии Вулкана молот был инструментом, воплощающим божественное мастерство, символ творческой энергии, которая движет резцом или придает форму куску металла. Таким образом он несет в себе символы качества и творчества, что крайне необходимо для бизнеса. Серп и Молот в Советской России были выбраны как мощный символ производительности труда. Сейчас это также актуально. В Японии молот был символом богатства, атрибутом бога процветания Дайкоку. В некоторых мифологиях он использовался как знак авторитета, придающий торжественность церемониям бракосочетания или заключения договоров (сделок).

Изогнутый серп – лунный символ богатого урожая, атрибут бога Земледелия Хроноса (в римской мифологии Сатурна). Если мы хотим иметь богатые урожаи и положительно решить вопрос о Земле, то такой символ нужен.

Следующий вопрос касается консолидирующего знамени.

Это может производиться с помощью создания консолидирующего знамени в котором соединены две непримиримые эпохи. В данном случае в зависимости от желаний и степени восприятия конфронтационности одна и другая части знамени могут иметь свою значимость и соответственно свою площадь на общем пространстве полотнища. Например, если мы хотим снизить степень конфронтации на 50 %, то для таких граждан целесообразно использовать две половинки российского и советского знамени, которые сшиваются вместе. При этом, например, для тех кто считает российское знамя главенствующим то около древка оставляют российскую часть, а в нижнюю подшивают красную с серпом и молотом. Это знамя для них будет иметь символическое значение. Россия как бы истекает кровью или выходит из моря крови на новый путь развития.

Только в этом случае нельзя полагать, что согласно вышеизложенного навязывается аналогия того, что Россия как бы заливается кровью. Таким образом и та и другая части конфронтационного общества будут находить в процессе сращивания снижение степени конфронтации.

Часто компании попадают в ходе беспощадной конкурентной битвы в очень тяжелое положение. Для спасения они могут, в виду безвыходности создавшегося положения, осознавая реальную угрозу гибели компании, работать как и в светлом коммунистическом обществе бесплатно или за низкую зарплату. Если при социализме трудящиеся работали бесплатно только один день в Ленинский субботник, то в странах рыночной экономики возможна аналогичная работа и в более длительные сроки, чтобы усилить свои лидирующие позиции. Например, для жесткой атаки необходимо настолько снизить себестоимость продукции или услуг, что бы осуществить разработку изделия и продажу по такой низкой цене, чтобы конкурент не смог вас обойти. Естественно потребитель, купив вашу продукцию по более низкой цене, уже не будет покупать аналогичную.

Такое знамя создает отличительные особенности и в мировом плане. Цивилизованный мир видит в этом знамени элементы миротворческие. Это очень важно для укрепления инвестиционных процессов. Действительно разве могут приплывать капиталы в страны где есть политическая нестабильность. Вид демонстрантов с красными флагами и серпом и молотом будет отпугивать добропорядочных цивилизованных буржуа. Они были десятилетиями также воспитаны в духе классовой ненависти к тем, кто размахивая этими флагами, отбирал, экспроприировал и преследовал предпринимателей и частную собственность. Кроме того вид одних только красных флагов показывает, что не развивается конкуренция и следовательно нарушается Закон о Конкуренции в области нематериальной неценовой части рыночной экономики и демократизации общества, налицо нарушение свобод и прав трудящихся и инакомыслия. Поэтому небольшая часть красного с серпом и молотом на общем фоне национального флага будет показывать, что россияне хорошо запомнили этот урок. Они и другим напоминают об этом. Это также можно использовать для усиления притока инвестиций так как мировому сообществу дается ясно понять, что без поддержки всего цивилизованного сообщества России будет трудно вписаться в мировой рыночный механизм. Эта часть красного знамени своего рода флаг матадора, который притягивает внимание быка-инвестора в свою сторону.

Вводя понятия красного цвета дают аналогию с кровью павших бойцов за светлое будущее. Но изучая символику значимости крови, необходимо отметить, что в древние времена люди обладая большими суеверными чувствами верили в мистическую силу менструальной крови. Воины перед битвой мазали ею свои тела, чтобы обрести дух победителя и устрашить противников. И это увязывается в контексте рассмотрения маркетинговых и информационных рыночных войн.

Часть красного знамени имеет важное воспитательное значение, потому что в общей конкуренции философских течений нужно учитывать, что Советский Союз в целом смог одержать победу над силами реакции во Вторую Мировую войну. Нельзя забывать, что это было сделано благодаря созданию своих святых мощей в виде и образах таких советских героев, как Павка Корчагин, Зоя Космодемьянская, Павлик Морозов и т.п.

При вхождении в мировой рыночный механизм начался интенсивный процесс “справедливого “деления общегосударственной собственности. Но хозяйского чисто “буржуйского” демократического управления и владения не получилось. Одни решили, что это и есть их самое светлое будущее, другие, сжав кулаки и стиснув зубы, сказали: нам такого не надо. Но дележ произошел и что-то у кого-то вроде и работает, даже без поддержки государства. Всем дали по ваучеру на часть собственности. Но вот самый главный ваучер на современный патриотизм забыли отдать и никто об этом не подумал.

Одно из существенных ошибочных положений в становлении рыночных реформ состоит в том, что ценность материальных составляющих рынка была признана приоритетной и первоочередной. Это ярко выразилось при становлении слоя новых русских с почти кровавым дележом заводов и фабрик, фактически абсолютным обнищанием интеллектуальной части граждан России, к которой можно отнести такие профессии, как учителя, врачи, инженеры и т.п. Хотя в конкурирующем рыночном мире они относятся с преуспевающим слоям населения и эти профессии являются престижными и жизненно важными для общества. Выпущенный ваучер на материальную собственность является ярким вещественным доказательством, раскрывающим приоритетность материи над сознанием. Этот ваучер и особенно его дальнейшее использование, связанное с обманом огромного числа честных тружеников, еще более упрочили позиции специалистов по классовой борьбе и одновременно с этим укрепили позиции противников рыночных реформ.

Патриотизм лежал на земле никому не нужный. Коммунисты имели в своей собственности, сохранившийся в довольно неплохой форме советский патриотизм. Он характеризовался непримиримой ненавистью к миру капитала, к частной собственности, к буржуям, для которых они хотели по-прежнему раздувать мировой пожар.

Поэтому проявив сноровку, автор этим моментом показал студентам, что на рынке нельзя мешкать и дремать. Этим ваучером он приватизировал эту собственность нематериального характера, выпустив ваучер на рыночный патриотизм.

В основе ваучера заложено восприятие противоречий. Первоначально, как коммунисты, так и демократы рассматривают этот ваучер, агрессивно как нечто, направленное против их политической деятельности. Но, по мере изучения содержания ваучера, затем возникает противоречивое чувство неопределенности.

Введение конфронтационных направлений в состояние неопределенности типа консолидирующего шока позволяет частично ослабить возникающие противоречия и создать базис, способствующий гармоничному развитию национальной экономики.

Флаг консолидации и ваучер на рыночный патриотизм - это только общее определения, которые должны быть направлено на объединение путем сшивания, скрепления и напряженных размышлений, чего-то такого непримиримого и разъединяющего. При этом необходимо сшивать флаг консолидации из плотной ткани и крепкими нитками, чтобы он не порвался под мощными ветрами политических бурь.

23. КОМИССАРЫ! ОПЯТЬ ВПЕРЕД!

Разрушение Железного Занавеса и вхождение России в мировую рыночную систему показало положительные и отрицательные стороны этого процесса.

Одним из важнейших моментов на рынке является нахождение своей ниши и разработка таких видов продукции и услуг, которые будут необходимы для существования на рынке. Первые робкие шаги российской экономики на мировом и внутреннем рынке проявили свои негативные стороны в одной из важнейших составляющих рынка, к которым можно отнести отношение к человеческому капиталу. Начавшийся процесс материализованного подхода к первоочередным понятиям рыночных ценностей фактически привел страну к интеллектуальной катастрофе, которая пока что видна только преподавателям высшей школы с кафедральных трибун. Вхождение России в мировой рынок произошло подобно допуску рабочего к работе на сложном станке. Не проводя с ним инструктажа по технике безопасности, не обучая навыкам безопасной и высококвалифицированной работы, ему дают самостоятельно работать. Естественно станок его калечит, он выпускает бракованную продукцию низкого качества и т.п. Сейчас в таком состоянии примерно находится большая часть национальной промышленности. Можно считать, что фактически у нее черепно-мозговая травма, имеющая в себе остатки предыдущей травмы от многолетнего командно-административного управления и нынешних атак зарубежных конкурентов. А новая голова с рыночным национальным сознанием пока еще не сделана и не пришита. Поэтому в настоящее время возникает необходимость в решении задачи профессора Доуэля по всеобщей смене голов в этом переходном периоде, т.е. во всеобуче рыночной грамоте. Возникает старый коммунистический лозунг с новой трактовкой: для каждого гражданина-патриота необходимо разумное обладание знанием всех тех богатств, которые выработало рыночное общество, которое находится в непрерывной естественной конкурентной борьбе за выживание и работах над собственным качеством. Одно из существенных ошибочных положений в становлении рыночных реформ состоит в том, что ценность материальных составляющих рынка была признана приоритетной и первоочередной. Это ярко выразилось при становлении слоя новых русских с почти кровавым дележом заводов и фабрик, фактически абсолютным обнищанием интеллектуальной части граждан России, к которой можно отнести такие профессии, как учителя, врачи, инженеры и т.п. Хотя в конкурирующем рыночном мире они относятся с преуспевающим слоям населения. Эти профессии являются престижными и жизненно важными для общества.

Творческий процесс формирования мировых рынков показывает, что человеческий квалифицированный фактор играет наиболее важную часть в этом. Не сами же по себе заводы и фабрики работают. Все это делают конкретные люди- специалисты.

Власть держащие могут полагать, что Величие Державы состоит в том, что она считается по этому показателю только в сырьевом понимании. Тогда можно согласиться с тем, что богатеть и процветать держава способна только с помощью нефтегазовой трубы и иных сырьевых ресурсов. Тогда в этом случае образование и тем более огромное обилие оставшихся после советской власти институтов и преподавательских кадров не нужно и даже опасно. Так как они могут стать источником классовых конфликтов и создания опасных для государства теорий революционной борьбы. Но если ставить задачу становления державы как высокотехнологической, способной конкурировать по качественным и количественным показателям всех видов продукции и услуг которыми насыщены страны рыночной экономики, то в этом случае роль и значимость высшей школы несоизмеримо возрастает.

На нее возлагаются задачи, связанные с созданием конкурентоспособной нации, способной защищать национальные интересы в наукоемких видах продукции и услуг. Значит базовым на рынке продуктом становится такой нематериальный как образование. Образование является плодородной почвой для развития таких важнейших составляющих рынка как конкуренция и работа над качество. Вспоминая инфраструктуру управления страной при советской власти мы видим, что в ней наряду с материальными системами управления существовал огромный сектор идеологической работы, который стимулировал по своему интенсификацию процессов, особенно в развитии соперничества (читай конкуренции) с передовыми странами Запада. В США образование считается такой же равноправной составной частью бизнеса. Чем больше денег вкладывается в образование тем больше отдача.

Переход к рынку и развал множества научно-технических направлений, осуществлявших некую форму конкуренции с передовым Западом показал, что есть некая связь между идеологией и развитием материальных составляющих .

Сейчас совершенно ясно, что в новой рыночной основе эта стратегия в общих чертах верна и должна быть восстановлена с преобразованием таких направлений как классовая борьба с миром капитала в новые оригинальные формы соперничества и конкуренции и т.п.

Мощный аппарат коммунистического института комиссаров исчез с вершины государственного аппарат управления. Его место должна занять высшая школа России.

В рыночных процессах высокоразвитых стран наиболее важнейший момент приобретает конкуренция с ее интеллектуальным подходом. Рассматривая конкуренцию по составляющим мы можем представить, что конкуренция в стране формируется первоначально при развитии конкуренции между ее гражданами. Если этого нет как основы, кирпичика, то соответственно не может быть выстроено все здание конкурентоспособной страны. Не может победить в мировом чемпионате команда боксеров, если она не ведет жаркие, жестокие поединки между собой во время тренировок. Эта аналогия должна присутствовать и внутри страны. Значит развитию конкуренции необходимо уделять внимание с момента рождения личности и ее становления особенно при формировании окончательного портрета специалиста, который проходит в высшей школе.

При формировании конкурентоспособного сознания нужно учитывать мало кем обозначенный аспект того, что единственное место в российском обществе, где происходит реальная конкурентная личностная борьба - это высшая школа. Ее система подготовки кадров использует такое явление как конкуренция при защите диссертаций. Ученые проходят естественный конкурентный отбор и таким образом закаляются в интеллектуальном плане. Этот метод и особенно этих специалистов можно с успехом использовать для развития конкурентоспособного сознания всей страны. Элементы конкуренции уже в настоящее время необходимо внедрять как важную часть воспитательной работы в учебный процесс практически на каждом учебном занятии.

Преподаватели высшей школы – это рыночные комиссары.

Особенно важную значимость приобретает историко-патриотическое воспитание нации с привязкой к создаваемым ценностям рыночной идеологии. При этом роль и значимость учебных дисциплин, особенно по истории, философии, психологии и т.п., увязанная с развитием международной конкуренции, значительно возрастает. Это связано с тем, что историко-патриотическая основа для становления национальных рынков произрастает на этой почве.

При этом отсутствие конкуренции привело к развалу самой крупной политической партии, разрушению советской власти, далее начался обвальный процесс разрушения всей остальной инфраструктур.

Например, гибель национальной программы качества и развал этой программы привел к разрушению национальной приборостроительной промышленности, далее к развалу электронной промышленности, к снижению продаж и работ по разработке систем контроля качества и автоматизации. Таким образом оказалось, что нематериальные идеологические аспекты системы оказались связанными с материальными. В результате этого разрушение одних привело к деформации других.

Увязывая эти моменты с развитием наукоемких технологий, бизнеса с патриотизмом можно совершенно по иному представить множество интересных явлений и находить аналогии. Например, использовать учебное наставление А.В. Суворова "Наука побеждать. Тяжело в ученье легко в бою". Изучать как идеальный пример для предпринимателей историю создания М.Т. Калашниковым своего самого первого автомата. Изучать проблемы в отставании или слабом развитии таких отраслей, где российские ученые создали для России приоритет. Например, разработки А.С. Попова. Использовать для формирования конкурентоспособного духа исторический опыт Великой Отечественной войны и как экспонаты такие предметы как Паек Блокадного хлеба и т.п.

Все это в виде учебного процесса можно перенести на заводы и фабрики. Сложность использования этого состоит в том, что общество и бизнес тяжело воспринимают эти нематериальные аспекты. Это связано с тем, что ранее внушенный марксистский лозунг : "Деньги-товар- деньги" сильно сказался на восприятии и приоритетности физического и умственного труда. Говоря о патриотическом воспитании сразу добавляют слово - молодежи. Как будто не нужно воспитывать чувства патриотизма у старшего поколения, которое себя считает и мнит настоящими патриотами, молчаливо наблюдая как гибнут целые отрасли. Поэтому многие из них не полностью осознают трагического положения национальной промышленности и состояния общества в целом и как рабы смотрят на вершину власти и ждут приказа о том, как надо спасать родное Отечество.

Поэтому вспоминая о командно-административной системе нужно полагать, что если власть захочет интенсифицировать процессы развития рыночных и демократических реформ и то может использовать учебный, научный и практический опыт высшей школы для формирования нового сознания граждан России. Эта акция также позволит понять ценность образования и развить новые виды продукции и услуг, увеличит занятость населения и также подготовит новых специалистов для обучения и осуществит смычку между высшей школой, бизнесом и промышленностью. И в этом также есть ценность в использовании ленинского опыта. Ранее при царской системе управления массового обучения в стране не было при непосредственной государственной поддержке. Такая же ситуация должна развиваться и сейчас, но с новым демократическим содержанием.

Как говорил Доцент из фильма "Джентльмены удачи": "Всем учить английский язык! Будем брать английское посольство!". Раньше говорили: "Пушки вместо масла". Сейчас целесообразен лозунг:" Парты вместо пушек и масла". Иначе в перспективе ни будет ни пушек и ни масла. Так как и есть и защищать будет уже нечего.

Студенческая скамья и всеобуч в университетах Капитализации российского сознания станут консолидирующей основой для общества и источником развития новых видов товарного производства и услуг и будет способствовать процветанию общества и более гибкому вхождению в мировую демократическую рыночную систему. Но важно также в первую очередь чтобы общество и особенно государственная власть сами осознали важность и ценность образования.

Разница в государственной системе управления России и США заключается в том, что весь американский госаппарат родился и сформировал свое национальное рыночное сознание в своей стране, а российский госаппарат вышел из СССР. Как известно СССР при вхождении в мировой рынок, как ни прискорбно развалился.

Но судя по некоторым выступлениям членов правительства и Госдумы видно, что недостаток их образованности явно ощущается, особенно в формировании консолидирующих основ. Достаточно привести примерные высказывания лидеров –думцев : "Демократы так все развалили, что не мог нигде устроиться". Устроился депутатом Государственной думы!!!!. Демократы им в ответ: "Да разве это коммунисты, вот наши отцы были настоящие коммунисты"!!!! И вообще в следующий век без наркотиков и коммунистов." Но нужно учитывать, что народные депутаты и члены правительства не падают с Луны, а исходят из народной массы. И поэтому для того чтобы система управления стала более конкурентоспособной по отношению к рыночным заморским Конгрессам и Бундестагам необходимо оплодотворить народную почву более качественным всеобщим образованием. Учебный процесс рыночного всеобуча можно рассматривать как разработку консолидирующей платформы центристского патриотизма.

При этом особую значимость, приобретает обучение по таким учебным дисциплинам как история, философия, социология, психология и т.п. , по всему блоку гуманитарных дисциплин и их привязка к современной рыночной демократии и бизнесу.

В последнее время появилось много переводной зарубежной литературы, уделяющей внимание маркетингу и информационным технологиям как новой формы ведения войн или их аналогий. Но тут необходимо отметить, что в большом числе исторических примеров практически не представлено славное российско-советское историческое прошлое. В основном даются малоизвестные и малозначимые для масштабности России примеры из зарубежной практики. Значит необходимо усилить информационный фактор рыночной привязки славных исторических побед, более эффективнее выразить историческую значимость национальных героев для того, чтобы показать, что и мы не лыком шиты. Что и у русских есть, то самое славное родовитое историческое прошлое, которое показывает россиян как великую нацию.

Могут сказать, некоторые:" Так зачем же надо было все разрушать? Чтобы потом прийти опять к тому же". Историческая аналогия заложена в русской притче о голодном Иване, который сперва съедает калач, но голод не утоляет. Потом баранку, которая насыщает его утробу. А после этого он себя корит дурака за то, что сразу не догадался купить только одну баранку и наесться досыта и деньжат сэкономил.

Это позволяет в дальнейшем, претендовать на достойное место в мировой рыночной конкурентной борьбе.

24. ЗАКЛЮЧЕНИЕ

Политические задачи российского бизнеса и его полезность для интересов самого государства и общества очевидны. Они заключаются в скреплении окружающего пространства мировой экономической системы паутиной своих интересов и связей для оживления экономики. Пока государственное предприятие будет расшевеливаться и пытаться что-то представить на рынке, то в это время частный предприниматель охваченный страстным желанием захватить свою долю или подавить конкурента будет просто раздавать на временное пользование свою продукцию и таким образом упредит все действия конкурентов. Эти действия подобны тем, как лилипуты опутали Гулливера нитками или как морские разбойники с помощью абордажных крюков, притягивали корабли противника (конкурента). В частности за рубежом, небольшие группы специалистов наукоемкого бизнеса, питающиеся от крупных корпораций так и назывались-группы абордажного крюка.

Многие из предпринимателей могут утвердительно сказать, что современный бизнес это увлекательное захватывающее приключение в их жизни, подтверждающий их значимость и способности в самореализации. Они, участвуя в преобразовании жизни общества, считаются ее творцами.

Особенно тяжелое положение сложилось с переоценкой историко-патриотических ценностей и их рационального использования в национальной рыночной экономике. Тут в данном случае нужно уместно привести пример. Маленькая девочка подошла к мальчику в песочнице и сказала: "Почему у тебя такая некрасивая мама". Мальчик заплакал.

После бурных грязевых селевых потоков демократической гласности у многих оставшихся в живых возникает такое чувство, что русские , мысленно стоят по уши в дерьме и плачут по собственной истории. Хотя она периодами для многих была действительно очень некрасивая. Отрицание части своей истории, есть аналогия ампутации части тела. Конечно можно потом воспользоваться импортными протезами, или инвалидными колясками, если конечно дадут. Но лучше чтобы собственные части тела были при нем. Пускай хоть и ноют старые раны и где то в организме простреливает и ломит, но все же свое. Но русские не одни такие. Многие страны, в том числе и высокоразвитые, прошли свой трудный путь становления через страдания.

Другая более масштабная задача и ее эффективное решение состоит в том, что одновременно с акциями консолидации необходимо, опережая конкурентов стремиться овладевать теми передовыми технологиями, которые позволили многим передовым компаниями в мире устоять в жесткой конкурентной борьбе, особенно в мире наукоемких технологий. Так, в частности, можно использовать пример компании Интел. (Опыт электронной индустрии мира в кризисной ситуации. Из выступления на Третьем Ежегодном Форуме дистрибьюторов электронных компонентов России и СНГ, 1998 г, Россия, Малколм Пени). Это одна из наиболее успешных полупроводниковых компаний. Один из основателей компании сказал: “Только параноики выживут". Используя в своей деловой практике этот лозунг, компания Интел достигли определенного успеха

Паранойя (-от греческого - умопомешательство) , стойкое психическое расстройство, проявляющееся систематизированным бредом (без галлюцинаций), который отличается сложностью содержания, последовательностью доказательств и внешним правдоподобием(идеи преследования, ревности, высокого происхождения, изобретательства, научных открытий, особой миссии социального преобразования и т.д.) . Все факты, противоречащие бреду, отметаются; каждый , кто не разделяет убеждения больного, квалифицируются им как враждебная личность. Борьба за утверждение и реализацию идей непреклонна и активна. Явных признаков интеллектуального снижения нет, профессиональные навыки обычно сохраняются долго. Большая Советская Энциклопедия. 19, стр. 191-192.

Отец автора участвовал в атаке сталинского штрафного батальона. Осколок фашистского снаряда пробил его каску и застрял в голове. Отец очнулся на поле боя. Сам добрался до дороги, по которой ехали подводы с ранеными. Его довезли до госпиталя. Там дали стакан самогона. Он впал в сонное состояние. Очнулся только на больничной койке после операции. Оказалось, что кроме тяжелого ранения головы у него в каждой ноге торчало по осколку. Но он даже не чувствовал этих ранений.

Но самое трудное и длительное лечение было впереди. Поскольку это было только физическое ранение

... А психологическое нужно было излечивать потом долгие месяцы и годы. Когда он лежал в нейрохирургическом госпитале, то с ним вместе лежали бойцы, у которых были такие же тяжелые ранения головы. Немецкие снайперы обычно стреляли так чтобы пуля попадала между нижним краем каски и верхней частью незащищённой головы. В результате такого меткого выстрела пуля выбивала верхнюю кость черепа. Человек жил, но у него были тяжелые психические переживания. Так врачи рекомендовали читать им детские сказки. Поэтому и в нашем случае целесообразно выпускать литературу мифологического содержания для укрепления состояния нации.

Когда встает проблема укрепления дисциплины, то отец рассказал, что им, новобранцам, зачитали приказ «Ни шагу назад». Затем вывели двух дезертиров- сверстников и расстреляли перед строем. Так русским бизнесменам надо встать в этот строй, чтобы понять как победить.

В науке есть такое понятие безумной мудрости. В этой огромной области знаний есть разные пути развития, выработанные человечеством за многие тысячелетия. То что на данном этапе нам кажется значимым, то в масштабах развития нашей цивилизации является песчинкой, мигом, который в скором времени уйдет в небытие.

Поэтому не обязательно все объяснять и найти решения, а нужно пережить и описать. И такие безумные мудрецы предлагают все начинать с откровенного равнодушия.

Совершенно очевидно, что что-то не то происходит в России с национальным бизнесом.

Предприниматели России не ощущают себя новыми хозяевами и не уверенно действуют в собственной стране. Они не ощущают всенародную поддержку в результате быстрого перехода от построения коммунизм к рыночной экономике.

Но пока Россия как государство и как само общество не в полной мере представляют выгодность и особенно широкие возможности всего того, что может сделать национальный патриотически настроенный бизнес.

С чего начать бизнес. Технология следующая

START

1. Обрести решимость. Смотри на героев.
2. Ощутить желание и потребность в небольшом, но престижном заработке.

3. Вспомните все, что осталось в голове от образования, если этого образования не было, то не надо напрягаться и расстраиваться. Самоучки в жизни достигали многого.
4. Искать или оказаться случайно около проблемы. Понять, что для кого-то это проблема, для вас это исполнимое дело и источник дохода.
5. Если окажется, что не хватает информации, то целесообразно провести информационные исследования по технической литературе. В ВУЗах России в научно-технических библиотеках хранится огромное количество отчетов по научно-исследовательской работе (отчеты НИИОКР). Изучить историю научно-технического направления.
6. Усилить свое знание путем общения с первичными разработчиками, оставшимися после перестройки-перестрелки российскими учеными.
7. Найти предприятие или бизнес, которые бы смогли вас профинансировать и заключить договор на выполнение работ. Лучше аванс не брать и использовать средства исключительно на выполнение работ. Использовать опыт Калашникова, который он применил при создании первого автомата.
8. Если не получается на данном предприятии с заключением контракта и оказанием технической поддержки , то начинайте все снова опять с пп 1-7. на следующем предприятии.
9. Если чувствуете, что у вас тают творческие силы в борьбе с мракобесием, то начинайте читать истории с 1-29 и старайтесь восполнить свою энергию от героев. Вы одновременно Кутузов, Форд, Суворов, Эдисон, Калашников, Дмитрий Донской, Зоя Космодемьянская, и остальные отечественные и зарубежные герои и за вами Россия. Отступать некуда.
10. Старайтесь поменьше слушать и верить разным государственным обещаниям и программам поддержки бизнеса и науки. Считайте лучше, что это по всей видимости не для вас. Любые обещания, особенно сверху, расслабляют. Учтите, что наверху в правительстве люди (несомненно честные и порядочные патриоты) решают иные (глобальные) задачи. Они думают о масштабных программах. Например, как помочь миллиону ученых одновременно. Очень благородная цель. Эта программа может обсуждаться и исполняться до бесконечности как примерно программа построения коммунизма.
11. Откажитесь от построения коммунизма в отдельно взятой стране, а стройте реальный сегодняшний коммунизм в отдельно взятой вашей семье.

12. Прикиньте на глазок когда до вас, рождающейся молекулы науки, может дойти помощь государства? У вас конкретная цель, известная только вам. Во-первых вашу цель там не поймут, но дадут дельный совет, который вам может пригодиться. В основном он будет сводиться к ранее, высказанному. Патронов нет! Подкрепления нет! Сражайтесь до последнего солдата! Для вас там не дадут деталей, не начертят чертеж. Не буду искать заказчиков. Не . . . . .
13. Если после прочтения у вас не пропала энергия для становления вы опять идите по пп 1-7 до победного конца.
14. GO TO START

Поэтому можно завершить исследования цитатами из прошедшей советской эпохи с соответствующей рыночной трактовкой :

Никто не даст нам избавленья.
Ни бог ни царь и не герой.
Добьемся мы обогащенья
своей мозолистой рукой.

СПИСОК ЛИТЕРАТУРЫ

1.Харви Маккей. Как уцелеть среди акул. Опередить конкурентов в умении продавать, руководить, стимулировать, заключать сделки. **Бенгт Карлоф**. Деловая стратегия. Концепция, содержание, символы. Пер. с англ. -- Уфа: Акад.менеджмента.М.: Экономика, 1993.- 367 с.

2.Джини Г.Скотт. Сила ума. Описание пути к успеху в бизнесе. ГИИМ.Киев.Изд-во ВЕК. 1991 г.- 226 с.

3.Основы предпринимательства. Словарь - справочник. М.: Изд-во "Луч-2", 1993 г. - 384 с.

4.Грейсон Дж.К.мл., О.Делл К. Американский менеджмент на пороге ХХ1 века.Пер.с англ. - М.: Экономика, 1991 г.- 319 с.

5.Морита А."Сделано в Японии": пер. с англ. - М.: Прогресс, 1993.- 413 с.

6.Масару Ибука. После трех уже поздно - М.: РУССЛИТ, 1992 - 80 с.

7.Каргалов В.В. Конец ордынского ига. М.: Наука, 1984 .- 152 с.

8.Севастьянов Е.П., Корсакова Н.Е. Последний рубеж.- М.: Политиздат, 1984. - 256 с.

9.Калашников М.Т. Записки конструктора - оружейника.- М.: Воениздат,1992 - 300 с.
10.Азаров В. Путь к счастью и успехам в жизни. - СПб.: Музыка, 1993. - 100 с.
11.Марченко И.П. Какой руководитель нам нужен. - М.: Экономика, 1993. - 175 с.
12.Рюттингер Рольф.Культура предпринимательства. -М.: ЭКОМ. 1992 - 240 с.
13.Кроссворды для руководителя. Сост.И.В.Липсиц. М.: "Дело" , 1992 - 191 с.
14.Швальбе Б., Швальбе Х. Личность, карьера, успех: - М.: А/О Издательская группа "Прогресс" - 1993 - 240 с.
15.Сафонов В.И. Невероятное - М.: Физкультура и спорт. 1993 - 400 с.
16.От "Барбароссы" до "Терминала".Взгляд с Запада/ -М.: Политиздат, 1988 .- 463 с.
17.Раковский Л. Кутузов: Роман. - Л.: Лениздат, 1986.-655 с.
18.Биркенбиль Вера Ф. Как добиться успеха в жизни: - М.: СП "Интерэксперт", 1992.- 139 с. Практикум делового человека.
19.Хруцкий В.Е. Южокорейский парадокс.- М.: Финансы и статистика. 1993.- 240 с.
20.Пиз.А. Язык жестов. - Воронеж: НПО "МОДЭК", 1992.- 218 с.
21.Серван-Шрейбер Ж.-Л. Ремесло предпринимателя: Серван-Шрейбер П. Десять портретов предпринимателей. - М.: Международ.отношения, 1993 - 248 с.
22.Кабаков В.С., Порховник Ю.М., Зубов И.П. Менеджмент:проблемы - программа - решение - Л.: Лениздат, 1990. - 112 с.
23.Гражданский кодекс Российской Федерации, часть 2. - М.: "Китап Пресс", 1996. - 336 с.
34.Гроф С. За пределами мозга. - Москва: Изд-во Трансперсонального Института, 1993.- 504 с.
35.Гроф С. Области человеческого бессознательного - М.: Изд-во Трансперсонального Института. 1994 - 278 с.
36.Ключевский В.О. Исторические портреты. Деятели исторической мысли. - М.: Правда, 1990 - 624 с.
37.Каптен Ю.Л. Основы медитации. Вводный практический курс. - Самара: ИЧП "АВС", 1994.- 362 с.
38.Хокен Пол. Я начинаю свое дело. - М.: Текст, 1992.- 207 с.
39.Григорьев С. Александр Суворов. Повесть. Детская литература.М.: 1954 . - 320 с.
40.Андрусенко И.М., Дукаров Р.Г., Фомин Ю.Р. Мотострелковый (танковый) взвод в бою. - М.: Воениздат,1989 - 336 с.
41.Лапиров -Скобло М. Эдисон. М. : "Молодая Гвардия" ,1960 .- 256 с.
42.Хвощ В.А. Тактика подводных лодок . М. : Воениздат,1989 -264 с.

43.Матиясевич А.М. По морским дорогам. - Л.:Лениздат, 1987 - 271 с.
44.Крон А. Капитан дальнего плавания. М.: Новый Мир. № 2. -1983 - о А.И.Маринеско.
45.Руководство по борьбе за живучесть на пл.
46.Трухановский В.Г. Уинстон Черчилль. - М.: Международ.отношения. 1982 - 464 с.
47.Богачук Л.А. Крейсер "Варяг": Рассказ о подвиге.- Л.: Дет.лит.1982 - 94 с.
48.Бородин С. Дмитрий Донской.Роман. М.: РИПОЛ. 1993 - 382 с.
49.Военно-морской протокол и церемониал. - М.: Воениздат. 1986 -256 с.
50.Гришелева Л.Д. Формирование японской национальной культуры. - М.,Главная редакция восточной литературы "Наука" ,1986 - 286 с.
51.Напутствие воину христианину. СПб. АО Артос. 1996 - 128 с.
52.Русские святые воины.Жития. М.: Журнал "Держава". 1995 - 160 с.
53.Журналы Ридерз Дайджест. Русский перевод.
54.Курочкин В.А. На войне как на войне.: Повесть. - Л.: Дет. лит. ,1980 - 159 с.
55.Джини Г.Скотт. Способы разрешения конфликтов. ГИИМ. Киев. Изд-во "Верзилин и К" 1991.- 208 с.
56.Высоцкий В. Сочинения в 2-х т. - М. : Худож.лит.,1991 - 639 с.
57.Морские сражения русского флота. Воспоминания, дневники, письма. Ратная слава отчизны. - М.: Воениздат,1994.- 560 с.
58.Дуглас Н., Слингер П. Тайны пола. А/О "Гудил" ,Минск - 1993 .- 312 с.
59. Хорни К. Собрание сочинений. В 3 т. Т.1. Психология женщины; Невротическая личность нашего времени / пер. с англ.- М.:Издательство "Смысл",1997.-496 с.
60. Алешина И.В. Паблик Рилейшнз для менеджеров и маркетеров.-М.: Ассоциация авторов и издателей "Тандем". Издательство "ГНОМ-ПРЕСС", 1997.- 256 с.
61. Хилл Н. Думая и богатей./ пер.с англ. Сосновский Г.П.,Чабанов И.А..-М.: Агентство "ФАИР", 1997.- 272 с.
62.Доти Дороти И. Паблисити и Паблик Рилейшнз/ перевод с англ. -М. ……………………….Информационно-издательский дом "Филинъ", 1996 -288 с.
63.Стратегия обучения основам демократии. Обучение правам и обязанностям гражданина демократического общества. Руководство для международного применения. Производство ЮСИА Региональных программ. Вена. 1994. 21 с.
64. Дерек Либерт.Материалы о расцвете экономики. Элементы предпринимательства. ЮСИА Региональные программы. Вена. 16 с.

65. Лоуренс Р. Хефтер, Роберт Д. Литовиц. Материалы о расцвете экономики. Охрана интеллектуальной собственности. Экономическая безопасность. USIA REGIONAL PROGRAM OFFICE, VIENNA - 16 с.

66. Поддержка малого и среднего бизнеса в Санкт-Петербурге. №1. Информационно-аналитический обзор.МЦСЭИ"Леонтьевский центр". Санкт-Петербург. 1998 г. -56 с.

67.Селест Колган. Материалы о свободе. Управление высшим образованием в демократическом обществе. USIA REGIONAL PROGRAM OFFICE, VIENNA - 20 с.

68.Мэттью Гэндел, Честер Е.Финн. Материалы о свободе. Обучение демократии. USIA REGIONAL PROGRAM OFFICE, VIENNA - 20 с.

69.Материалы о расцвете экономики.Организация и финансирование малого предприятия. USIA REGIONAL PROGRAM OFFICE, VIENNA - 24 с.

70. Дэвид Уэбстер. Материалы о свободе. Создание свободных и независимых средств массовой информации. USIA REGIONAL PROGRAM OFFICE, VIENNA - 12 с.

71. Карпов А.С., Цветков Е.И. Кондукто-диэлькометрические методы и средства влагометрии древесины. М.: Журнал "Деревообрабатывающая промышленность". № 3 1997 г.

72. Карпов А.С.Эффективные измерители влажности для целлюлозно-бумажной продукции. М.: Журнал "Целлюлоза, бумага и картон". № 3-4 1996 г.

73. Карпов А.С. Эффективные индикаторы контроля влажности строительных деталей и конструкций. М.: Журнал "Строительные материалы" № 12. 1994 г.

74. Карпов А.С., Цветков Е.И.Новое во влагометрии древесин. М.: Журнал " Лесная промышленность" . № 4. 1995 г.

75. Карпов А.С., Цветков Е.И. Положение с электронными влагомерами древесины в России. М.: Журнал "Приборы и системы управления" № 4 1997 г.

76. Карпов А.С. , Желудков Н.Ф. Национально-патриотические основы генерации российской предпринимательской энергии и менеджмента. Л.: Центр распределенных издательских систем ИТМО. 1996 г. - 44 с

77. Карпов А.С., Цветков Е.И. Влагометрия. Качество, конкуренция .Л.:Велона.
1997 г.- 66с.

78. Карпов А.С. Прости нас, российский рубль. Л.:. Ежемесячное обозрение "Промышленность сегодня". Патриотизм и бизнес. № 6 1998 г.

79. Карпов А.С. 125 граммов хлеба для настоящей победы. Л.:Ежемесячное обозрение "Промышленность сегодня" № 10 1998 г.

80. Карпов А.С., Цветков Е.И. О влажности древесины и российском качестве. Лесная газета. 24 ноября 1998 г.
81. Карпов А.С., Цветков Е.И. Влагометрия, качество. Конкуренция. Ж. "Окна. Двери. Сантехника". № 15. 1998 г.
82. Карпов А.С., Цветков Е.И. Влагометрия, качество, конкуренция. Ж. "МОСТ". № 7-8. 1998 г.
83. Карпов А.С., Цветков Е.И. А.С.Попов - узник российской совести. Л.:Ежемесячное обозрение "Промышленность сегодня" № 4 1999 г.

71. Карпов А.С., Цветков Е.И. Кондукто-диэлькометрические методы и средства влагометрии древесины. М.: Журнал "Деревообрабатывающая промышленность". № 3 1997 г.
72. Карпов А.С.Эффективные измерители влажности для целлюлозно-бумажной продукции. М.: Журнал "Целлюлоза, бумага и картон". № 3-4 1996 г.
73. Карпов А.С. Эффективные индикаторы контроля влажности строительных деталей и конструкций. М.: Журнал "Строительные материалы" № 12. 1994 г.
74. Карпов А.С., Цветков Е.И.Новое во влагометрии древесин. М.: Журнал " Лесная промышленность" . № 4. 1995 г.
75. Карпов А.С., Цветков Е.И. Положение с электронными влагомерами древесины в России. М.: Журнал "Приборы и системы управления" № 4 1997 г.
76. Карпов А.С. , Желудков Н.Ф. Национально-патриотические основы генерации российской предпринимательской энергии и менеджмента. Л.: Центр распределенных издательских систем ИТМО. 1996 г. - 44 с
77. Карпов А.С., Цветков Е.И. Влагометрия. Качество, конкуренция .Л.:Велона.
1997 г.- 66с.
78. Карпов А.С. Прости нас, российский рубль. Л.:. Ежемесячное обозрение "Промышленность сегодня". Патриотизм и бизнес. № 6 1998 г.
79. Карпов А.С. 125 граммов хлеба для настоящей победы. Л.:Ежемесячное обозрение "Промышленность сегодня" № 10 1998 г.
80. Карпов А.С., Цветков Е.И. О влажности древесины и российском качестве. Лесная газета. 24 ноября 1998 г.
81. Карпов А.С., Цветков Е.И. Влагометрия, качество. Конкуренция. Ж. "Окна. Двери. Сантехника". № 15. 1998 г.
82. Карпов А.С., Цветков Е.И. Влагометрия, качество, конкуренция. Ж. "МОСТ". № 7-8. 1998 г.
83. Карпов А.С., Цветков Е.И. А.С.Попов - узник российской совести. Л.:Ежемесячное обозрение "Промышленность сегодня" № 4 1999 г.

84.Свядощ А.М. Женская сексопатология. Изд-во «Штиинца» Киев 1991 г.
85.Юданов А.Ю. Конкуренция: теория и практика.Учебно-практическое пособие – М.:
Ассоциация авторой и издателей «Тандем», издательство «ГНОМ-ПРЕСС», 1998 г.
86.СеменоваА., Шувалова О. Амулеты и талисманы,- СПб.: Издательство «Невский проспект»,1999.-127 с.
87.Шарль де Костер. Легенда об Уленшпигеле. –М.: Издательство "Художественная литература",1953 г. 542 с.
88.Подобин В. М., Зимина И.П. Русские пословицы и поговорки. – Л.: Лениздат. 1956 г.- 423 с.
89.Сафронов В. И. Невероятное – М.: Физкультура и спорт, 1993.-400 с.
90.Сметанкин А. А. Исповедь бизнесмена.- Л.: Издательство"Электронные интегральные системы" , 1998 г. 87 с.
91.Новиков-Прибой А.С. Рассказы; Цусима. Кн.1, 2 /Ил. А.З.Иткина.- М.:Правда, 1985.
92.Тресиддер Дж. Словарь символов /Пер. с англ. С.Палько.-М.: ФАИР-ПРЕСС, 1999 – 448 с.
93.Субетто А.И. Россия и человечество на перевале истории в преддверии третьего тысячелетия. – СП.б.: ПАНИ, 1999, 827 с.
94.Почепцов Г.Г. Информационные войны. М.:"Рефл-бук", К.: "Ваклер"– 2000, - 576 с.
95.Райс Эд, Траут Дж. Маркетинговые войны. – СПб: ЗАО Издательство"Питер",2000 – 256 с.
96. Карпов А.С., Цветков Е.И. Конкуренция влагомеров – реальный показатель качества российской мебели. Журнал для профессионалов. Мебельщик. № 4. Изд. ООО "Петербургский дом" , 2000 г. - с.20-21
97.Карпов А.С., Цветков Е.И. Добросовестная реклама и достоверность показателей качества продукции. Ж.Строительные материалы № 9. 1999 г. с.39-
98.Миллер М.А., Миллер Е.А. Секреты талисманов в 4 кн.- М.:Ростткнига, 2000,-
99.Нискер В. Безумная мудрость -СПб: Издательство"Питер", 2000. - 288 с.
100.А.Яковлев .Пионер Павел Морозов. ЦК ВЛДКСМ. М.: Изд-во. Детская литература, 1938 г. -127 с.
101. Журнал Америка.Апрель 1994 . №449.
102. Жигулев А.М. Русские пословицы и поговорки.Изд-во "Наука" – 1969 г.-448 с.

103. Девятьсот дней. Литературно-художественный сборник. /Сост. **О.Ф.Берггольц**, **В.Н. Дружинин, А.Л.Дымшиц, А.Г.Розен, Н.С. Тихонов**/ - Л.: Лениздат, 1957 - 595 с.
104.Память. Письма о войне и блокаде/Сост. **А.К.Варсобин, И.Б. Лисочкин**/. -Л.: Лениздат,1987 - 735 с.
105.В осажденном Ленинграда.: Издание третье, переработанное и дополненное/ (Сост. **Н.Р. Иванов, В.С., Лехнович, К.А. Никитин)** - Л.: Лениздат, 1982.- 207 с.
106. Химия древесины. Академия наук Латвийской ССР. Изд-во "Зинатне" Рига. 1987 г. №4 с.111-116.

ПРИЛОЖЕНИЯ

История создания монографии.

История началась во времена Горбачевской перестройки. Новое мышление внесло хмельной дух свободы в головы научных сотрудников. На кафедре автоматизации Ленинградской лесотехнической академии было три профессора и двенадцать доцентов. В советское время велась большая хоздоговорная деятельность, которая всячески поощрялась партийным и административным руководством академии и министерства. Кафедра в этом плане была разделена на несколько научно-исследовательских групп, в которых работали инженеры, претендовавшие на получение ученых степеней и мест в профессорско-преподавательском составе кафедры.

В научной группе автора было шесть человек во главе с профессором, которого назовем Учитель. При создавшихся условиях все стали стараться как- то себя выразить. В советское время группа разрабатывала электровлагомеры и небольшими партиями внедряла в производство. Выгода состояла в том, что ученые доказывали практическую значимость своих разработок и получали небольшие премии по экономическому эффекту.

При переходе на новые рыночные отношения появилась возможность расширить рынок продаж и как-то себя проявить. Группа решила организовать кооператив. Вот тут вот начались проблемы социо-психологического характера. Первоначально Учитель отказался возглавить кооператив, поскольку полагал, что это нехорошо. У нарождающегося национального частного бизнеса не было авторитетного социально-общественного статуса. Множество советских людей полагало, что кооператоры и иные отечественные бизнесмены в основной массе жулики и проходимцы. Автору Учитель также не советовал руководить кооперативом, поскольку это могло негативно

отразится на перевыборах по первому сроку преподавания. Выбор пал на аспиранта из группы. Автор стал у него заместителем научно-технического кооператива. Сотрудники написали устав, собрали необходимые документы и пошли в ректорат. В ректорате представителей кооператива послали в партком и научный сектор. В научном секторе посланцев сразу стали обвинять в предательстве интересов академии и в том, что они, (академия, научный сектор, чиновники) дескать их вырастили, а они - отщепенцы. В парткоме предложили собрать подписи месткома, партийного бюро факультета. С партией вопрос был улажен. Остался не решенным вопрос с научным сектором. Он потребовал свои 50 процентов от прибыли.
Научный сектор мотивировал свою долю тем, что они, дескать, воспитанники и выпускники академии и поэтому должны щедро делиться своими баснословными прибылями. Хотя до этого было еще далеко, а возможно, что и не осуществимо.

Хотя прибыли пока еще никакой не было. В конце концов автор с председателем пришел на прием к ректору и тот своей властью подписал им разрешение, открыть кооператив при кафедре. С этого момента автор понял, что процесс пойдет трудным путем. Таким образом все и оказалось. Стали приезжать старые клиенты, которые узнали, что есть возможность покупать приборы. Оказалось, что многие узнав, что продает не академия, а какой-то кооператив, отказывались покупать. Хотя у них уже работали такие же разработанные ранее приборы старой конструкции или были сломанные. Внутри кафедры начались обвинения в том, что кооператоров вырастила бесплатно Советская власть, а они ответили черной неблагодарностью, приватизировали целое научное направление и стали врагами народа.
- Скоро все это закончится и вас тогда к стенке или опять в Соловецкие лагеря. Такие разговоры происходили практически каждый день и давили на психику. Бизнес пошел, но с трудом. Особенно нагрузка была чисто психологическая. Когда сдавали отчеты по кооперативу, то в исполкоме было еще почище. Практически каждый квартал выходили новые инструкции. При этом часто инспектора требовали заплатить штрафы за незнание этих инструкций. В конечном итоге аспирант, председатель не выдержал и уволился. Учитель сказал, что сыт капитализмом и пора все это закрывать. Автор пришел в исполком и сказал, что кооператив закрывается. Оказалось, что в таком районе как Выборгский, где было множество научных и исследовательских институтов научно-технический кооператив «Эксперимент» был единственный, остальные были посреднические (купи-продай). Кооператив удалось закрыть, выплатив свои последние кровные денежки.
Но внутри осталось чувство неудовлетворенности.

Мысли роились. Многолетний опыт работы во влагометрии твердых и сыпучих материалов позволял быть научным сотрудникам неплохо информированным о ситуации на рынке производства и продаж влагомеров разных стран и разных конструкций. Огорчало только одно, что группа столько лет проработала. Было затрачено много средств и энергии и выходит, что все эти труды оказались напрасными. На рынке сотрудники проявились как никчемные люди. Но было жгучее желание себя проявить. Да в это время открывшихся казалось бы политических и экономических свобод бегало множество людей деловых и активных. Но у многих были только желания, не было знаний предмета для бизнеса. У автора и соратников было все.

Поэтому некоторое время, поразмыслив и собравшись с силами, автор решил сам продолжить дело Учителя. Учитель к тому времени уволился из академии.

Автор, оставаясь на кафедре доцентом, зарегистрировал свою компанию как частный предприниматель по производству и разработкам электронных влагомеров. Бывший председатель кооператива стал компаньоном. Новая команда пересмотрела свежим почти беспристрастным взглядом на всю ранее разработанную продукцию и разработала несколько новейших конструкций и решила продавать. Первоначально компаньоны в четырех деревообрабатывающих журналах опубликовали статьи со своими разработками. Редактора пошли к ним навстречу и выделили по несколько страниц в каждом издании. Каждый журнал имел тираж около 10 000 экз. Компаньоны прождали несколько месяцев после публикации. Никто к ним не позвонил. Это было состояние психологического шока. В это время в стране, особенно в городе царил беспредел. Посреди белого дня на Невском проспекте из двух автоматов расстреляли вице губернатора Петербурга. Бизнесменов мочили из гранатометов, которые пробивали бронированные мерседесы, как консервные банки. Знакомого бизнесмена, бывшего выпускника академии убили в его собственном офисе, бросив туда гранату. Одного клиента, который делал дешевые гробы, спалили вместе с его деревообрабатывающим участком. Автор думал, что все конец бизнесу.

Но вскоре первый прибор купил бывший бандит-хозяин лесного склада. На эти деньги не было потрачено ни копейки на зарплату. Все ушло на создание десяти приборов. Однажды поздним вечером позвонил один клиент из Москвы и купил три прибора. Это был единственный отклик на все публикации. С этого момента начались продажи. Старые клиенты приводили новых клиентов. Таким образом удалось проработать в этом качестве до отъезда в США. В это время автор одновременно с этим читал много литературы по психологии бизнеса, которая ранее не публиковалась в СССР. Кафедра была выпускающей, на которой формировался окончательный портрет будущего специалиста и утверждались все предметы и нагрузки, кроме того выпускающиеся инженеры писали дипломные работы. На кафедре автор организовал уголок Начинающего российского предпринимателя, делая вырезки из журналов по бизнесу, а также набрал много материалов в американском образовательном центре. В этом центре оказалось много литературы, напечатанной на хорошей бумаге и самое главное на русском языке. Некоторые коллеги стали обвинять автора в подрывной работе. Это было время в политическом плане крайне неустойчивое. Происходили разные политические события: Путч с ГКЧП, развал КПСС и вслед затем и СССР. Вузы как страна не знали что делать и куда иди. Автор же продолжал работу по бизнесу. Он с компаньоном продолжал публиковать статьи по влагомерам, но стал делать вставки, как бы стараясь найти доказательства необходимости применения таких влагомеров как показателя работы над качеством, как конкурентного отличия. В одной из статей автор привел пример поражения России в русско-японской войне, потому что плохо использовалась измерительная техника на русских кораблях. Поэтому японцы расстреливали русские корабли с дальних расстояний, используя пристрелочные снаряды и высокоточные дальномеры и прицелы. Это пример некоторым клиентам понравился, и автор стал чувствовать, что ощутил некую связь бизнеса и еще чего - то. Потом один хозяин лесопильного завода предложил прочитать у него лекции по психологии бизнеса для своих рабочих. Автор стал приносить информационные материалы в виде стенных газет. Но трудовой народ закипал. Он ничего не хотел знать о мире капитала. Автор с этим хозяином опубликовали первую брошюру « Историко-патриотические особенности генерации российского менеджмента и энергии».

В конце концов рабочие не выдержали и устроили скандал, поскольку полагали, что раз стали жить в капиталистическом мире, то пора бы и платить как в Америке. Новый соратник по идеологии был вынужден отказался от этих работ.

Автор же продолжил писать и собирать материалы, скорее всего для себя, чтобы найти некое объяснение происходящему с ним и со страной.

Отец автора был коммунистом, инвалидом и участником Великой отечественной войны. Он все дни сидел перед телевизором и слушал демократические передачи, разоблачающие коммунистический режим и истории возникновения войн в Советский период. С одной стороны эти передачи были интересно поставлены, но с другой стороны в них присутствовала негативная информация. В результате таких разоблачений проведенных высококвалифицированными демократическими профессорами у отца началось складываться личностное мнение о никчемности прожитой им жизни. Возникла глубокая психологическая депрессия. Поэтому автору пришлось практически каждый вечер приезжать к нему домой и восстанавливать его героическое прошлое, привязывая к истории социалистической родины. И таких как он оказалось немало в окружении автора.

Кроме того появилось еще одно немаловажное обстоятельство. В связи с тем, что развалился КПСС, которая все контролировала в высшей школе, то возник вопрос: Как быть с разделом в отчетном преподавательском журнале по коммунистическому воспитанию студентов. Многие преподаватели стали заниматься общественно-политической деятельностью. (например, профессор Собчак). В это время во время лекций автор понял, что перед ним фактически находится частица народа, которая может быть использована для его собственных социальных исследований. Студентов, наряду с техническими вопросами, интересовало мнение преподавателя по разным социальным и политическим вопросам. Автор же в свою очередь интересовался пониманием их собственной истории и ее оценки в современном демократическом обществе. Студенты лесотехнической академии – это жители разных городов и республик бывшего СССР. Оказалось, что в процентном отношении молодые люди рассуждают также как и их старшие товарищи. Автор увидел политический раскол общества. На одной из лекций автор рассказывал о связи идеи и ее технической реализации применительно к электронике. Один из студентов попросил на примере по отношению к академии показать эту связь и ее материализацию. Автор задумался, и неожиданно возникло решение. Автор привел популярный в то время отечественный садомазохистский пример использования в средствах массовой информации понятия «деревянного рубля». Но не было его технической материализации. Автор с товарищем сделали штамп, потом несколько модификаций и стали выпускать как бизнес сувенир. Этим примером предприниматели как бы представляли, что оказывают народную помощь правительству, у которого проблемы с выпуском «деревянных» денег. С одной стороны был знак рубля, а с другой стороны знак бизнеса. Потом уже была доработал философская концепция. Через некоторое время автора нашли тележурналисты НТВ и сделали передачу в новостях. В небольшом фильме было показано, как доцент лесотехнической академии помогает правительству. Есть такое направление в бизнесе как Паблик Релейшинз. Вы можете затратить много денег на рекламу, но эффекта большого не будет. Компаньоны затратили несколько сотен долларов на разработку этого сценария. Такую разработку вместе с влагомерами показали по НТВ, по ленинградскому каналу четыре раза. Общий объем охваченных людей составлял примерно несколько десятков миллионов. Представьте себе сколько бы пришлось затратить денег на Паблисити в прямом ее назначении. Автору звонили знакомые с Сибири, потому что видели телепередачу. В городе с автором конкурировало несколько компаний, которые продавали зарубежные влагомеры. Надо было себя показать, чтобы помнили. В результате такой акции образ деревянного рубля отпечатывался в памяти. Но руководство академии проявило недовольство и автор был вынужден на ученом совете гуманитарного факультета делать доклад на тему своих разработок. В целом концепция получила положительную оценку.

В одной из книг по американскому бизнесу автор прочитал о том, что нужно использовать разные исторические события в развитии собственного бизнеса. Автор этой книги был поставщиком садового инвентаря. Он создал специальный сборник фотографий, на которых известные люди с помощью садовой лопаты сажали деревья. Перебирая историю развития науки в академии и, прочитав книгу «Маркетинговые войны», автор неожиданно вспомнил об одной из разработок, которые делала академия во время блокады Ленинграда. По роду своей работы в академии автор был знаком со многими коллегами с соседних кафедр. Автору не составило особого труда найти кафедру, где разрабатывался этот Хлеб. Но автора тут подстерегали всякие проблемы. Непосредственные участники этой разработки к тому времени умерли. Но одна женщина дала адрес ближайшей ученицы профессора Шаркова, которая могла бы подсказать что нужно делать. Дополнительно к этому автор побывал в музее на Пискаревском мемориальном кладбище и в музее блокады Ленинграда и поговорил с людьми на эту тему. Автор продолжил работу с Пайком Блокадного хлеба. По телевизору была показана такая передача. Эта разработка была наиболее положительно воспринята руководством академии и блокадниками. Один бывший коммунист, который ранее фантазировал, как расстреливает автора из Калашникова, сказал, что если все будут такие бизнесмены, то мы за таких.

Потом была сделана телепередача, как студенты носили бревно в парке лесотехнической академии.

На самом деле такая работа требовала много затрат, для реформирования и преобразования советского сознания в новое демократическое рыночное.

Автор был один. Вокруг него было окружение, которое не поддерживало новых социально-политических преобразований. Не исключался процесс возвращения обратно к советской власти. Надо было что-то предпринимать для собственной социально-политической защиты. Поэтому и появилась эта рукопись.

www.ingramcontent.com/pod-product-compliance
Lightning Source LLC
LaVergne TN
LVHW080634011026
849160LV00014B/1210
* 9 7 9 8 9 9 4 1 0 5 0 2 3 *